Jochen H. Eberhardt

BEAGLE

Jochen H. Eberhardt

Beagle

KYNOS VERLAG MÜRLENBACH

© Kynos Verlag
Dr. Dieter Fleig GmbH
Am Remelsbach 30
D-54570 Mürlenbach/Eifel
Telefon 06594/653, Telefax 06594/452

ISBN-Nr.: 3-924008-41-8

Druck: Druckerei Anders, 54595 Prüm, Telefon 06551/9503-0

Inhaltsverzeichnis

Zum Geleit

Ein umfassendes Buch über die Beagle in deutscher Sprache hat schon lange gefehlt. Den Autor dieses Buches, Herrn Jochen Eberhardt, kenne ich seit vielen Jahren, in denen ich beobachten konnte, wie er gemeinsam mit seiner Gattin Silke ihren Zwinger "True Line's (FCI) ..." aufgebaut hat. Hunde aus diesem Zwinger sind sowohl bei Zuchtschauen als auch bei Prüfungen erfolgreich gewesen.

Jochen Eberhardt hat viel Zeit und Mühe aufgewandt, umfangreiche Kennnisse über diese liebenswerte Rasse zu sammeln und reiche Erfahrungen zu erwerben. Ich bin überzeugt, daß das Buch von großem Wert für alle Beagle-Freunde, für alle Beagle-Liebhaber in den deutschsprachigen Ländern sein wird; nicht nur als Lehr- und Sachbuch, sondern auch als wertvolle Hilfe und fesselnder Bericht zur Geschichte dieser Rasse.

Ganz gleich, ob der Beagle als Familien-, Ausstellungs- oder Gebrauchshund gehalten wird, der Beagle ist ein sehr anhänglicher, freundlicher und fröhlicher Hund, immer gut gelaunt und leicht zu halten. Er ist nicht nur eine Freude fürs Auge, es ist auch eine Freude, ihn zu besitzen.

Uwe Fischer
1. Präsident
des Verbandes für das
Deutsche Hundewesen e.V.

Danksagung

Mein Dank geht zuerst an die Hunde. Seit ich mir endlich, seit Jahren dazu entschlossen - nämlich sobald ich während meines Studiums eine erste Wohnung hatte und ein wenig eigenes Geld verdiente- meine erste Beaglehündin kaufte, verdanke ich den Hunden nicht nur viel vertieftes Erleben und Erkennen der Natur. Hunde sind vielmehr Natur, die mich täglich umgibt. Ich habe nicht nur von den Beagles gelernt, sondern auch von dem Rhodesian Ridgeback und den Border Terriern, die mit uns leben - und den zwei Maine Coon-Katern in unserem Haus. Und ich habe von den vielen tausend Hunden aus bald allen Rassen, die ich als Zuchtrichter richtete, gelernt.

Im bewußten ebenso wie im unbewußten Beobachten und Erleben des Verhaltens meiner und anderer Hunde untereinander habe ich Vieles über aufeinander bezogenes Handeln zweier oder mehrerer Partner, auch und insbesondere bei Menschen, gelernt. Und ich bestreite nicht, daß ich mich inzwischen auch danach verhalte. Bewußt und unbewußt: Da ich im Beruf vornehmlich mit und zwischen Interessengruppen verhandle, deren Verhalten, durch gegensätzliche Interessen bedingt, oft von Gemütsbewegungen gesteuert ist, schreibe ich einen guten Teil meines Berufserfolges dem zu, daß mich die Beagle gelehrt haben, wie man mit Einfühlsamkeit und Respekt für den Persönlichkeitsraum, den der Andere braucht, miteinander umgeht. Also ist es nicht mehr als recht und billig, wenn ich mit einem Buch über die Rasse versuche, den Hunden, denen ich so viel verdanke, meinen Dank abzustatten.

Viel verdanke ich meiner elterlichen Familie, die nachsichtig meine intensive Beschäftigung mit Hunden tolerierte, obwohl dies zweifellos meine berufliche Ausbildungszeit verlängerte. Dem Beagle als Rasse verdanke ich schließlich auch, meine Frau kennengelernt zu haben, die, selbst all' unsere Tiere und Menschen zuhause höchst professionell betreuend, toleriert, daß ihr Mann immer wieder seine Zeit mit Lesen von Hundeliteratur, mit Hundekorrespondenz oder unzähligen Telefonaten in Hundedingen verbringt., oder dem Schreiben von Hundebüchern. Auch meinem heranwachsenden Sohn Florian war und ist immer noch manche Stunde der Vater entzogen, weil er sich mit Hundedingen beschäftigt. Möge er künftig, hoffentlich wenigstens in der Rückschau, Verständnis dafür aufbringen..

Meinen Verlegern, Frau Helga und Herrn Dr. Dieter Fleig, will ich auch ausdrücklich danken. Aus deren weithin bekannter Sammlung historischer Hundebücher stammen viele Bilder dieses Buches, mit ihrer Hilfe konnte ich Literaturhinweise präzisieren. Sie waren auch, in Ansehung meiner vielen und vielfältigen Verpflichtungen im Hundewesen, über sieben Jahre hinweg geduldig und verständnisvoll, wenn sich die Fertigstellung des Manuskripts zu diesem Buch immer wieder verzögerte. Ich hoffe, es ist damit nicht dünn und ausgebleicht, sondern hat an Reife gewonnen. Bei schwierigen Recherchen half mir jener wohlbekannte Spürhund für kynologische Fragen in europäischen Archiven, Werner G. Preugschat.

Und schließlich habe ich Vieles von den vielen Hundefreunden gelernt, mit denen ich zusammentraf, weil uns gemeinsame Interessen verbinden und wir gemeinsam etwas für die Hunde tun wollten.

Im November 1995
Jochen H. Eberhardt

Vorwort

Wenn heute jemand, der bis dahin nichts mit Hunden zu tun hatte, auf den Beagle als Rasse aufmerksam wird, ist der erste Auslöser meist das ansprechend bunte Aussehen dieser Hunde, dann das freundliche 'Gesicht' mit den Hängeohren.

Es geht dann fast immer so weiter, daß der Interessent die Besitzer dieses Beagles anspricht. Und unser Beagle wedelt den Frager freundlich an. Und der meist ebenso freundliche Beaglebesitzer gibt freudig Auskunft über 'seinen' Beagle.

Das ist gewöhnlich schon der erste Schritt dazu, daß ein neuer Freund für die Rasse geworben ist. Und es sind dann höchstens Gründe, die in den allgemeinen Bedingungen für die Hundehaltung liegen, wenn danach dann doch kein Beagle angeschafft wird. Wenn man einen kriegen kann. Denn mehr Leute wollen Beaglewelpen als Züchter sie ihnen geben können.

So ein nur scheinbar oberflächlicher Vorgang ist freilich ein schwacher Grundstock für den Beginn einer Partnerschaft, die mindestens zehn Jahre währt und für manche immer wieder von Neuem bis ans Lebensende. Ich weiß, daß jeder seinen Beagle ein wenig anders sieht. Sein Beagle ist sicher auch anders, muß anders sein als die anderen Beagle, solange Beagles noch nicht genetisch kopiert, 'geklont' werden. Aber es gibt auch Gemeinsamkeiten, die dieses Buch für jene beschreiben soll, die sich lesend informieren.

Ich sehe die Welt und die Beagles mit meinen Augen. In meinen Augen sind die Beagles eine Bereicherung nicht nur für die große Zahl der schon vorhandenen Hunderassen, sondern besonders für die Menschen, die mit ihnen leben. Daß es immer mehr Menschen werden, die mit Beagles leben, dazu will dieses Buch beitragen.

Warum ein Beaglebuch? Es gibt derzeit in deutscher Sprache neben einem kleinen Buch aus der Feder eines Windhundmannes, mittlerweile vergriffen, nur meine kleine Rassemonographie über den Beagle, die sich an einen anderen Interessentenkreis wendet als dieses Buch. Selbst die guten Bücher in englischer Sprache sind alle mindestens zehn Jahre alt.

Während der wirklich langen Jahre, in denen ich immer mal wieder ein wenig am Manuskript saß, hat sich auch meine eigene Vorstellung von diesem Buch gewandelt. Zuerst dachte ich in meinem seinerzeit noch jugendlicheren Leichtsinn, es könne eine Enzykopädie für alles werden, was sich so bei mir zum Thema Beagle angesammelt hatte. Aber über die Jahre wandelten sich die Prioritäten und ich entschloß mich, den Lesern Anstöße zu geben. Anstöße zum weiteren Nachforschen und Nachdenken und Anstöße zum Widerspruch. Keine Diskussion jedoch ohne Kenntnis der Historie. Und die ist für alle, die nicht seit Jahrzehnten alles sammelten und verarbeiteten, was das Thema Beagle betrifft, nur möglich, wenn sie englische Texte so flüssig lesen wie deutsche. Also kam es darauf an, zum einen die Historie leicht faßbar und nicht allzu trocken aufzuarbeiten und zum anderen eine kritische Würdigung der derzeit faßbaren Situation der Rasse zu skizzieren. Dieses Buch soll also die Grundlagen lesbar zusammentragen, die zum Verständnis der heutigen Situation nötig sind. Von da an muß der weiter interessierte Leser selbst aktiv werden.

Die Rasse, mit der sich dieses Buch befaßt, ist vordergründig eine einfache Rasse. Sie wächst für den frohen Besitzer eines fröhlichen Welpen schnell heran und hat nicht zuviele Besonderheiten. Dennoch ist sie in der Vielfalt der weit über 300 anerkannten

Hunderassen einzigartig und verdient schon allein deshalb eine geschriebene Würdigung.

Ihren anderen Vorzug, die Unkompliziertheit, mit der sich diese Rasse heute präsentiert, verdankt sie einer langen Vergangenheit und den vielen Facetten ihrer gegenwärtigen Verwendung, aber auch heute noch lebenden Freunden und Förderern der Rasse, die sich stets als Wahrer und Mehrer des Ererbten verstanden haben. Ein Buch über die Rasse ist auch eine Würdigung ihrer Leistungen.

Es gibt noch mehr Gründe für ein Beaglebuch: Die Geschichte der Rasse ereignete sich bis in die jüngste Vergangenheit im englischen Sprachraum; sie erschließt sich direkt nur dem, der die englische Sprache fließend liest und versteht. Meine Berufssprache war fast 14 Jahre lang das Englische. Wie Sie hieran sehen, ist es beileibe nicht mein Verdienst, sondern zum guten Teil gückliche Fügung, daß ich mich über viele Jahre mit dem Beagle und seiner englischen Rasseliteratur, seiner Vergangenheit und Gegenwart befassen konnte - ich empfinde es sogar als Privileg, daß ich das tun konnte und durfte. So wurde mir die Fülle der Literatur über die Rasse zugänglich, Gespräche und Korrespondenz mit Kennern und Förderern der Rasse in Großbritannien und USA, aber auch vielen anderen europäischen Ländern möglich. Einiges von dem, das mir so zugänglich wurde, will ich im Deutschen zusammenfassen und damit allen deutschsprachigen Beaglefreunden zur Verfügung stellen.

An dieser Stelle will ich auch gleich um Verständnis für meinen sprachlichen Eigensinn bitten, der darin besteht, daß sich mir die Feder sträubt, das Wort 'Beagle' im Deutschen und damit in diesem Buch einer Fallbildung nach Duden zu unterziehen. Eigentlich hieße es korrekt in der Mehrzahl: Die Beagle, der Beagle, den Beaglen, die Beagle. Grausig! Folglich gestatte ich mir im Rahmen der schriftstellerischen Freiheit eine grammatikalisch falsche, anglisierte Fallbildung in der Mehrzahl wie folgt: Die Beagles, der Beagles, den Beagles, den Beagles.

Für den, der schon einen Beagle hat, hoffe ich, wird dieses Buch manches am Verhalten seines Hundes erhellen. Für den, der herausfinden will, ob ein Beagle für ihn der richtige Hund ist, soll dieses Buch ebenso wie mein früher geschriebenes Büchlein, das in erster Linie für Beagleanfänger bestimmt war, eine Hilfe sein. Wenn ich so dazu beitragen könnte, eine größere Verbreitung einer Rasse zu fördern, die nicht nur wegen ihrer äußeren Vorzüge, sondern eher noch ihres 'Wesens' halber verdient hat, viel populärer zu werden als sie gegenwärtig in Mitteleuropa ist, wäre viel erreicht. Es reicht aber vielleicht schon auch, wenn sich Beagleinteressenten recht gründlich und vielseitig über die Rasse informieren können, um dann einen Beagle als Gutinformierte gerade nicht zu kaufen, weil es nicht der richtige Hund für sie und ihre Lebensverhältnisse wäre. Mit Sicherheit aber freue ich mich, wenn ich Beaglebesitzern im deutschen Sprachraum zu mehr Verständnis ihres Beagles verhelfen kann.

1.
Ursprung und Entwicklung
der Rasse in Grossbritannien

1.1 Reine Vermutungen

Ahn aller Hunde ist der Wolf. Vermutlich. Hauptsächlich jedenfalls. Vermutungen über den Ursprung der Rassen, vom 'Urhund' an oder gar von den ersten, in des Menschen Nähe geratenen und schließlich in loser Gesellschaft mit ihm lebenden Wolfswelpen an, werden immer wieder angestellt. Die Damen Beckmann und Beckmann haben in ihrem Buch 'Vom aufrechten Menschen zum Hundehalter' zwar höchst sorgfältig hierzu recherchiert und die schönen Märchen, die auch von Wissenschaftlern kolportiert werden, als solche etikettiert und ans Tageslicht gezerrt. Am Tageslicht besehen war's nicht der Wolf alleine. Dennoch sind diese Geschichten von der Wolfsvorgeschichte schön zu lesen, sie sind meist lebendig geschrieben und anschaulich, leben von der gefühlsmäßigen Bindung des Wolfes an den Menschen, mit dem zu leben er sich entschloß und auch von dessen Zuneigung zum anfangs nur nützlichen, dann zum Familienmitglied gewordenen Laufraubtier.

Unser Beagle ist nur scheinbar weit davon entfernt. Schauen wir ihn an: kein spitzer Fang, kein gestreckter Schädel, keine Stehohren wie der Wolf, keine hellen Augen mit durchdringendem oder distanziertem Ausdruck, keine schlanken Knochen, keine magere, sehnige Gestalt, keine eindrucksvolle Größe. Vielmehr Hängeohren, ein gewölbter Kopf; kräftige, runde Knochen, insgesamt eher untersetzt. Merkmale, die ihn ewig wie einen jungen Hund aussehen lassen; dunkle Augen mit sanftem Ausdruck, der ganze Hund eher klein von Statur und eher einnehmend als eindrucksvoll.

Gleichwohl soll dem Leser, der 'nur' ein Beaglebuch liest, doch ein wenig über die Wurzeln der noch immer vorhandenen Bindung an Wolf und andere Hundeahnen gesagt werden. Es könnte, wie Herre, einer der kompetenten Forscher über die Entwicklung vom Wolf zum Haushund, ausführt, zum Beispiel so gewesen sein, daß anfangs einzelne Wolfswelpen zum 'Test' bei den Menschen lebten, dann aber ganze Gruppen von Tieren von den 'wilden' Wölfen abgegrenzt wurden und sich untereinander vermehrten. Interessant ist im Hinblick auf das sozial verträgliche Wesen des Beagle die Annahme Herres, daß sich aus dieser abgegrenzten Gruppe vornehmlich die ruhiger und weniger angriffsfreudig veranlagten Tiere stärker vermehrten und so allmählich auch ein Wandel des Grundcharakters der Wildart Wolf eintrat, der sich dann auch genetisch vollzog und das Verhalten, das an die Nachfahren vererbt wurde, gründlich änderte.

Wir können eine lange Entwicklungsspanne bis hin zu dieser Rasse höchstens mit Vermutungen ausfüllen. Vermutungen, die jedoch wegen noch immer bei jedem Beagle gefundenen Eigenschaften den Hundekundigen recht wahr scheinen und die wir damit getrost als Arbeitsannahme so stehen lassen können.

Die britischen Jagdhunderassen sind nicht geradewegs aus der Ursuppe entstanden, sondern sind zum Ärger britischer Nationalisten das Werk der allerdings tierzüchterisch schon immer genialen Briten mit Hilfe der Jagdhunderassen, die zur Zeit der

Darstellung des Hubertushundes, Holzschnitt aus The boke of huntynge 1486

Verknüpfung von britischer und französischer Geschichte, wohlgemerkt vom Kontinent aus, ihren Weg auf die Insel gefunden hatten.

Es gibt noch heute Hunderassen, die ihren Wolfsverwandten und anderen Vorahnen gewiß ähnlicher sehen als der Beagle. Diese Vorahnen sind gleichwohl auch die unserer Rasse; sie sehen uns in ihren heutigen Nachfahren an. Wenn Sie Ihren Blick schärfen, können auch Sie sie sehen. Es ist aber sicher für den neugierigen Leser dieses Buches weniger spannend, in die weit zurückliegende Vorzeit hinabzutauchen als vielmehr die jüngeren Verwandten des Beagle lesend zu treffen. Sehen Sie diese Verwandten mit mir an. Aber nicht mit einem müde gelangweilten, schnellen Blick, sondern mit jener höflichen Ehrerbietung, die wohlerzogene Menschen noch immer ihrer älteren Verwandschaft bezeugen.

Wir beginnen in der Frühzeit europäischer Kultur, in der Zeit der Karolinger. Geniale Hundezüchter, Mönche des 825 nach dem Heiligen St. Hubertus umbenannten Klosters Andain in den damals noch wilden Ardennen hatten sich mit der ihnen eigenen Sorgfalt,

12

geduldigen Beharrlichkeit und zielstrebiger, züchterischer Überlegung schon um 850 n. Chr. feinnasige Jagdhelfer herangezüchtet. Es kann angenommen werden, daß diese dunklen Hunde auch Blut der von den Kelten gezüchteten Segusier-Bracke führten. Später St.Hubertus-Hunde genannt, waren dies schwarze Hunde mit lohfarbenen Abzeichen am ehesten den heutigen Jura-Laufhunden ähnlich. Hier ist anzumerken, daß die Farbstellung 'schwarzes Fell mit lohfarbenen Flecken' an genau den Stellen, an denen sie heute noch beim Rottweiler oder Dobermann vorkommen, eine der ältesten Farbmuster domestizierter Hunde ist.

Drei Paare abgerichteter Hubertushunde mußten die Mönche des Klosters von 825 an bis 1790 jeweils dem französischen König zum Geschenk machen. Diese dunkle Varietät wurde jedoch schließlich immer seltener, denn diese Hunde waren zwar hervorragende, langsam arbeitende Leithunde zur 'Bestätigung', dem Bestimmen des Standorts des Hirsches, der dann 'par force' mit der Hundemeute gejagt wurde. Zum Mitlaufen bei der Hetze in der schnellen Meute vor den Pferden waren sie aber zu starkknochig und schwerfällig. Schließlich fanden sie sich nur noch im traditionsreichen Norden Frankreichs bei einigen Edelleuten, hatten aber ihren Weg über den Ärmelkanal als Tauschobjekte schon längst gefunden. Schließlich gab es den Hubertushund in Belgien und Frankreich gar nicht mehr - er wurde später mit Hilfe seiner in Großbritannien entstandenen Nachfahren, der Bloodhounds, wieder rekonstruiert.

Alle Hubertushunde waren vorzügliche, ausdauernde und entschlossene Jäger für großes, starkes Wild. Es wird überliefert, daß sie "äußerst ausdauernd und robust, aber wenig gehorsam" waren - ich würde wetten, daß unsere Beagle diese Eigenschaften direkt geerbt haben. Andererseits muß aber eingeräumt werden, daß ein Hund, der ausdauernd, sorgfältig und doch mit Leidenschaft eine Fährte arbeitet, nicht immer darauf achten kann, was seine Menschen überfüssigerweise gerade von ihm erwarten.

Mit den sonst lange rein gezüchteten Hubertushunden wurden in der Mitte des 16. Jahrhunderts 'Chien gris', die grauen Hunde der französischen Könige gepaart. Spätestens von da an gab es auch helle bis weiße Hubertushunde, die in Frankreich schließlich ausschließlich den Hirsch jagten.

Weiße Hunde aus diesem Stamm kamen in den Besitz der Normannen. Die Normannen, Nachfahren der eroberungsfreudigen Dänen und anderer Skandinavier, nutzten ihr Siedlungsgebiet Normandie ab ca. 900 n.Chr. als Operationsbasis und setzten 1066 über den Ärmelkanal und unterwarfen sich die britischen Inseln. Ihre Hunde nahmen sie als Teil ihrer Kultur mit sich. Es ist überliefert, daß die ersten der weißen Hunde mit der normannischen Familie Talbot, die dann den Rang und Titel des Earl (Graf) von Shrewsbury trugen, 1066 im Heer Wilhelms des Eroberers nach England kamen. Diese Hunde und ihre Abkommen wurden nachfolgend stets 'Talbots' genannt.

Sie werden noch rund 600 Jahre später, 1615 von Markham als Rasse beschrieben, als weiße Jagdhunde mit etwas aufgebogener Nasenlinie, die am besten am Riemen arbeiten und auch einer kalten, das heißt schon lange stehenden Fährte zu folgen vermögen. Die Talbots waren zu einer adligen Familie in Großbritannien geworden, ihre Hunde gab es als Rasse bis zum Beginn des 19. Jahrhunderts, der auch 'Northern Hound' oder 'Norman Hound' genannte Hundetyp wurde auf den britischen Inseln als dem wehrhaften Großwild wie Hirsch, Bär und Wildschwein im Kampf gewachsen bekannt.

Markham schreibt 1621, der Northern Hound habe im Vergleich zum Southern Hound einen schlankeren Kopf mit einer längeren Nase, kürzeren Behängen und trockeneren

Lefzen, insgesamt habe der Körper eher Rechteckformat, eine kürzere Rute, sei insgesamt schlank und dem Greyhound ein wenig ähnlich. Die Hunde seien schnell und sicher auf der Spur, aber hätten einen schrillen, flachen und unangenehmen Laut.

Was Wunder, daß mehr als dreihundert Jahre später, um 1400, als dann wiederum die Briten sich eine Provinz im Süden Frankreichs, die Gascogne, gesichert hatten und mit diesem Teil des Kontinents intensiven Reiseverkehr pflegten, Hunde als Teil der dortigen Kultur erneut ihren Weg zurück auf die Inseln fanden?

Die Briten hatten dort ihnen bis dahin unbekannte Rassen gefunden: sie waren beeindruckt von den mittelgroßen, bunt gescheckten und gesprenkelten Hunden, die mit unermüdlicher Jagdleidenschaft auch den feinsten Fährten des Wildes noch nach langer Zeit zu folgen vermochten und dabei voller Jagdfieber ihre weithin hörbaren, tiefen Stimmen ertönen ließen. Ganz anders als die 'Northern Hounds' waren diese 'Southern Hounds' genannten Hunde in ihrer Färbung von unendlicher Vielfalt: weißgrundig, über und über mit schwarzen und braunen kleinen Tupfen oder mit großen Platten bedeckt oder eben Schwarz-mit-lohfarben, wie die zuvor erwähnten St.Hubertus-Hunde. Vielleicht waren sie auch deren direkte Nachfahren.

In großen höfischen Jagden war auf den britischen Inseln wehrhaftes Wild immer wieder in großer Zahl erlegt worden, und schließlich mehr, als wieder nachwachsen konnte. Die fortschreitende Besiedelung und Bodennutzung machte es dem Wild schwerer, Ruhe zu finden und Nachwuchs im bisherigen Maße aufzuziehen, mangelnde Beute und häufige Beunruhigung bot bald großen Raubtieren keinen Lebensraum mehr. Die Insellage erlaubte kein Nachwandern aus benachbarten Gegenden zur Blutauffrischung; das hätte ohnehin nichts genützt, weil hier nicht mehr genügend Lebensraum zur Verfügung stand. So waren nur noch jene scheuen Wildarten übrig, die sich erfolgreich tagsüber verbergen und nur durch Verfolgen ihrer Fährten aufgespürt werden konnten. Dazu war der 'Northern Hound' nicht mehr feinnasig genug, er war eben für andere Aufgaben gezüchtet worden.

So waren die Urväter auch des Beagle gefunden und schließlich auf den britischen Inseln zusammengekommen. Aus ihnen wurden ab 1400 jene Hunde erzüchtet, die Stammväter aller britischen Meutehunde wurden. Dies war kein Zuchtversuch zur Formung eines nur schönen Hundes. Hier kam es vielmehr auf die Brauchbarkeit an; und erst als die in hinreichender Breite, man kann auch sagen Menge gesichert war, wurde auf das Äußere der Hunde geschaut.

Das sind die Vermutungen, die in Ansehung aller Eigenschaften, die diese Rasse noch heute zeigt, als die wahrscheinlichsten gelten müssen. Die feine Nase, die Unbeirrbarkeit in der Arbeit, der zuverlässige und tiefe Laut auf der Spur und die unendliche Vielfalt in der Fellfärbung sind Erbe der Ahnen unserer Hunde und Vermächtnis ihrer Züchter.

1.2 Zeitzeugnisse

Es ist mühsam für jeden, der kein Bibliothekar ist und hat einen guten Teil meiner Zeit für die Vorarbeit zu diesem Buch in Anspruch genommen, die Hundeliteratur auf Hinweise auf den Beagle zu durchforsten. Ältere Werke haben oft keinen alphabetischen Index. Also mußte ich die Hilfe von erfahrenen Rechercheuren auf dem Felde der

Hirschjagd im 15. Jahrhundert

Abbbildung eines 'Chien Normand' aus de Cherville's Les Quadrupedes de la Chasse ca. 1880

Chien Normand.

Kynologie in Anspruch nehmen. An dieser Stelle ist besonders Werner G. Preugschat zu danken, ein unbestrittener Champion auf diesem Felde. Er hat mir viele antike Werke zugänglich gemacht und auf Diskrepanzen hingewiesen. Viele der beschafften Texte habe ich gelesen. Dies hat mir nicht geschadet. Ganz im Gegenteil freue ich mich immer, wenn ich zu meiner Verwunderung feststellen muß, daß sich wieder neue 'erlesene' Fakten und Aspekte in der kynologischen Abteilung meines Gehirns festgesetzt haben. Ich will versuchen, sie Ihnen nachfolgend einigermaßen nachvollziehbar sortiert vorzulegen.

1.2.1 Geschriebene Zeitzeugnisse mit Bildern

Jagdhunde im frühen Europa

Historische Zeugnisse einer Rasse von Hunden können sich nur aus zwei Arten von Quellen speisen: der bildenden Kunst und den von ihr gelieferten Abbildungen und Skulpturen einerseits oder, andererseits, aus dem geschriebenen überlieferten Wort, der Literatur. Letztere hat zwei große Gruppen, die sachlich informierende und die erzählende, die schöngeistige Literatur.

Ich erspare Ihnen gerne den bekannten Triumphmarsch der Rassehistoriker heraus aus der Nacht der wenig beschriebenen Vorzeit auf einer vermeintlich geraden, ununterbrochenen Linie hinein ins grelle Licht der Gegenwart. Da wird zuviel geltend gemacht, wovon man ohnehin nichts Genaues weiß, aber gerne alles für seine Sache in Anspruch nimmt. Von freudig Abgeschriebenem bis hin über berühmte Persönlichkeiten, die angeblich gerade an dieser Rasse Interesse hatten und ihr damit den Glanz des Bedeutenden zu verleihen scheinen. Dies wäre gerade beim Beagle, jenem Meutehund für die Bauern, Jagdsportfreunde und Bürger, alles andere als klassenlos. Es hätte zuviel Klasse.

Wenden wir uns bei der Suche nach den ersten Zeugen der seriösen Beagle-Geschichte vielmehr gleich dem Gebiet der sachlich informierenden Literatur zu; wo sie unzweifelhaft sind, will ich an passender Stelle auf Darstellungen verweisen, die den Beagle oder seine Vorläufer zeigen. Das sind nun einmal Bücher über Hunde oder, bei Jagdhunden, Bücher über die Jagd, die auch über die dazu verwendeten Hunde Ausführungen machen.

Werke, die mit der Jagd zu tun haben, gibt es, abgesehen von allgemeinen Ausführungen bei dem griechischen Autor Xenophon um 350 v. Chr., in Europa ab etwa 1016. Aber diese Werke gehen, je früher sie verfaßt wurden, um so weniger auf Jagdhunde ein, die Jagd mit Hunden ist nur ein nebensächlicher, handwerklicher Aspekt der Jagdausübung.

Beagle-Ahnen kommen dort nur am Rande vor. Frühere Beaglebuch-Autoren, so Fitch Daglish (1961), als Geschäftsführer des Beagle Club GB sicher Partei, haben dennoch schon diese Hunde als Beagle-Vorläufer reklamiert. Es bleibt kritisch festzustellen, daß Bezüge zu unserer heutigen Rasse Beagle um so zuverlässiger und glaubhafter werden, je mehr sich das Datum der Quellen unserem Jahrhundert nähert.

Vor rund tausend Jahren, 1016, faßt die Gesetzessammlung des Keltenkönigs Canute, wiedergegeben in Manwood's „Treatise...", Verordnungen zur Haltung von Hunden

Warefull, ein Southern Hound. Meutehund, mit im Fell eingeschorenen 'S', gezüchtet von Sir John Smyth, gemalt von E. Willis etwa 1860

zusammen. Die Jagden waren seinerzeit Privileg der Herrscher und die Bußen für die Verletzung ihrer Jagdprivilegien drakonisch. Allen Hunden, die nicht im Besitz der Jagdberechtigten, aber stark und groß genug waren, um zu 'wildern', waren vorbeugend die Sehnen an den Läufen so zu durchtrennen, daß sie sich bestenfalls noch fortschleppen konnten.

Davon ausdrücklich ausgenommen waren Hunde, die entweder zu klein waren, um dem hochherrschaftlichen Wild zu nahe zu kommen oder solche, die ihm nicht gefährlich werden konnten. Schoßhunde also und Hunde, die ihr Wild nicht erlegen.

Im spätlateinischen Originaltext heißt es in der Regel 32, daß Hunde gehalten werden dürften, die als 'velter' oder auch 'langeran' (Langohren?) bezeichnet würden, es gehe von denen keine Gefahr (für das Wild) aus. Sie müßten jedoch aufs Sorgfältigste so verwahrt werden, daß sie nicht toll und wild allenthalben umherrennen - was ihrem Besitzer zuzurechnen sei. Den solle man, habe man die Hunde im Forstbann angetroffen, herausfinden und ihm eine Strafe von zehn Pfund auferlegen. Griffen solche Hunde gar das Wild an, sei die Höchststrafe zu verhängen. Für den leidgeprüften Besitzer eines jagdpassionierten Beagles ein durchaus zeitgemäßer Text und in seinen Konsequenzen wohlbekannt.

In britischen Landsitzen, so in Browsholme in Lancashire, berichtet Jesse 1866, seien noch Meßringe, oval, 13 x 18 cm erhalten, durch die Hunde passen mußten, um dem Todesurteil zu entgehen. Gleichwohl, berichtet er weiter, ließ der seinerzeitige Herr des

Rowland Forest, der Herzog von Montague die Beagles die dort gehalten wurden, sämtlich töten, weil sie mehrfach gewildert hatten. Eine Garantie war geringe Größe allein also nicht.

Auch aus dem ohnehin erst ein halbes Jahrtausend später erschienenen englischen Kommentar des John Manwood von 1615 zu König Canute's Sammlung wird nicht deutlicher, daß man aus dem Text auf frühe Verwandte des Beagle schließen könnte. Man kann nur feststellen, daß es wohl Hunde waren, die, wenn sie ihrer Verwahrung entkamen, jagten, ohne aber entweder genügend schnell oder wildscharf oder beides zu sein, um dem Wild gefährlich zu werden. Einzuräumen ist aber, daß neben der Jagdleidenschaft, die freilich auch andere Rassen zeigen, das 'tolle und wilde Herumrennen', das der auf eine Wildfährte geratene Beagle alsbald an den Tag legt, schon ganz ungeschmälert von seinen Ahnen übernommen ist.

Hasenjagd mit der Meute im Frankreich des 15. Jahrhunderts

18

Im Jahre 1370, eher in der zweiten Hälfte des 14. Jahrhunderts erschien das erste große Werk über Jagd mit Hunden in Frankreich. Das prächtig illustrierte Werk des Grafen Gaston de Foix zeigt die Vielfalt der zur Jagd verwendeten Hunde dieser Zeit. Wir können getrost annehmen, daß Gaston de Foix etwas von Hunden verstand, denn der Chronist Froissart erwähnt, der Comte de Foix habe nie weniger als eintausendsechshundert (!) Hunde gehabt. Ein Landadliger jener Jahre hielt diese Hunde freilich nicht im Wohnzimmer, auch nicht im Garten vor oder hinter dem Haus, sondern ließ die unmittelbar und häufig zur Jagd gebrauchten Hunde gewiß von seinen Jagdknechten auf seinen zahlreichen und großen Anwesen, die seltener gebrauchten jedoch von seinen dienstpflichtigen Untergebenen - und sicher auf deren Kosten - halten.

Beagles sind in diesem Werk, dem die Abbildungen vermutlich erst um 1440 beigefügt wurden, nicht zu finden; Vorfahren unserer heutigen Hunde aber sind die abgebildeten hängeohrigen Hunde von verschiedenster Fellfarbe gewiß.

Beaglespuren in Großbritannien

Nachdem unser Beagle nun einmal eine englische Rasse ist, liegt es nahe, die alte englische Literatur durchzusehen.

1470

während der Regierungszeit von Henry VI. (1457 - 1509), nach den etymologischen Werken, die im Kapitel 'Die Herkunft des Wortes Beagle' zitiert sind, soll der Begriff 'beagle' 1475 ein erstes Mal aktenkundig sein, er bezeichnet von nun an eine bestimmte Gruppe von Jagdhunden. Bemühungen, dem nachzugehen, waren fruchtlos. Auch wenn Daglish dies behauptet, läßt sich eine beweisende Literaturstelle, die zweifelsfrei wäre, nicht finden. Diese immer weiter abgeschriebene Behauptung ist also mit Vorsicht zu genießen.

1486

und möglicherweise viel früher geschrieben enthält das erste - 1481 in Reimen geschriebene - Buch von Dame Juliana Berners 'Boke of St. Albans' ebenfalls keine Hinweise auf Beagles. Als Teil der Ausführungen zur Jagdkunst findet sich hierin jedoch die erste Aufzählung der seinerzeit 14 bekannten Hunderassen. Mrs. Berners war die Äbtissin des Nonnenklosters zu Sopwell und zählte daher zu den Gebildeten.

Hier kommt der Begriff 'Beagle' noch nicht vor, die Stammväter der Beagle waren aber sicher unter dem damals üblichen Sammel-Rassenbegriff 'kennetys' zu finden, der kleineren Varietät derjenigen Hunde, die man später 'hounds' zu nennen begann. 'Hound' wird zum Sammelbegriff für auf der Spur jagende Hunde, der noch heute üblich ist. Jagd und Hunde, besonders Jagdhunde waren seinerzeit ein wichtiger Lebensbestandteil der Wohlhabenden. Wie stets wurde über sie mehr berichtet als über die Armen und ihre täglichen Mühen. Folglich sind auch die 'hounds' als Kulturgut in der zeitgenössischen Literatur erwähnt, sie finden sich ein erstes Mal 1606 bei Shakespeare in seinem Schauspiel 'König Lear'. Gründliche Leser suchen am besten im 3. Akt, 1. Auftritt.

1515

erscheinen in den Haushaltsbüchern von König Heinrich VIII. (1509-1547) Buchungen von Auszahlungen, die für Hundeartikel und Futter an Robert Shere, den 'Keper of the Begles' beim Hofe geleistet worden waren.

1570

erscheint schließlich das erste Buch in Großbritannien, das sich ausschließlich mit

Hunden beschäftigt: "De Canibus Britannicis", also „Über die britischen Hunde". In lateinischer Sprache, denn es ist ein Gebildeter, der es verfaßt, Dr. Johannes Caius, Arzt und Wissenschaftler, Leibarzt des Königs Edward VI. und danach der Königinnen Mary und Elizabeth. Caius korrespondiert, wie seinerzeit alle Gebildeten, international mit anderen Gebildeten Europas. So übersetzt schließlich der Deutsche Abraham Fleming das Werk.

1576

endlich ins Englische. Dr. Caius war Mitbegründer eines noch heute existierenden Colleges (Gonville and Caius) in Cambridge und dessen Rektor 1559 bis 1573, Freund des berühmten deutschen Naturwissenschaftlers Conrad Gesner in Basel.

Caius war der erste, der Hunde sorgfältig klassifizierte. Und daß die Großgruppe der Jagdhunde "gentle kinde" heißt, daß 'gentle' heute sowohl als 'vornehm' als auch als 'freundlich', vielleicht auch 'sanftmütig' oder gar 'nobel' übersetzt werden kann, freut noch heute jeden Jagdhundbesitzer.

Merkwürdig ist freilich, daß Caius den Beagle nicht erwähnt, obwohl er doch während der ersten fünfzehn Jahre ihrer Herrschaft noch Leibarzt von Königin Elizabeth I. (1558-1603) war, deren kleine Beagle mit ihrem melodischem 'Geläut' berühmt geblieben sind. Vielleicht gehörten seinerzeit die Beagles zusammen mit ihren etwas größeren Kollegen, den Harriern, zu den Hunden, die Caius 'Leporarius', nach dem lateinischen Namen für den Hasen 'lepus', also 'Hasenhund' nennt und die gelehrte Benennung war richtiger für eine Veröffentlichung als die gewöhnliche umgangssprachliche Bezeichnung?

1578

ist ein Datum, das Beagleleute schon eher so ein bißchen für ihre Rasse reklamieren können. Im Buch 'Venationes' (Jagden) befindet sich ein nach einer ungefähr 1570 von Stradanus gefertigten Zeichnung von den Brüdern Galle gestochenes Blatt, das die Jagd auf Kaninchen mit Hilfe eines ('swift English small dog') behenden kleinen englischen Hundes zeigt. Leidenschaftliche Rechercheure finden diese Abbildung in Baillie-Grohmann's 'Sport in Art'.

Nun hat Stradanus alle die von ihm gezeichneten Hunde recht eigenwillig dargestellt und so gleichen die gezeigten Hunde, von denen Kundige glauben, es seien mindestens Vorläufer der Beagle gewesen, eher einer Kreuzung eines Teckels (vulgo Dackel) mit einem Terrier. So sahen auch die Beagle des sechzehnten Jahrhunderts mit Sicherheit nicht aus!

Auf diesem Blatt, das einer Gewohnheit der Zeit zufolge mehrere Phasen des Ablaufs der erzählten Geschichte gleichzeitig darstellt, jagen vier Hunde noch, während ein fünfter müde nach der Jagd hinter dem Reiter auf dem Pferd sitzend heimkehrt und ein sechster hochspringend anzeigt, daß er genug hat und auch hinauf will.

1615

erwähnt L.R.Jackson,alias Gervase Markham, der 1615 in seiner allgemeinen Beschreibung aller wichtigen Hunderassen, die zur Jagd taugen, auch den Beagle: "and, lastly, the little Beagle, which may be carried in a mans glove, and are bred in many countries for delight only, being of curious scents and passing cunning in their hunting; for the most part tyring, (but seldome killing) the prey, except at some strange advantage."

Übersetzt heißt dies etwa: "Zuletzt: der kleine Beagle, der in des Jägers Satteltasche Platz findet. Diese Hunde werden in vielen Landstrichen nur fürs Jagdvergüngen

20

Beagles um 1800. Rassebild, vom Autor Sydenham T. Edwards 'nach dem Leben gezeichnet und unter seiner persönlichen Überwachung koloriert', im ersten farbig illustrierten Hundebuch Englands, Cynographia Britannica. Daß dem Beagle eine von insgesamt nur insgsamt zwölf Abbildungen gewidmet ist, unterstreicht die Bedeutung der Rasse in jener Zeit.

gezüchtet. Sie arbeiten begierig auf der Wildspur und vermögen auch vertrackten Wildspuren zu folgen. Meistens ermüden sie ihr Wild nur, töten es höchst selten, meist nur dann, wenn ihnen ungewöhnlich günstige Umstände zupaß kommen."

Die Countrey Comments waren mehr als praktischer Ratgeber, sie waren zur Weitergabe praktischer Erfahrungen gedacht und wurden daher auch mit 'true stories' garniert. So berichtet Markham von einer Beaglemeute, die so klein gewesen sei, daß sie in einem 'gauntlet' Platz fand. Die Konsultation eines Wörterbuchs hilft: 'gauntlet' ist ein Reithandschuh. Der ungläubige Leser forscht jedoch in größeren und älteren Wörterbüchern und findet, daß man in jener Zeit für Reithandschuh und Satteltasche mitunter denselben Ausdruck verwendete. Und daß eine Gruppe sehr kleiner Jagdhunde ganz gut in zwei große, als Körbe ausgebildete Satteltaschen paßt, wird mir klar, wenn ich mitunter sehe, daß ein Jäger seinen Teckel einfach in den Rucksack steckt, wenn der entweder nichts sehen soll oder müde geworden ist.

Später in seinem Werk gibt Markham Ratschläge für die Anschaffung von Jagdhunden, hier für diejenigen, die nicht mehr gut zu Fuß sind oder andere Behinderungen haben: "To these I answer, that it is good for them to keep the little small

Mitten-Beagle which may be companion for a Ladies Kirtle, and in the field will hunt as cunningly as any Hounds whatsoever, only their Musick is very small, like reeds, and their pace like their body, only for exercise, and not for slaughter."

Übersetzt heißt dies etwa: "Diesen antworte ich, daß es für sie am besten ist, den ganz kleinen Beagle zu halten, der in den Muff, den Damen tragen, paßt. (Anmerkung des Autors für unsere jungen Leser: Ein Muff ist ein zylindrischer Handwärmer, oft aus Wolle oder Fell, den man vor sich trägt und in den man von beiden Enden her die Hände zum Wärmen einsteckt). Dieser Hund jagt im Feld so gut wie andere hounds auch, nur sein Geläut ist ganz fein, fast wie der Klang von Rohrblattinstrumenten. Und die Jagdschnelligkeit dieser Hunde ist, ihrem Körperbau entsprechend, nur zur körperlichen Ertüchtigung, nicht jedoch zum Einbringen von Jagdbeute geeignet."

1644

finden sich Kosten für die Beaglehaltung in Haushaltsbüchern der Grafen und Herzöge von Bedford im Park von Woburn in Bedfordshire: Kosten für Futter und Zubehör wie Koppeln und Leinen.

1670

und in den Jahren danach jagt König Charles II. (1660 - 1685), wie sein Biograph Arthur Bryant berichtet, mehrfach mit einer Beaglemeute in Newmarket Heath. In Edward Jesse's Anecdotes of British Dogs (1846) wird darauf verwiesen, daß

1680

der englische Poet Dryden (1631 - 1700) in seinen 'Fables' von 'little beagles' berichtet, die die Füße der grün gekleideten Jagdgöttin umlagerten.

1689 - 1702

regiert William III. (von Oranien), von dem Walter R. Crofton, vormals Geschäftsführer und dann Präsident des Beagle Club GB, in Sandersons Buch 1927 berichtet, er habe mit Leidenschaft die Jagd mit seinen Beagles betrieben.

1700

finden sich die nächsten Zeugnisse über den Beagle in William Somerville's (1677-1742) Schriften. Er, von dem man weiß, daß er neben sieben Koppeln Harrier, sechs Koppeln Foxhounds und zwölf Koppeln Otterhounds noch zwölf Koppeln Beagle hielt,

Hasenjagd im England des 17. Jahrhunderts, Stich von Francis Barlow und W. Hollar, London 1671.
Hier eine gemischte Jagdgesellschaft, teils zu Pferd und teils zu Fuß. Die abgebildeten Hunde sind gewiß noch nicht eindeutig als Beagles zu bezeichnen, können aber sicher als deren frühe Verwandte betrachtet werden.

Jagender Beagle, Holzstich von Thomas Bewick etwa 1790

stellt bereits fest, daß es den Typ des 'Cotswolds Beagle' gebe, seinerzeit offenbar ein kräftiger, aber nicht untersetzter Hund mit deutlichem Erbteil des alten 'Southern Hound' mit viel Hautsubstanz und langen Behängen, wie er in Südengland noch am meisten verbreitet war. Somerville kreuzte seinerzeit diese Hunde ein, um seine vorzüglich schnellen Harrier mit besserer Nase auszustatten. Schon da wurde, im Gegensatz zu den feinnasigen 'cotswolds', von schlankeren, schnelleren, temperamentvollen 'North Country Beagles' berichtet.

Somerville, der sich nach einer Universitätskarriere im New College in Oxford auf seinem Landsitz in Edstone Hall, Wooton Wawen, nicht weit von Stratford-on-Avon ins Privatleben zurückzog, hielt es, wie andere Gentlemen seiner Zeit, für selbstverständlich, daß er verschiedene Meutehunde hielt, um Hasen und Otter zu jagen. Somerville, Autor des literarisch bedeutendsten Jagdepos in englischer Sprache, 'The Chase', war ein Gentleman und wollte auch das Jagdwild fair behandelt wissen. So war er ein Gegner der damals üblichen Hetzjagden auf Hasen mit Windhunden, da die Hasen keine gleichwertigen Chancen hätten. In seiner Dichtung formulierte er dies so:

"A different hound for ev'ry diff'rent chace,
Select with judgement; nor the tim'rous hare
O'er-matched destroy, but leave that vile offence
To the mean, murd'rous coursing crew, intent
On blood and spoil. O blast their hopes, just Heav'n."

Übersetzt etwa:
Wählt mit Bedacht für jede Jagd den richt'gen Hund
sodaß der furchtsam' Has' nicht einer Übermacht erliege !
Dies frevelhafte Tun auf jene sei beschränkt, die Blut

23

und Tod erfreut, die nach Verderben lechzend
gemeine Hetzjagd treiben.
Mög' doch der Himmel ihre Jagd vereiteln !

Somerville war der erste, der den Brauch einführte, den erjagten Hasen den Hunden
als Beute zu überlassen, während vorher nur die Innereien an die Hunde gegeben
wurden, der Wildkörper aber an den Bauern ging, auf dessen Land er erjagt worden war.

Somerville war der berechtigten Meinung, daß, wenn die Beagles so harte Arbeit zum
Erjagen des Hasen leisten müßten, sie auch ihre natürliche Belohnung verdienen.
Natürlich wird ein Beagle, der so belohnt wurde, künftig auch die schwächste
Hasenfährte mit weit größerem Eifer ausarbeiten als einer, der lediglich mit Worten
gelobt wurde.

1750
berichtet Peter Beckford, Autor zweier Grundlagenwerke über die Jagd mit Meuten,
ebenfalls von diesem schnelleren, schlankeren Meutehund. Otho Paget, der die berühmte
vierte Ausgabe von Beckfords 'Thoughts on Hunting' vorgenommen hatte, ist für
Beaglefreunde eine reiche Quelle

Einerseits, weil historische Vorgänge ohne praktische Illustrationen trocken und
langweilig wirken, andererseits, weil der Text zeigt, daß sich Beagles über Jahrhunderte
wenig geändert haben, sei hier Peter Beckfords (1740-1809) Bericht wiedergegeben, wie
eine Beaglemeute, die er nach Erwerb in Derbyshire zu sich nach Steeple Iwerne in
Dorset kommen ließ, diese Strecke von mehr als 230 Kilometern, selbstverständlich auf
den eigenen Pfoten zurücklegte:

"Da ich gehört hatte, daß eine kleine Beaglemeute in Derbyshire aufgelöst werden
solle, sandte ich meinen Kutscher, ihn konnte ich zu jener Zeit am besten entbehren, um
die Hunde hierherzubringen. Es war eine lange Reise; der Mann, nicht mit Hunden
vertraut, hatte Mühe, sie herzubringen. Dazu waren die Hunde seit Wochen nicht aus den
Zwingern gekommen und waren daher aufsässig. Sie jagten folglich alles, was sie sahen:
Schafe, Schäferhunde, sämtliche Vögel, aber auch Hasen und Rehe, sodaß der gute
Mann den ganzen Weg lang recht beschäftigt war. Gleichwohl ging ihm nur ein Hund
verloren und er sagte, als ich ihn fragte, was von den Hunden zu halten sei, es seien
zweifellos vorzügliche Hunde, denn sie jagten schlechterdings alles."

Beckford ist entgegen anderer irriger Meinungen in der britischen Jagdliteratur ein
großer Freund der Hasenjagd gewesen, denn er schreibt: "Hasenjagd ist eine gute
Freizeitbeschäftigung, wenn man sie in gut mit Hasen besetzter Gegend ausüben kann.
Man kann sicher sein, daß man guten Jagdsport sehen wird. Wenn man es genießt, der
Arbeit guter Meutehunde zuzusehen, wird man bei der Hasenjagd davon am meisten
sehen können."

1803
Endlich mehr Stoff über unsere 'Rasse' in der kynologischen Literatur. William Taplin
schreibt in seinem Buch 'The Sportsman's Cabinet' im Kapitel über den Beagle, daß
dieser zwar im Laufe der Zeiten viele Änderungen hinsichtlich seiner Körpergröße
erfahren habe,- aber auch Einkreuzungen, die man für sinnvoll gehalten habe. Nun aber
sei der Beagle -oder auch der Begriff 'beagle'- eindeutig auf die kleinste Form der
jagenden Hunde beschränkt. Er führt weiter aus, daß die Beagles beim Einsaugen der
Witterung wohl eine solch' große Glücksempfindung haben müßten, daß sie voller

Inbrunst Laut gäben. Er berichtet weiter, daß vor dem seinerzeit erreichten hochentwickelten Stand der Jagd Beaglemeuten meist im Besitz von Herren gewesen seien, die aus Altersgründen oder aus Gründen ihrer körperlichen Verfassung anderen Jagdarten nicht nachgehen konnten; die Jagd mit dem Beagle jedoch sei hervorragend geeignet gewesen für Ältere und für Damen.

Dieses Phänomen sei jedoch nun zurückgegangen, es gebe nun eine Vielfalt von in sich einheitlichen Meuten, von den langsamen, schweren 'Southern Hounds' mit viel Hautsubstanz und tiefem Laut, denen der Jäger mit seinem langen Stock folge, bis zu den schnellen 'Harriers' des Nordens, die ihren Hasen fast in der Art der Windhunde innerhalb von 30 oder 40 Minuten nach einiger Spurarbeit hetzend erliefen.

Ein 'kill' der Malpas Beaglemeute vor hundert Jahren, also etwa 1895. Hier hat der Master (3. v. lks.), assistiert von den beiden Whippers - In, den erjagten und getöteten Hasen ergriffen, um den Kopf ('mask') als Trophäe abzutrennen, bevor die erwartungsvoll umstehenden Beagle den Rest als Belohnung erhalten.

Taplin stellt fest, daß der seinerzeit bekannt werdende Harrier aus Kreuzung von Beagle und Foxhound entstanden sei, um einen schnelleren Hund zu erhalten. Der Beagle dürfe jedoch nicht mit dem Harrier gleichgesetzt werden - trotz der gleichen Jagdeigenschaften sei der Beagle viel kleiner als der Harrier. In überdeutlicher Weise illustriert das die berühmte Geschichte der Beagle des Colonel Hardy, die aus zehn oder zwölf Koppeln von Hunden bestand. Diese Hunde seien stets in großen, am Pferdesattel befestigten Taschen (möglicherweise eher Körben oder Käfigen, wie mir scheint) zum Ort der Jagd befördert worden. Trotz ihrer geringen Größe folgten diese Hunde dem Hasen so hartnäckig, daß sie ihn schließlich kraft ihrer Ausdauer zu Tode ermatteten und

25

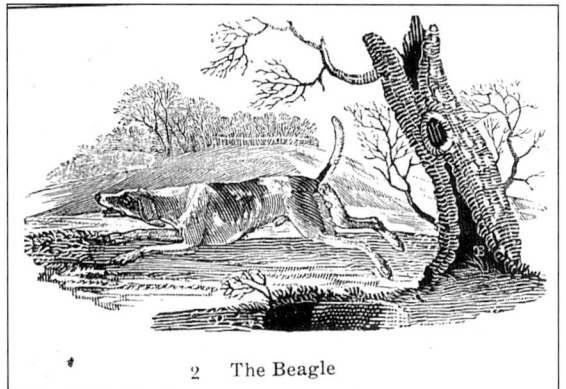

2　The Beagle

Die Beagledarstellung
des englischen Holzstichmeisters
Thomas Bewick 1790
unterstreicht den zu seiner Zeit
verbreiteten Typ des schnellen,
schlanken Meutehundes

Beagles,
Abbildung aus
The Sportsman's
Cabinet 1893

BEAGLE.

Ein Beagle nach
Gilpin 1807, man
beachte die
winzige, im
Hintergrund
stattfindende
Beaglejagd, die
ein Beagle mit
der abgebildeten
Anatomie jedoch
wohl kaum
bewältigt hätte

Bild der Beagles Gudger, Betsey und Tuner von W. Murray 1808. Die beiden rechts stehenden Hunde sind mit einer 'Koppel' zusammengeschlossen

dann auch erreichten. Diese Meute habe dann ein merkwürdiges Ende gefunden: sie sei eines Nachts mitsamt den großen Satteltaschen aus einer als provisorischer Zwinger dienenden Scheune gestohlen worden. Trotz ausgiebiger Suche habe man nie wieder eine Spur von ihnen gefunden.

Schließlich erläutert Taplin noch, daß in diesem Zeitalter der wirtschaftlichen Blüte sich mehr Leute der 'vornehmeren' Jagd zu Pferde hinter der Foxhoundmeute zugewandt hätten.

1804

erscheint eine der Kostbarkeiten unter den englischen Hundebüchern: "The Shooting Directory" von R.B. Thornhill.

Beagle kommen nicht darin vor. Aber auf dem Bild des Verfassers gegenüber dem Titelblatt des Buches schläft unverwechselbar ein Beagle zu seinen Füßen. Beagles gehörten offenbar schon da so unabdingbar zu Jagdfreunden wie der Pointer, den der Verfasser auf demselben Bilde streichelt.

1820-1830

regiert König Georg IV. aus dem Haus Hannover, der schon als Prinz mit einer Beaglemeute in den Brighton Downs jagte und diese Leidenschaft später als König weiterführte

Thornhills Beagle 1804

1825

ist offenbar der Tiefpunkt in der Popularität des Jagens mit Beagles gekommen.

Einige Jagdautoritäten konstatieren gar, die Jagd mit Beagles sei mittlerweile ausgestorben. Dies war der Endpunkt der Entwicklung, daß die Beagles immer kleiner gezüchtet wurden, denn sie waren nun meist Eigentum von älteren Herrschaften oder solchen, die nicht so gut zu Fuß waren. Demzufolge arbeiteten die Hunde zwar nach wie vor mit Begeisterung, aber sehr langsam, sodaß nur selten ein Hase erjagt wurde und sich alle jene Jagdliebhaber, die 'action' sehen wollten, nun eher der jetzt modern gewordenen Jagd zu Pferde hinter der Foxhoundmeute zuwandten. Dennoch blieben in weniger besiedelten, ärmeren und daher traditionsreicheren Landstrichen doch die alten Jagdgewohnheiten und damit die Beaglemeuten erhalten.

Für deutsche Leser sei der historische Bezug zum Prinzgemahl Albert [von Sachsen-Coburg-Gotha, 1819-1861, dem deutschen Cousin und Gemahl der Königin Victoria (1819-1901)], vertieft, denn er paßt in diese Zeit. Über ihn und seine Beagles schreibt Miles unmittelbar nach Prinz Alberts Tod in seinem Buch: "Der verstorbene Prinzgemahl, dieser hervorragende Mann, hatte kurz nach seiner Ankunft eine Meute kurzhaariger Beagles von bemerkenswerter Schönheit und Gleichmäßigkeit. Mit diesen ging er oft zur Jagd, denn er erfreute sich an ihrer temperamentvollen und beharrlichen Arbeit. Da seine Königliche Hoheit, obwohl er in seiner deutschen Art ganz annehmbar ritt, niemals wirklich gut und gerne auf einem Jagdpferd saß und die Erregung bei der

Jagd nicht sonderlich liebte, kam seiner Neigung, sich des Jagdsports nur beschaulich und kommod zu erfreuen, der gemächliche Arbeitsstil dieser Zwerghunde zupaß."

Auch wenn 1825 der Tiefpunkt in der Popularität der Jagd mit Beagles war, so ist doch jeder Tiefpunkt zugleich der Punkt, ab dem es immer nur aufwärts gehen kann.

1844

malen die Brüder Barraud ein Bild mit Königin Victoria's Meute bemerkenswerter Zwergbeagle, die sich um den Meutemaster Maynard scharen, der an sein Pferd gelehnt verweilt; im Hintergrund ist Schloß Windsor zu sehen. Die abgebildeten Hunde sind gewiß der Größe und des Typs, wie sie der Prinzgemahl schätzte.

William und Henry Barraud, Mr. Maynard und Her Majesty's Beagles, eine Ikone der Beaglegeschichte, die die Meute der Königin Victoria zeigt.

1845

treffen sich am 28. März in Rock Ferry einige Männer und gründen zusammen die Royal Rock Beaglemeute, die älteste Beaglemeute überhaupt, die unter diesem Namen noch heute besteht und mit deren Beagles noch heute gejagt wird. Von jetzt an gibt es zuverlässige und reichhaltige schriftliche Aufzeichnungen über den Jagdsport mit dieser Rasse.

1880

findet ein Buch von Hugh Dalziel, 'British Dogs' auf Anhieb viele Käufer. Wie auch in diesem Buch werden die Zeugnisse über den Beagle immer zahlreicher und ausführlicher.

1889

gab es bereits wieder vierundvierzig Beaglemeuten in Großbritannien und die Zahl wuchs ständig. Die etwas größeren Hunde, die Meuten aus Hunden gleicher Größe, der damit ereignisreichere, schnellere Jagdsport ziehen plötzlich Förderer und Freunde aus allen Bevölkerungsschichten an. Beagling ist ein Volkssport geworden.

1890

(und nicht 1843, wie Sheila Young irrigerweise in Vesey-Fitzgeralds Book of the Dog 1948 behauptet) schließlich erfolgt die Anerkennung des Beagle durch den nur 17 Jahre zuvor gegründeten Kennel Club Großbritanniens als eigenständige Rasse. Und damit hat der Beagle Eingang in die Welt außerhalb der Jagdkreise gefunden.

1.2.2 Die Entwicklung zur Rasse

An dieser Stelle wäre es wohl sinnvoll zu fragen, seit wann denn überhaupt vom Vorhandensein der Rasse 'Beagle' gesprochen werden kann. Dies ist gewiß in zwei Phasen vorstellbar.

Zum ersten dann, wenn der Begriff 'Beagle' nach gemeinsamem Verständnis der Kundigen ohne weitere Diskussion ganz offenbar eine Gruppe von Hunden bezeichnet, die so eindeutig kenntlich sind, daß über das mit dem Begriff verbundene Hundebild keine spontane Diskussion mehr nötig ist: man ist sich darüber einig, was Beagles sind.

Zum zweiten dann, wenn unter tierzüchterischen Aspekten eine 'Rasse' vorhanden ist. Hier wird's schon heikler. Einigen wir uns erst mal über die Terminologie.

Wir sprechen von einer Untergruppe der 'Art Hunde'; nach Übereinkunft der Hundekundigen, der Kynologen, wird diese Unterart mit dem Begriff 'Rasse' bezeichnet. Und was macht aus, daß die eine Schar bunter Hunde alle zu einer Rasse gehören und die anderen eben nicht?

Wolf Herre, bekannter Professor der Haustierforschung, formuliert wie folgt: "Rassen sind von Menschen in sexueller Isolation gehaltene, verbreitete Untereinheiten der Art, welche sich in mehreren Merkmalen und Erbeinheiten voneinander unterscheiden." Das wäre ziemlich einfach. Aber Herre sagt weiter: "Dem subjektiven Ermessen bei der Umgrenzung und Merkmalauswahl ist ein weites Feld gelassen." Hier haben wir's schon wieder. Das Problem bei der Abgrenzung der Beagles als Rasse ist um so schwerer, je mehr nähere Verwandte sie haben und je mehr ähnlich ausssehende Hundegruppen dieselbe Arbeit verrichten.

Daß Beagles traditionell zur Meutejagd zu Fuß eingesetzt werden, macht die Sache schon leichter. Denn zu Fuß können auch wohltrainierte Leute einer Meute nur dann folgen, wenn diese Hunde nicht zu schnell sind.

Die Erfahrung zeigt: in Revieren, die vornehmlich Feldfruchtanbauflächen und Weiden haben, in denen Hasen und Hund in nahezu unverminderter Geschwindigkeit unter Zäunen und durch niedrigen Bewuchs laufen, geht die Jagd zu schnell dahin, wenn die Meutehunde groß sind. Ihnen kann man nicht mehr ausreichend schnell folgen um zum Beispiel das Changieren auf andere Spuren zu verhindern oder die Meute mit Hilfe der 'whipper-in' nahe beisammenzuhalten; folglich wählt man hier kleinere Hunde. Die müssen wenigstens 33cm Schulterhöhe haben, um noch typisch wie Beagles auszusehen. In Jagdrevieren, die viele natürliche Hindernisse haben wie Steinwälle und dichte Dornenhecken, die der gejagte Hase leichtlich überwindet, braucht man Hunde von ungefähr 40cm Schulterhöhe, um dem Hasen hinreichend nahe auf den Fersen zu bleiben. Denn große Hunde laufen schneller, auch wenn sie zwischendrin immer wieder anstrengende Spurarbeit verrichten müssen.

Hier kommt ja auch der Vorteil des Jagens in der Gruppe, der Meute zum Tragen. Die intensive Arbeit der Untersuchung von Duftspuren mit der Nase kostet Kraft, weil der 'riechende' Hund hierfür eine weitaus höhere Luftmenge inhalieren muß als er sie sonst nur zum Atmen brauchte. Das 'Durchpumpen' dieser Luftmenge kostet den Organismus Kraft und das erhöht die Körpertemperatur nach ca. 15 Minuten Nasenarbeit um ca. 3 Grad Celsius und damit den körperlichen bzw. Stoffwechselgrundumsatz des 'Systems Hund'.

Hunde, die als Diensthunde Nasenarbeit verrichten, müssen den ja nicht ohne Grund erdachten Dienstvorschriften zufolge jeweils nach einer Viertelstunde Arbeit mindestens für eine Viertelstunde ruhen, um sich wieder zu erholen.

Folglich wird in den Meuten wie auch in Rudeln von jagenden Wildhunden die Nasenarbeit auf mehrere Hunde verteilt, die sich abwechseln. Kluge Jäger haben schon früh erkannt, daß es die Sache ungemein erleichtert, wenn ein Hund anzeigt, wenn er die Fährte gefunden hat und dann dies auch den anderen Hunden mitteilt. Dies ist, was wir heute in Deutschland Spurlaut nennen. Und hiernach wurden die Hunde ausgelesen. Die ohne Spurlaut wurden, da für ihre Arbeit, die Meutejagd, unbrauchbar, kurzerhand umgebracht, die mit zuverlässigem Spurlaut wurden zur Weiterzucht eingesetzt.

Also wissen wir schon mal: Jagdhund, spurlaut, zwischen 33 und 40 cm Schulterhöhe. Und wenn Sie die Kapitel über die Historie nicht gelangweilt überblättert haben, wissen Sie auch schon, daß eben im Ursprungsland der Rasse, Großbritannien, traditionell die besten Arbeiter auf der Spur des Wildes, waidmännisch 'Gesundfährte' genannt, die Abkömmlinge der alten franko-englischen Jagdhunde waren. Wiewohl die Beagles sich als eigene Rasse, wie ich meine, schon bald etabliert hatten, so gehören sie doch zu der großen Gruppe der Abkömmlinge jener Stammhunde, die von Kynologen als 'Bracken' bezeichnet werden.

Alle Bracken sind bunte, mindestens zweifarbige Hunde, und daß sie bunt, das heißt farbig mit weiß sind, hat neben der Ursache, daß jahrhundertelange Domestikation von Hunden eben das Auftreten weißer Fellpartien mit sich bringt, die bei der Weiterzucht, wenn man nicht gegen sie selektiert, eben einen erheblichen Teil der Körperoberfläche einnehmen können, noch andere, praktische Gründe. Die ästhetischen Gründen seien gleichwohl nicht unterdrückt: seit Jahrhunderten finden Menschen, wie Sie und ich auch, eben bunte Hunde einfach schön. Aber zurück zu den praktischen Gründen, die weniger dem Zeitgeschmack unterworfen sind: es gibt andere gute Gründe für eine auch weithin gut sichtbare Fellfärbung.

Hier zitiere ich mit großem Vergnügen den Doyen der schweizerischen Kynologie, Hans Räber, der 1994 schrieb: "Ich bin durchaus kein Jagdgegner, doch wenn diesen Herbst einem Bauern im Berner Oberland eine Ziege aus einer Herde heraus von einem Jäger erschossen wurde, und der Jäger seinen Irrtum erst bemerkte, als er feststellte, daß seine 'Rehgeiß' ein Halsband mit Glöcklein trug, oder wenn in der Dämmerung ein auf dem Felde stehender Motormäher als 'Wildsau' von einem Jäger erlegt wurde, dann begreife ich, daß Jäger weißbunte Jagdhunde bevorzugen (ich entnehme diese Angabe aus den Zeitungen für Jäger und nicht etwa aus der Sensationspresse)." Soweit Hans Räber.

Also wissen wir schon mal: Jagdhund, spurlaut, zwischen 33 und 40 cm Schulterhöhe,

Eine Gruppe wirklich bunter Beagles des Marquis von Linlithgow etwa 1905. Hier sind vom dunklen dreifarbigen Beagle (vorn rechts) über den aufgerissen dreifarbigen Beagle (hinten links) auch heute fast ausgestorbene Fellfarben, die Dreifarbigen mit 'mottles', vertreten.

weißbunt. Wenn wir nun noch bedenken, daß ein im Bewuchs arbeitender Hund nicht nur hörbar, sondern auch sichtbar sein soll, überlegen wir doch mal, wie man sich im Getümmel am besten findet. Vorzügliches Beispiel ist, wie es weltweit heute die Führer von Touristengruppen bei Sehenswürdigkeiten tun. Sie tragen immer ein farbiges Fähnchen oder Schild bei sich, das über dem Gewimmel weithin sichtbar ist. So sollte am besten auch ein arbeitender Jagdhund eine Fahne bei sich tragen, die immer aus dem Bewuchs herausschaut. Jawohl, lieber Leser, hier haben wir sie, die Beaglerute, aufrecht getragen und mit einem weiß leuchtenden Ende.

Wir sind also nochmal einen Schritt weiter: Jagdhund, spurlaut, zwischen 33 und 40 cm Schulterhöhe, weißbunt, mit aufrecht getragener Rute und weißer Rutenspitze. Nun nur noch die Grundforderung für alle Meutehunde hinzugegeben, die Verträglichkeit in großen Hundegruppen, was meist gute Laune voraussetzt, den guten Appetit, der einen Leistungshund auch bei Futterkonkurrenz in der Meute bei Kräften hält, dann haben wir ihn eigentlich komplett, den Beagle. Denn andere Hundegruppen, die genau diesem Anforderungsprofil entsprechen, gibt es meiner Kenntnis nach nicht.

1.3 Meutegeschichte bis 1890

Die Geschichte der Beagle als Rasse ist zunächst eine Geschichte ihrer Meuten. Meuten, englisch 'packs', sind die Glieder der Kette, die aus der dunklen Vergangenheit in die dokumentierte Gegenwart reicht.

Das berühmteste historische Beagler-Bild, die Meute des Reverend Philip Honeywood 1847. Stahlstich von J. Harris, mezzotinto-koloriert, nach einem Gemälde von Harry Hall 1847, Foto des Exemplars im Wohnzimmer des Autors, im Original etwa 60x40 cm groß

Verbunden werden diese Kettenglieder durch die seit jener Zeit weitergegebenen Blutlinien der Hunde, aber auch durch die vielen Personen mit Persönlichkeit, die diese Rasse mit Leidenschaft weiterentwickelt haben.

Stellvertretend für alle Persönlichkeiten, die Verdienste am Beagle haben, muß hier einer Person der Beagle-Zeitgeschichte gedacht werden: des vorerwähnten Reverend Philip Honeywood, der in Markshall, Essex, lebte. Er war Abkomme einer alten, angesehenen Familie dieser Gegend. Zwischen 1830 und 1850 baute er sich eine Meute auf, die nach zeitgenössischen Berichten einheitlicher in Größe und Körperbau und aus heutiger Sicht moderner im Typ war als alles, was man bis dahin gesehen hatte. Die Historiker sind sich darüber einig, daß Hochwürden Honeywood den Ruhm der Beaglemeuten in seiner Zeit nicht nur neu belebte, sondern zu einer bis dahin unbekannten Höhe führte. A. Courtney Williams, einer der jüngeren Berühmtheiten in der Beaglewelt, führt zum nachfolgend wiedergegebenen Bilde aus:

"Nach dem Bild zu schließen, waren die Hunde zwischen 14 und 15 inches (35,5 und 39,3 cm) groß und es ist auffällig, daß die Pocketbeagles, die in jener Zeit so populär und nahezu vorherrrschend waren, hier ganz fehlen. Wie zu erwarten war, gibt es erhebliche Verschiedenheiten in den gezeigten Hunden. Zum Teil sieht man Hunde von whippethaftem Bau, zweifellos Folge von Greyhound-Einkreuzungen. Andere Hunde haben mehr Knochensubstanz mit geraden Rücken und Läufen. Einige Hunde waren offenbar leicht rauhhaarig, einige hochläufiger als Beagles heutzutage und viele sind spitzer im Fang als man dies heute erwartet, auch das möglicherweise Folge des Windhundbluts."

Das Bild wurde um 1847 von Harry Hall gemalt und stellt das Sammeln der Meute bei Briggens Hill, Hertfordshire dar. Links im Vordergrund steht der Master der Meute, Reverend Philip Honeywood, der sich mit seinem Schwager, Mr. Charles Phelips aus Briggens unterhält. Alle sind à la mode der Zeit gekleidet, mit hohen Zylinderhüten, kurzen grünen Jacken, unterschiedlichen prachtvollen Halstüchern und weißen langen Hosen. Rechts im Bild ist der Huntsman Tom Pitts zu sehen, der an den Tagen, die nicht der Jagd gewidmet waren, der Diener von Hochwürden Honeywood war und bei Tisch aufwartete.

Wie W. Lovell Hewitt berichtet, standen 1972 sowohl das Pfarrhaus Marks Hall, die Futterküche, in der der Diener Pitts auch lebte und sogar die alte strohgedeckte,

Henry Alken's Darstellung einer Meutejagd mit Beagles vom 1. Januar 1820. Beachtlich die förmliche Kleidung des Masters und sein Jagdstock zum Überspringen von Gräben, aber auch die vielfältige Farbigkeit der Meutehunde. Mit Sicherheit Hunde von heutiger Größe.

schwarzgestrichene Holzscheune, in der die Meute untergebracht war, noch immer unverändert am alten Platz. Honeywood starb etwa 1874 und liegt im Kirchhof von Wakes Colne, ganz demokratisch neben seinem Diener und Jagdgehilfen begraben.

Was mit der hervorragenden kleinen Meute geschah, als sie aufgelöst wurde, ist nicht sicher. Nach einem zeitgenössischen Bericht wurde sie an Prinzgemahl Albert verkauft (eine zeitgenössische Darstellung der Beaglezwinger des Prinzgemahls Albert finden Sie als Vorsatzblatt dieses Buches), im ersten Band des Kennel Club Stud Book (1891) heißt es jedoch in Bezug auf das Royal Rock Pack: „Die Hunde kamen 1845 ursprünglich von Colonel Anstruther Thompson, der sie von ihrem Züchter, Mr. Honeywood aus Essex hergebracht hatte". Aus den Annalen geht allerdings hervor, daß Honeywoods Meute auch 1847 noch jagte. Es muß sich also bei den Hunden für das Royal Rock Pack um überzählige Hunde aus Honeywoods Meute gehandelt haben. Gewiß ist, daß Honeywood Hunde züchtete, die denen seiner Zeitgenossen und denen vor seiner Zeit weit überlegen waren und so dynamisch jagten wie die heutigen modernen Hunde.

Das erste Kettenglied im Licht der literarisch belegbaren Gegenwart ist die 'Royal Rock Pack' genannte Beaglemeute, korrekt eigentlich 'Royal Rock Beagle Hunt'. Von dieser Meute wissen wir viel, denn ihre Geschichte ist in einem seltenen Schatz meiner Beagle-Bibliothek ausführlich niedergeschrieben. Dies Buch, Nathaniel Caine's 'History of the Royal Rock Beagle Hunt' 1895, enhält die Geschichte der Meute, wie sie gedruckt auf Subskriptionsbasis in bibliophilem Einband nur an Meuteförderer ausgegeben wurde und von denen meiner Kenntnis nach nur noch ein weiteres Exemplar erhalten ist. Caine

Christopher Rawson und Huntsman Jones mit der Royal Rock Beaglemeute bei Thurstaton nach einem Gemälde von Trautschau 1848. Links Christopher Rawson Jr, mit gewundenem Jagdhorn am Schultergurt und rechts Jones mit seinem Jagdstock, der zum Überspringen von Gräben diente.

35

stieß 1876 zu den Leuten um die Royal Rock Beaglemeute und hatte also fast zwanzig Jagdsaisons mit diesen Hunden gejagt, gewiß eine authentische Quelle für Überlieferungen um diese Hunde.

Wie da zu lesen steht, trafen sich am 28. März 1845 im Haus des Christopher Rawson, Jr. in Rock Ferry neun am Sport mit 'hounds' interessierte Herren. Rock Ferry liegt als Teil der heute Birkenhead genannten Stadt am südlichen Ufer des Mersey, gegenüber Liverpool; und 'Royal' hieß die Fähre schließlich nur, weil einst der Herzog von Clarence, späterer König William IV, auf seinem Weg von Liverpool in den Süden Englands hier übergesetzt haben soll.

Um dies Buch nicht zu einem langweiligen, weil reinen Hundebuch werden zu lassen, will ich auch hier einflechten, daß interessante Hundegeschichten immer mit der Geschichte interessanter Menschen verküpft waren und bleiben werden. Rawson war zwar in Halifax in Yorkshire 1816 geboren, ging aber bereits als Siebzehnjähriger für fünf Jahre nach China, seinerzeit gewiß ein Abenteuer. Zwei Jahre nach seiner Rückkunft als Geschäftsmann nach Liverpool heiratete er und ließ sich in 1842 in Rock Ferry nieder. Vor der Mitbegründung des Royal Rock Beagle hatte er mit den Cheshire und den Hooton Foxhounds gejagt. 1852 zog er dann nach Liverpool und seine Meutefreunde ließen, als er ankündigte, daß er aus beruflichen Gründen fortziehen müsse, vom deutschen Maler Trautschau 1848 das abgebildete Gemälde als Dank für seine Arbeit für die Meute malen. Es ist bekannt, daß die Meute seinerzeit Hunde von 14 inches oder fast 40 cm Stockmaß hatte und selbst die Namen der abgebildeten Hunde sind überliefert. Das Bild wurde bei einem Abschiedsessen mit achtzig Gästen am Freitag, den 5. Mai 1848 enthüllt und übergeben.

Mr. Rawson also und seine acht Freunde konnten sich gar erst nicht entscheiden, ob sie Harrier oder Beagle für die Jagd vorzögen. Da aber in dieser Region schon mit der Foxhound-Meute aus Hooton gejagt wurde, war den Bauern nicht zuzumuten, daß noch eine weitere berittene Jagdgesellschaft regelmäßig über ihr Land fegte. So wurde das Royal Rock Pack eben eine Beaglemeute.

Sie begann bescheiden, mit drei Koppeln, also sechs Hunden, von denen bekannt ist, daß sie klein waren. Kaninchen-Beagle, wie man seinerzeit sagte. Und es erwies sich, daß sie zu klein waren, um bei der Verfolgung des Hasen die Zäune und Hindernisse des 'Wirral' genannten Jagdreviers zu überwinden. Also kaufte man eine gerade zum Verkauf stehende Meute des Captain Thompson, die dieser wiederum vornehmlich vom berühmten Parson Honeywood aus Essex erhalten hatte. Und schon seinerzeit schreibt stolz der Chronist: "Die meisten dieser Hunde hatten eine bekannte Abstammung, deren Blutlinien züchterisch in den folgenden Jahren stets erhalten wurden."

Bezeichnenderweise gab es schon damals Ärger für die Royal Rock-Freunde, weil einer der Grundherren die Meute mit ihrem menschlichen Gefolge auf seinem Grund und Boden erwischte, ohne daß er zuvor gefragt worden war, ob er Jagd dort erlaube. Auch hier der rote Faden, daß Beagles oft ihrer Passion so bedingungslos nachgehen, daß die ihnen genauso passioniert folgenden Besitzer dann schließlich Ärger damit haben. Mehr sei hier nicht gesagt über das Royal Rock Pack, als daß es noch heute in seiner angestammten Gegend besteht und jagt.

Das Royal Rock Pack hat noch eine weitere historische Bedeutung für die Beaglewelt, denn aus dieser Meute kaufte auch ein Mr. Arnold aus Rhode Island, USA, einige Hunde und brachte so altehrwürdige Blutlinien in die Schöne Neue Welt.

Giant war der herausragende Hund in der in ihrer Zeit berühmten Meute des Mr. Crane aus Dorset. Giant, ein dreifarbiger Rüde, von dem überliefert ist, daß er trotz seines unbändigen Arbeitswillens nie eine falsche Spur annahm, hatte wie seine Meutekollegen nur eine Schulterhöhe von 23 cm. Er hatte, und daß dies überliefert ist, zeigt dessen Wichtigkeit, einen mächtigen, leichtsitzenden Laut. Mr. Cranes Meute wurde 1892 vollständig von der Staupe dahingerafft, Mr. Crane starb nur zwei Jahre später.

Mit den Meuten ging es, wie auch an anderen Stellen dieses Buches berichtet, heftig auf und ab. So berichtet Vero Shaw 1881 (hier in der Übersetzung von Richard von Schmiedeberg 1895 wiedergegeben): "Eine der bemerkenswerthesten kleinen Meuten sah ich während der Ausstellung im Alexandra-Palast 1877. Ihr Besitzer, Herr G. H. Nutt aus Maidstone, ließ sie in den Ausstellungsräumen auf einer Schleppe jagen und belustigte so sämmtliche Zuschauer, namentlich die Damen in hohem Grade. Später erzählte uns Hr. Nutt, er habe sich gezwungen gesehen, diese Meute eingehen zu lassen, da die geringe Stärke der Hündinnen nachtheilig auf die Fortpflanzung wirkte und er kaum auf den nöthigen Ersatz hoffen konnte. Eine solche Schwierigkeit würde eine kräftigere und stärkere Meute wohl zu überwinden wissen, denn Herr Nutt sagte selbst, seine Meute hätte „am besten für Damen gepaßt". Gegenwärtig kann man die am öftersten anzutreffende Höhe der Beagles auf 37 cm angeben, was wohl im Vergleich zu Fuchshunden und Harriers noch niedrig, aber für Jagdzwecke doch genügend ist. Wegen der Werthe der einzelnen Points müssen wir wieder auf den Fuchshund verweisen. Den einzigen Unterschied macht die Größe."

1903 waren in Großbritannien fünfzig Beaglemeuten registriert, selbst nach den zwei Weltkriegen hatten noch immer genug Meuten überlebt, im Jahr 1974 waren es 66 in England und Wales, acht in Irland und ein paar weitere in Schottland.

Wie populär die Meutejagd generell um die Jahrhundertwende war, läßt sich in einem in meiner Büchersammlung befindlichen 'Baily's Hunting Directory' aus dem Jahr 1901 feststellen. In diesem Szenebuch, das sich allein auf Foxhound-, Harrier-, Staghound- und Draghound-Meuten beschränkte, sind alleine 166 Foxhoundmeuten in England, 25 in Irland und 11 in Schottland, 113 Harriermeuten in England, 30 in Irland und 4 in Schottland, dazu 20 Staghoundmeuten (mit Hunden von Foxhoundgröße, die nur auf die frische Hirschfährte gingen und zu Pferde begleitet wurden) in England und vier in Irland, 7 Draghoundmeuten (ebenfalls mit Hunden von Foxhoundgröße, die jedoch nur auf einer Schleppspur liefen und denen das Feld auch zu Pferde folgte) in England und eine in Irland verzeichnet.

1.4 Das Wild der Beaglemeuten: der Hase

Vor unserem Kurzkurs in den Grundzügen der Meuteorganisation und des Betriebs einer Meute sowie einer Kompaktbeschreibung des Ablaufs und der Elemente eines Meutejagdtages wenden wir uns nun fairerweise und voller Respekt dem Wild der Beaglemeuten zu: dem Hasen.

Da die meisten der geneigten Leser vermutlich in Städten leben, ist es gewiß sinnvoll, hier ein paar Worte über den Hasen zu verlieren, denn ohne den Hasen hätte sich der Beagle nie so entwickelt wie er heute vor Ihnen steht, sitzt oder liegt. In Verbindung mit Beagles und in Mitteleuropa sprechen wir ausschließlich vom Feldhasen, lateinisch Lepus europaeus. Von dem gibt es regional verschieden einige Unterarten, so auf den Britischen Inseln am häufigsten den braunen Feldhasen (lepus europaeus occidentalis). Auf den Hochflächen und in den Mittelgebirgen in Cumberland und Lancashire wird der Blaue oder Berghase (lepus europaeus variabilis bzw. timidus) bejagt, auf Irland der dort

Seit zweihundert Jahren unverändert und unausrottbar: das Wildkaninchen. Darstellung des englischen Holzschneiders Thomas Bewick etwa 1790

heimische Blaue irische Hase (lepus europaeus lutescens). Alle gehören zwar mit dem Kaninchen zusammen zu den Hasenartigen, beide Arten unterscheiden sich jedoch in Aussehen, Lebensweise und Fortpflanzung ganz drastisch. Für echte Wildtierlaien ist die Unterscheidung ganz simpel: wer in einen Bau geht, ist kein Hase.

Hasen werden bis 75 cm lang, während Wildkaninchen (Oryctolagus cuniculus) maximal 40 cm lang werden. Während bei Wildkaninchen die Ohren stets kürzer sind als der Kopf, hat der Hase weitaus längere Ohren, bei den Jägern Löffel genannt, als sein Kopf mißt. Weitere deutliche Unterscheidungsmerkmale sind die weißen Ohrenrückseiten mit den schwarzen Marken beim Hasen und die sehr langen Hinterläufe. Hasen haben leicht vortretende Augen, sie sehen nicht nur gut, sondern gleich gut zur Seite und nach hinten, nicht gut jedoch nach vorne. Hasen sind gemeinhin stumm, geben aber, verletzt, klagende Laute und in Todesangst schrille Schreie von sich.

In Deutschland als bedrohte Tierart gerade auf die 'rote Liste' gekommen: der Hase. Hier die meisterliche Darstellung Thomas Bewicks etwa 1790

Wahrlich einzigartig ist jedoch die Geschwindigkeit, mit der ein Hase flüchtet; anfangs läuft der Hase schnell, aber immer noch gemächlich, mit deutlich sichtbarem Bodenabstand. Bei Bedrohung jedoch -und Hasen können sehr gut abschätzen, wie nahe ein Verfolger hinter ihnen ist, insbesondere, wenn er ständig Laut gibt- streckt sich der Hase, wird lang und flach und fliegt förmlich über den Boden dahin.

Hasen sind Einzelgänger, mehrere Hasen zusammen sieht man nur, wenn die neuen Hasen hergestellt werden. Wenn die Hasen, wie es fachgerecht heißt, 'rammeln'. Sonst sieht man Hasen, wenn man sie überhaupt sieht, denn sie sind Meister in Tarnung, meist auf Feldern und Wiesen. Wird es kalt, kann sich schon mal ein Hase in den Wald zurückziehen, wo er Windschutz sucht. Hasen sind reine Vegetarier und wahre Feinschmecker und schätzen abwechslungsreiche Kost aus Kräutern und Feldfrüchten. Wenn zuviele Hasen auf der Fläche leben, sind sie eine Landplage, denn sie fressen dann nicht nur erhebliche Mengen von Feldfrüchten, sondern knabbern auch Rinde und

Knospen von jungen Bäumen im Wald ab, was zu erheblichen Schäden im Aufwuchs führt.

Hasen sind äußerst fruchtbare Tiere, eine Kompensation dafür, daß sie viele natürliche und in modernen Zeiten auch von der Zivilisation und der modernen Landwirtschaft eingeführte künstliche Feinde haben. So können Häsinnen noch während des Austragens eines Satzes Junghasen schon wieder befruchtet werden, dann kommt es wahrlich zu einer Fließbandproduktion - bis zu vier Trächtigkeiten pro Jahr sind möglich. Peter Beckford, der berühmte Jagdschriftsteller vom Ende des 19. Jahrhunderts, dessen Buch 'Thoughts on Hunting' in der berühmten vierten Auflage mit den Kommentaren des Beagle-Papstes J. Otho Paget ein Kultbuch der Beagleszene ist, hat die Fruchtbarkeit der Hasen mit einem Experiment bewiesen: er setzte ein wildgefangenes Paar am Jahresanfang in einen großen, mit einer hohen Mauer umhegten Garten. Am Ende des Jahres fanden sich insgeamt 57 Hasen innerhalb der Umzäunung.

Im 15. Jahrhundert wurde in Europa Wild häufig nur in Gattern gehalten und bejagt. Auch da haben sich gewiß genug Hasen gefunden.

Hasenjagd im Wildgatter im Frankreich des 15. Jahrhunderts

Nach der Rammelzeit in den ersten beiden Jahresmonaten, in denen Hasen besonders an warmen Tagen bei der Revierbildung und eben der Erzeugung von Junghasen zu beobachten sind, kommen in der Regel nach 40 bis 50 Tagen in einem 'Satz' Hasen zwei bis drei, nur selten über vier voll behaarte, sehende Junghasen zur Welt. Die Häsin findet die Junghasen nur etwa vier Tage lang am Platz, wo sie gesetzt wurden, dann beginnen sich die Junghasen bereits eigene „Sassen" zu suchen, wie ihr Lager, das höchstens mitten im Bewuchs flach ausgekratzt wird, genannt wird. Hier können sich die Junghasen perfekt tarnen, hier sucht die Häsin die Jungen nur alle 24 Stunden zum Säugen auf. Die Junghasen und die Häsin haben während dieser Zeit kaum Eigengeruch, ein Schutz der Natur gegen räuberische Feinde. Schon nach etwa drei bis vier Wochen ist es aus mit der Milchversorgung, die Junghasen müssen sich nun selbst durchbringen. Nur der letzte Satz Junghasen zum Winter hin wird länger gesäugt, während die Junghasen aber schon selbstständig Grünfutter suchen und zu sich nehmen. Hasen sind, insgesamt rasante Entwickler, natürlich bald geschlechtsreif. Sie bemühen sich dann nach Kräften, neue Hasen zu erzeugen.

Hasen sitzen während des Tages fest in ihrer Sasse, wenn sie nicht gestört werden, sie sind dämmerungs- und nachtaktive Tiere. Allein schon deshalb mögen sie die tagesgeschäftigen Kaninchen nicht und sind selten in denselben Bereichen zu finden; Jäger behaupten gar, daß Kaninchenböcke, die männlichen Tiere, Junghasen in ihrem Bereich umbringen. Am Abend beginnen sich die Hasen zu regen und spielen und hüpfen herum. Danach beginnt ihre Futtersuche, die die ganze Nacht andauert, gegen Morgen kehren sie zu ihrer Sasse zurück. Werden sie allerdings dort gestört, benutzen sie dieselbe Sasse meist erst nach Wochen wieder.

Hasen haben tatsächlich enorm starke Nerven und sind alles andere als ängstlich. Als Regel kann ganz gut gelten, daß braune Flecke auf Feldern und Wiesen, die beim Näherkommen kleiner werden, Hasen sind. Was größer wird, sind Erdschollen oder Ähnliches. Bei Störung des ruhenden Tieres geht das phänomenale Stoffwechsel- und Betriebssystem des Hasen in Sekundenbruchteilen von null auf hundert. Hasen können bis zu 75 kmh Fluchtgeschwindigkeit erreichen, die sie fast einen Kilometer lang halten können; insbesondere bergauf sind sie gewöhnlich schneller als die schnellsten Hunde, ihre ganze Kraft kommt, wie bei Hunden auch, aus den äußerst kräftigen Hinterläufen. Sogar wenn unbehelligt, versuchen Hasen immer wieder, durch Widergänge, Haken und gar Luftsprünge, ja sogar durch Schwimmen ihre Spur so zu komplizieren, daß niemand ihr folgen kann; sie behalten diese Schutzmaßnahmen natürlich auch auf der Flucht bei, solange sie Zeit dazu haben. Hasen sind behende Springer, sie springen leichtlich anderthalb Meter hoch und, zum Beispiel über einen Wasserlauf, vier Meter weit. Dabei sind sie durchaus trickreich, so springen von Hunden verfolgte Hasen mitunter oben auf eine hohe Hecke oder auf Steinmauern und bleiben da oben eine Weile oder laufen dort weiter, während die Hunde meist länger brauchen, das mit Hilfe ihrer feinen Nase nachzuvollziehen. Auf der Flucht sind sie äußerst einfallsreich im Anlegen von falschen Spuren und kennen eine Menge Listen, die sie verfolgenden Hunde zu täuschen oder ihnen das Folgen ganz unmöglich zu machen. So haben Hasen, die von Beagles gejagt wurden, verbürgterweise andere Hasen zum Entsatz auf die Reise geschickt und sich in deren Sasse geborgen. Andere haben sich in Herden von Schafen oder Kühen geflüchtet, wahre Vexiermuster von Widergängen angelegt, sind hoch in die Luft gesprungen und windab fünf Meter entfernt vom Absprung aufgekommen, um die Spur zu unterbrechen oder sind in Bachläufen entlanggegangen, um keine Spuren zu hinterlassen. Hasen sind vorzügliche Schwimmmer, die lange Strecken mühelos zurücklegen. Hasen sind schon kilometerweit auf Fahrstraßen mit Schwarzdecke gelaufen, wo sich die Spur des Hasen nur schwach wahrnehmen läßt und schlecht hält.

Es ist jedoch ganz generell so, daß jeder Hase in einem bestimmten Revier lebt und daher immer wieder in die Nähe ihrer ersten Sasse zurückkommt. Dies nutzen nicht nur Meutejäger, sondern auch Jäger beim Brackieren von Hasen, die auf diese dann, wenn sie in weitem Bogen zurückkehren, was der Jäger am Laut der sie verfolgenden Hunde hören kann, zu Schuß kommen.

Ohne diesen außergewöhnlichen Einfallsreichtum, wohlgemerkt des Hasen, wäre natürlich auch die ganze Jagd mit einer Beaglemeute höchst langweilig. Erst die Hasen machen das Beagling interessant. Gerade das Beobachten des Ausarbeitens der Hasenspur mit allen ihren Besonderheiten durch erfahrene Hunde macht den hauptsächlichen Reiz der Meutejagd mit Beagles aus und nur die beständige, hartnäckige Zusammenarbeit der Hunde untereinander, ihr Dauerleistungsvermögen trotz der erhöhten Belastung durch die Riechleistung und den Laut, zusammen mit der Erfahrung und gelegentlichen Lenkung durch den 'hunt staff' läßt die Meute schließlich zum Erfolg kommen.

1.5 Die Meutejagd mit Beagles

Als Vorrede muß ich hier den Leser, der hier mittendrin einsteigt und nicht von Anfang an gelesen hat, ein wenig mit dem Sprachgebrauch vertraut machen. Hier ist die Rede von 'Hounds' einer Rassengruppe von jagenden Hunden. Unter den Jagdhunden sind die Bracken diejenigen, die dem Wild auf der Spur folgen und dem Jäger dabei mit ihrem Laut sowohl anzeigen, daß sie die Spur noch verfolgen als auch, wo sie selbst sich befinden. Im englischen Sprachgebrauch umfaßt die 'Hound group' im Ausstellungswesen mehr Rassen als nur die von uns 'Bracken' genannten Rassen, in ihr sind auch diejenigen Hunde enthalten, die auf Sicht und ohne Laut jagen, die Windhunde.

Im Jargon der Meuteleute sind 'hounds' aber nur diejenigen Hunde, die in Meuten laufen und, wie oben beschrieben, wie Bracken arbeiten. Dies sind heute noch die großen Foxhounds, die den Fuchs jagen, während ihnen Master und Jagdgesellschaft zu Pferde folgen, die Harrier, deren Jagd ebenfalls zu Pferde begleitet wird, die Otterhounds, deren Jagd auf den Otter nun verboten ist und deren Meuten aufgelöst wurden und dann die vielen anderen Spielarten der Meutejagd mit staghounds und die fellhounds, die den Hirsch jagen und regional die Welsh fouxhounds und, fast ausgestorben, die Kerry Beagles, irische große Meutehunde für die Fuchsjagd.

Sie alle sind 'hounds' im engeren Sinne, haben heute aber höchst unterschiedliche Verbreitung und Popularität. Wie Sir Walter Gilbey in seinem Werk 'Hounds in Old Days' 1979 schreibt, hat sich die Jagdwelt für die Harrier am drastischsten geändert. Sie waren schon immer neben den Foxhounds die Jagdsporthunde, die alternativ Hasen oder Füchse jagten und denen man zu Pferde folgte. Während es 1850 noch 62 Harriermeuten gab, die schließlich, wie an anderer Stelle ausgeführt ist, im Jahre 1901 auf 147 angewachsen waren, erwiesen sich die meisten dieser Meuten als zu schnell für den

*In seiner Atmosphäre unnachahmliches   Foto: Charles Vivian mit der Meon Valley
Beaglemeute, Titelblatt von Hobsons Buch*

Noch heute das Ideal des Arbeitshundes - und Verkörperung eines Ziels, in dessen Richtung Züchter den Beagle auch heute formen sollten. Eine Entwicklung des Haus- und Schaubeagles, verbunden mit Leistungsprüfungen, in dieser Richtung wäre es gewiß ein Segen für die Rasse. Dieser Rüde, Warwickshire Dancer '64, hat als Fellfarbe ein helles Badger Pied

Hasen, denn sie waren recht große Hunde, oft die kleinsten Nachzuchthunde aus Foxhoundmeuten. So sind Harrier auch heute noch eher verkleinerte Foxhounds, die meisten dreifarbig und von ca. 50 cm Schulterhöhe. Nur der West Country Harrier ist noch vom alten 'Southern Hound"-Schlag, allerdings auch mit nahezu 70 cm Schulterhöhe in einer ganz anderen Größenklasse.

Daß die Form guter Meutehunde jedoch auch heute noch allgegenwärtig ist, wurde dem Autor im Juni 1995 klar, als ihm bei einer lokalen Schau in Finnland zwar keine vorzüglichen Beagles, aber ein vorzüglich gebauter, aber viel zu großer Meutehund mit dem Ausdruck eines vorzüglichen Beagles unterkam. Irritiert, weil ein beagleartiger Harrier wohl auch nicht typisch wäre, hat der Autor vorsichtig nachgefragt, was dies für eine Rasse sein sollte. Siehe da: es war eine Rasse, die historisch verbürgt Beagleblut führt: eine estnische Bracke. So sind viele Rassen Meutejagdhunde gemeinsamen Ursprungs und so will ich auch im nachfolgenden Text ohne weiteres von 'hounds' sprechen, wenn die Meutehunde gemeint sind.

Die Hasenjagd mit der Beaglemeute hat im Englischen ihre eigene Tätigkeits-bezeichnung: 'Beagling'. Das diesem Wort zugrundeliegende Wort 'to beagle' ist allerdings im Alleingebrauch ungebräuchlich, die sprachliche Verwendung beschränkt sich auf die zusammengesetzte Form wie 'to go beagling' (auf die Beaglemeuten-Jagd gehen) oder etwa 'I have been beagling' (ich war auf der Beaglemeuten-Jagd).

Was ist 'beagling' im Ursprungsland des Beagles? Wie Iain Clarke knapp und klar formuliert: "Beagling ist die Kunst, den Hasen mit einer Meute kleiner hounds -Beagles- zu jagen, die, langsamer als der Hase, mit ihrem Geruchssinn der Spur dieses bestimmten Hasen zu folgen vermögen." Weiter ist noch vorauszuschicken, daß ausschließlich Hasen in ihrem natürlichen Lebensraum aufgespürt und gejagt werden, nicht etwa Hasen aus Gatterhaltung oder Ähnliches. Der Meute wird zu Fuß gefolgt, eine äußerst gesunde Freizeitbeschäftigung auf dem Lande und im Freien, die einem eine Fülle von Gelegenheiten gibt, hounds bei der Arbeit zu beobachten.

Die Meutejagd mit Beagles auf Hasen hat in Großbritannien gewiß heute vordergründig vornehmlich die Bedeutung eines 'country sport', der gesunden Freizeitbeschäftigung mit dem direkten Bezug zur Natur, Beobachtung von Hunden bei der Arbeit und, hochtrabend formuliert, der Interaktion der Hundemeute mit dem äußerst fintenreichen Jagdwild, dem Hasen. Eine andere Komponente ist die Geselligkeit Gleichgesinnter bei Beaglemeuten, mit denen jeder mitgehen kann, der laufen, mindestens aber gehen kann und sich an die geschriebenen und ungeschriebenen Regeln hält, mit einer höchst klassenlosen Mischung aller Schichten und Einkommensklassen, die nur eines zusammenhält: die Freude am 'hound sport'.

Über lange Jahrzehnte jedoch, vielleicht sogar länger als hundert Jahre, hatte die Meutejagd auf den Hasen auch den Sinn einer Regulierung der Hasenpopulation im

Beagles ca. 1910 in interessanten Fellfarben beim 'check', Aquarell von George Vernon Stokes ca. 1920

bejagten Gebiet. Seinerzeit hatten die Gespräche mit den Landeigentümern, meist den Bauern, die das bejagte Gebiet landwirtschaftlich nutzen, jeweils vor der Saison primär den Sinn, von denjenigen, die am meisten da draußen unterwegs waren, zu erfahren, wie groß der Hasenbesatz war und wieviele Hasen in der Saison erjagt werden sollten. Heute sind diese noch immer traditionellen Gespräche, die noch immer vor Beginn der Jagdsaison Ende Oktober bis März vom Master of Hounds, meist gemeinsam mit dem Huntsman reihum geführt werden, eher Goodwill-Touren, bei denen auch, in Ackerbauregionen, in Erfahrung gebacht wird, wo welche Winterfrucht angebaut ist und welche Felder möglichst geschont werden sollen.

Dennoch hat die Meutejagd auf Hasen den Effekt, daß die körperlich starken und die gewitzten Exemplare unter ihnen oft der Jagd entkommen, die anderen nicht. So pflanzen sich eben eher die Starken und Klugen fort, mit Sicherheit biologisch sinnvoller als die Selektion der Treibjagd hierzulande, bei der allenfalls die nervenstarken (vielleicht auch die tauben?) Hasen durchkommen. Jedenfalls ist die Meutejagd in Großbritannien noch immer erlaubt, während sie in Deutschland mit seinen engen Reviergrenzen, die von Meutehunden leicht überjagt würden, schon seit den dreißiger Jahren verboten ist.

Aber auch bei Meutejagden in Großbritannien finden sich immer mehr militante Gruppen von Gegnern der von ihnen so genannten 'blood sports' ein, die mit Vertreiben des Jagdwildes vor der Jagd und von ihnen gelegten intensiven Duftspuren versuchen, die Hunde von der Spur abzulenken. Diese Proteste konzentrieren sich allerdings, da sie vornehmlich von gesellschaftskritischen Gruppen betrieben werden, deutlicher auf die Jagd mit Foxhounds, bei denen sich ja nun auch wohlhabendere Leute einfinden.

Hier muß gesagt werden, daß das Töten des gejagten Hasen durch die Hunde der Meute der eher seltene Schluß der Meutejagden ist - alle Meutefreunde haben ohnehin weit mehr Interesse an den ideenreichen Finten des Hasen und der kongenialen Arbeit der Hunde, die nur folgen können, wenn sie nicht nur begabt und wohltrainiert sind, sondern auch im Teamwork zusammenarbeiten. Mehr Interesse jedenfalls als an einem blutigen Ende, mag es auch noch so schnell vorüber sein.

Nach Schätzungen Eingeweihter hat der Hase eine Chance von 6 zu 1 zu entkommen. Im Durchschnitt erjagen Beaglemeuten in der Saison etwa 20 Hasen bzw. wie man in Großbritannien sagt, 10 braces Hasen, denn nicht nur Hunde, sondern auch Hasen werden jeweils zu zweien gezählt. Manche Meuten erjagen mehr, manche weniger. Und entweder erreichen die Hunde den Hasen und töten ihn sofort oder er entkommt unversehrt. Daß der Hase verletzt wird oder verstümmelt qualvoll verendet oder verstümmelt überlebt, wie es bei der Jagd mit der Flinte, insbesondere wenn keine firmen Hunde bei der Treibjagd mitwirken, leider nicht selten vorkommt, gibt es bei der Meutejagd nicht.

Vor der eigentlichen Jagdsaison Oktober bis März werden, sobald in Feldan-bauregionen die Ernte eingebracht ist, die jungen Hunde ins Jagen eingewiesen. Dies geschieht sehr früh am Morgen, sobald es hell ist, oder am Abend vor dem Dunkelwerden. Bei diesen Jagden sind nur eigens vom Master eingeladene Gäste zugelassen.

Während der Saison jagen die meisten Meuten zweimal in der Woche, auf jeden Fall aber samstags. Schon allein die Terminierung am Wochenende schließt aus, daß Beaglefreunde sowohl an Hundeschauen als auch an Jagden teilnehmen - diese finden

George Vernon Stokes stellte etwa 1920 auf seinem Aquarell zwei Beagles in vollem Lauf dar, die im Kopftyp und mit ihrer Knochensubstanz auch heute im Schauring erfolgreich sein könnten.

gleichfalls am Wochenende statt. Die Jagdgesellschaft trifft sich gewöhnlich um die Mittagszeit an einem zuvor bekanntgegebenen Treffpunkt, so bei einem Gasthof, vor einem Dorf, an einer Kreuzung oder bei einem Fördermitglied der Meute, oft einem Bauernhof. Hier sind alle willkommen, insbesondere Fremde.

Diejenigen, die die Meute tatsächlich führen, 'hunt staff' genannt, tragen Jagdkleidung. Und das nicht nur aus Tradition, sondern, um es dem Feld -so werden alle bezeichnet, die der Meute zum Zuschauen folgen- zu erleichtern, den Master und seine Leute auch aus größerer Entfernung zu erkennen. Da die Jagden im Winter stattfinden, heben sich die Leute mit 'hunt uniform' gut gegen den dunklen Hintergrund ab. Die Jagdkleidung ist von Meute zu Meute leicht unterschiedlich. Gemeinhin besteht die Kleidung aus einer schwarzsamtenen Reitkappe, einer jedenfalls bei den meisten Meuten grünen, längeren Jacke, weißen Kniebundhosen und grünen oder anders einfarbigen Strümpfen.

Oberkommandierender des 'hunt staff' ist der 'Master of Hounds', oder, wenn sich mehrere diese Aufgaben teilen, sind die 'Joint Masters' diejenigen, die das Sagen haben. Die Stellung eines Masters kann man mit der eines geschäftsführenden Direktors im Wirtschaftsleben ganz gut vergleichen; er ist für die Organisation und die Abwicklung des Jagdtages verantwortlich; in der 'sporting scene' führt er hinter seinem Namen die Titelabkürzung 'MH' und gehört damit zur jadgesellschaftlichen Oberklasse. Diese Abkürzung adelt den Briten aber auch im allgemeinen, jagdfernen Gesellschaftsleben. Hound sport gehört zum Lebensstil der britischen Oberschicht wie die Entsendung der Kinder in wahrhaft spartanische Internatsschulen und das Verbergen der Wohlhabenheit.

Im Kopf flacher und gestreckter als die heutigen Beagles. Zeichnung von Arthur Wardle für eine 'Cigarette Card'

Der Master macht auch die Finanzplanung, um die Meute erhalten zu können. Bedingt durch die geringere Größe der Beaglemeuten ist hier, anders als bei Foxhoundmeuten, der Master meist auch der 'Huntsman'. Der Huntsman ist derjenige, der auch für die Haltung und Zucht der Hunde zuständig und verantwortlich ist und damit auch für die Gesundheit, das ständige Training und damit indirekt auch für das Leistungsvermögen und die Tagesleistung der Meute. Sollte sich die Meute das leisten können stellt er jemand hauptberuflich ein, der die Hunde versorgt und betreut, wird der 'kennel-huntsman' (kennel: englisch für Zwinger) genannt.

Um die Meute während der Jagd unter Kontrolle zu halten, hat der Huntsman mehrere Helfer, meist drei Personen, die man 'whippers-in' (whip: englisch für Peitsche) nennt. Sie flankieren die Meute, sorgen, daß kein Hund allzuweit zurückbleibt noch allzuweit ausschwärmt. Eine ihrer anderen wesentlichen Pflichten ist auch, die Hunde bei jeder Gelegenheit, so beim Durchgang durch Weidezauntore, durch Hecken oder Gräben, immer wieder zu zählen. Wenn am Ende des Jagdtags ein oder mehrere Hunde fehlen, regt das keinen sonderlich auf; für den 'hunt staff, die die Meute tatsächlich führen und betreuen, heißt das aber, am Ende des Tages das Revier nochmals abzusuchen oder auch erst am nächsten Morgen, um versprengte Hunde wieder einzusammeln.

Wie die Hunde- oder Meutewelt mit der Wirklichkeit Großbritanniens verwoben ist und ihre Widerspiegelung in der modernen Welt der Politik findet, zeigt sich daran, daß die Fraktionsführer der politischen Parteien im Parlament in Großbritannien noch immer 'Whip' genannt werden. Sie sorgen gewißlich auch, daß im Sinne der Fraktionsdiziplin keiner politisch 'allzuweit zurückbleibt noch allzuweit ausschwärmt'.

Außer den Vorgenannten dürfen nur ein oder zwei weitere Funktionsträger der Meute 'hunt uniform' tragen: der Geschäftsführer, der für die Verwaltungsangelegenheiten so wie die Betreuung der Mitglieder des Meutevereins und die Vorbereitung der Jagdtreffen zuständig ist sowie, last not least, der Schatzmeister der Meute. Alle, die bei Jagden Jagdkleidung tragen dürfen, gehören zum Vorstand der Meute. Deren vornehmstes Ziel ist, das Geld für den Erhalt und Betrieb der Meute aufzutreiben. Geld kommt zum Beispiel neben Spenden auch aus den Mitgliedsbeiträgen. Es wird erwartet, daß Leute, die regelmäßig an Meutejagden als Zuschauer teilnehmen, Mitglieder des Meutevereins werden, der Mitgliedsbeitrag liegt meist zwischen 50 und 100 DM pro Kopf und Saison; eine Meute, die zweimal in der Woche jagt, wird so meist pro Saison 50 Jagdtage bieten - also viel Vergnügen für wenig Geld. Von nur tageweise erscheinenden Besuchern wird erwartet, daß sie in die zum Sammeln herumgehende Jagdkappe eine 'cap' als ihren Beitrag zur Meute spenden, die heute etwa bei 10 DM pro Kopf liegen sollte.

Zu Jagdtagen werden meist Meuten von sieben bis zwanzig Koppeln ('couples') zusammengestellt. Meutehunde werden stets in Koppeln, also zu je zweien gezählt; auch die von der Meute erjagten Hasen werden zu je zweien gezählt, ein 'brace' Hasen sind eben zwei Hasen. 15 Beagles sind also 7 1/2 Koppeln. Entgegen den Bräuchen in Foxhoundmeuten laufen in den Beaglemeuten meist gemischt Rüden und Hündinnen. Die Anzahl der hounds wird im wesentlichen durch die Revierbeschaffenheit bestimmt, aber auch ein wenig dadurch, wieviele whippers-in zur Verfügung stehen, die werktags natürlich oft nicht zur Jagd gehen können. Es müssen genug Hunde sein, um einen Hasen oder seine Spur zu finden und um die Spur auch dann zu halten, wenn sie über Gelände verläuft, das entweder das Geruchsmilieu der Spur schlecht hält oder überdeckt; in diesem Fall zählt nur die Teamarbeit der Vielen. Es dürfen jedoch nicht soviele Hunde sein, daß die Spur förmlich von den vielen Hundepfoten überrannt wird und die weiter hinten in der Meute laufenden Hunde sie nicht mehr wahrnehmen können. .

Auf Signal des Masters, das er auf seinem kurzen, geraden messingnen oder bei wohlhabenden Personen, silbernen Signalinstrument, 'horn' genannt, bläst, bewegt sich die Meute vom Treffpunkt aus breit ausgeschwärmt auf die angrenzenden Flächen, um eine Hasenspur zu finden. Diese Phase nennt der Meutefreund 'draw'', bei dem der Master seine Hunde mit Rufen anfeuert und bestärkt. Will er die Hunde enger zu sich heranholen, bläst er ein Signal auf seinem Jagdhorn, das die Hunde wohl kennen und wohlweislich befolgen - sie wissen, daß ihnen sonst die whippers-in dabei tatkräftig und spürbar helfen würden. Sobald ein Beagle eine Hasenspur gefunden hat, wird er erst heftiges Rutenspiel zeigen, das die Briten 'feathering' nennen. Sobald dieser Hound sich seiner Sache sicher ist, wird er Spurlaut geben, der in Großbritannien so schön als 'speaking on the line', Sprechen auf der Spur, bezeichnet wird. Die anderen Beagles werden sofort zu ihm stürzen und dann hebt nach anfänglich erregtem gemeinsamem Laut ('cry') die wunderschöne 'hound music', das Geläut der Meute an, das Hundefreunde mit Freude, ja Begeisterung, Rührung und wahrhaft gar Dankbarkeit, so etwas Schönes erleben zu dürfen, erfüllt. Der Huntsman bläst ('blowing away') zur Bestätigung das

Signal 'Gone away', die Meute folgt nun gemeinsam der Spur, nimmt Geschwindigkeit auf.

Auf keinen Fall darf irgendjemand zwischen Meute und Huntsman laufen, nach dem 'Gone away' mag jeder selbst entscheiden, wie nahe er der Meute folgen will - und kann. Ein Respektsabstand muß dennoch bleiben, denn, sollte die Meute einen Haken der Hasenspur überschießen, muß sie die Chance haben, zurückzufallen und sich wieder einzubögeln, ohne daß die Fußspur eines Menschen in die Quere kommt. Die beste Position für Zuschauer ist stets seitlich hinter der Meute - in Windrichtung! Mitunter wird die Spur schwächer, die Meute verweilt, um den Verlauf genau auszuarbeiten. Eine solche Phase wird 'Check' genannt. Hier zerstreut sich die Meute etwas, die Hunde schauen umher, ob ein anderer Hund sich bereits nicht wieder mit der Nase an der Spur 'festgesogen' hat. Alle Beagles versuchen, die richtige Spur ('the true line') wiederzufinden und aufzunehmen.

In dieser Phase hat sich das Feld mucksmäuschenstill zu verhalten, stillzustehen und genau auf den Master zu achten. Der wird, wenn die hounds die Spur nicht spontan wiederfinden, die Meute im Kreis ausschwärmen lassen ('cast' genannt), um ihr das Wiederfinden zu erleichtern. Gerade die Checks sind mit die fazinierendsten Phasen der Jagd - nirgends besser läßt sich die unglaubliche Nasenarbeit der Hunde, ihre Erfahrung und ihre Zusammenarbeit in der Meute besser erfassen.

Hat ein Jagdgast aus dem Feld den Hasen gesehen -und er muß sich dessen sicher sein, daß es sich nur und gewiß um den Hasen handelt, dessen Spur die Meute zuvor arbeitete, sollte er sich in die Richtung wenden, in der von ihm aus sich der Hase befindet und mit dem Hochhalten und Schwenken einer Mütze oder eines Taschentuchs dem Huntsman anzeigen, wohin der Hase gelaufen ist. Nur ausnahmsweise und nur in diesem Falle darf 'Hallo' gerufen werden, um den Huntsman auf sich aufmerksam zu machen.

Es mag jedoch dem Huntsman nicht zusagen, die Meute dann wirklich in diese Richtung zu lenken, oder auch die Spur hat sich verloren und noch so intensives Checking, ja gar Casting läßt die Hunde sie nicht wiederfinden. Kann sich der Hase erfolgreich retten - in einen Kaninchenbau, unter eine Trockemauer, in einen hohlen Baum, wird die Jagd auf ihn da abgebrochen, aber gewiß kann natürlich auch der Hase erjagt werden - oft wird nach langer Zeit der Hase so müde und langsam, daß ihn schließlich die Hunde eräugen und ihn auf Sicht hetzen ('coursing'). Die Hunde ereichen ihn, töten ihn ('the kill').

Ist der Huntsman nahe dabei und es handelt sich um einen kapitalen Hasen, mag er den toten Hasen erst an sich nehmen und den Kopf, 'the mask' genannt, für sich zum Präparierenlassen als Trophäe behalten und erst dann den Rest den Hunden zum Fraß vorwerfen. Sonst teilen die Hunde ihn unter sich auf ('break up').

Auch hier zeigt sich, welche Autorität und welchen Respekt der Master sich gegenüber den Hunden erworben hat, sodaß die Hunde diese Wegnahme ihrer eigentlichen, mit Leidenschaft erjagten Beute selbst in ihrer höchsten Aufregung dulden. Aber es wird auch deutlich, wie wenig agressiv diese Hunde Menschen gegenüber sein dürfen, um hier nicht als machtvolle Gruppe die Herausgabe der Beute mit Agression zu erzwingen.

Hier sei zur Verdeutlichung eine historisch verbürgte Geschichte eingefügt. Ein auch heutzutage höchst kurzweiliger und hinsichtlich der Einstellung zum Tier als Mitgeschöpf, aber auch hinsichtlich der Meutedisziplin der Hunde erstaunlicher Bericht über eine Hasenjagd mit Beagles findet sich nach Jesse in den 1723 erschienenen

Berichten Addisons aus dem Jahre 1711 über das Leben von Sir Roger de Coverley:

"Sir Roger being at present too old for Foxhunting to keep himself in Action, had disposed of his Beagles and got a Pack of Stop-Hounds." In der Folge erweist sich im Text deutlich, daß hier ein antiker Textfehler vorliegt, denn in der Folge beschreibt Addison, daß Sir Roger dieser Meute, die ganz offenbar doch zwergenhafte Beagles waren, zu Pferde folgte, als sie einen Hasen acht Stunden lang vor sich hertrieben.

Als die Hunde ihr Wild fast erreicht hatten, warf der Huntsman zwischen Hasen und Hunde seinen Jagdstock, die Hunde wußten, daß das ein unerbittliches Halt bedeutete und verharrten, wenn auch mit vollem Laut. Sir Roger ritt nach vorn, stieg ab und nahm den Hasen auf den Arm; er übergab ihn einem Diener und ordnete an, der Hase solle künftig in seinem umfriedeten Obstgarten leben, wo sich einige andere solcher 'Kriegsgefangenen' schon lange unter höchst günstigen Lebensbedingungen bester Gesundheit erfreuten. Sir Roger hatte sich so über die lange Jagd, die Disziplin der Hunde und die List des Hasen gefreut, daß er es nicht übers Herz brachte, das Geschöpf, das ihm soviel Freude auf der Jagd bereitet hatte, dem Tod zu überantworten.

Gewöhnungsbedürftig ist der mancherorts noch geübte Initiationsritus, daß mit einem blutigen Stück des Hasen den Kindern, die der Jagd ein erstes Mal gefolgt sind, vom Huntsman eine blutige Marke auf die Wange gemacht wird.

Gleichwohl kann die Jagd sich so entwickeln, daß der Hase nicht erjagt wird. Ist es noch früh am Tag, mag der Master ein paar weitere casts durchführen. Beginnt es jedoch, zu dunkeln und der letzte Hase ist entweder entronnen oder erjagt, wird der Master den Tag beenden. Er bläst das langgezogene Hornsignal 'Home', das Hunden und Menschen die Rückkehr zum Treffpunkt des Tages befiehlt.

Dort gibt es traditionell zum Abschluß des Tages einen reichhaltigen 'tea', bei dem nochmals die Ereignisse des Tages im Gespräch Revue passieren. Auch Leute, die der Meute zum ersten Male folgten, sind hier höchst willkommen, gerade die Leute, die Beaglemeuten folgen, 'Beaglers' genannt, sind sehr gesellig und wären höchst enttäuscht, wenn solche Neulinge nicht dazukommen wollten. Und dieser Teil des Tages ist die schönste Weise, den Tag ausklingen zu lassen, denn während der Jagd ist allzu reges Gespräch verpönt. Eine Warnung sei hier ausgegeben: 'tea' umfaßt nicht nur Tee als Getränk und es gibt dazu nicht nur Kuchen und Plätzchen !

Wer als England-Besucher einer Beaglemeutenjagd zuschauen will, nimmt am besten Kontakt zum Beagle Club GB auf (Adresse hinten im Buch) und läßt sich vom Geschäftsführer (Honorary Sectretary) ein Mitglied des Clubs oder eine andere Kontaktperson nennen, die in der Gegend wohnen, die man besuchen will. Mit Freundlichkeit, Höflichkeit und englischsprachigen Grundkenntnissen aber auch zweckmäßiger Kleidung wird man sicher zu Terminen kommen können, wo dann ein 'meet' stattfindet. Früher wurden die Termine und Treffpunkte in der nationalen Jagdpresse, wie dem Magazin 'The Field', bekanntgegeben, nunmehr aber, im Zeitalter der 'blood sport'-Protestbewegung werden solche Informationen nur noch persönlich weitergegeben.

An dieser Stelle kommen wir nochmals zurück auf den Meutehund Beagle. Fundamentale Forderung für einen guten Hound ist, daß er ein äußerst feines Geruchswahrnehmungsvermögen hat und dazu Beharrlichkeit, auch die schwächste Spur selbst unter widrigsten Bedingungen ausarbeiten zu wollen. Dazu kommt das körperliche und psychische Standvermögen, im Englischen 'stamina' genannt, auch bei zwei Jagdtagen pro Woche auch die längsten Jagdtage bei guter Gesundheit duchzuhalten. Verlangt wird auch ein lockerer, wohltönender Laut, mit dem der Beagle anzeigt, wenn er auf der Spur ist, weiter der Wille und die Fähigkeit, im Team zu arbeiten. Er muß genügend Grundschnelligkeit mitbringen, um mit Feuer hinter dem Hasen zu bleiben, darf aber nicht schneller sein als die Meutegenossen. Der Beagle muß genügend Mut und Selbstvertrauen mitbringen, um jedes Hindernis zu überwinden, das sich auf der Jagd zwischen ihm und dem Hasen auftut und ausreichend Hartnäckigkeit, um die Spur halten zu wollen, bis die Beute erreicht ist. Und zu allem Anderen ist schließlich für jeden Meutehund jenes Maß an Intelligenz unerläßlich, das er braucht, um in allen Situationen schnell die geeignete Lösung zu finden und jene Lernbegier, die Winkelzüge seiner Beute zu erfassen, die 'Haseninstinkt' ('hare sense") genannt wird.

Wie sollte ich Ihnen ein anschauliches Bild der britischen Meuteszene vermitteln können, ohne die großen Brüder der Beagles, die Foxhounds und ihre Jagd zu erwähnen? Mangels eigener Kenntnis des Autors erklären die nachfolgenden Erläuterungen "The Classical Foxhound" aus der Feder der berühmten britischen Labrador-Retriever- und Border-Terrier-Züchterin Mary Roslin-Williams, deren verstorbener Mann lange Jahre mit den verschiedensten Hundemeuten arbeitete, Organisation und Betrieb der Foxhound-Meuten anschaulich und aktuell. Foxhoundmeuten sind die Lehrbuchbeispiele für die Meutehaltung schlechthin, denn kraft ihrer Größe und der zur Verfügung stehenden Finanzmittel sind Foxhoundmeuten eben strukturiert 'wie im Lehrbuch'.

"Auch bei den Foxhoundmeuten gibt es Klassenunterschiede - an der Spitze stehen seit gewiß siebzig Jahren die Meuten des Duke of Beaufort, die 'Quorn' und die 'Belvoir'" (von Briten hartnäckig entgegen französischen Sprachregeln 'Biewa' ausgesprochen, Anmerkung des Verfassers). Jede Meute dieser 'Meuten-Bundesliga' steht unter der Direktion eines Master of Fox Hounds, abgekürzt MFH" (und als Abkürzung hinter dem Familiennamen mitgeführt fast ein Adelstitel).

Der MFH ist auch bei Foxhounds der unumstrittene Herrscher über die Meute und alle Dinge, die die Meute betreffen. Er hat eher die Befugnisse des Präsidenten der Vereinigten Staaten von Amerika - er ordnet an. Und was er sagt, geschieht. Gewiß steht hinter ihm ein Vorstand wie bei einem Unternehmen mit Vorsitzendem, Schatzmeister, Geschäftsführer etc., die den MFH gewählt haben, als das Amt frei geworden war. Aber die Geschäfte des Vorstands haben sich im Hintergrund abzuspielen: Organisation der 'puppy show', der Jagden von Punkt zu Punkt, dem jährlichen Jagdball, der Mitgliederverwaltung und Beschaffung der erforderlichen Mittel. Nachdem sie ihn gewählt haben, mischen sie sich nicht mehr in die Geschäfte des MFH. Er trägt die volle Verantwortung, also hat er auch das Kommando.

Dem MFH untersteht der Huntsman. Er betreut von Berufs wegen die Meute im Alltag. Er füttert die Hunde, bewegt sie, kümmert sich um die Würfe. Er ist Chef im Zwinger und Herr über alle Dinge, die zu dessen Betrieb gehören. Er ist stets im Dienst, weiß alles über jeden Hund der Meute und bläst das Horn, führt also, wenn der MFH da kein begnadeter Amateur ist, die Meute auch auf die und auf der Jagd. Die großen vorgenannten Meuten haben meist einen ausgebildeten, professionellen Huntsman. Er kommt oft aus einer Dynastie von Huntsmen, sein Vater und Großvater sind schon Huntsman gewesen. Als der Mann mit all' den praktischen Kenntnissen des Betriebs ist er das Herz und der Motor des Ganzen.

Wohlgemerkt, es gibt nur einen Huntsman für die Meute; all' die Leute, die auf der

Jagd den Foxhounds auf teuren und schnellen Jagdpferden folgen, sind vielleicht Mitglieder des Meutevereins und Förderer, aber sie folgen der Meute eben nur. Helfer für den Huntsman sind die Whippers-in, die, mit langen Peitschen versehen, dafür sorgen, daß die Meute zusammen und nahe beim Huntsman bleibt. Bei den Foxhound-Meuten sind sie beritten und höchst behende Reiter, bei Beagle-Meuten, denen man zu Fuß folgt, sind sie stets sportliche, behende und ausdauernde Läufer mit schnellen Reaktionen.

Die Klasse, die die Meute hat, liegt mit größter Wahrscheinlichkeit in der Beständigkeit ihrer Blutlinien begründet. Die meisten dieser berühmten Meuten bestehen mitsamt den in ihnen beständig erhaltenen Blutlinien seit oder mitunter auch seit über hundert Jahren. Masters und Huntsmen kommen und gehen, aber die Meute bleibt bestehen.

Fundament der Qualität der Hunde in der Meute ist zweifellos, daß sie sowohl robust als auch kräftig sind, was voraussetzt, daß sie physisch und psychisch erstklassig sind, Durchhaltevermögen haben und Standvermögen. Das setzt allerbesten Körperbau voraus. Man rufe sich in Erinnerung: diese Hunde legen oft zweimal in der Woche bei hohen Grundgeschwindigkeiten und neben der äußerst kräftezehrenden Spur- und Nasenarbeit zwischen 50 und 100 Kilometern zurück. Und da rächt sich jede Schwäche der Anatomie sofort und unerbittlich. Gewiß kann ein Meutehund mal einen Unfall haben, aber Ausfall aus Gründen anatomischer Mängel kommt nicht mehr vor.

Allerwichtigster Grundsatz für den Aufbau einer Meute ist neben den oben beschriebenen Voraussetzungen für jeden einzelnen Hund die größtmögliche Einheitlichkeit in Typ und Größe. Differenzierungen gibt es hier nur zwischen den getrennt auf die Jagd geführten Rüden- und Hündinnenmeute. Alle Rüden müssen in Schulterhöhe und Substanz dem Maß in der Rüdenmeute, die Hündinnen ebenso der Hündinnenmeute entsprechen. Ab und an gilt als Ausnahme, daß eine besonders kräftige Hündin -und nur, wenn sie von außergewöhnlicher Qualität ist- in der Rüdenmeute mitjagt. Aber dies ist nicht die Regel, sondern eine höchst seltene Ausnahme und gilt nicht in umgekehrter Richtung.

In einem Jagdbezirk, in dem vier Tage pro Woche gejagt wird, laufen gewöhnlich, abwechselnd, die Rüden an zwei, die Hündinnen an zwei anderen Tagen. Alles unter der Grundregel, daß die Grundschnelligkeit der Meuten einander vollkommen entspricht.

Der Hund, der (auf der Fuchsspur, die ohnehin einen stärkeren Geruch abgibt als die des Hasen und auf der Hunde allgemein schneller laufen können,[der Autor]) schneller ist als die anderen, ist in der Meute eher schädlich als nützlich, denn er erreicht den Fuchs und treibt ihn weiter, bevor der Rest der Meute zur Unterstützung zur Stelle ist. Der Hund, der langsamer ist und zurückbleibt, ist ebenso unbrauchbar, denn eigens für ihn muss einer der 'whipper-in' umkehren, ihn finden und zurückbringen, während er möglicherweise dringender beim Huntsman benötigt würde.

Aus diesen Erkenntnissen heraus prägte schon Taplin in seinem The Sportsman's Cabinet 1803 die Redensart, daß eine Meute dann gut sei, wenn man sie beim Jagen alle "mit einer großen Tischdecke überdecken" könne. So wird offenbar, daß das Zusammenstellen zueinander passender Hunde für den Jagderfolg einer Meute unabdingbare Voraussetzung ist. Eigentlich überflüssig, hier anzumerken, daß die Anpassung stets an die besten, nicht an die schlechtesten Hunde erfolgt. (Dieselben Qualitätskriterien gelten ebenso für Beaglemeuten. [Anmerkung des Verfassers]

Ein weiterer Faktor für die Klasse einer Meute ist platterdings ihre Hundeanzahl. Gute große Meuten haben insgesamt zwischen 65 und 150 'couples', wie man eben Meuten in Koppeln zählt, also zwischen 130 und 300 Hunden. So kann eine solche Meute dann eben für jeden Jagdtag entweder eine Rüden- oder Hündinnenmeute von 20 bis 30 Koppeln aufbieten, und das jeweils zweimal die Woche oder, wenn Jagdrevier und Besatz es zulassen, gar an fünf oder sechs Tagen in der Woche. Wie sagt ein englisches Sprichwort? Wer viel Milch hat, hat auch viel Sahne. Genauso ist das mit Meutehunden.

Eine große Meute hat erfahrungsgemäß mehrere herausragende Zuchtrüden und meist eine hochklassige Hündinnenmeute von 20 bis dreißig Koppeln, aus denen die Zuchthündinnen ausgelesen werden. Dies tun gemeinhin Huntsman und Master zusammen, sie suchen die Zuchthündinnen aus und treffen Absprachen hinsichtlich der dazu passenden Zuchtrüden.

Jetzt erst greift traditionell ein vordergründig zufällig erscheinendes Kriterium in die bis dahin so rationale Welt ein: Zur Zucht verwendet werden aus den auserkorenen Hündinnen nur jene, die etwa im Januar heiß werden. Der höchst einfache Grund ist, daß der Huntsman die Würfe im März/April über die Bühne gehen sehen möchte; das heißt, die Welpen können nach ihrer Entwöhnung im Juni und Juli zu ihren puppy-walkers gehen. Dann hat man die Innenzwinger im Frühsommer frei, um alle Reparaturen und Renovierungen im Sommer durchführen zu können.

Nur wenn es eine Spitzenhündin ist, die zu spät heiß wird, mag sie der Huntsman noch später decken lassen; für deren Welpen werden dann auch gemeinhin die besten Plätze bei den puppy-walkers reserviert, bei denen die Welpen dann ihren Rückstand in der Entwicklung am ehesten aufholen können. Alle anderen Hündinnen bleiben bis zum nächsten Januar unbelegt. (Diese Zuchtwahl hat freilich auch den Effekt, daß sich nur Hündinnen mit einem vernünftigen, biologisch sinnvollen Zyklus fortpflanzen. [Anmerkung des Verfassers]

Puppy walks ? Die überwiegende Zahl der jedes Jahr gezüchteten Meutehunde wächst bei freundlichen Farmern oder Freunden und Förderern der Meuten auf. Dort dürfen die jeweils zwei oder drei übernommenen Junghunde mit viel freier Bewegung heranwachsen und die Halter auf Zeit machen sie mit allen Dingen der Außenwelt vertraut. Im August oder Anfang September veranstaltet die Meute dann eine 'puppy show'. Und da treffen die herangewachsenen Junghunde dann wieder zusammen, kommem zurück in die Meute, werden begutachtet und die am besten Entwickelten werden mit Preisen für ihre puppy-walkers ausgezeichnet. Dies ist ein geselliger und freudiger Anlaß, für den der Master Essen und Trinken reichlich ausgibt.

Nun werden die Junghunde wieder einerseits in der Meute aneinander gewöhnt, andererseits aber unverzüglich mit der Meutejagd vertraut gemacht: mit dem Huntsman geht es hinaus zu den Jagden am ganz frühen Morgen, dem 'cubbing'.

Lassen Sie uns kurz wiederholen: wir haben über Typ und Ausdauer der Hunde, über die körperliche Anpassung in Größe, Typ und Geschwindigkeit, die großen Hundezahlen und die Beständigkeit des Züchtens über Jahrzehnte hinaus gesprochen, über das umfassende Wissen des Huntsman und, wenn auch etwas weniger, des Masters.

Scheinbar haben wir alles abgehandelt. Aber da ist noch etwas ganz wichtiges, das übertrieben erscheint, aber in Wirklichkeit von größter Bedeutung. Das ist die Stimme, der Laut der Hunde. Ein Meutehund muß nicht nur eine kräftige Stimme haben, die er unmittelbar ertönen läßt, wenn er auf der Spur ist, sondern die Stimmen der Hunde in der

*George Earl's (1856-1883, Vater von Maud Earl) 'On the Scent', Gemälde etwa 1870,
das fünf Beagle einer Meute zeigt, kurz bevor sie gemeinsam die vom vordersten Hund
schon gefundene Spur aufnehmen und 'in full cry' die Verfolgung aufnehmen*

Meute müssen melodisch ('hound music', Geläut der Meute) zusammenpassen.

('Hound music' wird dann im vollen Gleichklang hörbar, wenn alle Meutehunde gemeinsam auf der Spur jagen und ihren Spurlaut ertönen lassen. Die Meute gerät dann in 'full cry', wenn sie, dem Hasen unmittelbar nahe, zur Schlußhetze ansetzt, eine Stimmung höchster Erregung. [Anmerkung des Verfassers])

Eine Todsünde für den Meutehund ist, auf der Spur stumm zu bleiben, das heißt, die rechte ('true line') Spur zu finden und sie mit Macht zu verfolgen, ohne den Rest der Meute wissen zu lassen, daß er die Spur hat - ein solcher Hund wird als stumm ('mute') sofort ausgesondert. Ebenso sträflich ist freilich 'babbling', das Lautgeben einfach nur so aus allgemeiner Erregung, in Deutschland Waidlaut geheißen, oder das Lautgeben auch auf einer Kaninchen- oder anderen Wildspur als die des Fuchses bei Foxhounds und die des Hasen bei Beagles. Daß beides eine Todsünde ist, wird buchstäblich verständlich, wenn man sich vor Augen hält, daß mutes und babblers erbarmungslos ausgemerzt werden.

In Meutehundekreisen gibt es eine Faustregel, daß man in jeder Zuchtsaison dreimal soviel Welpen züchten muß wie man der Meute in jenem Jahr neu zuzuführen plant. Das heißt ganz offen, nur einer von drei Welpen bleibt übrig, nur das beste Drittel bleibt in der Meute und hat die Chance, sich später dort wieder zu vermehren. Das mag heißen, daß einzelne Welpen oder Junghunde aus der Meute herausgenommen werden ('drafted') und an andere Meuten, zu denen sie möglicherweise besser passen würden, verschenkt -

55

aber niemals verkauft - werden. Das mag aber auch heißen, daß sie wegen irgendwelcher Schwächen oder der vorbeschriebenen Todsünden getötet werden.

Wenn ein Master eine Meute übernimmt, findet er für gewöhnlich einen kleinen Prozentsatz alter Hunde vor, eine überwältigende Menge Zwei- oder Dreijähriger in vollem Saft stehend und einen guten Teil 'puppies'. Hier bedeutet dieser Begriff nicht Welpen, sondern Hunde, die in ihrer ersten Jagdsaison laufen. Üblicherweise bestehen vertragliche Abmachungen zwischen Master und Vorstand, daß er, sollte er sein Amt niederlegen, dieselbe Anzahl und denselben Altersprozentsatz von Hunden übergeben muß wie er sie antrat. Dies bedeutet Ausmerzen.

Einer der verstorbenen großen Autoritäten in der Welt der Jagd mit Meutehunden, Lord Henry Bentinck, lange Zeit Master der 'Quorn', pflegte zu sagen: "Man muß viele junge Hunde in die Meute einstellen - und viele ausmerzen". Sobald ein Hund vier Jahre alt ist, kommt er unter höchst genaue Beobachtung, ob er langsamer wird oder irgendwelche Schwächen zeigt, so das 'skirting', das Einlegen von Abkürzungen bei der Spurarbeit oder, nicht im Kern der Meute, sondern eher an deren Rand zu laufen. Jede dieser Schwächen bedeuten, daß er getötet wird, nur wenige Meutehunde werden so älter als sechs Jahre. So wird eben im späten Frühjahr jeden Jahres fast dieselbe Anzahl von Hunden getötet oder an Meuten mit geringeren Anforderungen verschenkt, sobald genügend Welpen für den Nachwuchs da sind.

Diese ernsthafte Auslese ist die weitaus wichtigste Garantie für die Erhaltung der 'Klasse' einer Meute. Nur eine Abweichung hiervon - und die Klasse ist für lange Zeit verloren.

[Anmerkung des Verfassers: Ein solches Züchten von Tausenden von Hunden, von denen man dann zwei Drittel wieder tötet, kann von Beaglefreunden heutzutage selbstverständlich nicht unkommentiert bleiben. Mehr dazu später.']

In der besten Position ist jene Meute, die eine vorzügliche Hündinnenmeute vorweisen kann, jagen doch Hündinnenmeuten oftmals brillianter, darmatischer, spektakulärer als die gleichmäßiger laufenden Rüdenmeuten. Aus diesen vorzüglichen Hündinnen, dem Rahm auf der oben erwähnten Milch dann züchterisch wählen zu können, ist ein wahrer Genuß.

Gewiß werden nur die besten Zuchtrüden zur Zucht herangezogen. Der oben erwähnte Lord Bentinck riet: "Bleib' bei Deinen eigenen Linien". In der Tat wird in der Meutenzucht ein solch hohes Maß an Inzucht, Linienzucht, und gar Inzestzucht betrieben, wie wir es uns garnicht vorstellen können - an diesem Punkt muß man sich dagegen als Gegengewicht das skrupellose Ausmerzen vorstellen. Diese erbarmungslose Selektion und das Auskreuzen nur mit den besten Zuchtrüden anderer Meuten bringt die Kontinuität und die Bewahrung der 'Klasse', genauso wie nur die besten der Hündinnen mit ganz wenigen erlesenen Zuchtrüden angepaart werden.

Schließlich kommen wir zum Allerwichtigsten. Eine Meute ist wie eine edle Violine, auf der der Huntsman entweder eine schöne oder eine gräßliche Melodie spielen kann. Die Meute ist das Instrument, die einzelnen Hunde sind wie die Saiten darauf und harmonische Klänge entstehen nur dann, wenn Disziplin sie synchronisiert. Sie müssen sowohl gehorsam als auch verläßlich sein und dazu noch die gute Nase eines Hounds haben. Sie müssen angeborenen Vorwärtsdrang mitbringen, untereinander verträglich sein, aber doch soviel Wildheit und Entschlossenheit, um den Fuchs und nichts als seine Spur zu verfolgen und ihn dann, wenn sie ihn nach langer Spurarbeit und vielleicht einer

Hunde wirklichkeitsgetreu und ausdrucksstark darzustellen, war die Stärke von Maud Earl. Beagles bei der Arbeit, ein Ölbild von etwa 1905

Hatz über zehn Kilometer erreichen, blitzschnell zu ergreifen und zu töten."

Soweit Mary Roslin-Williams. Kehren wir über eine Gemeinsamkeit aller Meuten zurück zu den Beaglemeuten: die 'hound shows'. Die wichtigste jährlich stattfindende Schau ausschließlich für Meutehunde ist die Peterborough Hound Show. Dort treten hounds aus vielen Meuten der Britischen Inseln in Wettbewerb um die Champion-Jahrestitel der besten Rüden und Hündinnen, und dies für Foxhounds, Harrier, Beagles und Basset Hounds. Diese Ausstellung ist freilich keine Zuchtschau wie die den deutschsprachigen Lesern zugänglichen Veranstaltungen: die Meuten senden jeweils ihre besten Hunde, die von erfahrenen Masters hinsichtlich ihres Körperbaus beurteilt werden. Dazu laufen diese in einem abgegrenzten Ring (auf kleinen Betonflächen, die 'flags' genannt werden, also 'on the flags') frei, wobei die Betreuer die Hunde durch Rufe und Lockmittel in Bewegung halten.

In Deutschland fand wenigstens früher jährlich eine dieser houndshow nachempfundene Veranstaltung der Meutehalter auf Gut Schwarzenstein bei Drevenack statt (Auskunft bei: Verein der Meutehalter im Jagdgebrauchshundeverband), die der Verfasser 1976 besuchte und über die er berichtete.

In Peterbrorough dürfen allerdings nur Meutehunde gezeigt werden, die im Zuchtbuch der Meutehalter, sie heißt mit vollem Namen Association of Masters of Harriers and Beagles -AMHB- (für Foxhounds Association of Masters of Foxhounds -AMF-) eingetragen sind. Und dort werden beileibe nicht alle eingetragen (erinnern Sie sich an

Warwickshire Trumph '47 etwa vierjährig

den Bericht von Mary Roslin-Williams!), sondern nur diejenigen Hunde, die jährlich neu in die Meuten eingestellt werden. Aber Aufzeichnungen der Meuten über die Abstammung ihrer Hunde gibt es seit Bestehen der Meuten, Zuchtbücher der Association gibt es seit 1892. In ihnen wird auch jeweils die Abstammung der eingestellten Hunde angegeben und so kann man wie in der Rassehundzucht auch die Abstammung der Meutehunde oft hundert Jahre weit zurückverfolgen.

Genau wie bei Rassehundezuchtvereinen dient dies Zuchtbuch auch den Masters als Informationsgrundlage für die Zuchtplanung, wie dort auch haben alle Hunde eines Wurfes denselben Anfangsbuchstaben für ihre Namen; anders als bei Rassehunde-zuchtvereinen hierzulande jedoch muß dieser Anfangsbuchstabe jeweils derselbe sein wie der Anfangsbuchstabe des Eintragungsnamens von Vaterrüde oder Mutterhündin.

Ganz wichtig ist, und ich halte dies für eine fortführenswerte Tradition bei unserer Meutehundrasse, daß Eintragungs- und damit Rufnamen von Meutehunden möglichst nur zwei Silben haben sollen. So kann man die Hunde leichter rufen. 'Hound names' sind alte Tradition, es gibt für Rüden und Hündinnen Namenslisten, von denen Sie am Ende des Buches auch eine abgedruckt finden. Der Eigenname des Hundes wird dann verknüpft mit dem Namen der Meute, in die er erstmalig eingestellt und nicht etwa, bei der er geworfen wurde.

So ist einer der berühmtesten Beagles, der sowohl in Peterborough Champion wurde als auch später noch in den Ausstellungsringen der Schauen Champion, bei der Meute der Radley College Beagles 1946 gezüchtet, wurde dort 1947 auf der puppy show vorgestellt und ging dann, weil die Radley-Meute eine reine Hündinnenmeute war, zu den 'Warwickshire Beagles' des Majors A. Courtney Williams. Er ist daher als 'Radley Triumph '47' in den Zuchtbüchern der AMHB verzeichnet. Douglas Appleton kaufte ihn, über sechsjährig, als die Meute des Major Williams nach dessen Tod versteigert wurde.

Bis dahin hatte Triumph, kaum dort angekommen, nicht nur die Warwickshire puppy show gewonnen, sondern im Jahr danach den Preis für den am besten arbeitenden Hund aus der letztjährigen Saison, dann wurde er Zweiter in Peterborrough, gewann im nächsten Jahr, 1948, den Champion Cup in Peterborough, gewann die Klasse der Deckrüden 1949 und schlug dabei den Champion jenes Jahres. Bei der West of England Hound Show in Honiton gewann er alle Klassen, in denen er gemeldet werden konnte und den Champion Cup.

Er war ein Rüde, der genau wußte, wann er alle seine Kräfte zusammennehmen mußte, um das Ziel zu erreichen. Und das nicht nur im Felde. Vom Jagdtag an einem Freitag war er nicht mit der Meute zurückgekehrt und war am Samstagmorgen früh allein, aber fast steifgefroren, vor den Zwingern gefunden worden. Er wurde gebadet und im Wagen mit nach London zur Ausstellung genommen, wo er unter Charles Hardwick MH, einem anderen berühmten Meutemann und langjährigem Ehrenpräsident des Beagle Club GB, bei den Rüden den Sieg errang.

Major A. Courtney Williams, nicht nur Meutemann, sondern auch ein bedeutender Autor, hat über diesen Rüden, der in seiner Warwickshire Beaglemeute gelaufen war, in

Mr. Douglas Appleton's Ch. Radley Triumph of Appeline (Springfield Traitor x Eton College Wisdom) mit 12 Jahren, nach Aussagen seines letzten Besitzers, Douglas Appleton, lemon pied von Farbe. Ein Beagle von solcher Qualität wird auch im Alter nicht grob, bleibt schlank, straff und sehnig, der Rücken fest.

seinem Buch gesagt: "Nach all' meiner Kenntnis hat jeder der Richter, denen Triumph gezeigt wurde, -und darunter waren einige der profundesten Rassekenner ihrer Zeit- gesagt, man könne an diesem Rüden keinen Fehler finden." Wie zu sehen ist, werden auch in der Meuteszene bestimmte Hunde, besonders Rüden, die viel Nachwuchs erzeugt haben, über lange Zeit als herausragend im Gedächtnis behalten.

Um die Geschichte von Triumph fertig zu erzählen, sei noch angefügt, daß Triumph, dessen Namen wie in Großbritannien in der Schauwelt häufig der Zwingernamen seines Besitzers nachgestellt angefügt wurde ('of Appeline') auch im Schauring erfolgreich war. Dort gewann Triumph fünf Champion-Anwartschaften, bis er in Pension ging. Er starb dann, über zwölf Jahre alt, nachdem er nicht nur viele Hound Show -Sieger, sondern auch vier englische Champions und zahlreiche Hunde, die im Ausland Champions wurden, hervorgebracht hatte. Triumph war ein Produkt von Generationen bester Meutehunde. Wenn man die Abstammung von Triumph in den Zuchtbüchern der AMHB zurückverfolgt, über den berühmten Beagle 'Roundway Pastime', stößt man schließlich auf Foxhound-Blut aus den legendären Meuten Lord Henry Bentincks.

Auch das Alter eines Meutehundes wird nicht in den biologisch korrekten Jahren angegeben, sondern ähnlich wie in der ebenso traditionsreichen deutschen Jagdhundeszene mit der Zahl der Jahre, die vergangen sind, seit er in die Meute eingestellt wurde. Und das war in der Regel in seinem zweiten Lebensjahr. Ein Rüde, der 1992 geworfen und 1993 eingestellt wurde, würde im Jahr 1994 als '93er-Rüde' oder als 'Hund in der zweiten Saison' bezeichnet. Gemeinhin laufen Meutehunde erst in ihrer dritten oder gar vierten Saison zu richtig großer Form, erleben aber leider selten genug eine achte Saison.

Wie für Foxhounds berichtet, fallen auch die Beaglewürfe bei den Meuten zwischen Februar und Juli. Auch hier gibt es das Institut der 'puppy walkers'. Die Leute, die mit der Aufzucht eines Beaglewelpen die Meute aktiv unterstützen, übernehmen je einen oder zwei Hunde pro Saison. Bevor die Welpen ihren Geburtsort verlassen, bekommen sie ihren Namen. Einer der Kardinalspflichten der Pflegeeltern ist dann, den Welpen zu lehren, auf den Ruf seines Namens hin zu kommen. In Kenntnis der unabhängigen und stets einfallsreichen Beaglenatur gewiß auch für die 'puppy walkers' eine immer wiederkehrende Herausforderung, denn nach einem Jahr, im nächsten Frühsommer gehen die herangewachsenen Jährlinge zurück in die Meute.

Den Pflegeeltern wird mit dem Fest der 'puppy show' die Trennung von ihren Beagles nach Möglichkeit versüßt und eine Vielzahl von Preisen bei dieser Musterung, so für 'den Beagle, der in der besten Kondition zurückgebracht wurde', für 'den schönsten Rüden', das 'schönste Beaglepaar' und Ähnliches lockern den eher traurigen Anlaß etwas auf.

Mitte Juni oder Anfang Juli beginnt der Ernst des Lebens für die Junghunde und Konditionsarbeit für die Erwachsenen. Die gesamte Meute wird, mitunter auch aufgeteilt, fast täglich zur Festigung des Muskeltonus, aber auch zur Eingewöhnung des Gehorsams, dem 'road work' unterzogen. Hier werden Hunde über anfangs etwa 10 Kilometer, später wachsende Strecken auf befestigten Wegen in strammem Marsch ausgeführt; überflüssig, zu sagen, daß dabei auch Master und Huntsman oder die Whippers-in Kondition zulegen, die sie in der Jagdsaison dann auch wirklich brauchen werden. Sie sehen, Meuteleute leben gesund. Dieses road work, bei dem auch die jungen Hunde lernen, in der Meute zu laufen und sich nicht seitwärts zu entfernen, wird beibehalten, bis der größte Teil der Jagdregion abgeerntet ist. Dann sind auch die jungen

Eine typische Situation, die der Junghund bei seinen Puppy Walkers erlebt: Lucy A. Leavers' Gemälde 'Barn Yard Friends' etwa 1895 zeigt auf dem Hof der Scheune um den Truthahn im Uhrzeigersinn im Vordergrund einen Beaglejunghund, Foxhoundwelpen, Foxterrierwelpe (Drahthaar) und einen Jagdterrier, wie er heute als Parson Jack Russel Terrier bekannt ist.

Hasen herangewachsen und selbstständig.

Unmittelbar nach Ende der Ernte beginnt das Einjagen der Meute, besonders der jungen Hunde. Weil Ablenkung dabei schadet und gewiß auch, weil hier die Ermahnung der Hunde mit der Stimme allein in der Hitze des Gefechts, in der Erregung, eine frische Hasenspur zu finden oder gar eine andere als die verfolgte neu gefunden zu haben, nicht immer ausreicht und schon mal die Peitsche einen Hund an das Oberkommando der Menschen erinnern muß, darf beim Einjagen keiner außer Master, Huntsman und Whippers-in mitgehen.

Am Ende der Schilderung muß, der Vollständigkeit halber, noch etwas über die gemeinsame Organisation der Meuten in Großbritannien gesagt werden. Die Association of Masters of Harriers and Beagles (AMHB) wurde am 24. März 1891 gegründet und ist der Dachverband für diejenigen Meutehalter in Großbritannien, die Hasenjagd betreiben. Sie führt die 'Stud Book' geannnten Zuchtbücher und führt die jährliche Hound Show in Peterborough durch. Sie ist mittlerweile aber auch zuständig für die Zuteilung und Festschreibung der Jagdreviere und veranstaltet jährlich einen Kongreß der 'harehunters' geannnten Leute, die mit Meuten auf Hasen jagen. Diese werden mit ihrer neuen Meute erst nach einem Probejahr bei der AMHB anerkannt und müssen sich nach einem festgeschriebenen Regelkodex verhalten. In diesen Regeln findet sich zum Beispiel, daß eine Hasenmeute in einem Jagdrevier einer Foxhoundmeute nur mit deren Zustimmung aufgestellt werden darf, aber auch, daß die Jagd durch Gärten und Straßen von Dörfern oder Städten nicht erlaubt ist. Es wird daber auch geregelt, daß nur wild und frei lebende Hasen bejagt werden dürfen, daß Hasen, die in einem Bau Zuflucht suchen, im allgemeinen nicht weiter behelligt werden, ebenso Hasen, die in Gebäuden Zuflucht suchen.

Hierzu muß unbedingt die verbürgt wahre Anekdote erzählt werden, nach der einst eine Hasenjagd unversehens in eine offen stehende Kirche führte, in der gerade Gottesdienst gehalten wurde. Der Hase lief ein Schleife um den Altar und verließ unklugerweise das Gotteshaus wieder, die Meute hinterher. Als dieser Hase schließlich zur Strecke gebracht war, wurde offenbar, daß sich die Jagdgesellschaft um den Geistlichen und nahezu alle Kirchenbesucher erweitert hatte.

Mitglieder der AMHB können aktive und ehemalige Master sein sowie Personen, die sich aktiv mit der Hasenmeutejagd beschäftigen oder beschäftigt haben.

Wie sieht die jahrhundertalte Meuteszene der Beagles heute aus ? Gegenüber den alten Zeiten, in denen kompakte, untersetzte Beagles in den Meuten liefen, scheinen drastische Änderungen eingetreten zu sein: die neuesten mir zugänglichen Abbildungen, welche Hunde so bei den Meuteshows als beste Beagles gewonnen haben, lassen annehmen, daß nun hochläufige, im Format gestreckte statt quadratischer Hunde en vogue sind. Fast meint man, der Beagletyp sei dort ganz verloren gegangen und das Züchten von Hybridformen unter Einkreuzung anderer Rassen sei die leichtere Methode, bestimmte Leistungsmerkmale, wenn auch nur für kurze Zeit, zu erreichen. Hier sind freilich tiefsinnige Gedanken nicht angebracht, denn wir haben keinen Zugang zu der Welt der Meuteleute und jede Meinung, die wir als Rassehundezüchter erkennen ließen, würde wohl eher zur Verfolgung von deren Gegenteil führen.

Die Geschichte der Meutehunde und der Meuten ist zweifellos nicht nur Jagd-, sondern auch Kulturgeschichte. Kulturgeschichte bleibt wie auch die übrige Geschichte nicht stehen. Heute ist morgen gestern. In diesem gleichförmigen Fortschritt hat auch das Denken der Menschen und die Einstellung zu den Tieren, ihren Mitgeschöpfen, Fortschritte gemacht. Während die Meuteleute, ja die gesamte Jägerschaft zweifellos eher zu den konservativen Kräften gehören wie hierzulande schon immer zum Beispiel das Rechtswesen, das Militär und leider auch die Kirchen, ist der Tierschutz, soweit er rational betrieben wird, gewiß progressiv und ein kulturgeschichtlicher Fortschritt.

Auch die Tierschutzbewegung, soweit sie den Kampf gegen die Meutejagd auf ihr Panier geschrieben hat, hat lange Tradition, sie begann in Großbritannien 1891 mit Aktionen gegen die Jagden der Royal Buckhounds. Im Jahr 1902 agitierten Tierschützer erstmals, wenn auch erfolglos gegen die seinerzeit einzige Beaglemeute, die einem College gehört, das Eton College Pack.

Hierbei kann freilich auch ein gut Teil Gesellschaftskritik mitgespielt haben, denn dieses weltbekannte Nobelinternat hatte, wie Leighton 1907 berichtet, stets aus Schulmitteln eine Meute von meist 20 Koppeln. Ihr stand ein Master vor, assistiert von drei Whippers-In, nach den Hunden sah ein eigens hierfür eingestellter Kennelman. Die Jagduniform waren braunsamtene Jagdröcke, rund siebzig Eliteschüler folgten an Jagdtagen. Alle Versuche, die Meute aufzugeben, wurden immer wieder von tradtionsbewußten Eltern mittels Druck auf die Schulleitung vereitelt.

1924 formierte sich aus allgemeinen Tierschützern erstmals die League for Prohibition of Cruel Sports (LACS), eine Liga gegen grausame Sportarten. Sie wird heute unterstützt durch ein Organisation der Hunt Saboteurs Association, die nicht nur mit Protestplakaten bei 'hunt meets', den Treffen zu den Meutejagden, antritt, sondern auch im Jagdgebiet falsche künstliche Fährten legt, die die Hunde verwirren sollen, mit wildem Hornblasen Hunde und Meutepersonal verwirrt, aber auch agressivere Methoden wie das Versprühen von Vergrämungsmitteln im Umkreis des meets anwendet. Die Meutejagdgegner argumentieren, daß das Hetzen von Wildtieren diese ängstigt und deren Tötung durch die Hunde eine vermeidbare Grausamkeit sei. Darüber hinaus sei die Jagd eine Störung in ohnehin schon zuviel gestörten natürlichen Lebensräumen.

Als Folge der unvorhersehbaren Störungen sind die Meuten dazu übergegangen, nur eingetragene Förderer der Meuten direkt per Post von den bevorstehenden meets und deren Ort zu benachrichtigen oder gar telefonisch per Schneeballsystem. Mittler-weile müssen die örtlichen Polizeistationen von bevorstehenden meets benachrichtigt werden, sodaß sie gegebenenfals gegen allzu militante Störer eingreifen können. Freilich hat sich erwiesen, daß die Störer im Endeffekt meist ohnehin auf den Straßen bleiben, schon allein, weil ihnen die Zustimmung der Landeigentümer fehlt, dies Land zu betreten. Die Meute stört sich ohnehin meist nicht an den Störern und es sind viele Fälle bekannt, daß Meuten in ihrer bekannten Trance des Jagdeifers gradewegs durch Störergruppen durchgerannt sind. Wie man sieht, arrangieren sich eifrige Anhänger jeder Sportart dann doch auch mit widrigen Umständen.

In dieses Kapitel gehört freilich doch eine nachdenkliche Betrachtung, wie der Meutebetrieb möglich wird: auf der Grundlage von unabsehbaren Zahlen toter Beagles, die das Feld, auf dem Sie stehen, bis zum Horizont bedecken würden. Sie erinnern sich, wenn Sie dieses Kapitel gelesen haben, möglicherweise wegen der damit verbundenen Gefühlskälte mehr oder weniger bereitwillig an das Zitat Lord Henry Bentincks "Man muß viele junge Hunde in die Meute einstellen - und viele ausmerzen". Machen wir eine ganz grobe, aber den verwendeten Zahlen nach vorsichtige Rechnung auf: Nehmen wir an, es gebe in Großbritannien rund neunzig Beaglemeuten (1987 waren es 84 von der Association of Maters of Harriers and Beagles anerkannte Meuten). Unterstellen wir weiter, diese hätten durchschnittlich 40 Hunde je Meute, dann wären das insgesamt 3.600 Beagles in den Meuten Großbritanniens.

Von diesen muß nach der Faustregel der Meuteleute jedes Jahr ein Drittel ersetzt werden, das sind schon einmal 1.200 Beagles. Freilich, es gibt sicher Erkrankungen, natürliche Todesfälle und Unfälle. Gemessen an der 'Härte' der Hunde dürften dies trotz gewiß unterschiedlichster Pflegeverhältnisse höchstens zehn Prozent sein. Also, rund 1.000 Beagles werden jährlich allein in Großbritannien aussschließlich deshalb 'ausge-sondert', weil sie zu alt sind, nicht mehr so jagen wie sie sollen, nicht mehr ins Bild passen. Da es zweifellos nicht jährlich 100 Plätze in Privathand für nicht sozialisierte, nicht stubenreine Meutebeagles gibt, werden diese Hunde getötet. Eine in höchstem Maße inhumane und nicht nur archaische, sondern heutzutage wenn auch traditions-reiche schlichtweg amoralische, ja perverse Handlungsweise. Die ja zudem nicht irgenwelchen wirtschaftlichen Handlungszwängen unterliegt, dies geschieht aus reinem 'Hobby'.

Selbst wenn man unterstellt, die Tötung dieser Hunde geschehe auf humane, mit den Regeln des Tierschutzes zu vereinbarende Weise, was ich allein aus Gründen der damit verbundenen Kosten bezweifle, halte man sich vor Augen, welch' perverser Kreislauf hier in Gang gesetzt wird. Werden die toten Hunde ordnungsgemäß in Tierkörperverwertungsanstalten 'entsorgt', werden sie dort unter anderem zu Fleischmehl verarbeitet. Fleischmehl ist sowohl Bestandteil billiger pelletierter Hundefutter als auch pelletierter Nutztiermastfutter. Mindestens, wenn die Meutehunde Schlachttierabfälle zu fressen bekommen, ist der Kreislauf perfekt.

Dies betrachtet gleichwohl erst ein Drittel des Leichenberges toter Beagle, die jährlich durch den Meutebetrieb in Großbritannien anfallen. Wenn nämlich die dreifache Anzahl der zu ersetzenden Hunde gezüchtet werden muß, um davon ein Drittel der am besten geeigneten Hunde zu erhalten - und das heißt, zwei Drittel zu töten- , werden hier weitere 2.400 Hunde erst gezüchtet, viele davon ein ganzes Jahr lang aufgezogen, dann getötet.

Summa summarum werden also jährlich im Meutebetrieb Großbritanniens insgesamt allein an Beagles rund 3.500 Hunde getötet. Wenn dies den Tierschutzorganisationen zu Bewußtsein käme, wäre dies vielleicht noch viel mehr als die Bejagung des Wilds der Beaglemeuten ein zwingender Grund zum gesetzlichen Verbot der Meutehaltung.

In Mitteleuropa, wenigstens in Deutschland gibt es ebenfalls Meuten, die freilich kein lebendes Wild jagen, sondern die reiterlichem Publikum auf Schleppspuren lediglich 'vorgeführt' werden. Schon allein deshalb ist die Mitgliedschaft des 'Vereins der Meutehalter' im Jagdgebrauchshundeverband in Deutschland satzungswidrig, weil offenbar nichts mehr als nur gesellschaftliche Zierde und farbenprächtige Dekoration. Wie sich die Zahlen zur Erneuerung und Erhaltung des Hundebestands in diesen und den anderen Jagdmeuten Mitteleuropas modifiziert darstellen, ist mir mangels Zugang zu diesen Kreisen und in Ermangelung einschlägiger Informationen unbekannt. Ich habe jedoch auch keinen Grund, zu unterstellen, daß es dort ganz grundsätzlich anders ist.

Als ein wenig versöhnlicheres Schlußwort für dieses Kapitel sei noch eine Betrachtung dazu angefügt, in welcher Weise die Beaglemeuten heutzutage zur Erhaltung des Rassetyps beitragen. Nach kundigem Urteil wenig oder garnicht, denn ihre Maximen sind Leistungsfähigkeit und optimale Erfüllung des Zwecks, zu dem die Meuten gehalten werden. Zum guten Schluß sei auch hier wieder eine der großen alten Damen der britischen Hundewelt zitiert, Mary Roslin-Williams, die etwa 1992 über die in der Szenezeitschrift 'Horse and Hound' abgebildeten exemplarischen und erfolgreichen Meutehunde folgendes schrieb: "Dann wandte ich meine Aufmerksamkeit einer Bildseite zu, auf der, wie ich glaubte, schlechte Foxhounds zu sehen waren. Dann mußte ich aber feststellen, daß es sich um die Gewinner bei den Beagles bei einer der großen Schauen für Meutehunde handelte. Ich glaubte, meinen Augen nicht trauen zu können. Wo ist denn der Rassetyp der Beagles hingekommen? Hochläufig, lang im Rumpf, alles, was ein Beagle nicht sein darf."

Sie sehen also, lieber Leser, die Welt der Meuten ist eine eigene Welt. Interessant zu betrachten, aber mit den Augen des Besitzers eines Familienbeagles nur mit Distanz, nur mit ungläubigem Trauern und großer Toleranz zu verstehen.

1.6 Legale Falschnutzung:
der Beagle wird Familienhund

Der Beagle hat immer schon auch als Meutehund wenigstens zeitweise in der Familie gelebt, denn schon früh gab es das Institut der 'puppy walker'. Zur Wiederholung oder für Quer- und Seiteneisteiger unter den Lesern: Entwöhnte Welpen aus der Zucht mit Meutehunden werden bis zum Erreichen des ersten Lebensjahres in die Obhut von Familien gegeben, die die Meuten damit mittelbar unterstützen und bei denen die Hunde ganz normale Lebenserfahrungen machen. Die Welpen und Junghunde sind dort je nach Familienumständen mehr oder weniger Familienmitglied und kommen erst im Alter von etwa einem Jahr zur 'puppy show', einer meuteninternen Hundeausstellung, wieder zurück in die Meute. Bei dieser Show werden die Nachwuchshunde begutachtet und besprochen. Diejenigen puppy walker, deren Hund als der schönste oder typischste ausgewählt wird, sind natürlich mächtig stolz.

Queen Alexandra mit ihren Enkelkindern und ihren Lieblingshunden, Gemälde von Thomas Blinks und Fred Morgan 1902. Queen Alexandra, gebürtige Dänin, war eine wahre Hundenärrin, was ihr die Zuneigung des englischen Volkes sicherte, und so hat sie sich mit Familie und Hunden bei ihren Zwingeranlagen in Sandringham malen lassen. Ein Beagle mußte dabeisein.

Gerade Beagles waren auch sonst den Heranwachsenden unter den Menschen näher als die anderen großen Meutehundrassen: viele der Traditionsinternate in Großbri-

65

Farblithographie etwa 1850,
nach einem Aquarell von A.E.Barker von Day & Son Ltd. gedruckt

tannien, aber auch die Militärakademien, so das berühmte Sandhurst, halten bis heute eigene Beaglemeuten, mit denen die Zöglinge die Meutejagd erfahren und erlernen - und auf diesem Wege lernen sie natürlich diese Hunderasse oft auch kennen und lieben.

Am deutlichsten illustriert dies eine Abbildung aus meiner Sammlung, die einen Jungen zeigt, der auf einem Kleinpferd, im Habit durchaus wie ein Großer, mit einigen Beagles zur Jagd ausreitet.

So gehörten Beagles, obwohl sie, da man zur Jagd mit ihnen kein Vollblutpferd braucht, eher die Meutehunde der weniger Wohlhabenden waren, durchaus zum Umfeld der britischen Gesellschaft. Und da Monarchen in Großbritannien stets gerne den Sport im Freien ausübten, haben auch die britischen Adels- und Königshäuser stets Sport mit Meutehunden betrieben.

Dennoch war die Haltung und die Zucht von Beagles außerhalb der Meuten und ihrer Förderer nicht bekannt, es bedurfte einer Organisation, die alle Hundezüchter und - liebhaber betreute. Die innerhalb der Meuten gezüchteten Beagle wurden jeweils in das Stammbuch der Organisation, des Stud book (der Assicociation of Masters of Harriers and Beagles) eingetragen, die außerhalb der Meuten gezüchteten Beagles konnten keine Abstammungsnachweise erhalten. Dem wurde nach der Gründung des Kennel Club 1873 abgeholfen, denn der -auch heute noch im Stil eines britischen Klubs mit einer elitären Anzahl von Klubmitgliedern, zu denen nur auf Empfehlung von 'members' weitere kommen können - geführte Organismus hatte als Hauptzweck das Führen von Zucht- oder Stammbüchern.

66

Typisch für die Hunde seiner Zeit ist der berühmte Ch. Grappler im Besitz der ebenso bekannten Mrs. E. Stockley. Dieser Rüde, aus den Meuteeltern South Hertfordshire Gloucester x New Forest Rainbow 1934 gezüchtet, gewann 1937 viele Ausstellungen. Interessant die vorzügliche Kopflänge und beste Knochensubstanz.

Unmittelbar danach gab es Hundeschauen, nun zur Förderung des Rassehundewesens und nicht mehr, wie zuvor, als Verkaufsausstellungen von zweifelhaften Hundehändlern. Wie an anderer Stelle berichtet wird, wurde der Beagle Club GB 1890 gegründet und verfolgte von Anfang an als kluge Strategie, sowohl als Plattform für jene zu dienen, die Beagles als Einzeljäger unter der Flinte nutzten als auch für die, die Schleppspuren mit ihren Hunde arbeiteten, dazu für den Besitzer des Familienhundes und schließlich gar für jenen, der sich nur für die Rasse interessierte oder diese Hunde schlicht mochte, ohne sich einen Beagle halten zu können. Auch Masters der Meuten waren willkommen, haben sich aber wenigstens in der Clubarbeit mit wenigen rühmlichen Ausnahmen wie Charles Hardwick MH eher vornehm zurückgehalten. Folgerichtig gab es im Jahr 1896 die erste Beagleausstellung des neuen Clubs und dieser Brauch ist mit Ausnahme von einigen wenigen nationalen Krisenjahren so fortgesetzt worden.

Der Kennel Club trug ja nun die Hunde ein, aber Beagles waren da noch in der Minderzahl. Im Jahr 1927 wurden ganze sieben Beagles eingetragen, in jenem Jahr gab es nur zwei Ausstellungen, bei denen Beaglebesitzer mit ihren Hunden Anwartschaften auf den Titel des nationalen Champions erringen konnten. Auch da war die Beschickung mager, in den Haupt-Wettbewerbsklassen waren nur zwei Hunde gemeldet.

Im nächsten Jahr war's nicht viel besser: eingetragen wurden acht Hunde, eine Schau mit Anwartschaft, drei Hunde ausgestellt, alle aus dem Zwinger 'Crymmych', im Besitz eines Ausstellers, Mr. Jones, der sich in der Folge einer anderen Rasse, dem Welsh Corgi, zuwandte. Mr. Jones kehrte, vielleicht reumütig, 1961 wieder zur Zucht von Beagles zurück, nun unter dem Zwingernamen 'Pantyblaidd'. 1930 war die Beaglepopularität im Keller: keiner auf Championatsausstellungen zu sehen, allerdings 21 Hunde eingetragen. Sechs mehr waren's im nächsten Jahr, vier Schauen mit, man höre und staune, durchschnittlich 20 Beagles gemeldet. Dann ging es weiter aufwärts, denn 1931 gab es schon sechs Schauen mit durchschnittlich 13 Hunden.

Die Eintragungszahlen, besserer Indikator für die Popularität als die der ausgestellten Hunde, stiegen erst in den späten fünfziger Jahren wirklich an. Während 1951 noch nur 101 Beagles eingetragen wurden, in den Folgejahren 124, 138, 154, 200, 337, 381, 635, ging erst 1959 die Eintragungszahl mit 1092 über die Tausendergrenze, um dann recht rapide mit 1519, 2047.(hier tauchte die Rasse zum ersten Mal in den 'Top Twenty' der beliebtesten Rassen auf Platz 18 auf) und im Jahr 1962 auf insgesamt 2518 anzusteigen. 1969 waren die Eintragungszahlen schon bei 3979 und die Rasse war auf Nummer 14 der Top Twenty vorgerückt. Wenn man dies recht bedenkt, ist dies wenigstens für Leute, die wie der Autor in der ersten Jahrhunderthälfte geboren sind, alles noch nicht lange her, noch nicht Geschichte, eher gerade vergangen. Zusammenfassend kann jedoch

Ch. Southcourt Wembury Merryboy, (Southcourt Tarquin x Wembury Tinkerbell Chantress), Foto etwa 1973. Dieser Rüde von britischem Zuschnitt, von guter Größe, mit vorzüglichem Gangwerk und freundlichstem, noblem Beaglewesen, der der Rasse über Generationen seinen Stempel aufdrückte, ist in einem seiner letzten Söhne, Ch. Beacott Buckthorn, lebendig geblieben. Er kam, schon Champion, in den 'Pinewood' Zwinger von Leonard und Heather Priestley.

gesagt werden, daß der Beagle seine Karriere als Familienhund erst in den sechziger Jahren so recht begonnen hat. Überspringen wir hier jedoch ein paar Jahre und wenden wir uns der jüngsten Neuzeit zu.

Sie erinnern sich: 1969 wurden 3979 Beagles beim Kennel Club eingetragen, die Popularität des Beagles ging wieder zurück und dem Land ging es wirtschaftlich schlechter, was dazu führte, daß die Züchter das Geld für die Eintragung von Welpen zunehmend sparten. Im Jahr 1980, elf Jahre später, waren es 1.375, zwanzig Jahre später, 1989 1.185 Beagles. In den Jahren danach sind mit (1990) 1122, (1991) 1174 die Zahlen relativ stabil geblieben, gehen aber seither deutlich (1992) 968 und (1993) 915 stetig zurück. Die Zahlen, die im Januar 1995, zur Zeit, in der ich diese Zeilen schreibe, für die ersten drei Quartale 1994 vorliegen, lassen erkennen, daß die Eintragungszahl 1993 deutlich nicht erreicht werden kann.

Wie nachfolgend erklärt wird, sind diese Zahlen jedoch etwa zu verdoppeln, wenn man sich den gesamten Zuwachs der Beaglepopulation der Britischen Inseln vergegenwärtigen will.

Eintragungszahlen Grooßbritannien

1927	7	1954	154	1961	2047	1992	968
1928	8	1955	200	1962	2518	1993	915
1930	21	1956	337	1969	3979	1994	905
1931	27	1957	381	1980	1375		
1951	101	1958	635	1989	1185		
1952	124	1959	1092	1990	1122		
1953	138	1960	1519	1991	1174		

Die vorgenannten Eintragungszahlen bedürfen einer generellen Kommentierung. Während in den zentraleuropäischen Ländern, die dem international bedeutendsten Dachverband der Féderation Cynologique Internationale (FCI) angeschlossen sind, - und das ist der Kennel Club in seiner 'splendid isolation' nicht -, sämtliche gezüchteten Welpen eingetragen werden, ist dies wie vieles in Großbritannien anders.

Dort läßt der Züchter meist nur jene Welpen, und dies können auch einzelne aus einem Wurf sein, eintragen, die zur Zucht oder zum Verkauf in Hände bestimmt sind, in denen mit den Hunden irgendwelche Aktivitäten geplant oder wenigstens künftig nicht auszuschließen sind. Während die bekannten Züchter meist alle Welpen ihrer Würfe eintragen lassen, da ein Abstammungsnachweis die Absatzmöglichkeit der Welpen in gute Hände fühlbar steigert, geht eine wahrscheinlich ebenso große Zahl von Welpen aus Mal-nur-so-nebenbei-Zucht als 'pet', lediglich mit den besten Wünschen des Züchters versehen und für höchst erschwingliche Beträge an seine späteren Eigner und wird außer im Geldbeutel des Züchters nie erfaßt, nirgends registriert, nicht irgendwo eingetragen. Die zitierten Eintragungszahlen müßten also nach Einschätzungen von britischen Insidern der Beagleszene etwa verdoppelt werden. Man muß einräumen, daß aus seiner eigenen, hundlichen Perspektive ein Hund ohne Abstammungsnachweis allerdings genauso glücklich auf dem Sofa sitzt wie ein solcher, der ein prächtiges Papier vorweisen kann.

Eine Kontrolle der Entwicklung der Rasse und irgendwelcher Besonderheiten ist freilich dann weder für den Dachverband Kennel Club noch für den Rassezuchtverein

Beagle Club GB möglich. Ein Zuchtfortschritt ist so dem Ehrgeiz einzelner Züchter vorbehalten, die Ergebnisse werden nicht transparent.

Für den, der sich sprachlich ohne Schwierigkeiten im Englischen orientieren kann, sind gewiß der Besuch von einigen wichtigen Zwingern, sicher aber einiger größerer Ausstellungen die einzigen Methoden, sich über den Stand der Rasse aktuell zu informieren. Kontakte und Ausstellungstermine erfährt man am besten über die Kontaktadressen des Beagle Club oder der regionalen Zusammenschlüsse von Beaglefreunden, die im 'Adreßbuch des Beaglefreundes' weiter hinten in diesem Buch zu finden sind. Auf den vorgenannten Ausstellungen, besonders aber auf den Championship Shows der beiden größeren Zusammenschlüsse, des Beagle Club und der Beagle Association, ist repräsentatives Zuchtmaterial zu sehen. Die Meldezahlen bei den Beagle Club Championship-Ausstellungen, die den Clubsiegerschauen hierzulande entsprechen, sind inzwischen, mit durch die Popularität der eingeladenen Richter bedingten Schwankungen, bei etwa 200 gemeldeten Hunden je Veranstaltung stabil, bei den Championship-Ausstellungen für Hunde aller Rassen finden sich immer zwischen 80 und 100 Beagles. Meldezahlen in Großbritannien sind deswegen ohne Detailkenntnis irreführend, weil ein und derselbe Hund in mehreren Klassen gemeldet werden und starten kann.

Gleichwohl sind Beagleleute fleißige Aussteller, vom ersten Beagle-Champion im Jahr 1926 haben bis 1989 insgesamt 354 Beagles ihren Championtitel errungen. Hierbei ist die weibliche Franktion wieder mal stärker - trotz gelegentlicher Unpäßlichkeit wurde in diesem Zeitraum der Titel für nur 156 Rüden aber für 198 Hündinnen bestätigt. Die Beagleszene in Großbritannien ist im Lauf der Jahre wie auch in anderen Ländern im wesentlichen durch einzelne herausragenden Persönlichkeiten und ihre Zuchtstätten und Zwingernamen geprägt, sichtbar wird dies in stetigen Ausstellungserfolgen von Hunden aus diesen Zuchtstätten und Ausstellungserfolge von Nachkommen jener Hunde.

Dieses Buch kann seinem Umfang nach keine Beagle-Enzyklopädie sein, sondern nur Schlaglichter auf wichtige Bereiche werfen. Stellvertretend für die Szene Großbritanniens seien daher nur wenige Hunde, Zwingernamen und Züchter genannt.

Noch immer herausragende Züchterpersönlichkeit, und das seit Dekaden, ist Marion Spavin mit ihrem weltweit bekannten Zwingernamen 'Dialynne'. Marion züchtet viel, auch andere Hunderassen, und hat ein untrügliches Auge für vielversprechende Welpen, denen sie dann entweder selbst zu einer Schaukarriere verhilft oder sie so verkauft, daß die Eigner mit dem Hund aktiv sind. Unvergessen ist ihr Rüde Ch. Dialynne Gamble, der als Muster eines Beaglerüden gelten muß. Wenn Gamble erwähnt wird, müssen der Fairneß halber auch zwei andere Rüden genannt werden, die Geschichte gemacht haben: Ch. Southcourt Wembury Merryboy und Ch. Beacott Buckthorn. Der erstere als überlegener Vererber hinter vielen erfolgreichen Ausstellungs- und Zuchthunden, der letztere, von Philip und Sylvia Tutchener gezüchtet, als der nach Ch. Dialynne Gamble auf Schauen erfolgreichste Beaglerüde des traditionellen britischen Typs. Nachdem der Beagle Club GB 1990 sein hundertjähriges Bestehen glanzvoll feierte, muß auch zweier Personen gedacht werden, die dem Club wichtige Förderer waren und noch immer sind, unverzichtbare Experten für die Rasse. Dies ist einerseits Mr. Leonard Pagliero OBE, der es bis zur Führungspersönlichkeit des Kennel Club brachte und stets raumgreifende Bewegung als die wichtigste Eigenschaft des Beagles begriff.

Andererseits ist dies Mr. David J. Webster, der nahezu ein Leben lang Geschäftsführer

Ein Musterbeispiel für die gelungene Einkreuzung von amerikanischem Blut, wie sie mitunter, sparsam dosiert, für die Rasse nützlich ist. Gamble war 'bred in the purple', wie die Engländer zu Hunden aus Championeltern sagen, aus dem amerikanischen Ch. Appeline Validay Happy Fella und Ch. Dialynne Nettle, gewann bis in etwas über 5 Jahren Ausstellungskarriere 25 Championanwartschaften und starb 1983 dreizehnjährig. Vater von 26 Champions in Großbritannien und vielen anderen im Ausland

Ch. Beacott Buckthorn, 1975 von Sylvia & Philip Tutchener gezüchtet aus Ch. Southcourt Wembury Merryboy und Ch. Beacott Cornevon Minuet. Gewann in den acht Jahren seiner Schaukarriere die Rekordzahl von 38 Championanwartschaften und die 'Hound Group' bei Crufts Dog Show 1981.
Einer der bekannten großen Gentlemen unter den Beagles. 'Bucky', alles andere als ein Zwingerhund, war einer der erfolgreichsten Rüden des Ausstellungsgeschehens in den frühen achtziger Jahren

Ein großer Erfolg ist , unter einem so profunden Rassekenner wie David J. Webster eine Schau zu gewinnen. Hier die Sieger der Klubsiegerschau des Beagle Club Deutschland 1991: Von links die Frau des Autors mit Ch. True Line's Nordic Vermont, David Webster und Bärbel Röllinghoff mit Ch. Charming Rainbow of Justine's Pack

des Beagle Club war und, einer der Intellektuellen im Hundewesen, im akademischen Sinne enzyklopädische Kenntnisse über die Rasse hat. Ihm verdankt der Autor und seine Frau häufige Ermutigung, Zuchtziele immer wieder nachdenklich zu überprüfen und modischen Trends in der Beaglezucht nicht unbesonnen zu folgen.

Heute ist das Bild der Aktivitäten der Beaglezüchter in Großbritannien nicht mehr so homogen, wie es sich vor rund zwanzig Jahren darbot, den Zeiten der Dominanz weniger und einflußreicher Zuchtstätten. Interessenten, die einen Überblick über die britische Beagleszene gewinnen wollen, müßten sich durch Lektüre sämtlicher erreichbarer Hundepublikationen, und das sind zunächst die Jahrbücher und Jahresmitteilungen der großen britischen Vereine Beagle Club und Beagle Association, dann aber auch der wöchentlich erscheinenden Zeitungen Dog World und Our Dogs kundig machen, wer in welchen Dingen maßgeblich zu sein scheint. Erst dann kann ein Besuch bei mehreren englischen Zwingern einen aktuellen Einblick verschaffen.

Jedenfalls ist es dem Autor Gewißheit, daß sich Beaglezucht immer am Beagle des Ursprungslands, Großbritannien, wird orientieren müssen, wenn sie 'echte' Beagles produzieren will.

2.
Die stille Expansion Großbritanniens: Beagles erobern die Welt

Als die große Seefahrernation Großbritannien noch Nabel der bekannten Welt war, holte sie sich klug und beharrlich das Beste und Wertvollste aller Dinge, zu denen sie Zugang hatte, als Rohmaterial zur eigenen Weiterentwicklung ins Land. So waren die Beagles aus internationalen Ahnen zu einer wirklich britischen Rasse geworden. Die Einwohner Großbritanniens, auch heute noch Tierzüchter von Weltruf, hatten über Jahrhunderte mit Intuition, aber wohlgemerkt auch unerbittlicher Selektion auf Leistung, körperlicher Ausdauer und sozialer Verträglichkeit eine Rasse geschaffen, um die die Besucher der Inseln sie immer wieder beneideten.

Und was wäre gerechter gewesen, als daß die Briten diesen Erfolg wieder weltweit teilten? Der Beagle, nie ständig im Rampenlicht der Reichen und Mächtigen, sondern eher Hauptbestandteil eines von Anfang an demokratischen Sports, hat sich beharrlich und unauffällig, aber hartnäckig, wie es nun mal seine Art ist, daran gemacht, die Welt zu erobern. Und zuallererst tat er den großen Sprung, den Sprung über die Weltmeere.

2.1 Die zweite Heimat: USA

Nachdem die amerikanische Unabhängigkeit erklärt und weltweit anerkannt war, galt es in Amerika bald als schick, sich dadurch als einer 'amerikanischer Gründerfamilie' zugehörig zu erweisen, daß man alte, auf den britischen Inseln geübte Traditionen wieder aufnahm. Das war insbesondere dann für einen guten Demokraten ganz und gar nicht ehrenrührig, wenn es sich um Dinge handelte, die in der Urheimat Großbritannien auch der 'gemeine Mann' betrieb.

Und die Meutejagd mit Beagles war ja auch in der alten Heimat das Freizeitvergnügen der Leute, die nicht so reich waren, daß sie sich ein Vollblutpferd leisten und halten konnten. Beagling war folglich eine höchst demokratische Freizeitbeschäftigung mit dem 'touch' des vornehm Britischen; Jagd in den Weiten des Landes war eine der Privilegien, die in der Neuen Welt als Grundrecht des freien Mannes erstritten war. Mit der Waffe, die nur der freie Mann tragen darf, Wild zu erlegen, das zur Ernährung der Familie beitrug, war eine Pioniertugend, die das Selbstwertgefühl unzweifelhaft hob und den stets kargen Tisch der frühen Amerikaner gehaltvoll bereicherte.

Diese Pioniervorrechte betrachten Amerikaner sogar heute noch, im Zeitalter der Chips und Datenautobahnen, als Grundrechte ihrer Nation. Das große Land mit den weiten Flächen macht das oft möglich, aber im Umfeld der enger besiedelten Zivilisationsräume gibt es bereits früh und häufig Konflikte.

2.1.1 Von der Kolonialzeit bis 1887

Aber vorwärts in die Vergangenheit! Auch vor den Sezessionskriegen, in der ersten Hälfte des 19. Jahrhunderts, wurden besonders im wilden Süden des riesigen Landes

Füchse und Hasen weithin mit HIlfe von hounds bejagt. Ob das freilich wirklich Beagles waren, sei dahingestellt.

Dennoch knüpft der belegbare Anfang der Beaglezucht in der Neuen Welt eine direkte Verbindung zu den britischen Inseln. Denn einerseits liegt der Beginn der Beaglezucht auf dem großen Kontinent in den Nordstaaten, die immer ein wenig britischer geblieben sind als die Südstaaten. Andererseits waren es Importe von britischen Beagles, die die amerikanischen Blutlinien begründeten.

1855 wurde als erster Beagle im Zuchtbuch des American Kennel Club mit der Nummer 3188 ein Beagle namens 'Blunder' eingetragen.

Als das Land nach dem Krieg des Nordens gegen den Süden zur Ruhe gekommen war, die Soldaten nun nichts mehr zu tun hatten, kaufte sich General Richard Rowett um 1870 in Carlinville, Illinois, ein großes Gut. Er plante, dort Vollbutpferde zu züchten. Aber da Rowett kein eingeborener Amerikaner war, sondern, 1830 in East Looc im englischen Cornwall geboren, erst 1851 als Zwanzigjähriger in die neue Welt gekommen war, gehörten für ihn Pferde und Hounds zusammen. Was Wunder, daß er sich in Großbritannien nach Hounds umsah, und mit Beagles als neuen Jagdgenossen die Rückkehr antrat.

Es ist nicht bekannt, aus welchen Meuten General Rowett kaufte, wohl bekannt und überliefert ist jedoch, daß seine Importe als die 'ersten schönen Beagles in Amerika' galten. Zeitgenössische Beschreibungen erwähnen eine wohlverteilte dreifarbige Fellfärbung, kompakte Hunde mit kräftigen Laufknochen. Hatte er zuerst nur vier Beagles, nämlich Rosey, Sam, Dolly und Warrior erworben, bewogen ihn seine Erfolge, später eine weitere beträchtliche Anzahl von Beagles aus Großbritannien zu importieren. Mit diesen Hunden stieg er, ganz militärisch planmäßig, zusammen mit Mr. Norman Elmore dann auch groß in die Beaglezucht ein. Natürlich war er, militärisch planmäßig, zunächst unangefochten der einzige Züchter von Bedeutung. Erst 1880 importierte Mr. Arnold aus Providence, Rhode Island, einige Hunde des Royal Rock Packs, gefolgt von Mr. James L. Kernochans' Erwerb gleich einer ganzen Meute, die auf den Britischen Inseln aufgegeben werden mußte. Dies ist insofern aufschlußreich, weil dies die Zeit war, zu der der Beagle in der Neuen Welt dramatisch in seiner Popularität stieg. Die Importe hielten an. 1884 importierte Mr. Krueger aus Wrightsville, Pa., den Rüden Ch. Bannerman aus dem wohlbekannten Zwinger des Mr. Crane, GB; dieser Import geschah schon planmäßig, um die im Land deutlich ansteigende Schulterhöhe der Beagles bekämpfen zu helfen. Bannerman war nur neun inches, also knapp 23 cm (Schulterhöhe) groß, offenbar sehr britisch, auch in seiner Fellfärbung, denn die Züchter, die Bannerman zur Zucht einsetzten, beschwerten sich, die Nachkommen hätten zuviel Weiß im Fell!

Was Wunder, daß General Rowett zusammen mit den Herren Dr. L.H. Twaddell und Norman Elmore im Jahre 1887 dann den ersten Rassestandard für Beagles in Amerika aufstellte? Die Aufzeichnungen über die Entwicklung der Rasse überm großen Teich sind verläßlich, detailliert und vollständig erhalten; so lassen sich die erfolgreichen Importe, so die aus dem britischen Royal Rock Pack, in ihrer züchterischen Wirkung wohldokumentiert wiederfinden, die Zuchtprodukte aus diesen Importen waren ihrerseits wiederum höchst erfolgreich. Und das im Schauring ebenso wie bei der Jagd - so hatten die Amerikaner sich jahrzehntelangen Selektionserfolg auf jagdliche Leistung mit Rassetyp erfolgreich eingekauft.

Jedenfalls versteckte man seine Beagle, mit denen man sonst auch zur Jagd ging, von

Anfang an durchaus nicht. Direkte Abkömmlinge jener Importe des Generals Rowett waren bald stetige Gewinner auf Hundeschauen landauf, landab. Und das wollte bei den Beschwerlichkeiten, die das Reisen über große Entfernungen seinerzeit auch im Land der unbegrenzten Möglichkeiten machte, etwas heißen. Nachfahren der Importe von General Rowett kamen auch nach Kanada und waren dort ebenso erfolgreich wie in den Vereinigten Staaten.

Die anscheinend unausrottbare Pest der Trennung einer Rasse in Arbeits- und Schönheitshunde grassierte gleichwohl schon damals in jenem riesigen Land. Captain William Assheton aus Virginia hatte ganz gezielt aus der Meute von Sir Arthur Ashburnham in Großbritannien, deren Hunde nahezu nie bei hound shows zu sehen waren, 'Arbeitshunde' importiert. Die waren - und hier bitte ich den geneigten Leser, sich an die Ausführungen zu den 'Southern Hounds' zu erinnern, meist blue mottled als vorherrschende Fellfarbe, mit vielen braunen und schwarzen 'ticks' und hatten einfarbig braun gefärbte Köpfe. Da diese Hunde nun gewiß 'etwas Besonderes' waren, fanden sich prompt Liebhaber dieser Hunde, die sie gezielt in Kanada weiterzüchteten.

Die ganze Sache mit den Beagles in USA bekam Form und Richtung, als im Jahr 1888 der 'National Beagle Club' gegründet worden war.

2.1.2 Der Weg zur populärsten Rasse: Jedermanns Familienhund

Der National Beagle Club der USA war aktiv, auch wenn das in einem so großen Land viel Gemeinsinn erforderte. So ist überliefert, daß am 4. November 1890 zum ersten Field Trial des Clubs, einer jagdlichen Anlagenprüfung, achtzehn Hunde gemeldet waren. Prompt bildete sich ein regional eingestimmter Zweitverein, der New England Beagle Club, der 1893 seine erste Prüfung abhielt und bis heute noch immer existiert.

Field Trials, der jagdsportliche Wettstreit von Einzelhunden oder Kleingruppen, haben den Beagle in USA groß gemacht. Die Eigenheit, daß Beagles ursprünglich nun mal selbstständig und weit jagen, bereitete dort offenbar keine Probleme. Zum einen ist das Land für europäische Begriffe unermeßlich geräumig, zum anderen sind inzwischen die Hunde, die aus field-trial-Linien stammen, nicht mehr in dem Maße weitjagend wie die fanatischen Hasenhunde der Britischen Inseln. So ist denn im Jagdverhalten des Beagle und in ebendemselben Maße im vornehmlich mit ihm bejagten Wild der Hauptgrund zu sehen, weshalb sich der Beagle so schnell in der Beliebtheitsskala der Hunderassen vorarbeiten konnte, sodaß er 1952 den bis dahin führenden (American) Cocker (Spaniel) vom Platz 1 vertreiben konnte. Mit dem hatten weite Teile der Bevölkerung in ihrer Freizeit Flugwild bejagt, bis dies als Folge des Landverbrauchs, des Rückgangs der Pflanzenvielfalt in den Feldflächen, der Pestizidanreicherung in den Zuchttieren, aber auch der intensiven Bejagung wegen seltener wurde und dann konsequenterweise mit Schonzeitverordnungen von der allgemeinen Jagd ausgenommen wurde. Das klassische Jagdwild des Beagle und des Flintenjägers, das Cottontail Rabbit, Verwandter unseres Kaninchens, war jedoch genügsam. Es hielt und hält sich noch immer in Restflächen, wenn nur genügend Deckungsbewuchs vorhanden ist. Seine Fortpflanzungsraten füllen leichtlich auf, was der Jäger abgeschöpft hat. Schließlich kamen die Freunde der Jagd mit dem Beagle auf die glorreiche Idee, sich ihren Sport mit dem Cottontail vereinsgerecht zu organisieren: sie kauften große, zusammenhängende Brachflächen und ließen dort natürlichen Sukzessionsbewuchs zu. Und da fanden sich in allen Fällen bald Cottontails ein, waren damit zu Vereinskaninchen geworden und waren so, wenn schon mal nicht genügend zum Schießen, so doch immmer noch für einen Tag Sport mit dem Hund gut.

Der Wettbewerb, welcher Hund innerhalb der Stundenfrist, die er von den Prüfungsrichtern beobachet wird, am schnellsten, sichersten, beharrlichsten arbeitete, wurde dann bald in Regeln gefaßt; das Institut der field trials war geboren.

Dieses Buch, wie zuvor gesagt, will keine Enzykopädie der weltweiten Beagleszene sein. Es soll die Grundlagen lesbar zusammentragen, die zum Verständnis der heutigen Situation nötig sind. Von da an muß der weiter interessierte Leser selbst aktiv werden.

Für USA-Urlauber, die ein Beagle Field Trial erleben wollen, was in keiner Pauschalreise geboten wird, empfiehlt sich, etwa drei Monate vorher an den American Kennel Club zu schreiben und um Übersendung der Liste der Beagle Field Trials zu bitten. Vorsichtige legen etwa drei interantionale Antwortscheine bei, Handfeste kleben eine Fünfdollarnote mit Tesa auf den Briefbogen. Wenn die Liste kommt, raussuchen, wo man hinkann oder hinwill, dann dort hinschreiben. Oder anrufen und ermitteln, wie man hinkommt und wo man übernachten kann. Hundeleute wie meine Frau und ich mieten natürlich ein Wohnmobil und übernachten vor Ort.

Wichtig zu wissen ist auch, daß der Veranstalter des Field Trials die Hunde der Teilnehmer meist schon die Werktage vor dem Trial am Wochenende in seinem Gelände unterbringt und verpflegt. Diese Hunde dürfen dann auch bis zum Prüfungstag im späteren Prüfungsgelände schon arbeiten.

Ein bekannter Field-trial-Beaglezüchter, Clarence Jones von den Fish Creek Beagles, hier um 1960 mit Field Ch. Brophy's Miss Webster. Eine typische kleine, etwas feinknochige Arbeitshündin mit recht feinem Kopf.

Ch. Windholmes Bangle nach einem Gemälde von Gustav Muss-Arnolt 1903

Fünf typische Field Ch. Hündinnen der frühen siebziger Jahre. Von links Payne's Marsha, Linda, Sula, Hilda, Lina. Insgesamt typisch: Klein, mit recht feinen Köpfen und Laufknochen, wenig Vorbrust, vermutlich mit mäßig gewinkelter Vorhand.

Wie zuvor beschrieben, hatte das Ausstellen von Beagles von den Anfängen der Rasse im Lande an einen gleichberechtigten Anteil an den Aktivitäten mit dem Hund. So ging ein anerkennendes Raunen durch die Beaglewelt, als ein britischer Richter bei der ersten Hundeschau der Ladies Kennel Association of America im Madison Square Garden in New York City einen Beagle aus amerikanischer Zucht zum Tagesbesten machte. Champion Windholme's Bangle hieß der erfolgreiche Hund, einer der vielen 'Windholme's', deren Züchter, die Familie Harry T. Peters, so viel für die Entwicklung der Rasse in ihren frühen Jahren getan hat.

Ein weiterer Beagleaussteller war Mr. William G. Rockefeller, der neben drei anderen britischen Importen einen Hund aus der Zucht von Mr. Otho J. Paget zeigte, dem Papst des jagdlichen Beagle-Schrifttums. Die Familie Rockefeller, deren Wohlstand er als Geschäftsführer der Standard Oil Company begründete, sollte auch in den nächsten Generationen zu den wichtigen und einflußreichen Förderern des Beagles zählen. Von jenen Jahren an wurden die Beagles auf Hundeschauen langsam aber stetig mehr, und mit populären Beagleliebhabern und -Züchtern wie Mrs. Hartley Dodge, einer Rockefeller-Tochter, wurde es zunehmend Mode, Beagles zu halten, mit ihnen in den weiten Räumen des Kontinents gesunden und spannenden Jagdsport zu betreiben, zu züchten und, wenn die Zuchtergebnisse ansehnlich waren, auch auszustellen.

Auch hier wird wieder weltweit das Phänomen deutlich, daß das Auseinanderdriften von Gebrauchs- und Ausstellungshunden immer nur darauf beruht, daß einerseits Menschen sich gezielt nur mit einer Höchstleistung eines höchst begrenzten Sektors der doch so vielfältigen hundlichen Leistung zufrieden geben, sei dies nun entweder Arbeitsleistung oder perfektes äußeres Erscheinungsbild. In den USA versuchten gleichwohl in den dreißiger Jahren die Züchter der Field Trial Beagles immer wieder

Einer der erfolgreichsten Beagles der Zeit vor dem zweiten Weltkrieg: Ch. Meadow Lark Draftsman. Er gewann 1939 einen Sonderpreis des American Kennel Club für den besten in Amerika gezüchteten Hund aller Rassen. Draftsman war sieben Mal Bester Hund aller Rassen der Ausstellung. Auch hier ein sehr straffer, sehniger, aber nach heutigen Maßstäben mäßig gewinkelter Beagle von guter Größe.

Ein amerikanischer Traum des Künstlers Roy Andersen : Ein typisch amerikanischer, sehr harmonischer Ausstellungsrüde steht vor der Kulisse einer Beaglejagd. Ölbild 1984. Roy Andersen gestaltete auch den Markenblock, der das hintere Vorsatzblatt des Buches ziert.

Historisch wichtiges Foto des ersten Field trials des National Beagle Club der USA am 3.11.1890 in Hyannis Port, Massachusetts. Ganz offenbar wurden seinerzeit britischere Hunde geführt als sie heute in den USA üblich sind.

vereinzelt fremdes Blut in ihre Linien zu bekommen und importierten daher mehrere britische Champion-Meutehunde ein. So fanden die Champion-doghounds Ch. Thorpe Satchville Bellman, der 1926 die Peterborough Hound Show gewonnen hatte ebenso wie Ch. Christchurch Proctor Eingang in die berühmte Field-Trial-Zucht von Joe Eberle.

Dies würde der Rasse dann nicht schaden, wenn die Menschen dann souverän genug wären, die Leistungen der jeweils 'anderen Fraktion' wenigstens nicht abzuwerten oder gar zu verteufeln, sondern sich, so bei ihrer nächsten Zuchtmaßnahme, der Vorteile der jeweils anderen Seite zu versichern, indem deren bewährte Vererber mit in die Zucht eingebaut werden. So tun es erfolgreich die Teckelzüchter in Deutschland, die aus oft seit Generationen nur noch in Familienhand befindlichen Hunden, die allerhöchstens eine Anlagenprüfung ablegten, immer wieder Spitzenhunde für den jagdlichen Gebrauch hervorbringen. Auch dort sind die seit Generationen ausschließlich auf Gebrauch gezüchteten Hunde oft im Sinne des Rassestandards häßlich, die nur auf Schönheit gezüchteten Hunde erweisen sich immer wieder als nervenschwach und körperlich nicht ausreichend leistungsfähig. Dies ist bei Beagles mit Gewißheit nicht anders.

Genau durch diese einseitig fixierte Haltung der Schau- oder der Jagdfraktion ist es auch in den USA zu einer eindeutigen Spaltung der Schau- und der reinen Jagdbeagle gekommen. Die reinen 'field trial'-Hunde sind nur selten Exemplare, die bei einer Schau gut abschneiden könnten, denn sie erfüllen fast nie die nicht etwa nur an der 'Schönheit', sondern die an der körperlichen Dauerleistung orientierten Erwartungen an die Anatomie eines jagenden Hundes.

Dennoch können diese Hunde regelmäßig jagdliche Höchstleistungen erbringen, denn ihnen ist ein solcher Beharrungswille angezüchtet, daß sie der Spur des vornehmlich im Süden der USA bejagten Cottontail-Rabbit, der, eher zu den Kaninchen zu rechnen, mit dem europäischen Hasen nicht verglichen werden kann, hartnäckig zu folgen vermögen. Der Cottontail, in licht bewachsenem Buschland zuhause, flüchtet zwar mit einem listigen Fährtenverlauf, aber freilich immer nur kurze Strecken, nach denen er wieder im Bewuchs Deckung sucht, ohne einen unterirdischen Bau aufzusuchen. Ein Beagle, der den Cottontail jagt, stöbert also eher und läuft nur kurze Strecken. Er braucht also nicht die Anatomie eines Dauerläufers, der viele Kilometer am Tag beharrlich abarbeiten muß. Zuverlässiger und steter Spurlaut freilich ist immer noch ein Muß.

Durch das ihm bald anerzogene und züchterisch gefestigte Stöbertalent fand der Beagle schließlich auch als 'Volksjagdhund' eine gewaltige Marktnische in den Vereinigten Staaten: tagsüber Familien- und Kinderhund, abends und am Wochenende Stöberhund, wenn Familienmitglieder jagen gehen. Klein genug, um im Haus natürliches Leben zu verkörpern, ohne zu stören, um aber auch problemlos in der Kabine des Kleinlasters, landläufig 'pickup' genannt neben dem Rucksack in einer Ecke mitzufahren, dann draußen in der freien Natur immer wohlgelaunt, fröhlich und arbeitswillig, um dem Schützen was vor die Flinte zu treiben. Und in jenem weiten Land schließlich mit einer so großen Klappe, will sagen lauten Stimme versehen, daß man ihn auch weithin noch hört.

Der National Beagle Club trug der jagdlichen Bedeutung der Rasse dadurch Rechnung, daß er in Aldie, Virginia, auf der 'Institute Farm' ein riesiges Gelände nur für Beaglejagden zur Verfügung stellt.

Auch hier in den USA, wie in Großbritannien in der „Kinderschule" für die Jagd zu Pferde, ist der Beagle noch immer der Kumpel der Jugend, wenn die ihre ersten Schritte bei der Jagd macht; viele der passionierten Jäger sind als Kind mit einer entsprechenden

Waffe und dem Familienbeagle losgezogen und haben so die Natur erleben und beobachten gelernt. Gerade Kinder, die außerhalb der Städte aufwuchsen, sind oft mit einem oder mehreren Beagles herangewachsen, die Beagles haben die Kinder anstatt anderer Meutegenossen angenommen und ihnen gewiß vieles beigebracht.

Gerade in den Jahren im und nach dem zweiten Weltkrieg, als die USA sich auf ihre traditionellen Werte als Grundsubstanz ihrer nationalen Identität besannen, empfand die Mehrheit der Bevölkerung, daß die Wurzeln im Leben auf dem Lande, im amerikanischen Farmleben lägen. So wurde der Beagle zum üblichen Requisit stimmungsvoller Darstellungen aus dem amerikanischen Volksleben und statt der unvermeidlichen Bilder

Wie sehr der Beagle in den fünfziger Jahren Familenhund war, ist aus Stevan Dophanos' Illustration für einen Titel der Saturday Evening Post 1944 abzulesen. Ganz selbstverständlich haben die drei Hunde die Kinder bis zur Haltestelle des Schulbusses begleitet. Und hier ist der Beagle nicht nur selbstverständlich dreifarbig, sondern auch anatomisch vorzüglich gebaut.

des Volksillustrators Norman Rockwell sei hier eine Illustration aus der Zeit von 1950 bis 1960 zitiert.

Mit dieser einzigartigen Freizeitbeschäftigung, dem 'Beagling', wuchs die Population des Beagle in USA insgesamt. Das nahezu expolosionsartige Anwachsen der Zahlen läßt sich ganz gut an den wohldokumentierten Prüfungsstatistiken ausmachen: Absolvierten 1942 insgeamt 7.548 Beagles insgesamt 61 field trials, so waren es nur fünf Jahre später, 1947, über 300 Prozent mehr, nämlich 23.787 Hunde, die auf 134 field trials beurteilt wurden. Das war nicht das Ende der kometenhaften Entwicklung, denn nur sechs Jahre später, 1953, waren es mit 36.109 Beagles bei 259 field trials über 150 Prozent Steigerung und fast 480 % Steigerung, wenn man die Zahlen elf Jahre zuvor heranzieht.

Gewiß ist eine Rasse dann national populär, wenn die Exponenten der Macht und der Herrlichkeit diese Rasse halten. Dies begann mit Geraldine R. Dodge. Ein unverdächtiger Name. Doch wer weiß, daß dies R ausgeschrieben Rockefeller hieß, ist auf dem richtigen Wege. Was für die historische Unterstützung des Beagles in den frühen Zeiten Großbritanniens Königin Victoria war und der Rasse damit die Aura der hochherrschaftlichen Gunst verlieh, war in den Vereinigten Staaten die 1882 als Ethel Geraldine Rockefeller, Tocher des William Rockefeller und Nichte des legendären John D. Rockefeller als jüngstes von sechs Kindern geborene Frau.

In einem hundefreundlichen Haushalt ohne irgendwelche finanzielle Sorgen aufgewachsen, brachte sie schon als Kind aus ihren eigentlich behüteten Spaziergängen im New Yorker Central Park häufig herrenlose Hunde mit nach Hause. Ihr Vater hatte schon Beagles, aber eher als Zier einer fashionablen Freizeitbeschäftigung. Wie jeder Amerikaner auch heute noch hielt er sich nicht für glücklich, wenn er nicht immer wieder draußen körperlich aktiv sein konnte, er hielt, waschechter Amerikaner, seinen Anteil an der Natur für ein angeborenes amerikanisches Menschenrecht. Von früher Kindheit an waren Pferde und Hunde Ein und Alles der heranwachsenden Frau. Auch als sie 1907 den mit 60 Millionen Dollar vergleichsweise armen Marcellus Hartley Dodge heiratete, behielt sie diese Neigungen bei.

Auf weitläufigen Ländereien in New Jersey, die wirklich musterhaft ausgestattet waren, hielt und züchtete sie im Laufe ihres Lebens unter dem Zwingernamen 'Giralda' (der spanische Schutzpatron der Waisenkinder) insgesamt mehr als 85 verschiedene Hunderassen, deren beste Zuchtergebnisse sie stets häufig auf Hundeausstellungen zeigte.

Mrs. Dodge's Hunde hatten es gut; sie lebten in geräumigen Hundehäusern für insgesamt 150 Hunde, gebaut aus Mauerziegeln und Eichenholz, erhellt durch großzügige Fenster mit weitläufigen Außenausläufen, überall mit fließendem Wasser ausgestattet und von großen Bäumen beschattet. Die Hunde wurden peinlich sauber gehalten, ihr Wohlergehen war Mrs. Dodge, die später ein großes Tierheim stiftete, oberster Grundsatz. So wurden diese ihre Hunde, anders als andere Hunde ihrer Zeit, die in Käfigen per Bahn unbegleitet zur Ausstellung gesandt wurden, in den dreißiger Jahren mit Personal in einem maßgeschneiderten Cadillac mit Einzelabteilen für zwölf Hunde zur Ausstellung gebracht. Das Auto hatte acht Türen, damit die Hunde bequem ein- und aussteigen konnten, der Bau des Wagens hatte ein Team von drei Ingenieuren drei Jahre Arbeit gekostet.

Geraldine R. Dodge war eine beutende Persönlichkeit im amerikanischen Hundewesen. Sie brachte den Deutschen Schäferhund in Amerika aus den Kreisen der Gebrauchshundeplätze auf die Ausstellungen und verschaffte ihm so eine neue Karriere

Champion Jolly Boy of Giralda, ein Hund aus der Zucht von Mrs. Geraldine R. Hartley Dodge, (obwohl damals die Photographie schon die übliche Form der Abbildung war, standesgemäß in Öl gemalt von Reuben Ward Binks ca. 1935)

Ein erfolgreicher Ausstellungshund aus den Giralda Kennels der Geraldine R. Hartley Dodge. Von Typ und Größe eher ein englischer als ein amerikanischer Beagle (Gemälde des Amerikaners Edwin Megargee etwa 1945).

als Familienhund in den USA. Als Züchterin legte sie bei allen Hunden höchsten Wert auf einwandfreies Wesen und Intelligenz, ohne die anatomischen und ästhetischen Werte zu vergessen. Sie sammelte auch alle Kunstgegenstände, die mit Hunden zu tun hatten, bei ihrem Tod verzeichnete allein der Kunstnachlaß 6000 Einzelpositionen. Als Geschmacksprobe der Hunde, die sie züchtete, seien hier, natürlich, zwei Beagleporträts wiedergegeben.

Was Wunder, daß die amerikanische Bevölkerung sich nach diesem Vorbild verstärkt der Rassehunde annahm. Auch die Beagles fanden so mehr und mehr Eingang nicht nur bei den einfachen Leuten, die mit ihren Hausgenossen den gelegentlichen Sonntagsbraten zu erjagen trachteten, sondern auch bei den gutsituierten Bürgern.

Später war es Präsident Lyndon B. Johnson als Vertreter der Macht, der ins weiße Haus mit einem nahzu weißen Collie, aber dazu mit zwei natürlich dreifarbigen Beagles, 'Him' und 'Her', einzog. Diese beiden waren bei vielen Pressekonferenzen willkommene Anlässe für den Präsidenten, statt auf peinliche Fragen zu antworten, die Fragestunden mit einem Scherz zu beenden, in dem die Beagles eine Rolle spielten. Um die Welt ging da ein Foto, in dem 'Him' auf den Hinterbeinen stand und der Präsident ihm die Behänge hochhielt, wie wenn sie von alleine stünden. Dies brachte der Pressestelle des Weißen Hauses eine Menge Post von erbosten Hundefreunden ein, die alle schrieben, einen Hund an den Ohren hochzuziehen, sei Tierquälerei.

Aber auch die Schönen hatten seinerzeit Beagles. So gibt es Fotos der Schauspielerin Laureen Bacall, deren Beaglehündin Daisy, was Wunder, neben ihr auf dem Bett sitzt. Die Beaglegeschichte weiß wohl, daß diese Beaglehündin aus einem renommierten Zwinger stammte, der viele Champions hervorbrachte.

Gleichwohl hat jede Entwicklung auch ihren Gipfelpunkt und der war dann in den sechziger Jahren erreicht. Andere Rassen überholten den Beagle in ihrer Popularität, Beagles sind jedoch noch immer unter den zehn populärsten Rassen der Vereinigten Staaten, derzeit auf Platz sieben.

Daß in den USA Beagles einen anderen Stellenwert haben als in Mitteleuropa, geht aus den Eintragungszahlen allein eines Monats beim American Kennel Club (AKC) hervor. Vor der mentalen Verdauung der nachfolgenden Zahlen muß noch gewarnt werden: Der Verband für das Deutsche Hundewesen, der gewiß einzige wirklich solide und mit großer Kontinuität gesegnete Hundezüchter-Dachverband in Deutschland kann nur bedingt behaupten, daß seine Eintragungszahlen respektive die seiner Mitgliedsvereine repräsentativ für Deutschland sind, denn er 'liefert' nur etwa ein Drittel der jährlich in Deutschland unter die Leute kommenden Hunde. Ebensowenig kann in den USA der AKC ein vollständiges, wenn auch ein aufschlußreiches Bild vermitteln - er hat Konkurrenten, die speziell im jagdlich gestimmten Lager viele Mitglieder haben. Also gibt es wohl jährlich noch erheblich mehr Beaglewelpen als nachstehend ausgeführt. Dennoch zu den für uns erschreckenden Zahlen.

Mir liegen vor die Eintragungszahlen für den Oktober 1993 und, vergleichsweise, für den Oktober des Vorjahres, 1992. Hiernach wurden beim American Kennel Club (AKC) im Oktober 1993 insgesamt 5.294 Beagles aus 1.987 Würfen eingetragen, gegenüber dem Oktober des Vorjahres 517 Beagles oder 8,9% weniger (5.811). Die Zahl der eingetragenen Welpen pro Wurf gibt mit 2,77 Welpen in 1992 und 2,66 im Jahr 1993 mit Sicherheit nicht die echte Welpenzahl pro Wurf an, sondern wird dadurch verfälscht, daß offenbar zahlreiche Welpen als 'pets' ohne Abstammungsnachweis abgegeben

„A frisky dog is a lovable dog..." Illustration des Werbezeichners Douglas Crockwell zu einer Werbeanzeige für Friskies Hundedosenfutter im September 1956. Die durchschnittliche amerikanische Familie der fünfziger Jahre liebt Beagles - die kann man im Zoogeschäft kaufen.

werden. Die Zahlen aus dem Vormonat September 1993 und, respektive, 1992 sind ähnlich: 1993: 5.156 Welpen aus 2.193 Würfen (Welpenzahl im Schnitt 2,35) und 1992: 5.552 aus 2.183 Würfen (Welpenzahl im Schnitt 2,54).

Man kann die Situation auch im Bezug auf die Jahreseintragungszahlen betrachten: 1992 war der Beagle auf Platz 7 der Rangliste aller Rassen, es wurden beim AKC 60.661 Beagles eingetragen. 1993 hat sich daran wenig geändert: 0,6% mehr Eintragungen, das macht insgesamt 61.051 Beagles. 1994 ging die Zahl der eingetragenen Beagle zurück, wenn auch nur um 3 %. Es wurden 59.215 Beagles eingetragen, die Rasse behielt Rang 7 in der Beliebtheitsskalaund und macht von der Gesamtzahl der in den USA eingetragenen Rassehunden (1.345.941) einen Anteil von immerhin 4,3% aus.

Vor dem Beagle in der Rangfolge als am häufigsten gezüchtete Rassen und damit einem Indikator der Beliebtheit lagen in den Vereinigten Staaten 1994 nur folgende sechs Rassen: Labrador Retriever (126.393), Rottweiler (102.596), Deutsche Schäferhunde (78.999), Golden Retriever (64.322) Pudel (61.775) und American Cocker Spaniel (60.888).

2.1.3 Beagles als Ausstellungshunde in USA

Vor dem Eingehen auf die Welt der Schauen im Land der unbegrenzten Möglichkeiten muß noch etwas klargestellt werden. Natürlich hat der American Kennel Club einen eigenen Rassestandard für den Beagle. Diesen jedoch hier vorzustellen und zu diskutieren, hieße den Rahmen einer Rassemonographie sprengen. Also sei nur soviel gesagt, daß die Rasse de facto durch zwei Größenklassen, auf die später noch eingegangen wird, in zwei Varietäten gespalten ist. Beagles, die hierzulande an der erlaubten oberen Größengrenze sind und als Normalform gelten, werden dort als Riesen betrachtet und gemieden. Auf Ausstellungen sind folglich fast ausschließlich für unsere Begriffe untermittelgroße und kleine Beagles erfolgreich.

Beagles sind seit Beginn der Ausstellungen unter der Organisation des Dachverbands American Kennel Club (AKC), der am 17. September 1884 gegründet wurde, als Ausstellungshunde in den USA aktiv. Seit der Existenz des National Beagle Club der USA jedoch, der schon 1894 seine Mitgliedschaft im AKC beantragte, kommen jedoch zu den AKC-Ausstellungen landauf, landab viele Spezialzuchtschauen, die 'Speciality' genannt werden. Unter allen diesen gibt es eine zentrale Schau, vergleichbar den Clubsiegerschauen in den europäischen Ländern. Der Besuch dieser Schau, deren Ort jährlich wechselt, ist wahrscheinlich für den europäischen Beaglefreund das Interessanteste, zumal viele andere Beagle-Aktivitäten an diese Veranstaltung geknüpft werden.

Daß Beagles stets vornan sind, beweist, daß die erste Urkunde zur Verleihung eines Champion-Titels beim AKC am 21. November 1910 für einen Beagle namens Sir Novice mit der Zuchtbuchnummer 115882 des Mr. Chetwood Smith ausgestellt wurde; seinerzeit gab es hierzu noch eine höchst ansehnliche silberne Medaille, die der Besitzer gegen Einsendung eines Coupons im Werte von drei Dollar zugesandt erhielt.

Zur Abrundung- und die USA und ihre Verhältnisse werden von hier aus nun mal mit kontinentalen Augen gesehen,- will ich ich später den Bericht eines der profundesten britischen Rassekenner, David J.Webster wiedergeben, der 1993 die Westminster Dog

Die erste vom AKC ausgestellte Championatsurkunde vom 21.11.1910 für den Beagle Sir Novice und die zum Titel gehörige silberne Medaille

Ein für die amerikanische Szene sehr typischer Rüde, Ch. Buglair Touch N Go (Ch. Buglair Top Secret x Buglair Sassy Lassy), der danach zum inzwischen verstorbenen 'Magic Noir'-Züchter Claus Sørensen nach Dänemark ging. Dunkel dreifarbig, vorn gut, hinten vorzüglich gewinkelt, mit ausreichender Halslänge. Züchter: Garland, Karen und Carol Moore

Show in New York, die 'Musterschau' des amerikanischen Hundewesens besuchte. Westminster soll das Spitzenereignis des Hundewesens in den USA sein, denn hier dürfen nur Champions gemeldet werden. Freilich ist diese Angabe insofern zu relativieren, weil Championtitel in den USA nach Ansammeln von Anwartschafts-Punkten zuerkannt werden. Somit lassen sich fast alle halbwegs ansehnlichen Hunde zu Champions machen, wenn man nur genug Zeit und Geld hat, in diesem großen Land mit seinen unzähligen Ausstellungen herumzufahren oder herumzufliegen. Oder herumfahren oder herumfliegen zu lassen.

Denn dies wird oft, wenn auch bei Beagles seltener, Leuten übertragen, die dies zu ihrem Beruf gemacht haben, den 'professional handlers': Die reisen das ganze Jahr mit einer Schar von Hunden oft verschiedener Rassen zu verschiedenen Ausstellungen durch den Kontinent und zeigen die Hunde, die ihnen anvertraut sind. Ihre vom Hundebesitzer, der seinen Beagle zum Champion 'gemacht' haben will, zu zahlenden Grundgebühren für Unterkunft, Verpflegung und Transport erhöhen sich bei Erfolgen um Erfolgsprämien, folglich ist der Wettbewerb der 'handler' untereinander härter, denn die leben davon, es geht ja um's nackte Überleben, bei den besonders renommierten Handlern natürlich schon um den zu haltenden Lebensstandard. Die 'handler' haben mehr Übung als Amateure, sie mögen den Richtern eher bekannt sein und für sie ist der Erfolg buchstäblich lebenswichtig.

Was Wunder, daß zum Erreichen des Erfolgsziels nicht nur beim Herrichten der Hunde fast alles erlaubt ist, was zu gefallen scheint, sondern auch der Ruf des jeweils kontrahierten, möglichst prominenten Handlers dem gewünschten Erfolg nicht abträglich ist. Hunde sind aber dann nicht wie in Europa in erster Linie Familienmitglieder, sondern Objekt der Begierde, vielleicht aber auch nur Sportgerät oder Besitztum mit erhöhtem Geltungsnutzen wie vielleicht hierzulande ein feines kleines antikes britisches Sportcabriolet. Beagles werden jedoch nach meiner Schätzung doch noch zu rund 60 Prozent von ihren Züchtern oder Besitzern gezeigt, nur die ganz erfolgreichen Stars scheinen dann eben bei den 'handlers' zu enden, wenn sie im ganzen Riesenreich bekannt werden sollen.

Der Ausstellungs'zirkus' ist natürlich in den Vereinigten Staaten, wie vorbeschrieben, professionalisiert und stellt wahrhaft eine eigene Welt dar. Die hat viele Facetten und wirkt auf den ersten Blick für einen Europäer, der dies alles mit den Augen eines beaglevernarrten Dilettanten sieht, imposant. Zumal, weil Schauen im land of hope and glory wie am Schnürchen ablaufen. Alles ist sauber, prächtig dekoriert, die Vorgänge laufen wie am Schnürchen ab, die Hunde sind artig, geleckt zurechtgemacht und laufen ebenfalls wie am Schnürchen, die Vorführkunst auch der Amateure ist wahrhaft professionell. Alle sind ordentlich gekleidet, jedermann ist pünktlich und 'smart', die nationaltypische amerikanische wahrhaft rückhaltlose Freundlichkeit nimmt den verdutzten Europäer begeisternd für sich ein. Aber dies ist eine eigene Szene. Erst wer bedächtig, oft erst danach nachdenklich eine Nachbetrachtung des Erlebten anstellt, findet dann doch, daß nicht nur Ursprüngliches der europäischen Hundeszene fehlt, daß Potemkin vielleicht auch in den USA eine Filiale hat und das Persönliche garnicht so persönlich gemeint war. Auch die Hunde, die im dortigen Rahmen wahrhaft beeindruckend sind, passen vielleicht nicht in die Alte Welt.

Im übrigen ist zum züchterischen Hintergrund der in den USA gezüchteten Beagles nur das zu erfahren, was die Züchter freiwillig erzählen oder was die Konkurrenten hinter vorgehaltener Hand kolportieren. Weder der National Beagle Club, örtliche oder regionale Beagle-Clubs noch der American Kennel Club kennen flächendeckende Wurf- und Zuchtkontrollen, Wurfabnahmen oder eine Dokumentation von Abweichungen und Besonderheiten im zentral geführten Zuchtbuch des Dachverbands. Ein Hundekauf in den USA ist folglich ein reiner Vertrauenskauf ohne irgendwelche Kontrollmöglichkeiten.

Gar zu oft haben Enthusiasten dort Hunde gekauft und sie voller Begeisterung hier herübergebracht. Die nahmen sich hier aber dann ganz anders aus als sie zuhause, zuvor trickreich zurechtgetrimmt waren. Und der erhoffte Run auf den neuen Deckrüden aus der Neuen Welt blieb aus, weil die Züchter hierzulande dann doch nicht so begeistert waren oder ganz einfach nicht die Zuchtpartner hatten, die da Stärken haben, wo der Deckrüde Schwächen hat. Genauso sind zahlreiche amerikanische Importe sang- und klanglos, wenn auch nicht spurlos in der Population hierzulande aufgegangen. Zweifellos schon allein aus Gründen der fremden Blutlinien nützlich und den günstigen Heterosis-Effekt der Einkreuzung nicht ingezüchteter Erbmasse bewirkend, aber doch eben nicht spektakulär. In der Ausstellungswelt mag Spektakuläres schon eher bewirkt werden, in der Welt der Züchter und des langsamen Fortschritts in Generationen funktioniert das nicht so.

Hundekauf in den USA- wie hierzulande eine Sache für Kenner und Liebhaber !

In den USA kann mancher Hund Champion werden, der bei ausreichend vielen Schauen auf dem riesigen Kontinent die erforderlichen Punkte gesammtelt hat. Hier aus den achtziger Jahren Ch. Teloca Honor Bright, C.D. (Ch. The Whim's Cock of the Walk x Ch. Teloca Red's Me Too). Eine Hündin, der nicht nur die in Europa selbstverständliche Knochenstärke fehlt, sondern auch die Winkelung in Vor- und Hinterhand sowie ausreichende Rumpfentwicklung. Der Kopf eher das amerikanische Modell, schlank und seitlich flach, mit wenig Fangstärke und -tiefe.

Einer der großen -aber auch größeren- und wichtigen Vererber der achtziger Jahre, Ch. Meadow Crest's Grand Slam (Ch. Hickorynuts Hangman x Ch. Starbuck's Meadow Song), im Eigentum und gezeigt (was in USA eher die Ausnahme ist) von der Züchterin, Annette M. Didier. Man beachte die Europäern eher abstoßende amerikanische Eigenheit, die Unterseite der Hunde fast nackt zu scheren

Ein typischer Vertreter der Varietät unter 13 inches, also nicht größer als 33 cm Schluterhöhe, 1988 Bester dieser Größenklasse bei der Siegerschau des Nationalen Beagle Clubs und 1989 national Bester Beagle dieser Varietät: Ch. Lynbrooke Give 'Em The Dickens (Ch. Teloca Patches Littl' Dickens x Ch. Chardon Woodstone Olympia) wurde nach seinen triumphalen Erfolgen in den USA als Schau- und Zuchthund 1990 nach Japan verkauft. Gewiß ein mustergültiger Rüdenkopf für Beagles dieser Größe, Festigkeit der Vorhand und Hinterhandwinkelung sind im Foto allein nicht zu beurteilen. Züchter: B.& S. Hayes, Galesburg, IL, USA

Hier aber endlich zum Bericht von David J. Webster:
"In den USA gibt es zwei Beaglerassen 'unter 13 inches (33 cm) Schulterhöhe' und 'von 13 bis 15 inches (33 bis 38 cm) Schulterhöhe'. Sie unterscheiden sich deutlich voneinander und treffen auch erst beim Gruppenwettbewerb aufeinander. In der Klasse für Hunde unter 13" Schulterhöhe waren nur drei Rüden und vier Hündinnen gemeldet und der einzige Hund, der mir gefiel -und der Richterin- war Ch. Lanbur Miss Fleetwood, eine bekannte Hündin, die dann auch im Gruppenwettbewerb Zweite wurde. Die übrigen waren hinsichtlich der Köpfe und der Laufknochenstärke enttäuschend, wenn man daran dachte, daß dies Champions waren. Mehrere dieser Hunde zeigten in der Bewegung keinen Schub aus der Hinterhand, in der Vorhand gebundene oder die Läufe hoch anhebende Bewegung.
Die Klassen der Beagles von 13 bis 15", 10 Rüden und 2 Hündinnen, aus denen der vierjährige Ch. Dismal Creek Litt'l Big Man gewann, zeigte ähnliche Merkmale. Sämtliche ausgestellten Hunde waren mit nur einer Ausnahme Dreifarbige mit schwarzem Sattel ohne 'ticks' in den weißen Fellpartien. Jene Ausnahme war ein

In den letzten Jahren der insgesamt erfolgreichste Ausstellungsbeagle in den USA, Lanbur Miss Fleetwood, die in der Klasse bis 13 inches, also rund 33 cm Schulterhöhe startet.

Derzeit der erfolgreichste Rüde, Ch. Dismal Creek Litt'l Big Man, etwas über 13 inches groß

Braunweißer von eher britischem Körperbau, der jedoch seine Rute recht fröhlich trug.

Nachdem ich mit einigen Ausstellern und erfahrenen Züchtern gesprochen hatte, fand ich heraus, daß sie mit dem gegenwärtigen Stand der Rasse recht unzufrieden sind. Die Gesamtqualität habe sich zugunsten einheitlicher Größe, einheitlicher Fellfärbung und Abzeichen verloren. Die, die unser 100-Jahres-Jubiläumsjahrbuch betrachteten, waren von den Köpfen und den Fellfarben darin begeistert, dennoch stieß der erneute Vorschlag, den Rassestandard (der beiden Länder) zu vereinheitlichen, auf entschiedene Ablehnung

Es wäre falsch, aufgrund der geringen Anzahl der gemeldeten Hunde zu glauben, man habe ein repräsentatives Bild der Rasse gesehen. Dennoch fand ich die Kommentare der Amerikaner aufschlußreich."

2.2 Beagles in Europa

Dickköpfig, wie die Rasse ist, neugierig und zum eigenständigen Handeln entschlossen, hat sich der Beagle vom Mutterland Großbritannien aus in ganz Europa auf den Weg gemacht, sich durchzusetzen. Es ist kein Wunder, daß dies erst im Zeitalter zunehmender Durchlässigkeit der Grenzen, im Zeitalter der wachsenden, grenzübergreifenden Information und Kommunikation, im 20. Jahrhundert geschah, organisierte sich die Rasse doch zuhause erst zum Ausgang des vorigen Jahrhunderts national und einheitlich. Viele Europäer haben in der Folge Großbritannien mit allen seinen

Eigenheiten und liebenswerten Details kennen und schätzen gelernt. Nur wenn wir andere Nationen kennen, ihr Kulturgut schätzen und lieben lernen -und Rassehunde sind nationale Kulturgüter-, kann Europa zusammenwachsen.

Betrachten wir also, wo der Beagle, obwohl bis vor Monaten kein trockener Weg sein Ursprungsland mit dem europäischen Festland verband, sich trotzdem festsetzen, behaupten und beliebt machen konnte.

2.2.1 Beagles in Deutschland

Der Tag, ja das Jahr der ersten Ankunft des Beagles als Rassehund in Deutschland, zweifellos zuerst zur Meutejagd, kann nicht mehr festgestellt werden.

Eine der besten Quellen des 19. Jahrhunderts für die Entwicklung der Hunderassen in Deutschland, der Hundemaler Ludwig Beckmann, zeigt sich in seinem zum Quellenwerk gewordenen Opus 'Geschichte und Beschreibung der Rassen des Hundes' aus britischen

Stellvertretend für die Importe aus Großbritannien nach Deutschland hier der 1981 vom Autor und seiner Frau importierte Ch. Korwin Concorde, hell tan/white, Züchterin Christine Watson. Concorde errang neben seinem britischen Titel noch weitere 15 Titel auf dem Kontinent und wurde, selten für einen Beagle, mehrfach Bester Hund der Ausstellung aller Rassen. Er brachte hierzulande leider nur einen Wurf, wurde aber bei den True Line's glückliche 14 Jahre alt.

93

Werken wohlinformiert über den Beagle, gibt sogar eine ansehnliche Hündin 'Abigail' des in der Beaglegeschichte bekannten britischen Züchters Beck als Abbildung wieder, läßt aber nicht erkennen, daß zur Zeit des Erscheinens seines Standardwerkes 1894 die Haltung von Beagles in Deutschland bekannt war.

Ihm ist entgangen, daß 1881, drei Jahre vor Erscheinen seines Werkes im sechsten Band der Zeitschrift 'Der Hund' (dessen Redakteur ein anderer berühmte Kynologe seiner Zeit, Richard von Schmiedeberg, war) in den Berichten aus den Prüfungssuchen der Fuchs- und Hasenmeuten zu Hannover davon die Rede ist, daß insgesamt vier Meuten an diesem jagdlichen Wettbewerb teilnahmen. Der Wettbewerb ging über drei Tage, während derer alle vier Meuten ihre Kunst in drei verschiedenen Jagdrevieren unter Beweis stellen mußten. Ähnlich wie in Großbritannien, wo die Sandhurst Royal Military Academy, gewiß die traditionsreichste Offiziersschule des Westens, hier der Britischen Armee, aus Tradition eine eigene Beaglemeute, die Sandhurst Beagles hält, hatte auch hier das 'Militär-Reit-Institut" im Hannoverschen eine Hasenmeute, die allerdings aus diversen Meutehundmischlingen. bestand. Auch diese Meute nahm an den Prüfungssuchen teil.

„Die Neubrandenburger Meute, von der berichtet wird, daß sie vorwiegend Beagles führte, folgte am 7. November 1881 (ein Montag, feine Leute können eben auch wochentags zur Jagd gehen) äußerst geschlossen einer Hasenspur. Unglücklicherweise schien es so, daß der verfolgte, schon erschöpfte Hase einen frischen Kollegen zum Entsatze auf die Reise schickte. Bei Schulenburg auf der Heide schien die Meute die Spur des Hasen nicht mehr weiterzubringen. Also zog der Master, hier national 'Direktor' genannt, nämlich Herr von Oertzen-Cosa, die Meute von der Spur und ließ sie 15 Minuten ruhen. Danach legte er sie wieder an und die Meute folgte mit frischem Mut, um nach neun Minuten in 'full cry' den Hasen zu erjagen". Der Berichterstatter schließt die Notizen wie folgt: "56 Herren waren der Jagd gefolgt, von denen 27 am Halali waren." Im Bericht von der nächsten Jagd wird dann schließlich offenbar, daß wenigstens am 18. November die Jagdgesellschaft der Meute zu Pferd folgte, die Reiter jedoch alle Mühe hatten, den wendigen und schnellen Hunden bei vielen Richtungswechseln und in widrigem Gelände zu folgen.

Diese Prüfungssuchen endeten mit einem Ruhmesblatt für die Beagles: nach den drei Jagdtagen fand das Richterkollegium, daß der erste Preis der Neubrandenburger Meute zuerkannt werden müsse. In der durch von Schmiedeberg besorgten Übersetzung des britischen Universal-Hundebuchs von Vero Shaw, 1895 in Leipzig erschienen, ist die kundige Darstellung des Beagle durch Shaw, die in dem dickleibigen Band immerhin über drei Seiten umfaßt, mit einer interessanten Anmerkung des Übersetzers angereichert. Shaw seinerseits zitiert zunächst Markham (in der Übersetzung von Schmiedebergs): " Der weiße Hound oder der mit schwarzen Platten ist der beste zur Jagd; wenn ich aber meine Meinung über die Schönheit abgeben soll, so halte ich den, der schwarze Behänge und eine solche Platte an der Ruthenwurzel hat, für den schönsten."

Dann kommentiert Shaw: Markhams Äußerungen wie folgt: "Betrachtet man aber die Beschreibung über deren Farbe genauer, und hierauf machen wir besonders aufmerksam, so finden wir, daß die Angaben genau auf den heutigen Fuchsterrier passen. Aus dieser Thatsache folgern wir die Verwandtschaft der beiden Racen.

Noch mehr geht dies aus den Schriften von Dr. Caius hervor, der in dem Werke „English Dogges" wohl den Bloodhound, den Harrier und den Terrier, aber nicht den

Die von Markham beschriebene Fellfärbung ist ein Standardmuster, auch bei der, trotz ihres ein wenig maskulinen Exterieur, bestechenden britischen Hündin Lismoyle Chorus. Hervorzuheben ist die vorzügliche Winkelung der Vor- und Hinterhand.

Beagle erwähnt. Da indes ein solcher Hund (Anmerkung des Autors: Gemeint ist der Beagle), gemäß römischer Schriftsteller, schon im alten Britannien vorgekommen sein soll, so wird seine Uebergehung, wie die Aufzählung des Terrier mit den Hounds noch auffälliger und sind wir der Ansicht, daß aus einem Hund, den Caius Terrier nannte, der heutige Beagle geworden ist." Jetzt kommentiert von Schmiedeberg die Shaw'sche Folgerung so recht national gesinnt wie es damals normal und richtig war, wie folgt: "Da unser heutiger (deutscher) Dachshund, wenigstens in ähnlicher Form, den Alten bekannt war, so wäre es vielleicht eben so wahrscheinlich, daß der spätere Terrier der Engländer vom Bibarhunt stammte, also Dachshund-ähnliche Hunde die Stammväter des Beagle waren."

Es ist zu vermuten, daß einzelne Beagles, abgesehen von Meuteaktivitäten, die im Laufe der Zeiten mit dem Wechsel des wirtschaftlichen Wohlergehens dassselbe Auf und Ab erlebten, stets vereinzelt als Familienhunde auch in Deutschland lebten. Leider sind in den Wirren der Zeitläufte, Umstürze und Umzüge die alten Zuchtbücher des Verbandes für das Deutsche Hundewesen (VDH) und seiner Rechtsvorgänger verlorengegangen.

Nicht etwa in weiser Voraussicht, sondern aus der Erfahrung, daß Daten möglichst an verschiedenen Plätzen gleichzeitig dokumentiert werden sollten, hat der Autor während seiner elfjährigen Amtszeit als Vorstandsmitglied im Beagle Club Deutschland (BCD), meist als Zuchtleiter, 1983 veranlaßt, daß die noch zugänglichen Eintragungen beim VDH vor der Aufnahme des BCD in den Verband (1973) als erster Teil für das erste Zuchtbuch des BCD 1969 -1983 aufgenommen wurden. Auch die durch die Zuchtregeln des BCD geregelte Zuchttätigkeit ab 1974 fand noch Eintragung in das beim VDH als Serviceleistung geführte Sammelzuchtbuch bzw. Sammelregister.

Ab 1982 führte der BCD sein Zuchtbuch und Register mit Hilfe des TG-Verlags und der mit nur dieser Erwähnung weit unter Wert und in ihrer Bedeutung für die deutsche Hundewelt geehrten Freunde Ulrike und Dr. Reiner Beuing. Beuings, schon immer Freunde von farbigen Jagdhunden, hatten seinerzeit zwei Beagles, die aus dem Versuchslabor gerettet waren. So arbeitete dort nicht nur der Computer, sondern auch das Herz an Hundedingen. Dort wurde, als dritte Version für einen Rassehundezuchtverein, die Zuchtdatei für den BCD entwickelt, die erlaubt, nicht nur ein wirklich aussagekräftiges und so richtiges Zuchtbuch wie möglich zu erstellen - vorausgesetzt, die Angaben der Züchter hinsichtlich der Eltern der Welpen stimmen. Eigentlich als Abfall dieser Datei werden die mit Informationen über die Ahnen des jeweiligen Hundes geradezu gespickten Ahnentafeln für Beagles in Deutschland erstellt. Dies ist nicht alles; durch Eingabe wichtiger Gesundheits- und Leistungsparameter kann inzwischen für mehrere Merkmale der Zuchtwert eines Hundes recht zuverlässig geschätzt werden.

Jedoch zurück in die Beaglefrühgeschichte Deutschlands, in die sechziger und siebziger Jahre diese Jahrhunderts! 1969 wurde ein einziger (importierter) Beagle 'Gay Queen Ernestine' aus offensichtlich britischen Eltern registriert, 1970 war Ruhe an der Beaglefront: Kein Eintrag. 1971 wurde wieder ein aus Großbritannien importierter Beagle 'Junket' eingetragen, dazu kamen aber immerhin drei Würfe im Register, davon einer der Familie Klein-Berning, Bobingen, mit dem Zwingernamen 'vom Fellgraben'. Die anderen zwei Würfe stammten aus dem Zwinger 'von der Ronneburg' der Familie Eggert, die im hessischen Ort mit dem malerischen Namen Altwiedermus mit Hunden aus Meuteabkömmlingen züchteten. Aber immerhin wurden insgesamt 21 Beagle eingetragen. 1972 gings aufwärts: fünf Würfe, davon zwei 'von der Ronneburg' einer 'vom Adlergebirge' plus zwei neuer Züchter, insgesamt 29 Beagles, im Jahr 1973 mehr als das Doppelte, 69. In den folgenden Jahren steigerte sich die Rasse meist weiter: 1974: 126, 1975: 87, 1976: 126, 1977: 184, 1978 lief die Zucht von Hunden, die ins Register einzutragen waren, deutlich aus, es wurden dort nur noch 10 Hunde eingetragen, während die im Zuchtbuch eingetragenen 144 Hunde die Gesamtzahl auf 154 brachten. Von da an enthalten die zitierten Gesamtzahlen nur in seltenen Fällen registrierte Hunde.

Beagle-Eintragungen in Deutschland 1969 bis zur Übernahme der Rassebetreuung durch den Beagle Club Deutschland e.V. 1972

Jahr	1969	1971	1972
Anzahl Würfe	0	3	5
Eintragungen	1	21	29
davon Register	0	20	28

Anmerkung:
Im Zuchtbuch werden Hunde eingetragen, für die ihre nächsten 14 Ahnen bzw. drei

Ahnengenerationen in von der FCI anerkannten Zuchtbüchern nachweisbar sind und die unter Wurf- und Zuchtkontrollen eines von der FCI anerkannten Vereins oder Verbandes gezüchtet wurden.

Im Register werden Hunde eingetragen, die entweder keine 14 nächsten Ahnen bzw. komplette drei Ahnengenerationen in von der FCI anerkannten Zuchtbüchern nachweisen können und/oder nicht unter Wurf- und Zuchtkontrollen eines von der FCI anerkannten Vereins oder Verbandes gezüchtet wurden.

Ein gutes Beispiel führt uns aus der Vergangenheit der ersten Hälfte des 20. Jahrhunderts in die belegbare neuere Gegenwart. Frau Dr. Harriet Mary Parish, Regensburg, hatte familienbedingt stetige Kontakte nach Kanada und den USA, dort die Rasse liebengelernt und hielt seit 1966 zusammen mit iher Cousine, der Gräfin Hoyos, Beagles als Familienmitglied. Ab 1969, noch gab es keinen Rassehundezuchtverein in Deutschland, der den Beagle betreute, züchtete Frau Dr. Parish, später im Beagle Club Deutschland insgesamt 12 Würfe unter dem Zwingernamen "... vom Adlergebirge". Frau Dr. Parish war denn auch die erste 'Kontrahentin', die der Autor etwa 1971 in den Ausstellungsringen Deutschlands und des benachbarten Europas traf. Die Beagles, die Frau Dr. Parish zeigte, waren, entsprechend den amerikanisch/kanadischen Blutlinien, die sie mitbrachten, kleinere, dunkle und eher feinknochige Hunde, bis schließlich auch in Wenzenbach-Irlbach englische Beagles Einzug hielten.

Einer der frühen gezielten Importe aus Großbritannien, Ch. Pinewood Capricio, mit der der Autor und seine Frau ihre ersten erfolgreichen Würfe züchteten.

Der Autor setzte sich seinerseits schon früh in den Kopf, einen Beagle zu besitzen und machte dies, nach vielen Schwierigkeiten, überhaupt einen Beaglewelpen in Deutschland zu finden, schließlich im Juli 1970 wahr. Diese Beaglehündin war zuächst ein ganz normaler Familienhund, bis man dem begeisterten Besitzer den Floh ins Ohr setzte, die Hündin doch einmal auf Hundeausstellungen zu zeigen. Und da Beagles in jenen Tagen weiß Gott selten waren, konnte eigentlich jeder gezeigte Hund, wenn er keine offensichtlichen anatomischen oder Wesensmängel hatte, gewinnen, denn er war meist allein. Nicht etwa in seiner Klasse oder der einzige seines Geschlechts, sondern der einzige Beagle auf der ganzen Ausstellung. Im vorliegenden Falle traf er mitunter auf andere Vertreter seiner eigenen Minderheit, so der Autor auf die Hunde von Frau Dr. Parish.

Aber in jener Zeit muß das erwachende Interesse am Beagle infektiös gewesen sein, denn über die Adresse im Ausstellungskatalog wurde der Autor von Herrn Rechtsanwalt Magnus Weber, Wiesbaden, als Kontaktperson gefunden. Herr Weber hatte sicher Gefallen an der Rasse gefunden und war in der Folge ein Motor, um erste Gründungsbemühungen für einen Verein für diese Rasse voranzutreiben. Der ersten und Gründungsversammlung des Beagle Club Deutschland am Samstag, den 2. September 1972 waren einige Treffen des Autors mit Herrn Weber vorausgegangen, um das Schriftliche, das in solchen Fällen unerläßlich ist, vorzubereiten.

Von den 13 Personen, die sich an jenem Tag im Haus des Herrn Weber trafen und die Clubgründung beschlossen, befinden sich heute, im Januar 1995 noch vier Gründungsmitglieder im Beagle Club Deutschland e.V. (BCD): Frau Dr. med. vet. Barbara Rudorf (später -Stever), später dem BCD noch in mancher Funktion behilflich, Frau Schmitz-Görres, zeitweise leidenschaftlich für die jagdlichen Talente der Rasse engagiert, Herr Bragulla, der zuvor Dalmatiner und Cockerspaniel gezüchtet hatte und der Autor. In den Vorstand wurden gewählt: als erster Vorsitzender Herr RA Magnus Alexander Weber, Wiesbaden, als zweiter Vorsitzender der Autor, seinerzeit noch Karlsruhe, und als dritte Vorsitzende Frau Monica Schmitz-Görres (später Schmitz), seinerzeit Mitterteich. Am 18.12.1972 wurde der Verein wie beantragt beim Amtsgericht Wiesbaden unter der Nummer VR 1723 als eingetragener Verein registriert.

Von Anfang an herrschte Einigkeit darüber, daß neben der Zucht von Beagles, wie die Veterinärstudentin Rudorf vorgeschlagen hatte, auch die Gesundheit der Hüftgelenke der Beagles beobachtet werden sollte, weiter, daß Formwerte von internationalen Ausstellungen als Kriterium der Zuchttauglichkeit gelten sollten. Einig war man auch darin, daß auch die jagdlichen Anlagen der Hunde gefördert werden sollten. Nur wie, darüber ließ sich, wie später auch, keine rechte Einigkeit erzielen. Das Zuchtbuch sollte Frau Weber, die Welpenvermittlung Herr Weber als 1. Vorsitzender betreuen.

Die Angelegenheit lief gut an. Wenigstens insoweit, daß der BCD kontinuierlich wuchs, wobei anfänglich alle noch prima zusammenhielten und viel Zeit, Gehirnschmalz und Arbeit investierten. Am Jahresende 1972 waren es 10 Mitglieder, Mai 1974 schon 62 Mitglieder. In der Zwischenzeit war einiges geschehen. Gutes und weniger Gutes.

Gut: nach Gesprächen von Herrn Weber und dem Autor mit dem Hauptgeschäftsführer des Verbandes für das Deutsche Hundewesen (VDH) in Dortmund, Hans Ditthardt, am 1.12.1972, wurde prompt die Aufnahme des BCD als Mitgliedsverein des VDH beantragt. Das ging seinerzeit noch einfach, und so kam bereits im Februar 1973 von der VDH-Geschäftsstelle der Bescheid, an die Mitgliederversammlung des Verbandes im November desselben Jahres ergehe eine Aufnahmeempfehlung des VDH-Präsidiums und

Florian, der Sohn des Autors wuchs mit und zwischen Hunden auf. Hier 1986 mit True Line's Adorable Swansea und TL's Adamant Sheerness

-vorstandes. Die Mitgliederversammlung stimmte der Aufnahme denn auch prompt am 3.11.1973 zu.

Weniger gut: schon 1974 wurde deutlich, daß die Familie Weber in dem bestehenden Preisgefälle zwischen in Gruppen in Großbritannien billig eingekauften Beaglewelpen und dem in Deutschland bestehenden um ein Vielfaches höheren Welpenpreis Grund genug sah, häufig über den Ärmelkanal zu setzen und Beagles einzukaufen. Die Welpen ließen sich wegen der explosionsartig wachsenden Nachfrage mit Hilfe der Welpenvermittlung beim 1. Vorsitzenden problemlos mit Gewinn absetzen. Dies führte im Verein zu Turbulenzen, schließlich im BCD 1975 zu einem neuen Vorsitzenden, Herrn Werner Engberg aus Hamburg, der nach Kräften Ordnung schuf. Nach ihm wurde 1977 erstmals Herr Wolfgang W. Ellissen, auch Hamburg, zum 1. Vorsitzenden gewählt, der dieses Amt bis heute innehat.

Während der Ära Engberg war neben dem Ausschluß des einstigen Clubinitiators Weber nach großem Engagement von Frau Schmitz-Görres auch möglich geworden, daß der BCD e.V. Mitglied im Jagdgebrauchshundeverband wurde. Wenn man, wie der Autor, weiß, daß der Jagdgebrauchshundeverband bereits den Verein der Meutehalter als Mitgliedsverein hatte und diese bunten Hunde eigentlich mit Vorbehalten sah, läßt sich erst im Nachhinein ermessen, welche Überzeugungsarbeit und Durchsetzungskraft den seinerzeit Aktiven attestiert werden muß.

Noch jugendliches, aber schon geschlechtstypisches True Line's-Beaglepärchen der Familie Walz, Stuttgart, das zu den gehorsamsten Beagles zählte, die ich je kannte

Freilich, der Autor hatte bei der berühmt schwierigen Verbandsschweißprüfung 'Pfälzerwald' 1974 mit seiner engagiert ausgebildeten, aber vornehmlich hochtalentierten Hündin Diana von der Ronneburg fast aus Versehen unter äußerst widrigen Bedingungen vor allen traditionsreichen deutschen Jagdhunderassen den Suchensieg auf der doppelt übernächtigen Schweißfährte davongetragen, war aber dann auf der Ehrentafel der Sieger auf Grund von Intrigen der verärgerten Traditionalisten nicht eingetragen worden. Diese Hündin und die Hündin von Frau Schmitz-Görres, später andere Beagles anderer Führer, zeigten dennoch bei vielen anderen jagdlichen Prüfungen, was in ihnen an jagdlichen Talenten steckte. Der Autor führte seine 'Diana', sozusagen aus Trotz, 1978 nochmals auf der 'Pfälzerwald' und gewann abermals als Suchensieger.

Dennoch war den Entscheidungsträgern des Jagdgebrauchshundeverbandes, der primär ein Verband von Prüfungsvereinen ist und der sowohl an der Jagdhundzucht als auch an der Förderung nicht kerndeutscher, verdächtig bunter Jagdhunderassen nur begrenzt interessiert ist, der Beagle ebenso wie es noch immer der Jagdspaniel ist, stets eine Randerscheinung.

Ihnen war und ist unbehaglich, daß die Nichtjäger bei den Haltern dieser Rassen, ja sogar bei den nun wirklich kerndeutschen Teckeln, in der Mehrheit sind und daß die meisten Hunde dieser Rassen jagdlich nicht geprüft werden. Daß auch bei nichtgeprüften Hunden jagdliche Anlagen verdeckt, aber ungeschmälert fortleben und einen höchst wertvollen Genpool zur gelegentlichen Auffrischung jagdlich verwendeter Hunde dieser Rassen darstellen, ist den JGHV-Leuten entweder nie bewußt geworden oder sie sind nicht gewillt, daraus folgerichtig die zwingenden Schlüsse zu ziehen, daß auch für nicht jagdlich geführte Hunde ebenso Platz sein muß.

Dessen ungeachtet beansprucht der JGHV die Alleinvertretung aller Dinge, die sich mit der Arbeit und der Ausbildung von Jagdhunden befassen. Und er findet immer wieder Leute in seinen Reihen, die dann noch über die schon rigide Verbandslinie hinaus missionarischen Bekehrungseifer, gepaart mit der Toleranz der spanischen Inquisition, entwickeln. Solche Leute fanden sich dann auch bald im Beagle Club Deutschland und begannen dort den Marsch durch die Institutionen. Hatte der Verein bis dahin erhebliche Anteile der von allen Vereinsmitgliedern aufgebrachten Haushaltsmittel für die Förderung und, so muß man ehrlich sagen, Subvention der jagdlichen Arbeit mit dem Beagle ausgegeben, so war das plötzlich nicht mehr genug. Die jägerische Minderheit fand, zur Zucht dürften nur noch Beagle zugelassen werden, die jagdliche Anlagen nachgewiesen hätten. Nun war aber gerade dieser Sektor der Clubarbeit Hobby der allerwenigsten Clubmitglieder und gerade die Jagdpassion und die geringe Führigkeit der Rasse hatte allzuvielen Haltern eher Probleme als Freude bereitet. Folglich folgten den 'Jägern' nur ein kleines Fähnlein, das schließlich mit seinen Vaterfiguren aus dem Club verschwand, nachdem sich ein vereinsbedrohender Spaltungskampf über beträchtliche Zeit hingezogen hatte.

Beagle-Eintragungen 1973 bis 1981 im Zuchtbuch des Beagle Club Deutschland e.V, geführt beim Verband für das Deutsche Hundewesen e.V.

Jahr	1973	1974	1975	1976	1977	1978	1979	1980	1981*
Anzahl Würfe	11	23	16	22	30	29	36	44	52
Eintragungen	64	142	92	118	185	184	196	214	260
davon Register	23	36	10	19	16	10	9	0	0

*Anmerkung: Die Eintragungen im nun vom Beagle Club Deutschland e.V. geführten Zuchtbuch begannen mit dem 28.08.1991.

Beagle-Eintragungen 1982 bis 1994 im beim Beagle Club Deutschland e.V geführten Zuchtbuch

Jahr	1982	1983	1984	1985	1986	1987	1988	1989	1990	1991	1992	1993	1994
Anzahl Würfe	47	58	62	65	56	50	56	58	49	56	54	80	85
Eintragungen	233	269	257	286	275	260	285	270	264	298	265	423	434

Die vorstehenden Zahlen sind nüchterne Statistik. Wenn man der Feststellung glaubt, daß Zahlen wie Miniröcke sind, nämlich daß sie zwar viel zeigen, das Wesentliche aber doch weiterer Nachforschung vorbehalten bleibt, kann vorerst nur gesagt werden, daß die Rasse einen stetigen Aufschwung genommen hat. Die Interna und die strittigen Details, die Hundeleute untereinander stets austragen zu müssen glauben, sind nicht Gegenstand einer Rassemonographie.

Es gibt für eine Rasse wichtigere Dinge, die wenigstens in Deutschland neben den Eintragungszahlen zusätzlich erfaßt werden und darauf kann sich der Rassezuchtverein, der Beagle Club Deutschland e.V. (BCD) zu Recht etwas einbilden. Denn das sind für die Rasse erhobene Daten, die gleichfalls auf Entwicklung und damit Förderung der Rasse durch den BCD hinweisen. So zum Beispiel die Entwicklung der Hüftdysplasie (HD).

Während der Anteil HD-freier Beagles, die in Deutschland zur Zucht zugelassen werden wollten, bei den Geburtsjahrgängen 1981 und 1982 anzusteigen schien, fiel er bei den Jahrgängen bis 1989 ständig und drastisch von einst rund 50% auf nahezu nur noch 5% ab - die HD war auf dem Vormarsch. Mit dieser Verschlechterung der Rassesituation ging natürlich wachsende Unzufriedenheit der Züchter einher, bei denen zunehmend Hunde zur Zucht nicht zugelassen wurden. Dies gipfelte schließlich in dem frischfröhlichen, aber erfolgreich durchgesetzten Plan, einen anderen Gutachter mit der Begutachtung der HD-Aufnahmen zu betrauen. Selbst wenn man sich darüber uneins ist, ob nun die Hüften oder der Gutachter schlechter respektive besser geworden sind, ist doch signifikant, daß die alte Rate an HD-freien Hunden seither wieder planmäßig erreicht zu sein scheint. Jedenfalls weist die Statistik im Zuchtbuch 1993 des BCD über 50% HD-freie Hunde aus. So oder so, gewiß ein Erfolg.

Eintragungsjahre	1976-1979	1980-1983	1984	1985	1986	1987	1988	1989	1990	1991	1992	1993
Dreifarbig in %	76,7	75,2	76,7	74,1	68,7	69,3	73,1	78,4	78,4	80,5	81,5	76,0
Tan and White	7,6	13,9	13,6	16,0	16,0	19,5	9,7	10,4	9,8	8,1	9,4	15
Red and White	6,9	8,5	9,3	4,9	10,2	10,0	13,6	9,7	10,6	7,4	6,0	6
Lemon and White	2,9	1,0	0,4	2,3	1,1	0	1,1			1,7	2,3	
Harepied	0,3	1,4			4,0	1,1	2,5	1,5		1,3		3
Sonstige Farben				2,1						1,0		

Interessant ist auch die vorhandene Statistik zur Farbverteilung, denn aus dem Mutterland ist Derartiges nicht bekannt - Nachrichten beschränken sich auf die Einschätzungen Kundiger.

In Deutschland jedoch ist dies seit 1969 dokumentiert. Wie überall auf der Welt sind die dreifarbigen Beagle am häufigsten. Danach kommen in der Häufigkeitsfolge die Zweifarbigen. Hier wiederum gibt es keine lehrbuchhafte Trennung zwischen Tan/White und Red/White, vielmehr ist dies in den Grenzbereichen zwischwen beiden Farben eine Frage der subjektiven Empfindung oder Einschätzung und der spontanen Zuordnung. Insofern sind die in der Tabelle ersichtlichen Schwankungen der Prozentzahlen zwischen Red/White und Tan/White nicht so ernst zu nehmen. Wenn also aus der folgenden Tabelle ganz grob hervorgeht, daß stets drei Viertel der Population dreifarbig sind, dann ist doch erfreulich festzustellen, daß in Deutschland die Andersfarbigen immerhin ein Viertel der Gesamtpopulation ausmachen. Es wäre wünschenswert, daß dieser Anteil wenn nicht vergrößert, so doch durch alte, andere und traditionelle Farben bereichert

Auch bei professionellen Fototerminen zeigen Beagles ein koboldhaftes Gemüt. Ch. True Line's Demure Cromer gab sich beim Fototermin für ein Hundefutter eher gelassen.

würde, die gewiß nur noch in Großbritannien zu finden sind. Der Farbenreichtum anderer Rassen, so der alten französischen Jagdhunderassen oder gar der Australian Cattledogs übt auf Kenner einen eigenen Reiz aus und macht den eigenen Hund noch unverwechselbarer.

Die Frage ist nun, wie die Beagleszene in Deutschland in Zukunft aussehen wird.

Jagdhund? Kaum. Ohne Zweifel wird unter dem zunehmenden Siedlungsdruck und in Ansehung der wachsenden Erweiterung des Natur- und Tierschutzgedankens das Jagen mit dem weitjagenden Beagle immer weniger möglich sein. Die weniger werdenden Jäger werden eher zunehmend die traditionellen deutschen Jagdhunderassen nutzen und daher fördern. Hier findet der Beagle gewiß keine Nische.

Ausstellungshund? Immer. Derzeit wenig, weil Ausstellungen für Beaglebesitzer derzeit nur wenig attraktiv sind. Das liegt einerseits daran, daß der Wettbewerbsgedanke die Ausstellungen mehr prägt als der Gedanke des familiären Zusammenseins. Ausstellungen müssen mehr als die Formbewertung der gemeldeten Hunde werden,

Ch. Borderline Comfort. In Größe, Typ und Verhalten eine fast idealtypische Hündin, die von den in Deutschland lebenden britischen Züchtern Whiteley gezüchtet wurde. Ihrer Abstammung nach ein True Line.

Teilnehmer und Zuschauer müssen ein Umfeld geboten bekommen, das die Veranstaltung zu einem 'event', zu einem Ereignis macht. Beides, die menschliche (und hundliche) Nähe der Beaglebesitzer und der Ereignischarakter der Ausstellungen müssen so gestaltet werden, daß Beaglebesitzer gerne an diesem Ereignis teilnehmen und die Bewertung ihres Hundes nicht als Gradmesser dafür wahrnehmen, ob sich der Tag 'gelohnt' hat oder nicht. Vorzügliche Musterbeispiele für eine solche Konzeption sind die Veranstaltungen des viel kleineren Rassezuchtvereins für Pyrenäen-Schäferhunde in Deutschland.

Geselligkeitshund? Aber wie! Die gesellige Seite der Beagles zu nutzen, um mit Menschen, die Beagles mögen, zusammen die Natur zu erleben, ist ein erprobtes Rezept einzelner Landesgruppen des Beagle Club Deutschland e.V.. Insbesondere die Bayern verstehen es vortrefflich, in den verschiedensten Regionen ihres schönen Landes immer wieder frohe Feste nach tüchtigen Beaglewanderungen zu feiern. Das Erfolgsrezept: abwechselndes Engagement aller Beaglefreunde, sodaß Vielen Vieles geboten werden kann. Das verringert auch die Last auf den Schultern Weniger, die sonst immer die Zugpferde vor dem Karren sein müssen.

Familienhund? Na immer. Wenn wir die in gnadenloser Auslese gefestigten Eigenschaften der sozialen Verträglichkeit bei der Rasse erhalten, wird der Beagle immer ein Favorit von Vielen sein. Seinem unternehmenden und höchst selbstständigem Naturell zufolge werden immer nur Wenige die Nerven haben, weitgehend konfliktfrei

Mit Sicherheit einer der großen Deckrüden und Vererber hierzulande, Ch. True Line's Demure Cromer, aus einer englischen Hündin und einem amerikanischen Rüden. Thomas Warneke fotografierte den Rüden im Alter von etwa 2 Jahren

und mit freundlicher Nachsicht ın einer Familiengemeinschaft mit einem dieser bunten Hunde zu leben. Kinder werden von Beagles immer lernen, daß Andere auch ein legitimes Recht auf ein eigenes Leben haben - der Beagle ist immer Spielkamerad, nie aber Sklave von Kindern geworden wie mancher geduldige große Hund. Die Fröhlichkeit und die stete Bereitschaft, etwas zu unternehmen, prädestiniert die Rasse zum Partner von aktiven, freiheitsliebenden Hundefreunden.

Was aber ist eine vornehmere Aufgabe als allen Menschen ein guter Gesellschafter zu sein? Diese Aufgabe kann der Beagle ideal erfüllen, die Zukunft der Rasse in Deutschland erscheint in beständigem, hellem Licht.

2.2.2 Österreich und die Schweiz

Österreich

In vielen Rassen und deren Entwicklung in vielen Ländern sind die Namen von Einzelpersonen und Familien untrennbar mit der Rassegeschichte verknüpft. So ist dies auch mit dem Beagle in Österreich. Zuvor mit anderen Rassen befaßt, erwarben Karl P. und seine Frau Anneliese Reisinger 1972 ihren ersten Beagle. Fencer war ein Import aus dem bekannten britischen Zwinger 'Rossut' und wurde als vierter Beagle ins Österreichische Hundezuchtbuch (ÖHZB) eingetragen. Fencer, 'Robin' genannt, war tricoloured oder, wie das in Österreich heißt, dreifärbig. Drei Ziffern vor ihm hatte die Liste mit Bg 1, dem Rüden Duxfordham Silver Tinder, einem anderen Import, begonnen. Kaum war der Austrian Beagle Club 1976 begonnen, führte ihn Karl P. Reisinger wie eine Trainingsfirma zu rasantem Aufstieg, stets assistiert von seiner Frau, die zwar eher im Hintergrund, aber unermüdliche Kärrnerarbeit leistete.

Man könnte im Rückblick fast meinen, der österreichische Dachverband habe diese Entwicklung als Meisterstück gewürdigt, denn Karl P. Reisingers Aufstieg in der Kynologie Österreichs war unaufhaltsam. Bald Präsident des Verbandes ist er heute, neben seinem 'Hobby', der Leitung seiner höchst erfolgreichen Firmen, bedeutender Funktionär der internationalen Kynologie, Mitglied des Vorstandes des internationalen Verbandes Federation Cynologique Internationale (FCI) und beliebter Richter auf Schauen und Prüfungen. Aber zurück zur Entwicklung der Rasse in Österreich.

Keine Rasse kann sich durchsetzen, wenn sie nicht geschickt mit einem positiven Image verknüpft wird. So wurden bald nach der Clubgründung und ersten regelmäßigen Zuchtaktivitäten viele Beagles zu Familienmitgliedern in gesellschaftlich einflußreichen Häusern Österreichs. Da die Jagd in Österreich Tradition und dazu auf diesem Wege mit dem Gesellschaftsleben verknüpft ist, förderten die publikumswirksamen Auftritte von jagdlich und auf jagdlichen Prüfungen erfolgreichen Beagles die Integration weiter. Manch ein Besitzer empfand den Beagle als eleganten Jagdhelfer der 'countryside' und so war die Rasse bald 'fashionable' bei den Menschen mit den Landhäusern und den teuren Tweedjacken.

Natürlich wurde die Basisarbeit von unermüdlichen Clubmitgliedern geleistet, untrennbar gehören Walter Kendler ebenso wie Tatjana Schneider zur ersten Stunde ebenso wie zur noch andauernden Entwicklung der Rasse in die Breite. Natürlich trug das ersonnene Plankonzept des vielfältigen Clubangebots rund um den Beagle, die Geselligkeitspflege und das geschickt geförderte Exclusivitätsempfinden, nicht zu vergessen ja schließlich auch diese bezaubernde Rasse selbst dazu bei, daß der Austrian Beagle Club in diesem gewiß nicht riesigen Land in den ersten zehn Jahren seinen Mitgliederbestand von null auf über fünfhundert Mitglieder steigern konnte. Beispielhaft hierfür sind die Eintragungszahlen:

Jahr	1976	1977	1978	1979	1980	1981	1982	1983	1984	1985	1986
Würfe	7	11	11	8	17	15	13	17	20	18	20
Welpen	38	54	58	31	79	74	85	83	100	110	107
Wurfstärke Ø	5,4	4,9	5,2	3,8	4,6	4,9	6,5	4,8	5,0	6,1	5,3

Heute ist der 'abc', wie sich der Austrian Beagle Club abkürzt, weiter gewachsen, die Eintragungszahlen haben sich langsam gesteigert, die Rasse hat eine solide Basis von Förderern und Kennern. Karl P. Reisinger hat sich zwar aus der Frontlinie des Vereins zurückgezogen, aber dafür gesorgt, daß es mit dem Beagle in Österreich gesund weitergeht. Abschließend seien die Eintragungszahlen von 1989 bis 1995 genannt, wie sie mir Tatjana Schneider, zur Zeit des Abschlusses des Buchmanuskripts, Zuchtwarting des abc, genannt hat.

	Rüden	Hündinnen	Welpen
1989	69	57	126
1990	39	45	84
1991	50	63	113
1992	69	57	126
1993	65	58	123
1994	57	50	107
1995	66	64	130

Schweiz

Die Schweiz ist immer ein etwas eigener Fleck in der mitteleuropäischen Kynologie gewesen, hat aber viele eigene Rassen entwickelt und an der Entwicklung vieler fremdländischer Hunderassen wirksam und verdienstvoll mitgewirkt. So war durch die Tatsache, daß viele Schweizer Hunderassen dreifarbig sind, hier seien als Beispiele die Sennenhunde und einige der Laufhunde genannt, bereits für eine bunte britische Rasse der Boden wohl bereitet.

Die frühe Geschichte der Beagles in der Schweiz ist wie überall die weniger Liebhaber, die mit einer Rasse beginnen, die sie meist in anderen Ländern begeistert hat.

Bekannt ist, daß die ersten Beagle-Eintragungen in das Stammbuch der Schweizerischen Kynologischen Gesellschaft 1923 erfolgten. Es waren dies beides englische Hunde, ein Rüde Publican aus der Zucht eines Mr. Ramsey sowie eine Hündin aus der Meute der Trinity Foot Beagles, Cambridge, namens Fallacy, die eine Familie Buxton, nach Pressy-Vandoeuvres bei Genf importiert hatte.

In den nächsten Jahrzehnten wechselte das Bild häufig. In manchen Jahren gab es gar keine Beagleintragung, in anderen Jahren wenigstens einige. Mit nackten Zahlen jedoch kann ich aufwarten. Im Folgenden sind die Gesamteintragungszahlen des jeweiligen Jahres wiedergegeben, aufgegliedert in die der Schweiz gezüchteten und die importierten Beagles. Es ist darauf zu achten, daß anfangs nicht jedes Jahr Beagles eingetragen wurden.

Jahr	1923	1949	1950	1952	1953	1957	1958	1959	1960
eingetragen	2	3	8	7	2	12	3	7	1
davon Importe	2	3	1	0	2	1	0	0	0

Jahr	1964	1968	1969	1971	1972	1973	1975	1976	1977
eingetragen	5	3	14	3	14	3	16	15	23
davon Importe	0	3	2	3	2	2	4	3	8

Jahr	1978	1979	1980	1981	1982	1983	1984	1985
eingetragen	33	23	51	87	36	53	49	54
davon Importe	4	1	9	4	0	2	1	1

Wie man sieht, hat es unheimlich langsam und stotternd angefangen. Waren die Hundeliebhaber des Landes aber erst einmal infiziert mit dem Bazillus Beagleiensis, nahm die Zucht stetig zu. So ähnlich, zögerlich im Anfang, dann immer stetiger, muß

Beagle sind international. Hier die Sieger der Clubsiegerschau des Beagle Clubs der Schweiz 1991: Die in Deutschland von Briten gezüchtete Borderline Comfort im Besitz des Autors, vorgeführt von seiner Frau und die in Dänemark gezüchtete Ch. Gold Line's Royal Touch mit der Zuchtwartin des Schweizer Clubs, Frau Martegani

man sich den Zuwachs der Beaglezahlen vor Gründung des Beagle Club Deutschland auch vorstellen.

Die Eintragungszahlen von Beagles ins Schweizerische Hundestammbuch (SHSB) von 1985 an hat mir Margrit Martegani, die mit ihrer Schwester Silvia zusammen seit Jahren Seele und Motor des Beagle Club der Schweiz (BCS) ist, dankenswerterweise zusammengetragen und zur Verfügung gestellt.

Jahr	1985	1986	1987	1988	1989	1990	1991	1992	1993	1994
Würfe	12	17	12	13	12	21	16	13	13	19
dreifarbig	45	50	60	61	41	82	61	52	53	59
andersfarbig	8	6	6	7	9	17	4	9	17	19
Rüden	17	29	32	35	25	45	35	27	40	35
Hündinnen	36	27	34	33	25	52	30	35	29	42
Welpen insges.	53	56	66	68	50	99	77	62	69	78

Wie Margrit Martegani dazu kommentiert, hat sich erwiesen, daß die Zahl von etwa 80 Welpen pro Jahr derzeit ermöglicht, daß sämtliche Welpen an gute Plätze vergeben werden können. Der BCS, respektive seine Züchter, würden freilich gerne mehr Hunde züchten.

Hier aber unterliegt der Beagle Club der Schweiz derselben Problematik wie die organisierte und kontrollierte Rassehundezucht in den mitteleuropäischen Ländern insgesamt: noch immer werden etwa doppelt soviel wie die von den der FCI angeschlossenen Verbänden gezüchteten Welpen von Hundehändlern und anderen, oft dubiosen Verbänden produziert und erfolgreich an den unerfahrenen Kunden gebracht. Diese Quellen würden die seriösen Hundezuchtverbände und -vereine gerne zum Versiegen bringen. Nur Werbung und Verbraucheraufkllärung können dies bewirken. Wird aber durch diese Mittel eine größere Nachfrage erzeugt, kann diese nicht angemessen durch die bis dahin aktiven Züchter befriedigt werden. Wodurch bestätigt wird, was der Autor immer wieder konstatieren muß: Das Schwierigste an der Hundezucht ist die Erzeugung seriöser Züchter.

Der Stand der Schweizer Beaglezucht hat sich in den letzten zehn Jahren deutlich konsolidiert. Waren anfangs nur einige wenige aus Großbritannien importierte Beagles zu sehen, haben sich die Martegani-Schwestern insoweit um die Rasse verdient gemacht, als sie mit dänischen und damit eigentlich amerikanischen Blutlinien die genetische Basis der Rasse erweiterten. Mit diesen Importen oder der Einkreuzung dieser Blutlinien hat sich der alte Teufelskreis wiederholt, der auch in der Bundesrepublik gesehen werden kann: mit neuen Blutlinien sind auch neue gesundheitliche und Typ-Probleme in die Zucht eingesickert. Wenngleich die Hunde im landläufigen Sinne schöner geworden sind, ist ihnen ein gut Teil Robustheit und Sicherheit im Verhalten verloren gegangen.

Dies ist in der Schweiz, vielleicht eher als in Deutschland, erkannt worden; es wird schwer werden, das Rad zurückzudrehen, ohne sehr ursprüngliche Blutlinien, die auch dort nicht mehr häufig sind, aus dem britischen Bereich wiedereinzukreuzen. Vielleicht müßte, auch in Deutschland, gar überlegt werden, ob nicht in britischen Beaglemeuten Erbgut schlummert, das unseren Beagles gut täte.

Freilich kann auch bei harter Selektion auf Ursprünglichkeit und Robustheit, auf Langlebigkeit, Gesundheit und eine hohe Reizschwelle aus dem vorhandenen Material eine Besserung eintreten. Aber der Zuchtfortschritt wäre mit Zuführung neuen Blutes gewiß schneller zu erreichen. Gleichwohl sei hier zur Vermeidung von Mißverständnissen konstatiert, daß Schweizer Beagleinteressenten dortzulande ebenso gesunde und typische Hunde erstehen können wie dies gegenwärtig in den anderen Ländern mit 'organisierter Beagleszene' der Fall ist.

2.2.3 Niederlande, Belgien, Luxemburg, Frankreich und Italien

Niederlande

In den Niederlanden hat sich seit 1966 langsam, aber stetig eine kleine Gemeinde von Beaglefans entwickelt. Waren die ersten Importe aus Großbritannien und, kraft persönlicher Verbindungen, aus den USA noch wirklich Vertreter einer noch immer exotischen Rasse, sind heute Beagles eine nach ihren Eintragungszahlen im großen Hundeland Niederlande kleine Rasse. Trotz langen Grübelns ist dem Autor nie klar geworden, warum die Rasse dort nicht denselben Aufschwung nimmt wie viele andere ausländische Rassen, deren sich niederländische Züchter angenommen haben. Es ist zu hoffen, daß der Beagle Club Nederland (Adresse im „Adreßbuch des Beaglefreundes" am Ende des Buches), vor wenigen Jahren gegründet, der Rasse eine größere Verbreitung ermöglicht.

Die Eintragungszahlen sind in den letzten zehn Jahren nur langsam gewachsen:

1984 303	1987 424	1990 437	1993 521
1985 336	1988 402	1991 432	1994 529
1986 376	1989 432	1992 532	

Die Meldezahlen von Beagles auf Internationalen Zuchtschauen für Hunde aller Rassen liegen höchstens im Bereich der eher ausstellungsfaulen deutschen Beaglebesitzer. Kurz, die Niederlande sind ein Land, das auf der Eroberungsliste der Rasse Beagle noch nicht abgehakt werden kann.

Belgien

Auch hier, in einem europäischen Kernland, hat sich eine breitere Beaglefront noch nicht entwickeln können. Zwar haben Rasseenthusiasten einzelne erfolgreiche britische und amerikanische Hunde importiert und diese neben Ausstellungen auch zur Zucht eingesetzt. Dennoch bleiben diese Anstrengungen vereinzelte Inseln im wenn auch kleinen Meer der belgischen Kynologie.

Ein Land, das noch der Eroberung durch den Beagle harrt.

Luxemburg

Europa-Zentrale, aber beaglemäßig unterversorgt. Beaglewürfe in diesem Land sind eine Rarität, die Versorgung von Beaglefreunden mit diesen hochwertigen Familienmitgliedern muß stets in Form einer Transfusion aus dem angrenzenden Ausland stattfinden. Kann vom Zusammenwachsen Europas nur profitieren.

Frankreich

Frankreich war nicht nur in längst verflossenen Zeiten, sondern ist noch heute das an Laufhunderassen reichste Land. In diesem relativ zur Bundesrepublik (357.000 qkm), Österreich (83.350 qkm) und der Schweiz (41.300 qkm) riesigen, stellenweise dünn besiedelten Flächenland von 547.000 qkm gibt es heute noch 42 Laufhunderassen. Und die werden nicht eben gerade erhalten wie Objekte in einem Freilichtmuseum, sondern werden regional noch immer zur Jagd, der großen und, was das Gefühl der Jäger betrifft, noch immer feudalen Leidenschaft, verwendet.

In der Gruppe der Rassen mit britischem Hintergrund, den Beagles, Beagle-Harriers und den Harriers, ist der Beagle die kleinste Rasse. Erheiternd ist, daß der Beagle, mit erheblichem Anteil französischen Jagdhundebluts erst erzüchtet, nach mehreren hundert Jahren wieder nach Frankreich, nun eher gespannt beobachtetes europäisches Konkurrenzland als die seinerzeitige Südprovinz, rückimportiert wurde. Dies geschah schon bald nach der Formierung der Meuten in Großbritannien und der Erstellung eines Rassestandards. Jedenfalls bildet die Züchterzeitschrift L'Acclimatation, die jeweils die neuesten Errungenschaften des internationalen Tierverkehrs frisch aus der Eingewöhnungsstation, aber auch die Sieger der Hundeschauen als 'Illustrierte' abbildete, 1899 die Sieger der Pariser Austellung ab. Die Abbildungen sind nicht nur wegen der wirklichkeitsgetreuen Darstellung höchst informativ. Wie im Urstandard des Mr. Joachim vorgeschlagen, wurde bei der Schau in Paris ganz offenbar wirklich in die beiden Größenklassen unterschieden. Für die beiden abgebildeten Beagles, die in der

110

Aus Großbritannien nach Frankreich importierte Beagle der Jahrhundertwende. Man beachte die Proportionen von Knochenstärke und Kopftyp im Verhältnis zu den 'Pocketbeagles' der nächsten Abbildung. Beagles, Normalgröße: Babiole, Montjoye I, Mico, Sieger der Ausstellung in Paris 1889, aus L'acclimatation

größeren Klasse 1889 in Paris die klaren Gewinner mit einer Ehrenmedaille waren, Montjoye I und Babiole, sind sogar die Körpermaße erhalten:

Maß	Montjoye I	Babiole
Widerristhöhe	40	38
Von der Nasenbeere zur Rutenwurzel	69	70
Rutenlänge	28	26
Brustumfang hinter den Ellbogen	54,5	53
Kopfumfang	33,5	34
Nasenbeere bis Hinterhauptbein	19,5	19
Fangumfang vor dem Stirnabsatz	17,5	17
Behanglänge von einer zur anderen Unterkante	44	43

Hier, lieber Leser, sollten Sie aufstehen, im Haushalt solange kramen, bis Sie ein Schneiderbandmaß und einen Zollstock gefunden haben und Ihren eigenen Beagle vermessen. Nur so können Sie sich vorstellen, wie Montjoye und Babiole, berühmte und erfolgreiche Ausstellungshunde um die Jahrhundertwende, aber auch hervorragende Jagdhunde in der Meute Rallye-Montjoie, aussahen. Und Sie wissen plötzlich, wie ihr eigener Beagle dagegen aussehen würde.

Fairerweise wird die Rasse in Frankreich als wirklich britische Rasse anerkannt. Die

Text: Pocketbeagles ("Elysabeth's beagles") Music, Venus, Butler II, Beauty, Sieger der Ausstellung in Paris 1889 in der Klasse der nicht berittenen Meuten, aus der Zeitschrift Le Jardin de l'acclimatatio. Pocketbeagles, aus den 'Jardin d'acclimatation

französischen Beagleliebhaber wissen dabei durchaus, daß die Rasse unter Verwendung von französischem Laufhundeblut in Großbritannien entstand. Der Beagle hat aber in Frankreich vorzügliches Asyl gefunden, soweit es seine Verwendung als Jagdhund betrifft. Er wird im ganzen Land, vielleicht im Süden ein wenig mehr, in kleinen Meuten oder als Einzel-Stöberer oder Brackierer eingesetzt. Insoweit ein 'homecoming' der Rasse oder wieder eine Bestärkung für die Leute mit der zyklischen Geschichtsauffassung.

Die französischen Beaglefreunde haben seit der Jahrhundertwende immer wieder britische Beagles, und zwar vornehmlich aus Zuchten von Ausstellungshunden importiert. Dr. Durand, Präsident des Vereins in Frankreich in den siebziger Jahren, schreibt in seinem Vorwort zu 'Club du Beagle...': "Großbritannien hat sich darum verdient gemacht, die Rasse entwickelt, gefestigt und beträchtlich weiterentwickelt zu haben. Bis zum zweiten Weltkrieg hat der häufige Austausch von Hunden eine Osmose der Vorzüge und Fähigkeiten erlaubt, die in England und Frankreich jeweils erzüchtet worden waren. Unglücklicherweise hat danach das britische Gesetz zur Quarantäne importierter Hunde verhindert, daß französisches Beaglebut den Weg über den Ärmelkanal fand."

Hier sei dem Autor ein kritischer Einwurf erlaubt. Das unerbittlich durchgesetzte Gesetz Großbritanniens, daß aus anderen Ländern, außer Irland, importierte Hunde (und Katzen) sechs Monate in von der Regierung anerkannten Zwingern auf Kosten der

Besitzer unter Quarantäne gestellt werden, dient meines Erachtens nur sehr bedingt dem offiziell erklärten Zweck, die Einschleppung von Tollwut auf die Insel zu verhindern. Es ist vielmehr ein listig anders etikettiertes Handelsverbot, das der britischen Handelsbilanz nützt: Hunde und Katzen dürfen nur exportiert werden, kein vernünftiger Mensch nimmt die exorbitanten Kosten der Quarantäneunterbringung auf sich und mutet seinem Familienmitglied Hund oder Katze zu, ein halbes Jahr kaserniert zu sein.

Unbeschadet der vor meinem Einwurf zitierten Ausführungen Durands sind die französischen Beaglefreunde (natürlich!) der Meinung, daß sie den richtigeren Rassetyp gefunden hätten. So sagt Durand 1977: "Frankreich hat in diesen Hunden das Schöne und das Gute vereinigt. Seit mehreren Jahren hat uns die Paarung unserer Hunde mit englischen Beagles aus Ausstellungszucht ein besseres (Gemeint ist ein härteres und längeres Haar. Der Autor) Haarkleid eingebracht, eine bessere Laufstellung und insgesamt eine bessere Knochenstärke. Nun jedoch hat unser Club strikt die Einfuhr und Verwendung weiterer Zuchttiere verboten, bis wir in mehreren Generationen die Auswirkungen des Zuchteinsatzes jener Importe analysiert haben. Die harmonischen und ausdrucksvollen Köpfe der französischen Beagles müssen unbedingt bewahrt bleiben, die schweren und abgesetzten Köpfe, wie wir sie häufig bei englischen Beagles sehen, sind zu vermeiden."

Was schließt der geneigte Leser hieraus? Genau. Es bestätigt, was dem Autor bei französischen Ausstellungen und Ausstellern immer wieder auffiel: französische Beagles haben feinere und kürzere, weniger gestreckte Köpfe mit mäßig kräftigem Fang, feinere Laufknochen, nicht immer parallel gestellte und geführte Vor- und Hinterhand.

Insofern ist keinem europäischen Aussteller, der nicht diesen Typ Beagle hat, zu raten, in Frankreich auszustellen. Auch englische Beaglechampions, selbst amerikanische Sieger würden in jenem mitteleuropäischen Kernland bestenfalls Befremden hervorrufen. Insofern hat sich Frankreich eine höchst eigene Interpretation des international verbindlichen britischen Standards geschaffen.

Dennoch betrachten französische Beaglefreunde die britische Beagleszene durchaus genau und wissen, daß es dort zwei Welten gibt, die der Jagdmeuten und die der Ausstellungsbeagle. Doktor Emile Guillet, der Nestor der französischen Laufhundeszene, schreibt im vorerwähnten französischen Werk: "In England werden Beagles in zwei getrennten 'Szenen' bewertet, der Ausstellung einerseits und bei den Jagdmeuten andererseits. Das Kurioseste an der Geschichte ist, daß die Richter der Hunde aus den Jagdmeuten bei den Houndshows vorgeben, die anderen Ausstellungshunde seien für die Jagd ungeeignet. Wir in Frankreich bedauern diese Diskriminierung, denn hierzulande haben wir Hunde, die vom Erscheinungsbild und ihrer Anatomie her außergewöhnlich sind, aber auf der Jagd bemerkenswerte Leistungen zeigen, in denen sich Schönheit und Arbeitsfähigkeit vereinen."

Organisiert haben sich die Beaglefreunde in Frankreich seit Mai 1914, als sich der Club français du Beagle in Paris unter der Präsidentschaft des Monsieur de la Borde formierte. Natürlich gab es keine Beagleaktivitäten während des ersten Weltkriegs, es gab Wichtigeres. Aber am 21. Juli 1921 traf man sich wieder im Grand Palais, man wählte einen (adligen) Vorstand und etablierte eine Geschäftsstelle. Im Jahre 1925 gab es einen ersten Meutewettbewerb, 1926 gar die erste Ausstellung in Angers und eine zweite in Rennes in der Bretagne 1927, wo sich damals die meisten Züchter und Meutehalter der Rasse fanden. 1926 hatte man ein eigenes Zuchtbuch begonnen, der

Club entwickelte sich stetig. Während der Jahre des zweiten Weltkriegs wieder schlief die Sache der Beagles in Frankreich ein, um jedoch im Juni 1946 neu belebt werden zu. Belebt auch deshalb, weil bis dahin die Mitgliedschaft im Club nur auf Empfehlung eines Mitglieds erworben werden konnte: ein kleiner aber feiner Verein.

Von 1946 an jedoch wuchs der Club ständig, denn er erweiterte auch seine Ziele. Bis dahin nämlich war es ausschließlich Ziel des Clubs, Hunde für die Hasenjagd mit der Meute zu züchten und die Übereinkunft war gewesen, daß diese Hunde nicht mehr als 42 bis 43 cm Widerristhöhe haben durften. 1957 waren es, etwa ein Zehntel der einstigen Zahl, nur noch sieben Meuten, die, teils mit Beagles, teils mit Beagle-Harriern ausgestattet, Hasenmeutejagd betrieben. Dies jedoch nicht etwa, weil Frankreich die Lust an der Jagd mit den feudalen Meuten verloren hatte, sondern, weil der Hase zum seltenen Jagdwild geworden war. Dazu war gekommen, daß viel mehr Straßen die Landschaft zerschnitten, daß düngen und spritzen der Landwirte die Nasenarbeit der Hunde mehr und mehr erschwerten. In manchen Gegenden Frankreichs, so in der Mitte Frankreichs, waren massive Aufforstungsprogramme angelaufen und hatten, simultan mit der Landflucht der französischen Bauernkinder, die Feld- und Weideflächen drastisch schrumpfen lassen, und damit den Lebensraum des Feldhasen, das Jagdrevier der Beaglemeuten. Jetzt änderten sich die Aufgaben des Beagles, er wurde Helfer des Jägers zum Brackieren des Hasen.

Heute brackieren die Beagles in Frankreich fast ausschließlich allein oder zu zweit mit dem Jäger und der Flinte. Auch hier kann der Jäger die Arbeit der Hunde bewundern, erfreut sich an ihrem Instinkt, an ihrem Laut, und erreicht mit ihrer Hilfe, wenn ihm das Jagdglück hold ist, auch die Jagdbeute. Nebeneffekt dieser epochalen Umstellung zur 'petite venerie', wie die Einzeljagd in Frankreich im Gegensatz zur 'grand venerie', der Jagd mit den Meuten, heißt, war die Umstellung auf kleinere Beagles.

Selbst die größeren Beagles wurden weniger massiv, eleganter. Die kleineren Beagles wurden leichter, im Fang spitzer, im Oberkopf stärker aufgewölbt. Gaston Dutheil bestätigt in seinem Beitrag zum 'Le Club du Beagle...', daß sich dann die Fehler einschlichen, die es noch heute zu bekämpfen gilt: feine Knochen; sehr elegante und extrem grazile Hunde; feiner Fang, der eher fuchsartig spitz ist; schlechte Stellung der Gliedmaßen, so ausgedrehte Ellbogen, ausgedrehte Pfoten, abfallende Kruppen; sehr feines, zu kurzes Haar; flache und wenig gepolsterte Pfotenballen; zu runde, hervortretende Augen; zu stark aufgezogene Unterlinien. Dies versuchte man nun, mit dem Import englischer Zuchttiere zu bekämpfen und war recht erfolgreich dabei. Nicht so erfolgreich war man dabei, sich loyal an die Größengrenzen des britischen Standards zu halten, besonders, weil die oft der Meuteszene verhafteten Zuchtrichter weitaus zu große Hunde als 'große Typen' anerkannten, nur weil sie glaubten, diese Hunde seien der Abglanz der alten Jagdherrlichkeit. Mit der Frage des richtigen Typs werden die französischen Beagleliebhaber noch eine Weile zu kämpfen haben.

Gleichwohl wird die Rasse unverbrücklich weitergepflegt. Dr. Guillet führt in seinem Beitrag im 'Le Club du Beagle' aus, daß zu jener Zeit (1977) neuntausend Beagles eingetragen waren; das Zuchtbuch wird, der zentralistischen Struktur Frankreichs folgend, nun bei der Societe Centrale Canine in Paris geführt. Dort lassen sich folgende Eintragungszahlen finden:

| 1960 | 114 | 1975 | 1344 | 1985 | 1380 | 1992 | 1692 |
| 1970 | 814 | 1980 | 1146 | 1991 | 1595 | 1993 | 1523 |

Italien

In diesem traditionsreichen Jagdhundeland gibt es eigentlich nur einen Kynologen, bekannten Richter und internationale Hundepersönlichkeit, der die Fahne der Beagles immer wieder hochhält. Bei mäßiger Zuchttätigkeit findet Paolo Dondina, einer der frontmen der italienischen Kynologie, immer wieder hervorragende englische Zucht- und Ausstellungstiere, die er gerne international zeigt. Hin und wieder züchtet er auch einen Wurf; zu einer Entwicklung der Beagleszene in Italien ist es merkbar jedoch nicht gekommen.

2.2.4 Skandinavien

Die skandinavischen Ländern haben traditionell gute Bindungen zu den englisch-sprachigen Ländern gehabt. Also ist heute der Beagle dort, wenn auch in unterschiedlicher Häufigkeit, vertreten. Insbesondere das auf wenig Fläche konzentrierte Dänemark, aber auch die Flächenländer Schweden und Finnland, weniger Norwegen, haben an der Erhaltung, aber auch der Verbreitung und Verbesserung der Rasse mitgewirkt.

Dänemark

Ein Land, das gewiß nicht zu den größten Europas zählt, insbesondere, wenn man die kalte Kolonie der Dänen, Grönland, abrechnet. Trotzdem haben sich die Dänen um die Verbreitung und Förderung der Rasse Beagle gewaltig verdient gemacht. Wie immer sind es einzelne Personen, die eine Rasse so fördern, daß sie dann in jenem Land planmäßig Karriere machen. In Dänemark ist mit Sicherheit I.C.Christensen als Gründervater der Rasse zu betrachten.

1963, als viele skandinavische Hunde wegen der dort verordneten Quarantäne noch nicht nach Zentraleuropa einreisen konnten, kam mit der Hündin Comps' Cayenne der erste Beagle mit englischer Blutführung aus Schweden nach Dänemark zur Familie Krantz in Allerød. Damit allein konnte man jedoch schwerlich neue Beagles erzeugen, also wurde der erste Beaglerüde Dänemarks, Shannon-Pet, aus Finnland dazugekauft. Dieses Zuchtpärchen brachte die Pioniertiere Ch. Pixie, Ch. Patty und Ch. Tipsy hervor, die ihren nationalen Titel 1967 errangen. In der Folge wurden britische Tiere, vornehmlich aus dem Zwinger 'Annasline' importiert, die zum soliden Fundament der Beagle-Blutlinien maßgeblich beitrugen.

Dennoch hat die dänische Beagleszene erst Tritt gefaßt, als I.C., wie Christensen von Beaglemenschen genannt wird, in den siebziger Jahren aus den USA erfolgreich Ausstellungsbeagles einführte. I.C. hatte als Fachjournalist für Pferdesport viele internationale Kontakte und, natürlich, solide anatomische Kenntnisse, die ihm halfen, unter seinem Zwingernamen 'O'Connics' schnell erfolgreich gute Beagles zu züchten. US Ch. The Whim's Pilgrims' Progress aus der berühmten Zucht der Musladins in Kalifornien kam in seinen Besitz und 1971 rapide zu seinem dänischen Championtitel. Nachdem Tove Pitzner unter ihrem Zwingernamen 'Minette's' in Esrum bis dahin sehr solide und eher britsche Beagles gezüchtet hatte, importierte sie nun einen amerikanischen Rüden, US Ch. Colegreens Little Rebel, der bis dahin bei Mrs. Pickthall (Zwingernamen 'Clovergates') in Großbritannien gewesen war, als Einkreuzung. Auch dieser wurde 1972 dänischer Champion.

Wahrhaft epochal wirkte jedoch der Import des kleinen amerikanischen Rüden US Ch. Seven Hills' Black Gold, der 1972 auch den dänischen Championtitel erwarb. Dieser Rüde und die Abbildungen aus I.C. Christensens dänischen Beaglebüchern erlauben eine hervorragende Visualisierung, wo die Unterschiede zwischen englischem und amerikanischem Typ liegen können. Ein skandinavischer Exkurs aus dem dänischen Beaglegebiet ist daher weiter hinten im Kapitel 'Beagle züchten' zu finden.

I.C. züchtete eine Weile mit kluger Paarungsstrategie und machte seinen Landsleuten vor, wie man gute Beagles züchtet, ohne allzusehr auf Dinge wie Größe oder Farbe fixiert zu sein. Noch heute hat sich die Akzeptanz für fremde bis exotische Blutlinien gehalten und amerikanische Beagles haben hier womöglich ihren sichersten Brückenkopf in die alte Welt gebildet.

Heute sind Beagles in Dänemark eine der populärsten Rassen. Das ist an den Eintragungszahlen abzulesen. Wenn man die Eintragungszahlen (jährlich etwa 400 bis 450 Beagles) in Beziehung setzt zu der dortigen Eintragungszahl Deutscher Schäferhunde (ca. 3.400), tragen die Dänen Beagles im Umfang von 13% der Eintragungszahl Deutscher Schäferhunde ein. Setzte man dies für Deutschland

Kleiner, feiner, aber für seine Größe typischer Rüde, US & DK. Ch. Seven Hill's Black Gold

Ein schöner Rüde des unverkennbar amerikanischen Typs. Langer, etwas flacher Oberkopf, mäßige Vorhandwinkelung und Knochenstärke, kürzerer Rippenkorb: Dk Ch. und mit vielen anderen Titeln Kennet's Gigolo, aus zwei Eltern mit starker amerikanischer Blutführung gezüchtet.

proportional um, müßte Deutschland etwa 3.600 Beagles jährlich eintragen -rund das Zehnfache der gegenwärtigen Leistung bzw. der wirklichen Eintragungszahlen.

Der Beagle ist auch eine der populärsten Rassen, was Hundeausstellungen betrifft. Bei dortigen Veranstaltungen für alle Rassen werden meist 75 bis 90 Beagles ausgestellt, bei Spezialzuchtschauen nur für Beagles hat ein Richter leichtlich 100 bis 140 Beagles zu bewerten.

Warum die Rasse dort so populär ist? Mit Sicherheit deshalb, weil Veranstaltungen des Danks Beagle Klubben immer Familienfeste sind, ein Konzept, das auch in Österreich, in Deutschland und der Schweiz aber (noch) nicht zu funktionieren scheint. Mit bis zu zwölf Spezialschauen pro Jahr ist ein vorzüglicher Überblick über das Zuchtgeschehen zu gewinnen, Gehorsamsausbildung mit Wettbewerbscharakter ist eine äußerst populäre Clubsparte, reine Spaßveranstaltungen für Hund und Halter, Wandertage und Ausbildungstage für die Spurausbildung bieten ein vielfältiges Kaleidoskop von Aktivitäten für jeden Geschmack. Die Arbeitsbelastung scheint mir besser auf viele Schultern verteilt zu sein als wenigstens in Deutschland und der Schweiz, wo nur Wenige den schweren Karren schon lange ziehen.

Der Dänen-Beagle? Von mittlerer Größe, gewiß von der Obergrenze des Standards mit

Eine gelungene Kombination von englischem und amerikanischem Typ aus dem aktiven und erfolgreichen Zwinger von Jesper und Annette Pedersen: DK Ch. und mit vielen anderen Titeln Gold Line's Cool Baby, Tochter eines brasilianischen Champions und einer Hündin mit englischer Blutführung.

Sicherheit entfernt und nicht über der Größengrenze oszillierend wie die Mehrheit der britischen Beagles derzeit. Von vorwiegend dunkler dreifarbiger Färbung, schwarzer Sattel, braune Schultern und Keulen, mäßiger Weißanteil. Da, meint der Autor, hat sich die Einheitsvorstellung der Amerikaner durchgesetzt, wie ein Beagle aussehen soll. Innerhalb der letzten zehn Jahre, als ab und an noch Zweifarbige und Broken Tricoloureds auftraten, sicher eine ästhetische und genetische Verarmung. Dennoch muß abschließend gesagt werden: Dänemark ist eine gewaltige Bastion der Beaglefreunde in Europa. Die vielseitigen und vielfältigen Zuchtaktivitäten, ein großer Anteil fremder Blutlinien bieten dem Züchter aus anderen Ländern, der gezielt sucht, gewiß einen unerschöpflichen Hort von Zuchtpartnern. Für Leute, die sich entschlossen haben, sehr englische Hunde zu züchten, hat dieser Hort nur begrenzte Bedeutung. Aber zur Vielfältigkeit der Beaglewelt trägt die dänische Beagleszene gewiß bei.

Finnland
In Finnland hat der Beagle, was er in Mitteleuropa selten hat: viel Platz. Das liegt daran, daß Finnland mit 547.000 qkm rund 85% mehr Landfläche hat als die Bundes-

republik und wesentlich dünner besiedelt ist. Und der Beagle Finnlands hat auch, woran sich die Rasse und ihre Jagdweise erst gewöhnen mußten: viel Wald. Folglich hat sich die Meutejagd dort erst garnicht entwickelt und als der Beagle als Jagdhund seine Karriere bis an die Grenze Kareliens begann, war und blieb er Einzeljagdhund. In der Einzeljagd muß ein finnischer Beagle beweisen, daß er eines Championtitels würdig ist. Folglich werden nur Hunde Champions, die außer einer vorzüglichen Nase auch enormen Spurwillen zeigen und höchste körperliche Leistungsfähigkeit, denn die finnischen Hasen sind recht groß und laufen daher sehr schnell in dem ihnen vertrauten, deckungsreichen Waldgelände. Der Beagle muß also außer der anstrengenden Spurarbeit auch noch das dickungsreiche und im Bodenbewuchs höchst unterschiedliche Waldgelände bewältigen.

Die esten Beagles kamen über Schweden im Jahre 1911 nach Finnland, sie gingen auf Hunde aus der Trinity Foot-Meute Großbritanniens zurück. Sie konnten jedoch die Jäger nicht zufriedenstellen, die schnellere Hunde wollten; folglich kreuzten diese bereits in der zweiten Generation größere Brackenrassen ein. Erst 1956 kamen wieder Beagles in nennenswerten Zahlen nach Finnland, diesmal aus den USA. Und auch diesmal wieder zu Jagdzwecken. Was Wunder, daß man Hunde aus einem Zwinger importierte, der vornehmlich Field Trial Champions in seinen Abstammungsnachweisen führte. Dieses Zuchtmaterial wurde später gelegentlich mit Meuteblut aus Großbritannien veredelt. Hunde aus der internationalen Ausstellungsszene oder deren Nachkommen gab es fast nicht - dies stieß auf Widerstand der Jagdfreunde, die in Finnland in der Mehrheit sind. Heute leben etwa 6.000 bis 7.000 Beagles in Finnland, von denen über 90% zur Jagd verwendet werden.

Der finnische Beagle jagt vornehmlich die nordische Varietät der europäischen Hasen, den Schneehasen, der im Sommer braun, im Winter weiß ist. Meist ist nur ein Hund auf seiner Fährte, höchstens sind es drei. Manche finnische Häger bejagen gar den Fuchs mit Hilfe von Beagles.

Die etwa 120 bis 140 meist zweitägigen Leistungsprüfungen für finnische Beagles finden jährlich in der Zeit vom 1. September bis zum 28. Februar statt, an ihnen nehmen jährlich 450 bis 550 Beagles teil, Teilnahmevoraussetzung ist eine Formbewertung. Nach entsprechenden Leistungen gibt es den Titel des Jagdchampions. Jährlich findet ein Leistungswettstreit der finnischen und der schwedischen Beagles statt.

Alle diesen Aktivitäten werden vom finnischen Beagle Club betreut, der 1961 gegründet wurde.

Auf der Schauseite hat sich die Rasse erst in jüngeren Jahren fest etablieren können, es werden jährlich etwa 1.000 Beagles bei den vielen finnischen Ausstellungen gemeldet. Auf Schauen, die der Autor in verschiedenen Teilen von Finnland richtete, fanden sich immer nur wenige und höchst unterschiedliche Beagles, bei denen sich in jüngster Zeit ein eher amerikanischer Typ durchzusetzen schien. Just vor Abschluß dieses Buchmanukripts hat der Autor im Sommer nahe Helsinki auf einer nationalen Schau etwa 14 ausgestellte Beagles betrachtet und im Dezember 1995 bei der großen Titelschau des Finnischen Kennel Clubs in Helsinki die Beagles gerichtet.. Danach bleibt zu konstatieren: der Rassetyp, soweit es die Schauseite betrifft, ist doch noch recht uneinheitlich.

Beagleverseuchte Finnlandfahrer können ja nun ihren Hund mit in Urlaub nehmen und finden gewiß auch bei finnischen Beaglefreunden Kontakt: Nicht nur Beaglezüchter Dr.

med. vet. Juhani Hirvensalo, der als Veterinär zum tiermedizinischen Berater des Finnischen Dachverbands aufgestiegen ist, spricht gut deutsch, sondern auch Pentti Särmä (Adresse bei internationalen Beagleadressen hinten im Buch), der mir im Dezember 1995 einen aktuellen Bericht zum Stand der finninschen Beagleszene übermittelte, dessen Inhalt in den Buchtext einfloß. Nachfolgend die Eintragungszahlen der finnischen Beagles der letzten Jahre:

1985	1014	1990	831
1986	871	1991	870
1987	802	1992	773
1988	787	1993	860
1989	793	1994	783

Schweden

Ebenfalls ein recht dünn besiedeltes Flächenland mit 449.800 qkm, also rund 20% mehr Fläche als die Bundesrepublik und wesentlich weniger Menschen, die es besiedeln. Ein naturnahes Land mit viel Wald und Seen.

Beagles fanden erst 1927 ihren Weg ins Zuchtbuch des Schwedischen Kennel Klubben - da wurden ganze zwei Hunde dieser Rasse eingetragen, im nächsten Jahr drei. Im Jahr 1946 wurden aus Mrs. E. Stockley's wohlbekannter Zucht in Großbritannien zwei Beagles nach Schweden importiert und dort eingetragen. Auch in diesem Land begann die Zucht mit ganz keinen Zahlen. 1953 jedoch wurde, auch unter Mitwirkung des Pioniers der Rasse in Schweden, Laers Grill, der Svenska Beagleklubben gegründet; dies ist das eigentliche Startjahr der Rasse dortzulande. In den folgenden Jahren waren zwei Züchter die Motoren der schwedischen Beaglezucht: Otto Bengtsson, Vorsitzender des Klubben von der Gründung bis 1964 und schließlich Sten Persson ist in Schweden als 'Beaglevater' bekannt, was geschichtsbewußte deutsche Beagleaussteller bestätigen können, die den väterlichen Umgang Perssons mit den Hunden bei seiner Richtertätigkeit 1988 in Erkrath in Erinnerung haben.

Neben Persson ist noch Dr. Catharina-Linde-Forsberg als gestrenge Beagle-Richterin bei uns bekannt, die im skandinavischen Raum als einsame Spitze der Veterinäre gilt, wenn es um Dinge der wissenschaftlichen Betreuung der Fortpflanzung bei Tieren, insbesondere Hunden, geht. Was Wunder, daß Frau Dr. Linde, die mit einer 'Pinewood'-Hündin so erfolgreich gezüchtet hatte, sich bereits 1979 per Flugzeug Samen des beim Autor lebenden Rüden Ch. Pinewood Chieftain schicken ließ und einen schönen Wurf von sieben Welpen daraus bekam !

Auch wenn mehr britischer Einfluß in den schwedischen Beagles sichtbar wird als in den finnischen Hunden, so ist doch der Beagle in Schweden eher Jagdhund als Ausstellungshund. Wenn man die nachfolgend aufgezeichneten Eintragungszahlen der Beagles, die mir Curt-Christer Gustafsson übermittelte, ansieht, wird deutlich, daß dort jährlich nicht mehr Beagles neu entstehen als durchschnittlich in den letzten Jahren in der Bundesrepublik.

1985	813	1989	560	1993	438
1986	689	1990	578	1994	406
1987	598	1991	647		
1988	641	1992	559		

2.2.5 Beagles in Polen, Rußland, in der Slowakei und Tschechien

Polen

Jüngste Berichte lassen erkennen, daß nach der absoluten Abschottung des Landes durch den Eisernen Vorhang nun im Zuge der Aufwärtsentwicklung in Polen es mit den Beagles auch aufwärts gehen kann. Das Züchterehepaar Szajner in Sopot hatte natürlich mit einer Zuchthündin aus Rußland, die einige Generationen zurück eine englische Hündin aus dem 'Saravere'-Zwinger bei ihren Ahnen aufweist, nicht den denkbar besten Start, gleichwohl wurde die Hündin 'Ingrid Jut' als erster Beagle in das polnische Zuchtbuch 1989 mit der Nummer 17089/X/89 eingetragen. Szainers waren klug genug, sich von erfahrenen dänischen Beaglezüchtern in der Wahl eines Deckrüden für den ersten Beaglewurf im polnischen Zuchtbuch beraten zu lassen. Das Wurfergebnis läßt hoffen, daß bei Vermehrung der Züchter und nicht nur der Hunde in diesem kerneuropäischen Kulturland die Rasse einen gesunden Aufschwung nehmen kann.

Rußland

Seit etwa zehn Jahren korrespondierte der Autor immer wieder einmal mit der Vorsitzenden des Moskauer Beagle Clubs, Frau Natalya Karpysheva. Wie aus den von dort übermittelten Nachrichten hervorging, war die Schwierigkeit zu Zeiten des Eisernen Vorhangs, daß als Zuchttiere fast nur Beagles aus Versuchstierzuchten zur Verfügung standen. Rühmliche Ausnahme war, daß englische Züchter, die in ihrem Zivilleben, und das heißt hier außerhalb der Hundewelt, mit Partnern in der Sowjetunion Geschäftsbeziehungen unterhielten, einmal ein britisches Zuchttier aus dem 'Saravere'- Zwinger mitbrachten. Daß dieses gewiß verfeinerte Genpotential dem vererbungsmäßig durchschlagskräftigeren Bestand nur mäßig typischer Hunde bald unterlag, nehmen wir an. Aber das Land war selbst so streng überwacht und reglementiert, daß die Moskauer zur Zeit des Eisernen Vorhangs unser Angebot, kostenlos Samen unserer Deckrüden per Flugzeug zu senden, nicht annehmen durften.

Aus einem jüngsten Besuch zum Richten in Moskau im Februar 1995 weiß der Autor aus direkter Anschauung, daß im Hundewesen seit dem Zerfall des Sowjetreiches in Rußland eine übergreifende und ordnende Struktur fehlt. Hier Optimismus zu zeigen, fällt jedem Kenner der Szene schwer. Es bleibt nur, die Konsolidierung des Landes abzuwarten und dann von neuem anzufangen.

Ebenso schwer wird es sein, die Zucht einer Rasse wie der Beagles, die zunächst nicht ohne masssive Importe wird auskommen können, auf so solide Basis zu stellen, daß sich eine landestypische Beaglewelt entwickelt.

Slowakei

Die Haltung und darauf folgende Zucht von Beagles fing in der Slowakei recht spät an, sie begann, als das Land mit Tschechien noch eine politische Einheit bildete. Wieviel Beagles in den Jahren seit 1988 dort gezüchtet wurden, kann in der Tabelle im Abschnitt über Tschechien abgelesen werden.

Nach Trennung der beiden Teilländer der Tschechoslowakei sind in der Slowakei rund acht Züchter der Rasse verblieben. Während 1993 auf dem Gebiet der Slowakei eine

Rekordzahl von 42 Welpen fiel, sind die durchschnittlichen Eintragungszahlen durch Migration einiger Züchter auf zwischen 21 und 23 Beaglewelpen pro Jahr zurückgefallen. Dennoch berichtet der Dachverband, daß die Rasse sehr beliebt ist und der Absatz von Welpen, natürlich zu den dort üblichen Welpenpreisen, überwältigend sein könnte, wenn es denn nur Beaglewelpen gäbe.

Tschechien

Dieses Land war durch intensive private Kontakte und seine geographische Nähe zu den deutschsprachigen Ländern schon früh in der Lage, sich eine Zucht von Beagles aufzubauen, die bei großer genetischer Vielfalt zu in jüngster Zeit eindrucksvollen und typischen Hunden geführt hat. Diese sind bei Schauen zum Beispiel in Deutschland in den Jahren seit 1993 auch immer wieder auf den Siegerplätzen gelandet.

Ein verdientes Glück der Rasse war, daß die Zuchttiere aus dem Westen vorwiegend in die Häuser von Biologen oder Veterinären kamen oder aber zu begnadeten Hundezüchtern, die, welcher Rasse sie sich auch immer annehmen, richtige Entscheidungen treffen und so zu hervorragenden Ergebnissen gekommen sind.

Die Beaglezucht im seinerzeit noch mit der heutigen Slowakischen Republik vereinigten Land begann 1986, als ein Wurf mit vier Welpen fiel. Schon ab 1988 muß jedoch das Zuchtgeschehen in den Bruderländern Tschechien und Slowakei getrennt betrachtet werden.

Jahr	Tschechien		Slowakien	
	Wurfanzahl	Welpenzahl	Wurfanzahl	Welpenzahl
1988	1	4	1	2
1989	5	15	2	9
1990	4	18		
1991	7	25	4	20
1992	8	42	5	19
1993	16	86	8	42
1994	29	162	4	21 (?)

Der Unterschied der Währungsparitäten und des Lebensstandards, der gegenwärtig zwischen den jetzt demokratischen Ländern des Ostens und ihren westlichen Nachbarländern herrscht, hat dazu geführt, daß in einer beispiellosen Anstrengung, sich dem Standard der alten reichen Länder des Westens so schnell wie möglich zu nähern, auch Hundezucht als Mittel erkannt wurde, exportfähige Waren zu erzeugen, die im Direktverkauf in den Westen vergleichsweise gigantische Erträge, im Verkauf der erzeugten Welpen an westliche Hundehändler immer noch beträchtliche Profite garantieren. Diese Aktivitäten werden freilich auch von Unkundigen und gewiß auch Ungeeigneten betrieben. Die Fixierung auf den Gewinn aus der Ware Hund führt zu rücksichtsloser Massenzucht und zum Sparen an des Hundes wichtigsten Gütern, seiner Gesundheit und der sozialen Prägung. Hunde aus den östlichen Ländern, die über den Hundehandel in den Westen geraten, haben häufig scheinbar korrekte Abstammungsnachweise und ebenso scheinbar vertrauenserweckende Impfbescheinigungen. Die Wahrheit dahinter ist oft dünn, das Schicksal dieser Hunde herzzerreißend, schlicht empörend.

Ebenso, wie denkende Menschen hierzulande es für grob unmoralisch halten müssen, in jene Länder zu fahren und Waren des täglichen Gebrauchs, die für die Versorgung der dortigen Bevölkerung bestimmt sind, en masse billigst an sich zu raffen und nach Hause zu schleppen, ebenso unmoralisch scheint es mir, dort Hunde billig einzukaufen oder sie hier Händlern abzukaufen, die dort billigst eingekauft haben. Mit solchen Maßnahmen wird zwar scheinbar die Not des beim Händler befindlichen Einzeltiers gelindert, andererseits aber neue Not immer neuer 'Ersatzware' verschuldet.

Beim Kauf eines Beaglewelpen -und in Tschechien gibt es stellenweise bei höchst talentierten Züchtern großartig betreute, in bester Umgebung vorzüglich sozialisiert heranwachsende Beaglewelpen- müssen dieselben Grundanforderungen gelten wie ich sie an anderer Stelle dieses Buches zum Erwerb eines Welpen vorgetragen habe. Und als Kaufpreis solcher Welpen ist gewiß der hierzulande übliche Kaufpreis angemessen, von dem oft der Züchter einen Betrag für die Fahrtkosten bis zu seinem Wohnort nachläßt.

2.2.6 Beagles auf dem schwarzen Kontinent

Wohin Briten und britische Truppen auch immer gingen, wohin britische Schiffe auch immer fuhren, hinterließen sie Spuren ihrer Kultur. In vielen Fällen sind dies auch Rassehunde gewesen, die zum Erstaunen der jeweiligen Ureinwohner der Länder als Familienmitglieder in britischen Haushalten lebten.

Vornehmlich in Südafrika hatte sich eine fast britische Beagleszene entwickelt, die klein aber fein mit all' den anderen britischen Rassen zusammen harmonisch zusammenlebte. Auch wenn 1968/1969 nur 204 Beagles eingetragen wurden, so kamen doch immer wieder Zuchttiere aus Großbritannien ans Kap. Leider hat sich da jüngst jedoch nicht nur die politische Lage geändert, sondern viel gravierender noch die wirtschaftliche Lage. Die Prioritäten der weißen anglophilen Schicht, die Hunde hielt und züchtete, haben sich auf die Sicherung ihres Besitzstands verlagert, da bleibt weniger freie Energie für das Hobby Hundezucht und -haltung. Folgerichtigerweise wurden 1991 bis 1992 nur noch 173 Beagles eingetragen. Hoffen wir, daß sich die Lage dort konsolidiert, so daß die Rasse einen erneuten Aufschwung nehmen kann.

2.2.7 Beagles in Südamerika

Der Autor hat weder Fuß noch Pfote je auf den südamerikanischen Kontinent gesetzt, aber ihm liegen jüngste Berichte vor, wie es mit den Beagles in Argentinien und Brasilien aussieht.

Argentinien

Argentinien ist eines der Länder Südamerikas, in denen man den Einfluß der vor Generationen eingewanderten Europäer immer noch spürt. In diesem riesigen Flächenland kamen die Beagles wahrscheinlich in den frühen Jahren dieses Jahrhunderts mit den Eisenbahnarbeitern aus England, die damit gewiß zur Jagd gingen, um ihren Speiseplan aufzubessern. Jedenfalls ist überliefert, daß Beagles in Argentinien anfangs nur in der Nähe von Bahnhöfen gesichtet wurden und mangels Hundekenntnis der Einwohner nicht als Beagles erkannt.

Natürlich waren auch die Anfänge der Beaglezucht in Argentinien nicht darauf ausgerichtet, Ausstellungshunde zu züchten, sondern vielmehr darauf, im Lande irgendetwas anbieten zu können, das einen britischen Touch hatte. Im Jahr 1959 importierte Mrs. Hilda Rumboll schließlich den Englischen Champion Barvae Kucky und 1961 Ch. Barvae Damper. Deren Sohn Hilltops Cheerful wurde zum ersten Beagle mit dem Titel Argentinischer Champion - und auch der erste Beagle, der in Argentinien Bester Hund einer Ausstellung für alle Rassen wurde.

Zunächst gingen die Importe aus Großbritannien weiter. Und obwohl schließlich die (wenigen) amerikanischen Einkreuzungen in Großbritannien dann indirekt über Nachkommen dieser Paarungen auch nach Argentinien kamen, waren doch über lange Jahre, ja Jahrzehnte britische Beagles führend und normal. Erst als, im Zeitalter der vielen Hundeausstellungen und der erleichterten Reisen über große Entfernungen, also in den letzten zwanzig Jahren, viele amerikanische Richter nach Argentinien kamen, fanden diese zum Beispiel alle Hunde über 15 inches Widerristhöhe rasseuntypisch. Und zu leicht belehrbare argentinische Beaglefreunde haben dann doch einige amerikanische Hunde importiert und eingekreuzt. Dennoch erscheinen die meisten argentinischen Beagle, von denen Bilder zu sehen waren, doch noch recht britisch aus.

Brasilien

Beagles kamen zuerst wegen ihrer feinen Nase nach Brasilien. In den sechziger Jahren dieses Jahrhunderts fanden die Brasilianer heraus, daß man mit diesen bunten Hunden ganz prächtig jagen konnte.

Aber schon 1962 begannen neue Freunde der Rasse Hunde für den Ausstellungsring zu importieren. Als erster Import kam ein amerikanischer Rüde, Ch. Shana Goldpulver, nach Brasilien, wurde aber alsbald flankiert von Ch. Rossut Garrick, einem Import aus Großbritannien. Nun hatten weder das Züchten noch die Importmaßnahmen eine klare Richtung, beides folgte den Möglichkeiten, die man eben nun mal hatte, bis 1973 ganz gezielt erfolgreiche amerikanische Ausstellungshunde importiert wurden. Dies wurde sehr gezielt getan, man sah sich nach Nachkommen bekannter und erfolgreicher Sieger um. Nur eine Zuchtstätte in Argentinien, 'Pumar's' hatte sich doch auf britische Linien kapriziert, gewiß angesichts der Entfernungen schon eine Erschwernis; aus diesem Zwinger importierten die Brasilianer Zuchthunde. Erst spät wurden einzelne Einkreuzungen von amerikanischen Blutlinien vorgenommen, in der Hand von Kennern gewiß die Chance, sehr gute Hunde zu züchten. Nach den siebziger Jahren stieg die Popularität der Rasse dramatisch an. Das belebte natürlich auch die Importaktivitäten für Beagles in Brasilien - zwischen 1976 und 1980 wurden fast 90 Beagles importiert. Auch wenn in jenen Jahren vorzügliche Hunde von den Britischen Inseln nach Brasilien kamen, so scheint es doch auch anhand der vorhandenen Abbildungen deutlich, daß der amerikanische Beagletyp vorherrscht. Brasilianische Championbeagle kamen zur FCI-Weltsiegerschau 1989 in Kopenhagen - und blieben danach noch eine Weile in Dänemark, um sich dort fortzupflanzen. So war, schlicht gemessen an den Erfolgen seiner Nachkommen dortzulande, der brasilianische Rüde Ch. Bangor Corn Flakes 1986 und 1987 in Dänemark 'Bester Zuchthund' der Rasse. Von denen, die anfänglich mit viel Enthusiasmus in Brailsien Beagles zu züchten begannen, sind dort wie in anderen Ländern auch nicht viele geblieben. So hat der Zwinger 'Trueline' des Dr. Rocha de Silva zur Erleichterung des Autors ebenfalls seine Aktivitäten eingestellt, sodaß Verwechslungen mit den 'True Line's ...' Beagles aus Deutschland nicht mehr zu befürchten sind.

2.2.8 Australien und Neuseeland

Nachdem wir sozusagen auf der Spur des Beagle um die Welt gereist sind und uns nur da aufhielten, wo Beagles Spuren hinterlassen haben, sind wir schließlich auch bei den Antipoden angekommen.

Unglückliche Vorbedingungen für Weltreisende mit Beagles: Australien und Neuseeland halten ebenso wie die britischen Inseln und Irland die sechsmonatige Pflichtquarantäne für einreisende Hunde unnachsichtig ein. Eingeschmuggelte Hunde, so immer wieder solche, die auf Segelyachten und anderen Schiffen an der Küste ankamen und sie unglückseligerweise betraten, werden im schlimmsten Fall eingeschläfert, die Besitzer erhalten drakonische Strafen.

Aber es gibt auch gute Konsequenzen der traditionellen Nähe Australiens zum britischen Mutterland: hier gilt der Rassestandard des Kennel Clubs GB und so sind die Beagles der Antipoden eher mit denen Europas vergleichbar als mit denen in der Schönen Neuen Welt. Von der haben die australischen Beaglefreunde aber auch etwas gelernt: die Kunst des perfekten Vorführens, wie sie in USA mitunter übertrieben auftritt, ist eher Standard bei den australischen Beagleausstellern - die kommerzielle Seite der Hundeschauen, die berufmäßigen Vorführer, die 'professional handlers' gibt es in Australien und Neuseeland fast nicht.

Australien

Australien hat eine wilde Frühgeschichte, die sich nicht auf die Ureinwohner, Aborigines genannt, bezieht, sondern auf seine Hinzufügung zu den weißen Erdteilen. Australien wurde zwar schon 1606 von dem Holländer Janszoon entdeckt, aber erst von 1788 fast ausschließlich von Engländern und Iren besiedelt. Die Leute, die den 'neuen Erdteil' besiedelten, waren meist die, die in ihrem Heimatland wenig integrierbar waren.

Aust. Ch. Derawuda Bellmaid, in den fünfziger Jahren ein früher Import von Großbritannien. Der Züchter Bellmaids, der bekannte Zuchtrichter Fred Watson, hatte mit seiner Hündin Ch. Barvae Statute 1956 spektakulär die Hound Group und zweitbester Hund der Ausstellung bei Crufts Dog Show gewonnen.

Zwar funktionierte Australien zeitweilig auch als Strafkolonie und Verbannungsort für Unbotmäßige der Britischen Inseln, richtig ist jedoch, zu sagen, daß sich alle jene dort zusammenfanden, die nicht ins starre gesellschaftlich und politische Schema ihres Heimatlandes paßten, gleichwohl aber unbändigen Lebenswillen hatten und ihre Chance in diesem im Verhältnis zu ihrem Heimatland riesiegen neuen Land suchten.

Zwar sind Beagles immer die Hunde der nicht ganz sorglos Wohlhabenden gewesen, gewiß aber nicht die Hunde der Arbeiterklasse. Folglich wurden Beagles von jenen übers Meer geholt, die entweder als Vertreter der britischen Krone das Sagen in der neuen Kolonie hatten oder von jenen , die es schon geschafft hatten, am neuen Lebensort so wohlsituiert zu sein, daß sie sich ein Freizeitvergnügen leisten konnten. Australien war nicht hundelos - hier lebte der Dingo oder australische Wildhund. Er wurde aber als Hund der unzivilisierten 'Wilden' betrachtet und war 'wild' genug, um sich der Vereinnahmung als Familienmitglied der Weißen zu entziehen.

Die Rasse gewann an Beliebtheit in den fünfziger Jahren dieses Jahrhunderts. Etwa 1955 begannenAustralier, die Beagles in der weiten Welt kennengelernt hatten und diese nun zuhause züchten wollten, mit Importen. Natürlich aus Großbritannien. Erst in den sechziger Jahren wurden dann auch Beagles aus Amerika imprtiert.

Heute ist das Ausstellungswesen der Beagles wohlentwickelt. 1985 fand die erste nationale Beagleschau in Neusüdwales statt, die zweite in Melbourne, Victoria, im September 1992. Immerhin mit 231 ausgestellten Beagles und mit einer bekannten britischen Richterin, Eleanor Bothwell, Züchterin der bekannten 'Norcis' Beagles. Wie nahe die beiden Staaten einander sind, zeigte, daß Bester Beagle ein aus Neuseeland importierter Rüde wurde.

Eine Eigenheit der australischen Beagleszene ist das Entwickeln von regionalen Beagle-Aktivitäten und, in der Zucht, auch nahezu regionalen Typen. Dies hängt damit zusammen, daß die Entfernungen auf diesem Kontinent so groß -3200 km von Nord nach Süd und 4100 km von West nach Ost- sind und das Hobby Beaglezucht dann doch mit großen Kosten und ungeheurem Zeitaufwand verbunden wäre, wenn man zum Decken auf die andere Seite des Kontinents fahren oder fliegen müßte.

Trotz aller Erschernissen trägt der australische Kennel Club aber doch eine erkleckliche Zahl von Beagles ein.

Neuseeland

Zwar schon 1642 von Tasman entdeckt und von James Cook für die britische Krone in Besitz genommen, wurde Neuseeland erst 1840 britische Kolonie. Es ist dokumentiert, daß bereits der erste Gouverneur der Krone, Sir George Grey, Beagles offiziell als erste Jagdhunderasse nach Neuseeland einführte, die eine Weile in der Gegend von Auckland lebten und jagten. Sie wurden schließlich, wie säuberlich aufgezeichnet, an einen Mr. MacLaughlan, einen dort ansässigen Landbesitzer, verkauft, der bereits eine Meute sein eigen nannte, die 'Pakuranga-Meute', die vermutlich eher Harrierblut führte. Neuseeland, das von manchen als britischer als die britischen Inseln bezeichnet wird, bot als Land, in dem viele Jagdmeuten für die Jagd zu Pferde gehalten wurden, erst spät Raum für die weitere Verbreitung der Beagles, weil es Beagles als Hasenmeutehunde zwar immer mal in privaten 'packs' gab aber verstreut und nicht nachhaltig. Aufzeichnungen darüber gibt es nicht.

Die ersten Beagles, vornehmlich aus Linien, die in Großbritannien als Familien-

126

mitglieder und Ausstellungshunde aktiv waren, kamen etwa 1940 nach Neuseeland. Die Schauwelt ist eng mit der Australiens verknüpft. Dort, wo man zu einer Ausstellung zu fliegen gewohnt ist, weil eine Strecke leicht über 2000 Meilen weit ist, besucht man eben auch die Hundeschauen auf dem benachbarten Kontinent

Man kann heute sagen, daß die Vielfalt der Typen der gezüchteten Beagles, die wie in so vielen Ländern zwischen dem amerikanischen und dem britischen Typ variieren, in Neuseeland ganz der australischen Szene gleicht.

Relativ zur Größe des Landes gibt es doch ganz gesunde Züchteraktivitäten. Die Eintragungszahlen des Neuseeländischen Dachverbands sind wie folgt.

2.2.9 Feuerland

Auch Hundebuchautoren sind gegen Scherze nicht ganz gefeit. So hat es mich denn doch in den Fingern gejuckt, hier unterzubringen, was vielleicht unter die Überschrift 'Vermischtes' gehört, sicher aber der Vollständigkeit halber, wenn auch nicht gerade hier erwähnt werden sollte: Der Beagle-Kanal.

1520, rund drei Jahrhunderte vor Darwin, hatte sich schon ein gewisser Hernando De Magallanes, ein Portugiese und hierzulande kurz Magellan genannt, an jenem südlichen und doch so unwirtlichen Ende der Welt herumgetrieben. Und er hatte eine schiffbare Verbindung zwischen den beiden Weltmeeren Pazifik und Atlantic gefunden, die nach ihm Magellan-Straße genannt wird. Die verläuft unmittelbar zwischen dem chilenischen Punta Arenas im Norden und Feuerland im Süden. Gemessen am meist unfreundlichen Wetter dort unten kann ich schon verstehen, daß Magellan, der von zuhause eher die Wärme gewohnt war, froh war, wieder nordwärts segeln zu können, wo es nicht mehr gar so kalt war.

Nicht so die Briten, die nehmen's nicht so leicht und ziehen selbst aus Erschwernissen noch einen gewissen Lustgewinn. Captain FitzRoy mit seinem Schiff 'H.M.S.(Her Majesty's Ship) The Beagle' mit dem verhinderten Landgeistlichen Charles Darwin an Bord verschmähte 1831 die einfache Version -durch die Magellan-Straße wieder zurück- und fuhr weiter südwärts an Feuerlands Küste entlang. Und siehe da, da gab's noch eine Passage vom Atlantik zum Pazifik, nämlich wenn man erst, wenn man schon am heute argentinischen Feuerland vorbei zu sein glaubte, scharf rechts oder korrekter, westlich fuhr.

Da kam man dann zwischen der heute zu Chile gehörigen Insel Navarro und Feuerland in einen natürlichen Kanal. Bis zu der heutigen Stadt Ushuaia, die auf guten Atlanten zu finden ist, ist die heute nach dem Schiff, das ihn zuerst befuhr, 'Beagle-Kanal' genannte Wasserstraße im gemeinsamen Eigentum der beiden Staaten, dann wendet sie sich nach Südwesten auf chilenisches Gebiet und mündet dort nach einer Weile in den Pazifik.

Nun muß der Autor um Vergebung bitten, daß diese Geschichte hier auftaucht: von Beagles auf Feuerland ist ihm nichts bekannt. Die hätten auch außer der Funktion als Familienmitglied nur dann einen Sinn, wenn man sie erfolgreich zur Jagd auf Kormorane oder Seelöwen abrichten könnte. Gleichwohl sei hier eine Bitte an den geneigten Leser gerichtet: Sollten Sie eines Tages bis dahin reisen und dann dort doch einen Beagle finden (von zuhause mitgebrachte gelten nicht), dann fotografieren Sie ihn bitte mit dem Beagle Kanal im Hintergrund und dem wunderbaren Panorama der Anden. Ein Platz in der nächsten Ausgabe dieses Buches ist dem Foto dann sicher.

3.
Der Beagle heute

3.1 Der Standard des Beagle, Originale und Erläuterungen

Eine Hunderasse unterscheidet sich gemeinhin von jeder anderen Rasse. Zur Abgrenzung von verwandten oder ähnlichen Rassen haben sich Liebhaber von Rassehunden schon früh zusammengesetzt und eine Beschreibung des 'idealen' Hundes dieser Rasse erstellt. Diese nennt man im englischsprachigen Raum "breed standard", im Deutschen Rassekennzeichen oder, eingedeutscht, Rassestandard.

Für Rassen, die einem so wohldefinierten Zweck dienten wie der Beagle, wünschte man sich das Erscheinungsbild, das man hier beschrieb, in vielen Einzelheiten so, wie sie dem ursprünglichen Verwendungs- und Arbeitszweck am besten angepaßt waren; ebenso verfuhr man mit den Verhaltenseigenschaften, die im Rassestandard zwar weniger ausführlich, jedoch grundsätzlich und ausreichend beschrieben sind.

Weil er schwer zu finden war und bis dato noch in keinem Buch über den Beagle wiedergegeben wurde, von englischen Kennern gar als verschollen erklärt, sollen hier Entstehungsgeschichte und Wortlaut des ersten Beaglestandards wiedergegeben werden.

Zuvor sei eingeschoben die Darstellung David J. Websters aus einem Brief an den Autor 1990: "Nachforschungen zu den Ereignissen, die zur Gründung des (englischen) Beagle Clubs, gesichert 1890, führten, haben ergeben, daß seinerzeit Meinungsunterschiede deutlich wurden, welcher Typ von Hunden anzustreben sei. Es ist wohl möglich, daß jemand oder mehrere Leute es um 1890 versuchten, diesen um jenem Jahr festzuschreiben, aber darüber konnte kein Einvernehmen erzielt werden. Schließlich trennten sich die Leute, die mehr an Schauen interessiert waren und die, die vornehmlich mit den Hunden jagen wollten. Es bildete sich der Beagle Club 1890 und die Anderen gründeten 1891 (nach anderen Quellen 1892. der Autor) die Association of Masters of Harriers and Beagles. Eine der ersten Aufgabenstellungen für den Vorstand des Beagle Club war, das zu formulieren, was seinerzeit der 'Standard of Points' genannt wurde, daß Richter wissen würden, woran sie sich zu orientieren hätten. Dies dauerte etwa fünf Jahre.

Die Annalen des Beagle Club zeigen, daß dieser Standard 1895 veröffentlicht wurde. Zu Beginn dieses Jahrhunderts, und hier läßt sich kein exaktes Datum festlegen, wuchs der Druck des Kennel Club, sodaß nach den Schauregeln jede Rasse einen Standard haben mußte. Der Kennel Club übernahm schließlich jenen ersten 'Standard of Points' des Beagle Club, dieser wurde damit der erste offiziell anerkannte Standard."

Die Vorstellung der Rasse Beagle im Standardwerk des seinerzeitigen Vorstandsvorsitzenden des britischen Kennel Club, des Arztes J. Sidney Turner in seinem Buch 'The Kennel Encyclopædia' (Band 1), das in London 1907 erschien, hatte Mr. E. B. Joachim übernommen. Wie er ausführt, hatte die Zucht der Beagles so großen Schaden genommen, daß 1894 bei der Ausstellung des Kennel Club keine Beagles gezeigt werden konnten. Auch die traditionellen Nachzuchtschauen der Meuten hatten in den Klassen für Beagle zuletzt nur noch "Kümmerer aus den Harrier- und Foxhoundmeuten

'Lonely II' und 'Ch. Reader' des Mr. E.B. Joachim, Primrose Hill, Wiedergabe eines Gemäldes v. Maud Earl kurz vor 1900

und ihre Nachkommen ohne eigenen Typ", als Beagle deklariert vorgestellt. "Glücklicherweise fanden sich einige Begeisterte zusammen und retteten die Rasse vor dem Aussterben." Es folgt eine Aufzählung von dabei beteiligten Herren, darunter Msrs. Beck, E.B. Joachim, Crane und Crofton. 1894, so sagt Joachim in Turners Buch, stellte sich der Beagle Club, gegründet 1890, erstmals der Öffentlichkeit vor, Turner nennt die oben genannten Herren auch unter den Gründern des Clubs.

Die Herren Beck und Crane sind insofern von Bedeutung, weil Bilder ihrer Hunde überliefert sind, Mr. Crofton, weil er auch noch in der Folge Präsident des Beagle Club war und Mr. Joachim, weil er den ersten Beagle-Standard vermutlich im Jahr 1889 als Entwurf erstellte, aber 1890 nicht vom Vorstand des neu gegründeten Beagle Club abgesegnet bekam. Es entstand schließlich 1891 eine Fassung von Joachim's Standardwortlaut, die allgemeine Zustimmung fand. Diese Fassung ist nachfolgend im Originalwortlaut wiedergegeben.

3.1.1 Der Urtext des Rassestandards des Beagle Club GB 1891

Description and Standard of Points
(in Sanderson [1927])
Head: Fair length, powerful without being coarse; skull domed, moderately wide with an indication of peak, stop well defined, muzzle not snipey, and lips well flewed.
Nose: Black, broad, and nostrils well expanded.
Eyes: Brown, dark hazel or hazel, not deep set or bulgy, and with a mild expression.
Ears: Long, set on low, fine in texture, and hanging in a graceful fold close to the cheek.
Neck: Moderately long, slightly arched, and throat showing some dewlap.
Shoulders: Clean and slightly sloping.
Body: Short between the couplings, well let-down in chest, ribs fairly well sprung and well ribbed up, with powerful and not tucked-up loins.
Hindquarters: very muscular about the thighs, stifles and hocks well bent, and hocks well let-down.
Forelegs: Quite straight, well under the dog, of good substance and round in bone.
Feet: Round, well knuckled-up, and strongly padded.
Stern: Moderate length, set on high, thick and carried gaily, but not curled over the back.
Colour: Any recognised hound colour.
Coat: Smooth variety: smooth, very dense, and not too fine or short.
 Rough variety: very dense and wiry.
Height: Not exceeding 16 inches.
General appearance: A compactly-built hound, without coarseness, conveying the impression of great stamina and vivacity (in Sanderson 1927: activity).
Classification: It is recommended that Beagles should be divided at shows into "rough" and "smooth", with classes for "Beagles not exceeding 16 inches and over 12 inches"; and "Beagles not exceeding 12 inches".
(In Sanderson's Version 1927: Disqualifiying Point: Any kind of mutilation [It is permissible to remove the dewclaws.]).

Dieser Beschreibung wurde noch ein Nachsatz hinsichtlich der Pocket Beagle angefügt, von dem schon Joachim sagt, dies sei nicht nur überflüssig, sondern sogar irreführend, weil der Beagle Club ohnehin nur einen Beagletyp anerkenne und der Pocket Beagle eine exakte Verkleinerung der größeren Hunde zu sein habe:

(In Sanderson's Version 1927: Pocket Beagles must not exceed ten inches in height; although ordinary Beagles in miniature, no point, however good in itself, should be encouraged if it tends to give a coarse appearance to such minute specimens of the breed. They should be compact and symmetrical throughout, of true Beagle type, and show great quality and breeding.)"

Zu deutsch: "Pocket Beagle dürfen die Höhe von 10 inches nicht überschreiten. Wiewohl sie normale Beagle en miniature sind, darf kein Einzelmerkmal, wie wichtig es auch sein möge, so gefördert werden, daß solche kleinen Hunde grob erscheinen. Sie sollten kompakt und insgesamt symmetrisch sein, mit echtem Beagle-Typ und zeigen, daß sie gut durchgezüchtet sind."

Dieser Standard wurde vom 'American English Beagle Club' in den USA bereits 1899

Ein Hund aus dem Besitz von Walter R. Crofton Esq. Bemerkenswert nicht nur die Färbung mit den vielen blauen Sprenkeln als Erbe des Southern Hound, sondern auch die reichliche Kehlhaut, die trotz des emporgestreckten Kopfes deutlich sichtbar ist.

zwar zur Kenntnis genommen, aber doch wesentlich erweitert, wortreicher formuliert und um Aufzählungen von Mängeln und Fehlern ergänzt. So hat der Dachverband American Kennel Club (AKC) nicht etwa erst die Trennung von zwei Größenklassen erfunden, sondern folgt noch nach über hundert Jahren einer Empfehlung der britischen Gründerväter der Rasse, die die Freunde der Rasse in der neuen Welt bereits 1899 übernahmen. Auf die Entwicklung des Rassestandards in den USA wird an dieser Stelle jedoch nicht näher eingegangen, da für die deutschsprachigen Länder nur der von der Féderation Cynologique Internationale (FCI), dem größten internationalen Dachverband der stammbuchführenden nationalen Hundeverbände übernommene Standard des Ursprungslands Großbritannien anerkannt und damit verbindlich ist.

Gleichwohl verdient doch dieser erste englische Standard Betrachtung und Komentierung, denn er ist unzweifelhaft in Ansehung der seinerzeit als vorbildlich empfundenen Beagles entstanden und so wissen wir indirekt, wie sie ausgesehen haben müssen. Dazu habe ich Ihnen noch zeitgenössische Bilder von Beagles der seinerzeit maßgeblichen Herren zusammengetragen, sodaß Sie Kommentar und Hunde fast nebeneinander vergleichen können.

So waren wohl 1891 insgesamt feinere Köpfe vorhanden, denn es war nicht nötig, zu betonen, daß Hündinnen einen feineren Kopf haben müssen. Die Oberköpfe waren wohl deutlicher gewölbt als wir das heute für ideal halten. Das Maßverhältnis vom Stirnabsatz zur Nase und zum Hinterhauptbein war noch nicht so wichtig, wohl, weil Gebrauchsaspekte noch weiter im Vordergrund standen als ein ästhetisches Idealbild.

Die Farbe der Nase war noch undifferenziert als 'schwarz' gefordert und wohl erst die Freunde und Förderer der heller gefärbten Hunde vermochten später, eine Differenzierung dafür einzubringen, was als Nasenfarbe erwartet werden kann. Es mag auch sein, daß das Problembewußtsein schon vorhanden war, aber der Standard eher eine Zielvorstellung verkörperte als auf die real existierende Wirklichkeit Rücksicht nahm.

Die Augen durften seinerzeit noch ein wenig heller sein, ohne daß das als Beeinträchtigung des Ausdrucks betrachtet wurde.

Die Behänge waren insgesamt länger, wie auf der Abbildung von Mr. Crofton's 'Gayboy' ersichtlich, so daß sie sich wie gute Basset-Behänge an ihrer vorderen Unterseite zum Hals hin in der senkrechten Achse einrollten.

Das Gebiß wurde seinerzeit noch garnicht erwähnt. Hier ist nach gut hundert Jahren denn doch ein Fortschritt eingetreten: heute wissen selbst einfache Züchter, daß ein gesundes, vollständiges Gebiß Indikator nicht nur für die Gesundheit seines Besitzers, sondern für die gesamte Skelettbildung sein kann.

Hinsichtlich der Kehlhaut wird im Vergleich der Texte ebenfalls klar, daß 'einige Kehlhaut' mehr erlaubte als der Wortlaut heute 'etwas Kehlhaut' - jedenfalls paßte Gayboy, der Hund des seinerzeitigen Clubpräsidenten, besser zum zeitgenössischen Standardwortlaut als zum heutigen.

Die Vorhand war wohl, man lese hierzu die Ausführungen zur Beibehaltung von exzellenter Anatomie bei Meuten im Kapitel 'Meutegeschichte' -und die Beagles im 19. Jahrhundert waren gewiß den Meutehunden näher als unsere heutigen Tiere- insgesamt besser, sodaß man keine Notwendigkeit sah, Selbstverständlichkeiten niederzuschreiben. Glückliche Gründerväter !

Für das Gebäude ist die alte Beschreibung der Substanz, die ein Jagdhund brauchte und braucht, nicht besser zu formulieren. Auch hier schon die Forderung, die heute wichtiger denn je ist, daß nämlich Beagles gut aufgerippt sein sollen, das heißt in der Fachsprache auch heute noch einen langen Rippenkorb mit voll ausgebildeten 'falschen' Rippen und Atmungsrippen haben müssen - am leichtesten ist dies mit der Brustbeinlänge zu kontrollieren. Heutige Züchter und Zuchtrichter tun das nur allzu selten.

Hinsichtlich der Hintermittelfußknochen steht erst im 'neuen' Standard' die Forderung, daß sie parallel zueinander stehen und geführt werden müssen.

Erheiternd in der inhaltlich identischen Formulierung ist, daß nur die britischen Altvorderen den korrekten Ausdruck 'stern' für des Beagles, jedes Meutehundes Rute verwendeten, in der Neuzeit ist dieser szenespezifische Ausdruck der allgemeinen Standardisierung, vielleicht gar Verarmung der Sprache zum Opfer gefallen, nun hat der Beagle, aber nur für Unkundige, nach Jahrhunderten einen 'tail'. Als Vergleich im Deutschen könnte man am ehesten sagen, der kynologische Ausdruck 'Rute' wurde durch 'Schwanz' ersetzt. Geht auch, ist nur eine Frage des Sprachgeschmacks.

Am auffälligsten wohl ist im ersten englischen Standard die Erwähnung der rauhhaarigen Varietät. Sie ist ganz schlicht mittlerweile bei dieser Rasse ausgestorben.

Und schließlich noch die absolute Größenbegrenzung bei 16 inches, umgerechnet genau 40,64 cm. Später wurden daraus optional 40 cm und die Wirklichkeit ist heute anders.

Der Hüter des Rassestandards im Ursprungsland der Rasse war und ist natürlich auch heute noch der "Kennel Club" in London, Dachverband der Rassehundezuchtvereine im Mutterland der Rasse, Großbritannien. Der Rassestandard blieb nach Bekunden von David J. Webster, dem sichersten Kenner der Beaglegeschichte und langjährigen Geschäftsführer des Beagle Club in Großbritannien, bis 1973 unverändert und wurde vom Kennel Club unverändert übernommen. In den dreißiger Jahren wurde zwar eine Liste von Punktbewertungen der einzelnen Körperteile eingeführt, diese wurde aber nie offiziell Teil des Kennel Club - Standards und verschwand 1934 sang- und klanglos wieder von der Bild- und Ausstellungsfläche.

Im Jahr 1960 formierte sich das 'breed council', der 'Rat der Rasse', in den die großen und kleinen Beaglevereinsgruppierungen in Großbritannien Vertreter entsandten. Dieser versuchte nach kräftezehrenden Auseinandersetzungen schließlich von 1967 an mehrfach aber erfolglos, von ihm erarbeitete Änderungen des Rassestandards vom Kennel Club ratifizieren zu lassen, löste sich dann aber schließlich entmutigt auf. Daß sich nicht alle, deren liebste Freizeitbeschäftigung das Betreiben von Hundedingen ist, immer grün sind, ist also nicht auf moderne Zeiten beschränkt.

In Sanderson's 'Pedigree Dogs as Recognized by the Kennel Club' heißt es schon 1927 im Kapitel über den Beagle: "Beagles werden so vielfältig genutzt, daß sie ein recht breites Publikum anziehen. Die Schwierigkeit ist, alle diese Leute unter einen Schirm zu bekommen, jede Fraktion betrachtet die andere mit einem gewissen Argwohn. Am Ende waren jedoch alle, die Hasenjäger, die Kaninchenschießer, die Aussteller, die Mitglieder des Kennel Club und die Kennel-Club-Hasser wohlvertreten und, ohne vorzugeben, man liebe einander inbrünstig, gleichwohl bereit, miteinander zu sprechen und des Anderen Meinung anzuhören, da es schließlich um das Wohl des Beagle ging."

3.1.2 Der zweite Beaglestandard des Britischen Kennel Club 1973

Im Jahr 1973 nahm der Kennel Club schließlich die vom Beagle Club vorge-schlagenen Änderungen an, die den Ursprungstext nur geringfügig änderten, aber zum Beispiel die Klausel der zwei Größenklassen strich.

Hier die englische Originalversion:

General appearance: A compactly built hound without coarseness, conveying the impression of great stamina and activity

Head & Skull: Head, fair length, powerful without being coarse, skull domed, moderately wide with an indication of peak; stop well defined, muzzle not snipy and lips well flewed. Nose black, broad and nostrils well expanded.

Eyes: Brown, dark hazel or hazel, not deep set or bulgy and with a mild expression.

Ears: Long, set on low, fine in texture and hanging in a graceful fold close to the cheek.

Neck: Moderately long, slightly arched, and throat showing some dewlap.

Forequarters: Shoulders clean and slightly sloping. Forelegs quite straight, well under the dog, of good substance and round in bone.

Body: Short between the couplings, well let down in chest, ribs fairly well sprung and well ribbed up. Loins powerful and not tucked up.

Hindquarters: Very muscular about the thighs, stifles and hocks well bent and hocks well let-down.

Feet: Round, well knuckled up, and strongly padded.

Tail: Of moderate length, set on high and carried gaily, but not curled over the back.

Coat: Smooth variety: Smooth, very dense and not too fine or short.

 Rough variety: Very dense and wiry.

Colour: Any recognised hound colour.

Size: The desirable height should not exceed 16 inches nor fall below 13 inches.

In vielen Dingen war dieser Standard verbesserungsbedürftig und er war auch so kurz, daß der Beagle Club in Großbritannien sich bemüßigt fühlte, Anmerkungen zu veröffentlichen. Diese weisen darauf hin, daß die Schulterhöhenangaben wünschenswert seien und geben sogar, fortschrittlich für die Zeit vor der Einführung des metrischen Systems in Großbritannien, die exakten Umrechnungen (33.02 bis 40,64 cm) auf.

Weiter wird angemerkt, daß allgemein Konsens herrsche, daß beim Gebiß Scherenschluß erforderlich sei, ein Zangengebiß sei ein geringer Fehler, nicht jedoch ein Vor- oder Rückbiß des Unterkiefers.

Die Hündin solle des weiteren einen feineren Kopf als der Rüde aufweisen. Bei nicht dreifarbigen, helleren Hunden solle eine hellere Nase statthaft sein.

Zu den Fellfarben wird viel kommentiert: Der Wortlaut des Standards erlaube viele Kombinationen aller, aber auch nur zweier der Hauptfarben Schwarz, Weiß und Braun. Vollständig weiße Hunde seien korrekt. Die Farben könnten entweder in zusammen-hängenden Platten oder untereinandergemischt, wie in 'pied's' oder 'mottles' vorkommen. Leberfarbe werde allgemein als nicht annehmbar betrachtet, da sie mit hellen Augen einhergehe. Es sei weder ein Muster noch regelmäßige Anordnung der farbigen Fellpartien erforderlich, die Rutenspitze hingegen müsse weiß sein.

Die Bewegung sei von hervorragender Bedeutung beim Beagle. Von vorn gesehen müßten die Vorderläufe sich parallel bewegen, die Ellbogen dürften sich nicht lose ein- oder auswärts drehen. Die Pfoten dürfen nicht einwärts gedreht gesetzt werden noch in einer kreisenden oder paddelnden Bewegung nach vorn gebracht. Eine hohe oder Hackney-Bewegung sei falsch. Von hinten betrachtet, sollten sich die Hinterläufe ebenfalls parallel bewegen und weder bodeneng oder kuhhessig geführt sein. Von der Seite müsse man den Eindruck haben, der Hund habe einen enormen Raumgriff und bewege sich mühelos und fließend mit viel Schub aus der Hinterhand. Der Kopf solle aufrecht getagen werden und die Rute fröhlich.

Die Rasse sei für ihr gutes Wesen bekannt. Tücke und Übellaunigkeit müßten aufs Schwerste geahndet werden; scheues Verhalten sei nicht erwünscht.

Gesamtqualität sei unmöglich zu beschreiben, aber unübersehbar, wenn vorhanden: eben das 'Besondere, das die Anderen nicht haben'. Ohne dieses Besondere sollte kein Hund Champion werden können.

Varietäten:

Pocket Beagle - unter 25,4 cm Schulterhöhe, mit Eltern und Großeltern ähnlicher Größe, in der Lage, Nachkommenschaft derselben Größe zu erbringen. Diese Varietät sei ausgestorben und vom Kennel Club nicht anerkannt.

Rauhhaariger Beagle - habe ein drahtiges Haarkleid ähnlich dem Otterhound gehabt; man glaube, auch diese Varietät sei ausgestorben.

American Beagle - eine nichtoffizielle Bezeichnung, die im Lande fälschlich gebraucht werde, um kleine Beagles zu bezeichnen. Dieser Ausdruck sei nur dann korrekt gebraucht, wenn beide Eltern dieses Hundes in Amerika gezüchtet seien.

Fehler: Die ernstesten Fehler seien, ohne Rangfolge, helle Augen, falscher Gebißschluß, gerollte Rute, falsche Gangarten und schlechte Bewegung.

Punktebewertung: Obwohl vor über 60 Jahren eine Punkteliste als Leitlinie für Anfänger in der Rasse ausgearbeitet worden sei, sei diese nicht zum Bestandteil des Rassestandards geworden und solle nicht angewandt werden.

Disqualifizierende Fehler: Jegliche Art der Verstümmelung, die Entfernung der Daumenkrallen sei jedoch statthaft.

1973 übernahm die FCI den zuvor zitierten Standardtext als englische Grundversion und legte ihn 1984 erneut in deutscher Übersetzung vor, die meines Wissens nach aus Österreich stammte. Diese alpenländische Version ersetzte glücklicherweise eine zuvor verbreitete grauenhafte Version, die irgendwer, der offenbar Deutsch nicht als Muttersprache kannte, verfertigt hatte und die dann irgendwie genommen wurde, weil sie eben da war.

In keinem Beaglebuch darf die zeichnerische Darstellung des Rassestandards des Beagle von Paul Brown fehlen, die der amerikanische Zeichner 1948 für das Gaines Dog Research Center, New York, angefertigt hat. Für den Leser hat der Buchautor statt des englischen Originals deutsche Untertitel gefertigt.

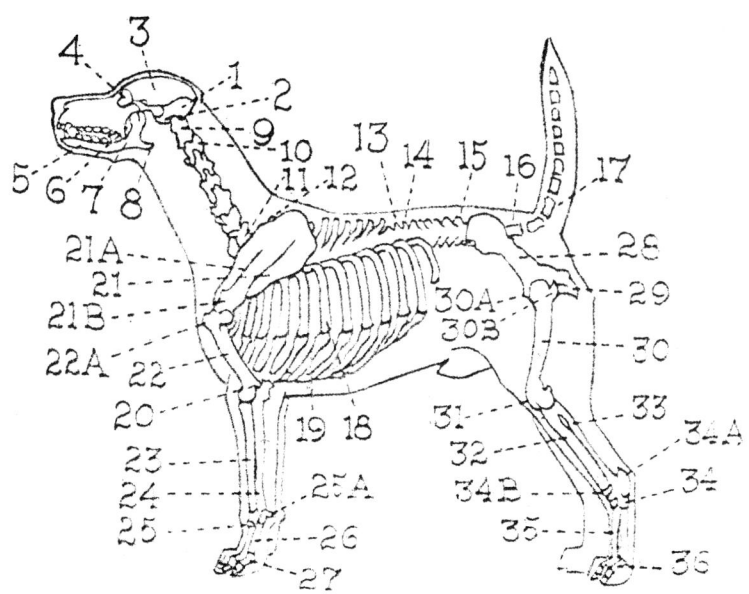

Skelett des Hundes
Kopfskelett

1	Hinterhauptstachel, -bein	20	Brustbein
2	Hinterhauptloch	21 - 27 Vordergliedmaße	
3	Stirnbein	21	Schulterblat
4	Augenhöhle	t21A	Schulterblattgräte
5	Unterkiefer	21B	Akromion
6	Muskelfortsatz des Unterkiefers	22	Oberarm
7	Gelenkfortsatz des Unterkiefers	22A	Oberarmbeihöcker
8	Winkelfortsatz	23	Speiche
	Wirbelsäule, mit Halswirbelsäule (7 Wirbel),	24	Elle
	Brustwirbelsäule (13 Wirbel und ebenso-	25	Skelett des Vorderfußwurzelgelenks (7 Knochen)
	viele Rippen), Lendenwirbelsäule (7 Wirbel),	25A	Vorderfußwurzelknochen
	Kreuzwirbelsäule (3 Wirbel),	26	Vordermittelfußskelett (5 Knochen)
	Schwanzwirbel (18 bis 23 Wirbel)	27	Zehengliederknochen
9	Atlas, 1. Halswirbel	28 - 29 Becken	
10	Zweiter Halswirbel (Axis)	28	Darmbeinsäule
11	Siebter oder letzter Halswirbel	29	Sitzbeinhöcker
	Widerrist: erste 8 Wirbel der Brustwirbelsäule	30 - 36 Hintergliedmaße	
12	Erster Brustwirbel	30	Oberschenkel
13	Letzter Brustwirbel	30A	Oberschenkelkopf
14	Erster Lendenwirbel	30B	Großer Umdreher
15	Letzter Lendenwirbel	31	Kniescheibe
16	Drei Kreuzwirbel, starr	32	Schienbein
	nach etwa 1 1/2 Jahren zum Kreuzbein	33	Wadenbein
	verwachsen	34	Hinterfußwurzelskelett (7 Knochen)
17	Erster Schwanzwirbel	34A	Fersenbein
	entspricht dem Steißbein beim Menschen	34B	Hinterfußwurzelknochen
18	Sechste Rippe	35	Skelett des Hintermittelfußes (vier Knochen)
19	Rippenknorpel	36	Zehengliederknochen

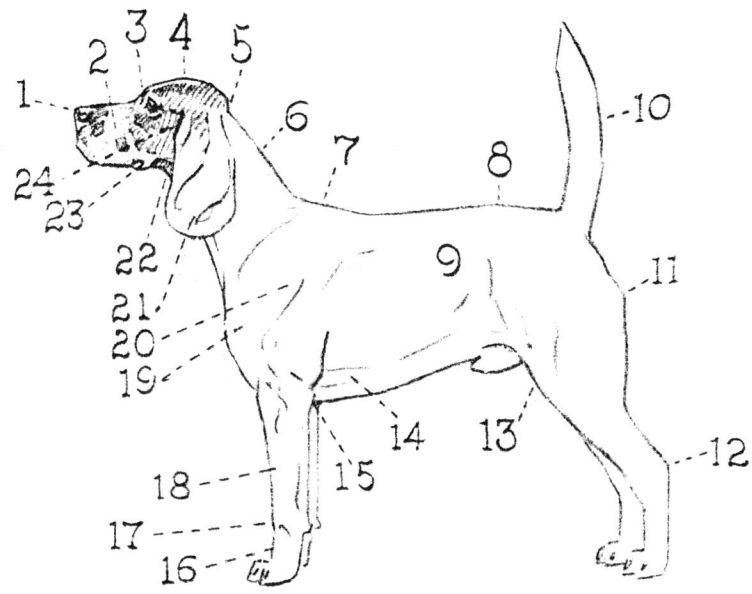

Körperteile des Hundes

1	Nase	13	Kniegelenk
2	Fang	14	Rippenkorb
3	Stirnabsatz, Stop	15	Ellenbogen
4	Oberkopf, Hirnschädel	16	Vordermittelfuß
5	Hinterhauptbein	17	Vorderfußwurzelgelenk
6	Nacken	18	Unterarm
7	Widerrist	19	Buggelenk
8	Kruppe	20	Schulterblatt
9	Lende	21	Behang
10	Rutenfahne	22	Kehlhaut
11	Sitzbeinhöcker	23	Lefzen
12	„Sprunggelenk"	24	Wangen

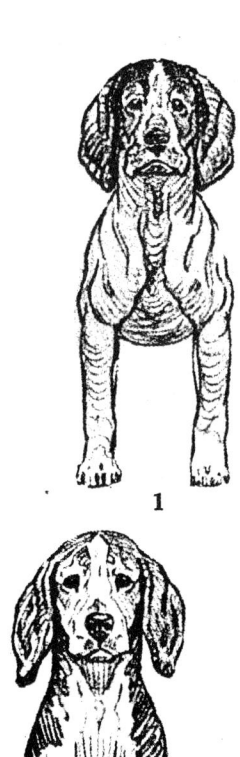

1

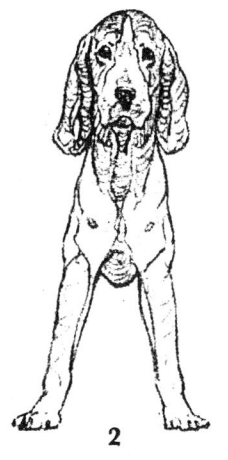

2

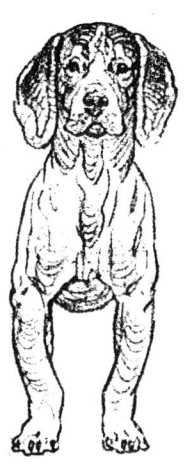

3

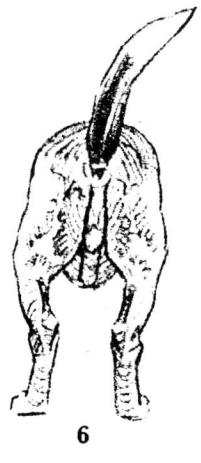

4

5

6

7

Stand der Gliedmassen

1 Weit (im Buggelenk)
2 Eng im Buggelenk, gebunden im Oberarm
3. Französisch
4 Richtig: Vorhand gerade und parallel gestellt
5 Richtig: Hinterhand gerade und parallel gestellt
6 Kuhhessig
7 Enghessig, schmaler Rumpf

Profil eines guten Beagles

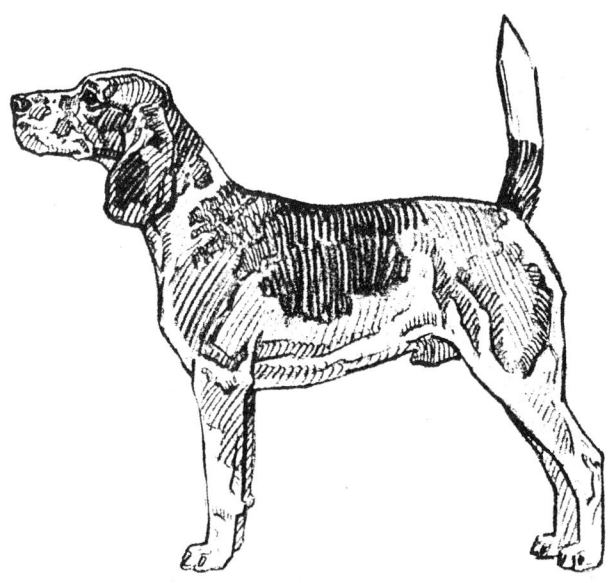

Typischer und korrekter Kopf von vorn

Typischer und korrekter Kopf, Halbprofil

Kopftypen

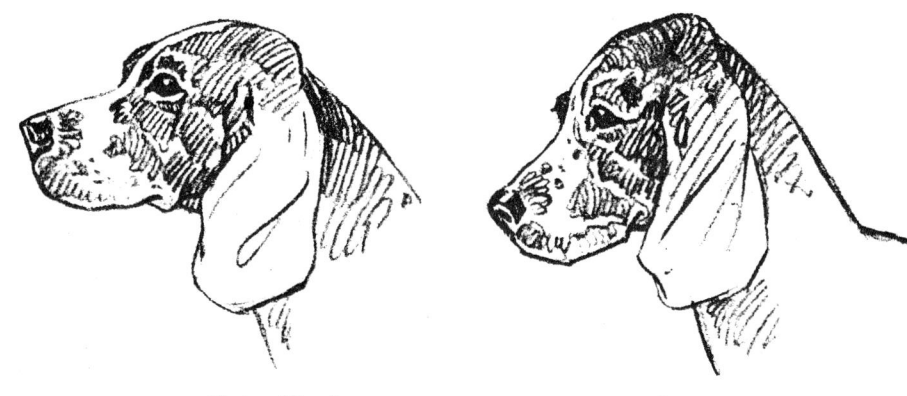

Guter Kopf **Schlechter Kopf**

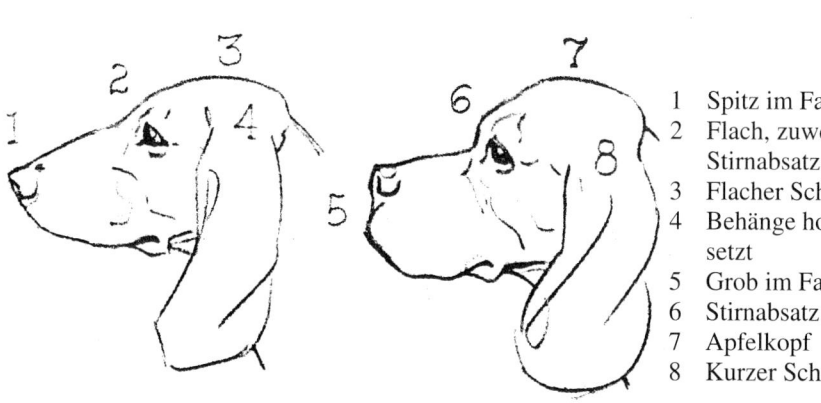

1 Spitz im Fang
2 Flach, zuwenig Stirnabsatz
3 Flacher Schädel
4 Behänge hoch angesetzt
5 Grob im Fang
6 Stirnabsatz zu stark
7 Apfelkopf
8 Kurzer Schädel

9 Runder Apfelkopf
10, 11 Behänge hoch angesetzt
12 Schmaler Oberkopf
13 Zuviel Lefzen
14 Flacher Schädel
15 Spitzer Fang

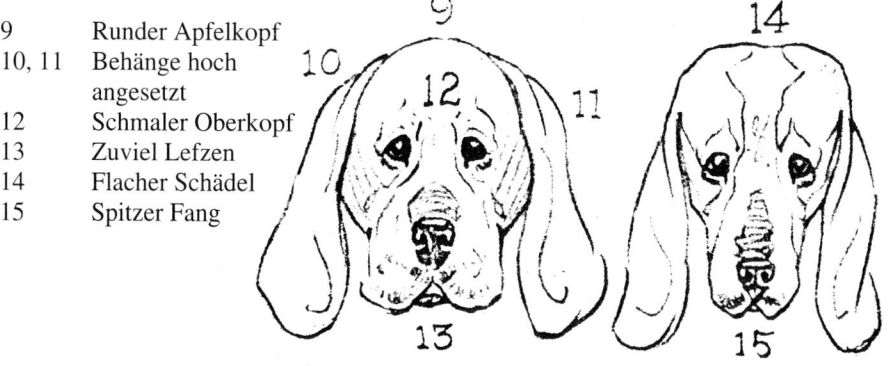

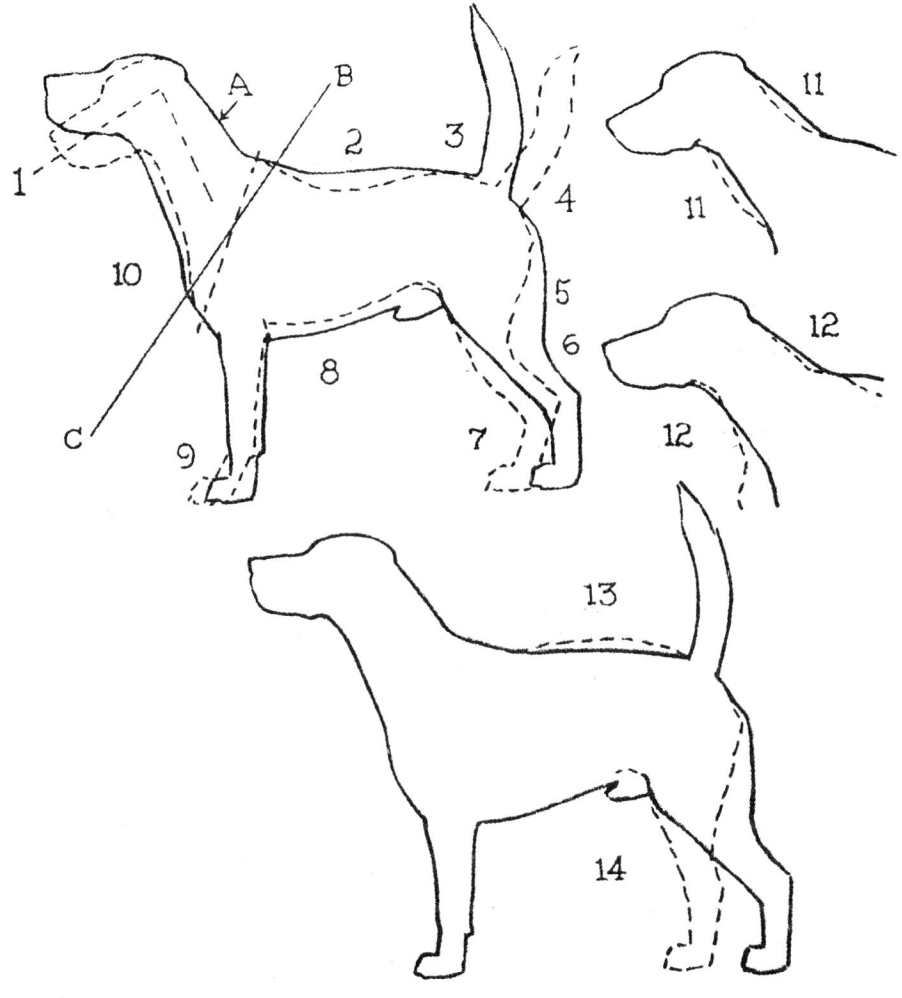

Gute und schlechte Körperprofile
(die punktierten Linien bezeichnen fehlerhafte Umrißlinien,
durchgezogene Linien den korrekten Umriß)

1	Kopf schlecht getragen	10	Steilgestelltes Schulterblatt
2	Rückenlinie nicht gerade	11	Schafshals
3	Rute tief angesetzt	12	Kurzer Hals
4	Unkorrekte Rutenform	13	Aufgezogener Rücken
5,6,7	Schwache Hinterhand	14	Kniegelenk zu steil
8	Seichter Rippenkorb	A	Gute Nackenlinie
9	Schwaches Vorderfußwurzelgelenk	B-C	Korrekte Schulterblattlage

Beagle mit korrekter Bewegung, Seitenansicht

Dieser Rüde greift mühelos mit weitem Vortritt und Schub aus, womit er mit jedem Schritt viel Boden gewinnt. Man achte auf der unteren Darstellung auf die Distanzen zwischen den Punkten A-B und C-D, die dann sichtbar werden, wenn sich der Hund in der Bewegung streckt. Dies ist nur möglich, weil Schultern, Ellenbogen, Hüftgelenke und die Kniegelenke bei korrekter Gliedmaßenlänge richtig angeordnet und bestens gewinkelt sind, sodaß Rippenkorb und Lende mit freier Bewegung vorwärtsgetrieben werden.

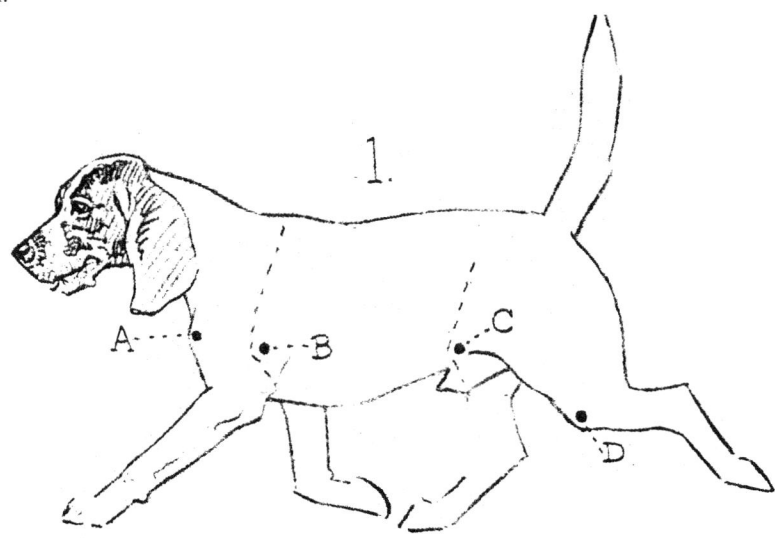

Beagle mit schlechter Bewegung, Seitenansicht

Dieser Rüde ist nicht so gut gebaut, seine Bewegung ist kurz und nicht fließend. Vergleichen Sie die Entfernung zwischen den Punkten A-B und C-D mit denselben Entfernungen beim Beagle auf der gegenüberliegenden Seite.

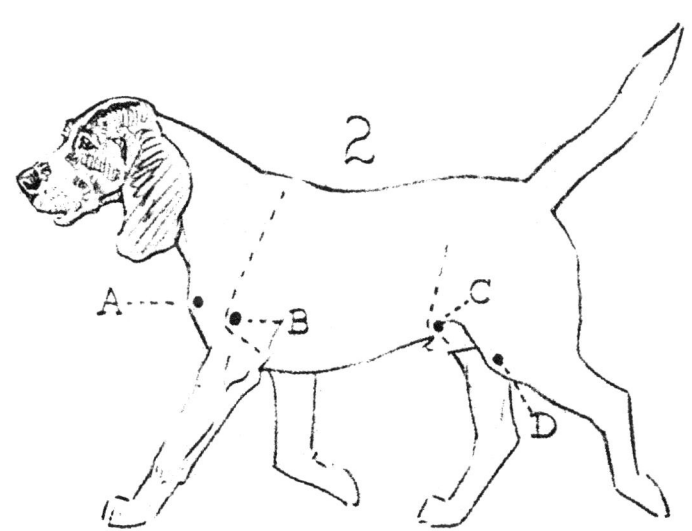

Bewegungstypen

Schlechte Bewegung:
Rollen um die Körperlängsachse

Schlechte Bewegung:
Paddeln der Vorhand

Schlechte Bewegung: Kuhhessig

Gute Bewegung, von vorn

Gute Bewegung, von hinten.

145

Beagles auf der Jagd

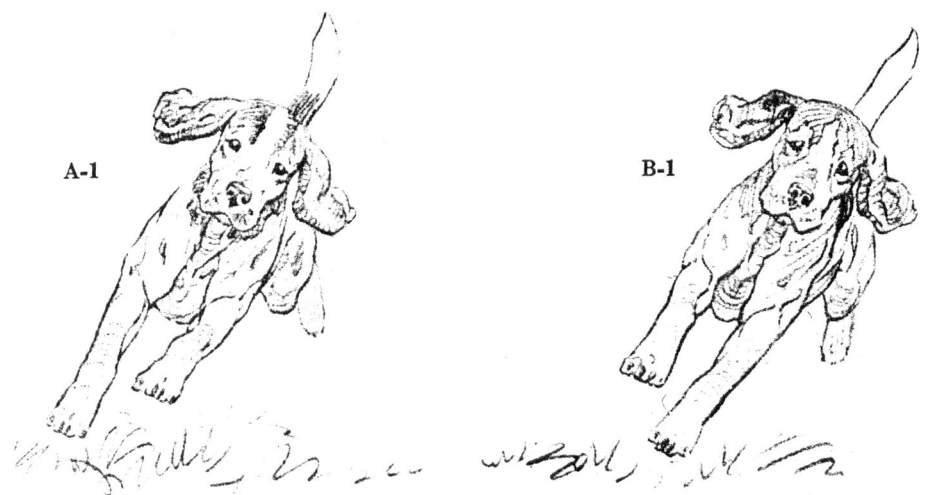

Zwei Hunde mit ausgezeichneter Bewegung im Galopp

Beagle bei der Linkskehre in voller Bewegung:

A-1   Ein Hund mit guter Bewegung. Er leitet die Wende ganz richtig mit dem rechten Vorderlauf ein, der linke wird als nächster aufgesetzt. So kann die Wende so eng wie möglich ausfallen.

B-1   Ein Hund mit weniger guter Bewegung, nicht so effizient und wendig. Er setzt den linken Vorderlauf auf, muß also 'um diesen Lauf herum'.

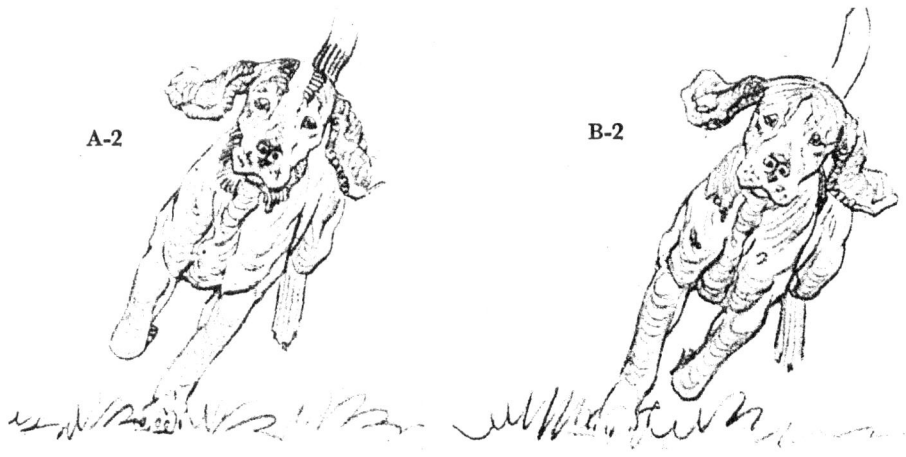

A-2   Der schon nach hintengeführte linke Vorderlauf unterstützt den Körper optimal unter dem Schwerpunkt.

B-2   Wieder mit dem falschen Vorderlauf die Wende einleitend, nicht so flink und effizient.

Gute Hunde müssen, ebenso wie gute Pferde, mit der richtigen Körperseite 'führen'.

Eine scharfe Wende auf der Fährte

Ganz zu Recht ein stolzer Beagle

Paul Brown

Zu flacher Rippenkorb   Korrekt entwickelter Rippenkorb

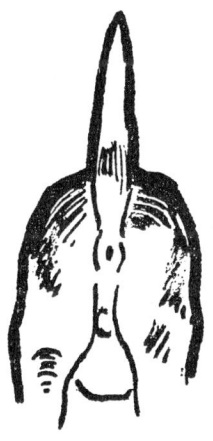 

Korrekte Rute   Korkenzieherrute

Pfotenenge Bewegung

Rutenformen: 'Pfeifenreiniger'   korrekte Rute

'Teekannenhenkel'   'überzogen'   '14 Uhr'

150

3.1.3. Der heute gültige Beaglestandard von 1986

1980 schließlich begann der Kennel Club, sämtliche Standards unter seinem Patronat nach einem für alle Rassen standardisierten Muster zu überarbeiten. Für den Beagle-Standard gab es mehrere Fassungen, bis die endgültige Fassung 1986 genehmigt und veröffentlicht wurde. Die hier wiedergegebene Version formuliert im Wortlaut straffer als die ihr vorausgehende; sie ändert formal die Gliederung nach einem vom Kennel Club für alle Rassen vorgegebenen einheitlichen Muster, inhaltlich fügt sie die äußerst wichtige Beschreibung des Wesens ein sowie die Bewertung der Abweichung von den Standardmerkmalen als Fehler 'entsprechend dem Grad seiner Abweichung'.

Nachfolgend sei der Originaltext dieses derzeit gültigen Rassestandards für Beaglefreunde mit Freude an der englischen Sprache wiedergegeben. Er ist als Standard No. 161d so in der englischen Ursprache, allerdings mit geringen Schreibfehlern, von der Féderation Cynologique Internationale (FCI) am 24.06.1987 übernommen worden. Die Schreibfehler der FCI gegenüber dem englischen Text des Kennel Club sind in eckigen Klammern und kursiver Schrift im Text berichtigt.

3.1.3.1 Englischer Originaltext 1986

STANDARD: BEAGLE English breed
GENERAL APPEARANCE: a sturdy, compactly-built hound, conveying the impression of quality without coarseness.
CHARACTERISTICS: a merry hound whose essential function is to hunt, primarily hare, by following a scent. Bold, with great activity, stamina and determination. Alert, intelligent and of even temperament.
TEMPERAMENT: amiable and alert, showing no agression or timidity.
HEAD & SKULL: fair length, powerful without being coarse, finer in the bitch, free from frown and wrinkle. Skull slightly domed, moderately wide, with slight peak. Stop well defined and dividing length, between occiput and tip of nose, as equally as possible. Muzzle not snipey, lips reasonably well flewed. Nose broad, preferably black, but less pigmentation permissible in lighter coloured hounds. Nostril[s] wide.
EYES: dark brown or hazel, fairly large, not deep set or prominent, set well apart with mild appealing expression.
EARS: long, with rounded tip, reaching nearly to end of nose when drawn out. Set o[n] low, fine in texture and hanging gracefully close to cheeks.
MOUTH: the jaws should be strong, with a perfect, regular and complete scissor bite, i. e. the upper teeth closely overlapping the lower teeth and set square to the jaws.
NECK: sufficiently long to enable hound to come down easily to scent, slightly arched and showing little dewlap.
FOREQUARTERS: shoulders well laid back, not loaded. Forelegs straight and upright well under the hound, good substance, and round in bone, not tapering off to feet. Pasterns short. Elbows firm, turning neither in nor out. Height to elbow about half height at withers.

BODY: topline straight and level. Chest let down to below elbow. Ribs well sprung and extending well back. Short in the couplings but well balanced. Loins powerful and supple, without excessive tuck-up.

HINDQUARTERS: muscular thighs. Stifles well bent. Hocks firm, well let down and parallel to each other.

FEET: tight and firm, well knuckled up and strongly padded. Not hare-footed. Nails short.

TAIL: sturdy, moderately long. Set on high, carried gaily but not curled over back or inclined forward from root. Well covered with hair, especially on underside.

GAIT / MOVEMENT: back level, firm with no indication of roll. Stride free, long reaching in front and straight without high action; hind legs showing drive. Should not move close behind nor paddle nor plait in front.

COAT: short, dense and weatherproof.

COLOUR: any recognized hound colour other than liver. Tip of stern white.

SIZE: desirable minimum height at withers 33 cm (13 ins.).
            desirable maximum height at withers 40 cm (16 ins.)

FAULTS: any departure from the foregoing points should be considered a fault and the seriousness with which the fault should be regarded should be in exact proportion to its degree.

NOTE: male animals should have two apparently normal testicles fully descended into the scrotum.

Der von der FCI übernommenen Fassung in der FCI-Sprache Englisch wurde folgender Nachsatz angefügt: "Approved by the General Assembly (der FCI - der Verfasser) on the 23th and 24th June 1987 in Jerusalem."

3.1.3.2 Der bei der FCI 1988 niedergelegte deutsche Wortlaut

Der deutsche Wortlaut ist eine Übersetzung des vorstehenden seit 1973 gültigen Standards, die durch Deutschland im Dezember 1987 bei der FCI 'niedergelegt' wurde und nach Annahme durch die FCI im Jahr 1988 zum international verbindlichen deutschen Wortlaut wurde.

FCI-STANDARD NR. 161 d
24. Juni 1987
STANDARD: BEAGLE
Ursprungsland: Großbritannien
Übersetzung: Jochen H. Eberhardt, November 1987

Allgemeines Erscheinungsbild: Ein robuster, kompakter Hund, vermittelt den Eindruck von Qualität, ohne grob zu wirken.

Charakteristika: Ein fröhlicher Hund, dessen wesentliche Bestimmung es ist, zu jagen, vornehmlich Hasen, indem er der Fährte* folgt, unerschrocken, äußerst lebhaft, mit

Zähigkeit und Zielstrebigkeit. Aufgeweckt, intelligent und von ausgeglichenem Wesen.

Wesen: Liebenswürdig und aufgeweckt, ohne Anzeichen von Angriffslust oder Ängstlichkeit.

Kopf und Schädel: Von mäßiger Länge, kraftvoll ohne grob zu sein, feiner bei der Hündin, ohne Runzeln oder Falten am Kopf. Oberkopf leicht gewölbt, mäßig breit, mit sich leicht abzeichnendem Hinterhauptbein. Deutlich ausgeprägter Stop, der die Distanz zwischen Hinterhauptbein und Nasenspiegel möglichst genau halbiert. Fang nicht spitz, angemessene Belefzung. Nasenspiegel breit, vorzugsweise schwarz, jedoch ist bei helleren Hunden eine abgeschwächte Pigmentierung statthaft. Gut geöffnete Nasenlöcher.

Augen: Dunkelbraun oder haselnußbraun, ziemlich groß, weder tiefliegend noch hervortretend, ziemlich weit voneinander eingesetzt mit sanftem, gewinnendem Ausdruck.

Behang: Lang, unten abgerundet. Wenn nach vorne gezogen, fast bis zum Nasenspiegel reichend. Tief angesetzt, dünn, mit der Vorderkante anmutig an der Backe anliegend getragen.

Gebiß: Kräftige Kiefer mit einem perfekten, regelmäßigen und vollständigen Scherengebiß, wobei die obere Schneidezahnreihe ohne Zwischenraum über die untere greift und die Zähne senkrecht im Kiefer stehen.

Hals: Ausreichend lang, um dem Hund mühelos das Arbeiten mit tiefer Nase auf der Spur zu ermöglichen. Leicht gebogen, mit etwas Kehlhaut.

Vorhand: Schulter gut zurückliegend, nicht überladen. Vorderläufe gerade und senkrecht gut unter den Hund gestellt. Gute Substanz mit runden Knochen, die zu den Pfoten hin nicht schlanker werden. Kurzer Vordermittelfuß. Feste Ellenbogen, weder ein- noch ausdrehend. Ellenbogenhöhe ungefähr die Hälfte der Widerristhöhe.

Gebäude: Rückenlinie gerade und waagerecht. Brustkorb bis unter Ellenbogen herabreichend. Rippen gut gewölbt und gut zurückreichend. Kurze Lende, jedoch gut ausgewogen, kräftig und biegsam, ohne übermäßig aufgezogen zu sein.

Hinterhand: Muskulöse Schenkel. Knie gut gewinkelt. Feste und tiefe Sprunggelenke, zueinander parallel.

Pfoten: Fest, gut geschlossen, gut aufgeknöchelt mit kräftigen Ballen. Keine Hasenpfote. Nägel kurz.

Rute: Stark, von mittlerer Länge. Hoch angesetzt, fröhlich getragen, aber nicht über den Rücken gerollt oder vom Ansatz nach vorne geneigt. Gut behaart, besonders an der Unterseite.

Gangart/Bewegung: Rücken gerade, ohne Anzeichen von Rollen. Frei ausgreifend, weiter Vortritt. Gerade, ohne die Läufe hoch anzuheben; deutlicher Schub aus der Hinterhand. Hinterhandbewegung sollte nicht eng sein, Vorhandbewegung nicht paddelnd oder kreuzend.

Haarkleid: Kurz, dicht und wetterbeständig.

Farbe: Jede anerkannte Houndfarbe, mit Ausnahme von leberbraun. Rutenspitze weiß.

Größe: Wünschenswerte mindeste Widerristhöhe 33 cm. Wünschenswerte höchste Widerristhöhe 40 cm.

Fehler: Jede Abweichung von den vorgenannten Punkten sollte als Fehler angesehen werden, dessen Bewertung in genauem Verhältnis zum Grad seiner Abweichung stehen sollte.

Anmerkung: Rüden sollten zwei offensichtlich normal entwickelte Hoden aufweisen, die sich vollständig im Skrotum befinden.

Anmerkungen des Autors und Übersetzers zum Originalwortlaut:
* Übertragungsfehler: Der korrekte Ausdruck heißt Spur, wie auch im Absatz 'Hals' ganz richtig wiedergegeben.
Auch diese Übersetzung könnte in Details noch verbessert werden: so habe ich schon 1987 folgende Anmerkungen gemacht, die jedoch in die niedergelegte Übersetzung keinen Eingang mehr fanden:
Im Text 'Charakteristika' ist der Begriff 'bold' nicht ausreichend erfaßt. Wenngleich die Übesetzung 'mutig' beim Beagle nicht recht paßt, wäre doch der Begriff 'unternehmungslustig' sehr passend.
Bei der Beschreibung der Lefzen ist die Maßgabe "angemessene Belefzung" eigentlich zu unpräzise. Besser wäre: "Die Lippen sollten von den Lefzen recht gut überdeckt werden".
Der Begriff 'Gebäude' sollte, da nur auf Details des Rumpfes eingegangen wird, auch 'Rumpf' betitelt werden.
Aus an anderen Stellen eingehend gewürdigten Gründen würde ich gerne die Formulierung "Rippenkorb gut gewölbt und lang" sehen, da die eigentlichen Rippen nicht gewölbt sein können und ihre Länge nun mal vorgegeben ist.

3.1.4 Kommentare zum Rassestandard

Jeder Standardtext ist in solchem Maße interpretierbar, daß als Kommentar wenigstens das wiedergegeben werden muß, was derzeit als 'Konsens der Kundigen' gilt. Hier ist nur wenig persönliche Meinung des Autors eingeflossen. Wo dies der Fall ist, habe ich deshalb meine Meinung publiziert, weil kein Anderer sich dazu aus dem Busche gewagt hat. Die Kommentare folgen der Ordnung des Standardtextes.

Allgemeines Erscheinungsbild:
Schon aus dem Wortlaut ist ein eindeutiger Eindruck abzuleiten: Ein sportlichkräftiger, wohlausgewogen weder gesetzter noch gestreckter Hund. Ebensowenig wie eine niederläufige, wuchtige, muskelbepackte Kugel ist auch ein windiger, überschlanker, langer und in den Umrißlinien überfeinerter Hund der ideale Beagle.
Daß jedoch viel Spielraum bleibt für mannigfaltige Erscheinungsformen des Beagles, dafür sorgt schon allein die große Variation von 21,2% der Mindestgröße oder 17,5% der Höchstgröße in der Schulterhöhe, zu deren funktionaler Ursache im Kapitel 'Meutegeschichte' mehr gesagt ist.

Charakteristika:
Daß Beagle immer fröhlich sind, eben lebhaft und voller Lebensfreude, stimmt lange Jahre. Bis dann, wenn sie hochbetagt langsam ihren Lebensrhythmus den vorgerückten Jahren anpassen.
Gutes, für den Beagle typisches Wesen wird am besten dann demonstriert, wenn die Säbelrute immer aufgerichtet freundlich wedelt, der Beagle allem, was passiert, mit

optimistischer und erwartungsvoller Neugier entgegensieht.

Unerschrocken ist richtig, jedoch nicht mit mutig zu verwechseln. Bezeichnet ist vielmehr die Eigenschaft, daß der Beagle auch auf Unbekanntes ohne Vorurteil zugeht, es untersucht oder dabei mitmacht. Dies heißt ebenso, daß er sich selbstsicher, ohne zurückzuweichen oder Zeichen von Vorbehalt zu zeigen, von Fremden anfassen läßt. Angriffslust fehlt dem normal gezüchteten und aufgezogenen Beagle von Natur aus völlig; Vorsicht und Mißtrauen als grundsätzliche Wesenseigenschaften sind bei dieser Rasse ebensowenig üblich.

Äußerst lebhaft sind alle Beagles, auch wenn sie unterschiedliche Temperamente haben. Im Stand ist da meist nicht viel zu sehen. Aber wenn sich der Beagle in Bewegung setzt, dann zumindest muß die Lebhaftigkeit sichtbar werden, die Freude am Laufen, die unternehmungsfreudige Gesamtstimmung.

Zähigkeit und Zielstrebigkeit hingegen lassen sich im Ausstellungsring kaum beurteilen, höchstens von Kennern in Andeutungen beobachten: in der Hartnäckigkeit, mit der der Beagle versucht, einen heruntergefallenen Belohnungsbrocken zu erhaschen, bevor er weiter seine Runden im Ring dreht, die Zielstrebigkeit, mit der er seine Leidensgenossen und Konkurrenten im Ring zum Spielen zu verführen sucht.

Die Begriffe 'aufgeweckt' und 'intelligent' bedürfen keiner Erläuterung, der Beagle ist zweifellos mit erheblichen geistigen Fähigkeiten und einer gewissen Lebensklugheit ausgestattet.

Was jedoch ist 'ausgeglichenes Wesen'? Ein rechter Beagle gibt sich immer gleichbleibend freundlich, seine Freudigkeit, ja es scheint manchmal, sein Wohlwollen kennen keine Schwankungen. Launisch also darf ein Beagle nicht sein. Und nicht leicht zu erschüttern; Beagle sind nervenfeste Hunde. Nur Freßbares erschüttert ihren Gleichmut, aber positiv.

Wesen:

Schon im vorigen Abschnitt sprachen wir von einzelnen Wesenszügen, die eben für Beagle charakteristisch sind. Dieser Abschnitt verdeutlicht, welche Wesenseigenschaften Beagle immer haben müssen und welche sie nie haben dürfen.

Angriffslust äußert sich höchstens beim Beagle, wenn er in der Gruppe oder Meute jagt. Angriffslust ganz genauso wie Ängstlichkeit gegenüber Menschen sind als so gravierend rasseuntypisch einzuschätzen, daß sie im Ring einer Zuchtschau unmittelbar die 'rote Karte' nach sich ziehen müssen.

Kopf und Schädel:

Der Kopf und sein Ausdruck sind wie bei vielen anderen Hunderassen auch beim Beagle das, was zuallererst und am tiefsten auf den Betrachter wirkt. Da der Beagle ein kompakter Hund ist, müssen verständlicherweise auch Kopf und Schädel kompakt und kräftig sein. Daß man auch am 'Gesicht' sehen können soll, ob es sich um ein männliches oder weibliches Lebewesen handelt, ist darüber hinaus selbstverständlich. Man wünscht sich das bei Menschen ja auch.

Runzeln und Falten, die nicht erwünscht sind, gibt es nicht nur beim Menschen immer wieder, sondern auch beim Beagle. Meist finden die sich auf der Stirn. Unstatthaft sind seit dem 1986 neu gefaßten Standard leider auch jene Stirnfalten, die manchem Beagle lebenslang einen welpenhaft unerwachsenen Ausdruck verleihen.

*Ch. True Line's Golden Nugget als Junghund. Ganz offensichtlich ein bestens aus-
gefüllter Rüdenkopf mit guten, straffen Lefzen und Lippen. Dunkle Augen und die für
einen Zweifarbigen dunkle Nase haben zu seinen vielen Schauerfolgen beigetragen.*

Auch bei der rassegerechten Wölbung des Oberkopfs ist der goldene Mittelweg das
Ziel. Grundsätzlich sind Schädelplatte und Scheitelbeine, die im wesentlichen den
knöchernen Unterbau des Oberkopfs auch beim Beagle bilden, in zwei Richtungen
gewölbt: von der Stirngrube zum Hinterhauptstachel (Längsbogen) und dem von
Ohransatz zu Ohransatz (Querbogen). Zu runde, hochgewölbte Oberköpfe geben auch
dem erwachsenen Hund einen unreifen, verzwergten Ausdruck. Oberköpfe ohne
deutliche Wölbung hingegen, die nicht selten mit zuwenig Stirnabsatz ('Stop')
einhergehen, sind wenig modelliert, haben einen 'leeren' oder gar 'blöden' Ausdruck.

Schmale Oberköpfe sehen schwächlich, windig aus, sind jedenfalls nach Übereinkunft
der Kundigen nicht rassetypisch. Breite Oberköpfe aber, die in Höhe der Jochbögen
wesentlich breiter sind und damit, von oben betrachtet, dem Kopf die Gesamtform eines
kurzen Keils geben, verleihen dem Hund ein ausgesprochen gewöhnliches Aussehen.
Solche Köpfe sitzen dann oft auf ebenso gewöhnlichen Körpern.

Backen wirken grob; wenn der Kopf des Beagle unter den Augen zu breit ist, hat er
'Backen'. Und wenn der Kopf des Beagle vor und unter den Augen nicht hinreichend
ausgefüllt ist, paßt das nicht zum Eindruck des stämmigen, muskulösen Hasen-
meutejagdhundes - es sieht windig aus.

An dieser Stelle ist es angezeigt, ein warnendes Wort einzuschieben: Bei der
Beurteilung von Maßverhältnissen besteht bei 'bunten' Hunden immer die Gefahr, daß

bestimmte Fellfärbungen optische Täuschungen begünstigen. Ein Hund mit ganz weißem Kopf und braunen Ohren erweckt den Anschein eines breiten Oberkopfes, den er möglicherweise garnicht hat. Ebenso verhält es sich mit den bei Zweifarbigen meist breiten Stirnzeichnungen (Blessen), den Ausdehnungen der weißen Fellpartien zwischen den Augen hinauf zur Stirn: selten ist der Oberkopf so unstatthaft breit, wie er beim ersten Anblick scheinen mag.

Das leicht sich abzeichnende Hinterhauptbein ist bei dieser Rasse zwar fühlbar, sichtbar aber nur als modellierender Absatz am oberen Halsansatz.

Der Stirnabsatz ist bei jedem Beagle mehr oder weniger ausgeprägt, meist weniger. Er wird jedoch nicht ausschließlich durch die Stirnfläche, einen Teil der Schädelplatte, gebildet, sondern sein Erscheinungbild wird auch durch die Höhe der Stirnhügel und die Dicke der Oberaugenwarze bestimmt. Dieser 'Absatz' zwischen Hirn- und Gesichtsschädel ist für den typischen Beagleausdruck äußerst wichtig.

Fast wichtiger als das Maß des Stirnabsatzes selbst und seine Ausprägung jedoch ist seine Rolle als Meßpunkt, der genau die Mitte zwischen Nasenspitze und Hinterhauptbein sein soll. Die gewünschten Maßverhältnisse werden jedoch sowohl von Meutehunden als auch von Hunden der Ausstellungsszene meist nicht mehr erfüllt. Bei

Eine perfekte Illustration des Maßverhältnisses Fanglänge/Schädellänge gibt diese Kopf-Seitenansicht von Ch. Southcourt Wembury Merryboy im Alter von sieben Jahren.

157

zwei in allen anderen Teilen sonst gleichwertigen Hunden ist gleichwohl der vorzuziehen, der die korrektere Fanglänge hat. Zu kurze Oberköpfe wiederum habe ich selbst noch nie gesehen - sie würden den rassetypischen Ausdruck noch mehr beeinträchtigen.

Einen spitzen Fang hat ein im Sinne des Standards 'schöner' Beagle nicht. Der Eindruck, wie spitz oder stumpf ein Fang ist, wird in der Ansicht von vorn hauptsächlich durch die Breite des Nasenrückens und der Nasenbeere, in der seitlichen Ansicht durch den Fangschnittwinkel bestimmt. Dies ist der Winkel, der von der Linie des Fangrückens einerseits und der Linie der Lefzenvorderkante anderseits gebildet wird. Nähert sich dieser Winkel dem rechten Winkel, trägt dies zu einem korrekten Fang- und damit Kopfprofil wesentlich bei. Aber schon ein Winkel von ganz genau 90 Grad ist zuviel des Guten; mit einem solchen Fangschnittwinkel sind fast immer zu lange und damit nicht gut an den Lippen anliegende Lefzen, aber auch schmale Unterkiefer, oft auch offene Maulwinkel verbunden. Auch hier gilt wie bei anderen Details: lebendige Wesen können nicht vollkommen sein.

Die Farbe des Nasenspiegels muß bei dunkel dreifarbigen Hunden, insbesondere bei solchen mit schwarzer Decke und braunen Schultern und Keulen (Fachausdruck im englischsprachigen Raum: black blanketed) schwarz sein. Schon problematischer wird es bei aufgelöst dreifarbig gefleckten, sogenannten 'kuhscheckigen' oder vornehmer, 'buntscheckigen' Hunden, die hinsichtlich ihrer Farbvererbung als 'Plattenschecken' gelten. Bei ihnen ist mitunter auch die Nase scheckig; das ist fehlerhaft. Bei dreifarbigen Hunden muß die Nasenbeere vollständig schwarz sein, sogar die Innenflächen der Nasenlöcher. Schwarz ist jedoch nicht gleich schwarz: Es gibt korrekt gefärbte Nasenbeeren, die mitunter ins Dunkelgraue tendieren, andere, die einen bräunlichen Schimmer zu haben scheinen. Daran allein kann man sicher nicht die Qualiät eines unter Standardaspekten betrachteten Hundes messen - es gibt gewiß Wichtigeres. Dennoch heißt bewerten auch genau beobachten - und Beobachtetes wertend zu beschreiben.

Bei allen nicht dreifarbigen Hunden ist eine dunkel- bis hellbraune Nase statthaft, sie darf aber nicht fleischfarben sein wie die unpigmentierten Partien der Lippen- und Lefzenränder es sein dürfen. Und die Nase muß einheitlich durchgefärbt sein. Zwei Ausnahmen bestätigen die Regel: zum einen muß bei Hunden, deren Fellfarbe wirklich echt lemon und white ist, bei denen also die nicht weißen Fellpartien wirklich nahezu zitronenfarbig sind, die Nase schwarz sein. Und die andere Ausnahme: Hunde mit der Fellfarbe harepied, badgerpied oder lemonpied (siehe die Erläuterung bei den Fellfarben) haben bei sonst schwarzer oder dunkler Nase einen helleren braunen Streifen in Längsrichtung entlang der Nasenmitte.

Daß der Nasenspiegel breit ist, und das muß er ja wohl, wenn die Nasenlöcher gut geöffnet sein sollen, ist für einen Hund, der als Dauerleister über Stunden rennend mit der Nase anstrengendste Arbeit verrichten soll, eigentlich selbstverständlich. Hunde mit schmalen, kleinen Nasen und nicht weitgeöffneten Nasenlöchern, das ist nur eine empirische Beobachtung, haben sehr häufig auch keinen korrekt ausgeformten Brustkorb.

Augen:

Aus der Farbbeschreibung im Standard geht eindeutig hervor, daß wirklich schwarze Augen nicht beagletypisch sind - der Ausdruck, der eben rassetypisch freundlich zu sein hat, wäre düster. Die Farbvariation ist freilich auch bei Haselnüssen recht erheblich. Hellgelb oder orangegelb sind Haselnüsse allerdings eindeutig nicht.

Da der Beagle nach seiner Fellfärbung als 'extremer Schecke' bezeichnet wird, bei dem Weiß die Grundfarbe ist und darauf farbige Flecken und Platten, sind bisweilen, aber selten, Beagle anzutreffen, die farblose oder hellblaue Sektoren in der Iris haben oder deren eine Iris garnicht pigmentiert ist. Mit Sicherheit ein Ausschlußgrund von der Zuchtverwendung.

Über Lidränder sagt der Standard nur indirekt etwas. Da er die gesunde Mittelform des 'ziemlich großen, weder tiefliegenden noch hervortretenden' Auges beschreibt, ist eindeutig, was erwünscht ist. Andere Lidrandformen beeinträchtigen den Ausdruck deutlich.

Ein eingerolltes unteres Augenlid jedenfalls, dessen Lidrand nicht mehr mit voll sichtbarer Lidkante am Augapfel aufliegt, sondern nach innen gerollt ist (Entropium), ist ein schwerer Fehler. Auch Fälle, bei denen der Lidrand so straff ist, daß die Lidkante fast im rechten Winkel zum Augapfel anliegt, sind bereits bedenklich. Die auf dem Augapfel aufliegenden Wimpernhärchen reizen dann nämlich ständig das Auge, ein ständiger Tränenfluß ist die Folge.

Aber auch lose Lidränder, wie sie vornehmlich bei schweren Hunden mit viel Haut angetroffen werden, sind nicht rassetypisch. Lidränder, die in die am unteren Rand des Augapfels befindlichen Regionen sehen lassen, sind ebenfalls höchst ungesund, weil sie die Ansammlung von Fremdkörpern im Augenbereich Vorschub leisten; sie sind damit bei der Zuchtschau nachteilig zu bewerten. Und derart lose Lidränder, daß sie vor dem Augapfel, wie der Ausstellerjargon so treffend sagt, vor- und wieder zusammenfallend 'eine Tüte bilden', in Fachkreisen Ektropium genannt, sollten einen Beagle von der Zuchtverwendung ausschließen. Sie sind danach zum Wohl des Hundes (und nicht etwa vorher zur Täuschung) chirurgisch zu korrigieren.

Ich rate, vor endgültiger Beurteilung des Lidschlusses noch einmal genau hinzusehen. Oft wird gerade so dahin gesagt, die Lider lägen nicht an, während nur die Nickhaut, der Rand des dritten Augenlids unpigmentiert ist, also oberhalb des eigentlichen unteren Lidrandes ein rosa fleischfarbener Saum erscheint. Über die Pigmentierung der Nickhäute sagt der Standard nichts; es scheint aber sinnvoll, insbesondere bei Plattenschecken, also aufgelöst gefleckten Hunden hier ebenso tolerant zu sein wie es hinsichtlich der Pigmentierung der Lippenränder und Lefzenkanten immer schon üblich war. Freilich können extrem oder bidseitig unpigmentierte Nickhautränder durchaus den Ausdruck beeinträchtigen.

Die Form des Auges, besser die Form der durch die Augenlidkanten beschriebenen Augenöffnung erscheint rundoval. Dreieckige Augenformen sind für Terrier typisch, nicht aber für Beagle.

Kleine Augen mögen nur so erscheinen, wenn sie tiefliegend eingesetzt sind. Gleichwohl sind sie nicht die erwünschte Idealform. Alle diese Abweichungen von der erwünschten Augenform sind deshalb abzulehnen, weil sie dem beschriebenen Ziel des 'sanften, gewinnenden' Ausdrucks abträglich sind.

Behang:
Bei Jagdhunden hat es sich eingebürgert, statt von Ohren von Behängen zu sprechen. Reine Tradition. Auch durch eine unzureichende Behanglänge leidet der sanfte

Beagleausdruck. Und, wenn dazu oder auch nur für sich allein die Behänge zu hoch am Kopf angesetzt sind.

Die Länge des Behanges ist recht praktisch definiert. Vorsicht: gemessen wird, wenn beide Behänge gleichzeitig an ihrer Unterkante gefaßt nach vorn gezogen werden. Die Behanglänge muß ausreichen, auch wenn nur sanft gezogen wird; wenn zum Erreichen der geforderten Behanglänge so gezogen werden muß, daß der Hund Unbehagen empfindet, sind die Behänge zu kurz.

Die Behangform ist im Unterschied von zum Beispiel Terriern oder beim Appenzeller Sennenhund an der Unterkante rund. Dennoch liegt es nicht lappig an.

Für den Behangansatz, die oberste Kante des Behangs, gilt, daß er beim entspannten Hund, der seine Fangoberkante parallel zur Standfläche hält, etwa in der waagerechten Verlängerung einer Linie vom unteren hinteren Augenwinkel liegen muß. Ein zu tiefer Behangansatz gibt dem Gesamtausdruck des Kopfes etwas Basset-haftes. Die Höhe des Behangansatzes ist schon bei neugeborenen Welpen deutlich sichtbar, er ändert sich ein Beagleleben lang nicht mehr.

Behänge fallen nur dann so, daß sie anmutig mit der Vorderkante an der Wange anliegend getragen werden können, wenn sie dünn sind. Dicke, fleischige Behänge gibt es auch, sie erwecken aber eher den Eindruck, daß sie neben dem Kopf stünden als daß der Kopf damit behängt sei. Schön ist das nicht, folglich nicht erwünscht.

Ein korrekter Behang muß bei voller Aufmerksamkeit des Hundes im hinteren oberen Bereich aufgestellt werden können, während die Behangvorderkante an der Wange anliegt.

Es ist korrekt, daß alle Beagles an der rutenwärts gerichteten Kante des Behangs eine 'Tasche' haben. Mitunter ist aber bei einzelnen Tieren schon von Geburt an die obere Lage dieser Tasche nach vorn um- und festgewachsen; eine mit Sicherheit nur kosmetische Abweichung. Sie erzeugt jedoch eine Versteifung des hinteren Behangrandes, der Behang ist dann eben nicht mehr, wie gefordert, dünn.

Gebiß:

Hier sagt der Standard eigentlich alles bis auf die gesamt erforderliche Zahnzahl.

Der Kennel Club des Ursprungslands hat auf Anfrage erklärt, daß sich der Passus 'perfekt, regelmäßig und vollständig' nur auf die Schneidezahnreihen beziehe, von denen also oben und unten je sechs vorhanden sein müssen. Gleichwohl stellt der Kennel Club in seinem offiziell zu den Standards 1988 herausgegebenen 'Kennel Club Glossary of Terms - Breed Standards' auf der ersten Innenseite unter dem Titel 'Dentition' ein vollständiges Regelgebiß mit 42 Zähnen als Normalform dar. Ebenso stellen sich die Dachverbände, die der FCI angeschlossen sind, auf den Standpunkt, daß ein gesundes Normalgebiß des erwachsenen Hundes 42 Zähne in der nachfolgend skiziierten Abfolge und Anzahl enthält.

Fehlen einzelner Zähne, selbst des bei kleinen Beagles auch sehr kleinen ersten Vormahlzahns (Prämolar, abgekürzt P1) mit seiner einfachen, kurzen Wurzel ist glücklicherweise bei dieser Rasse selten. Die Wertigkeit solcher Unvollständigkeiten sollte mit Rücksicht auf die Bedeutung des fehlenden Zahns festgestellt werden. Angesichts der Größe und Bedeutung zum Beispiel des vierten Vormahlzahns und seiner soliden Verankerung im Unterkiefer ist jedoch dessen Fehlen unverzeihlich und muß das betroffene Tier sicher von der Zucht ausschließen.

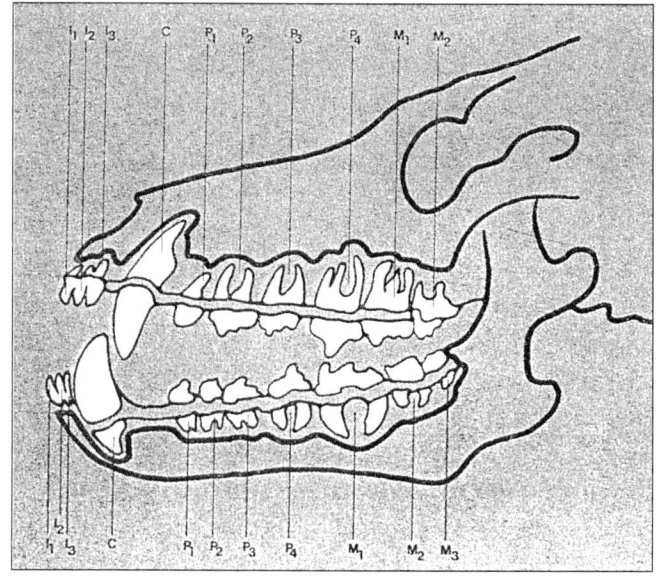

Andere Gebißformen wie Abweichungen hinsichtlich des Schneidezahnschlusses, die eigentlich Variationen in der Länge des Unterkiefers bis hin zu Anomalien sind, haben Beagle selten. So das Zangengebiß, das als Variation noch am ehesten dem korrekten Zahnschluß des Scherengebisses nahekommt und um dessen Bewertung sich immer wieder Kynologen streiten zu müssen glauben. Ich sehe nicht ein, warum ein Hund mit einer nicht häufig vorkommenden, aber erheblichen Abweichung ausgerechnet in die Zucht Eingang finden muß. Aber auch die groben Kieferanomalien wie Vor- und Rückbiß (des Unterkiefers) sind beim Beagle nicht häufig, sie beeinträchtigen jedoch bei genauer Betrachtung doch den Ausdruck eines solchen Hundes. Den Familienhund beeinträchtigen sie nicht.

Kräftige und große Zähne sind nicht nur Wunsch und Marotte von Züchtern und Zuchtrichtern, sondern gehen fast immer einher mit starken Knochen. Ein kräftiger Jagdhund wie der Beagle ist mit einem Gebiß aus kleinen 'Mäusezähnchen' nachgerade eine Witzfigur.

Hals:
Wie bei vielen anderen Tieren, gibt ein Hals von richtiger Länge mit den richtigen Außenlinien einem sonst recht vollkommen gebauten Tier erst Eleganz. Der insgesamt vorzüglich formulierte Standard weist auch hier wieder auf die funktionale Begündung der Forderung hin.

Darüber hinaus wissen erfahrene Zuchtrichter aber auch, daß ein 'langer, eleganter Hals' häufig ein Indiz ist für eine gute Schulter/Oberarmlage, überhaupt eine richtige Konstruktion der Vorhand. Ein kurzer Hals hingegen weist auf mangelhafte Konstruktion dieser Baugruppe hin, sei sie durch kurzes Schulterblatt oder dessen steile Lage, einen kurzen Oberarm oder dessen steile Lage oder, was garnicht selten ist, von einer unheiligen Allianz all' dieser Fehler zusammen bedingt.

Im Nackenbereich, nach und unter dem Hinterhauptbein, muß ein Beagle kräftig bemuskelt sein; dort setzt die leichte Biegung wie die eines gespannten Bogens ein, die mit der richtigen Muskelspannung einhergeht. Bestes Beispiel sind hier elegante Rennpferde. Ein dünner, schwacher Hals kann einen kräftigen Kopf nicht tragen, schon garnicht einen langen Jagdtag lang, an dem die Nase, die eben nun mal ganz vorn am durch die große Knochenmasse schweren Kopf sitzt, fast immer am Boden ist.

Kehlhaut ist statthaft, Kehlwamme, also ein Beutel loser Haut, nun wirklich nicht - der Beagle ist insgesamt noch immer ein trockener, sehniger Hund, an dem alles fest sein soll.

Vorhand:

Beim Hund ist dieser äußerst wichtige Körperteil nur mittels Bändern, Sehnen und Muskeln mit dem Rippenkorb und damit mit dem Rumpf verbunden. Die Vorhand ist gleichwohl eine meisterhafte, ihrem Funktionszweck perfekt angepaßte Konstruktion, die enorme Kräfte mit höchstmöglicher Effizienz aufnimmt und verarbeitet.

Lage und Länge des Schulterblattes und des Oberarms kann nur durch Abtasten des Hundes zuverlässig festgestellt werden; den Kundigen mit einiger Erfahrung allerdings geben verschiedene Bewegungsmängel zuverlässige Hinweise auf unzureichende Maßverhältnisse der Vorhandelemente oder Mängel der Konstruktion.

Die vereinfachenden Winkelangaben in vielen Einführungsschriften, die dem Anfänger ausreichen, sind für die genaue Beurteilung allerdings unzureichend; die folgenden Winkelangaben sind die 'wahren' Zahlen.

Beim Beagle wünscht man sich ein langes, über den hohen Rippenkorb reichendes Schulterblatt, das vom Buggelenk aus, dem Gelenk zwischen Schulterblatt und Oberarm, mit etwa 35 Grad (zwischen Schulterblattgräte und der Senkrechten) nach hinten zurückliegt, wenn der Hund steht.

Die oberen Ränder des Schulterblatts sollen sich über der Wirbelsäule einander recht nahe kommen. Den Bereich dieses Zusammentreffens nennt man den Widerrist, der oberste Punkt der Schulterblattränder ist jener Punkt, von wo in der Fallinie zur Standfläche die Widerristhöhe, fälschlich auch 'Schulterhöhe' genannt, des Beagle zu messen ist. Zu eng wiederum dürfen die Schulterblätter beim stehenden Hund auch nicht zusammenkommen, denn ihre oberen Ränder sollten sich noch näher zueinander bewegen, wenn der Beagle seinen Kopf senkt, um eine Fährte aufzunehmen. Dies kann auch im Schauring geprüft werden. Zu weit voneinander, also nicht zusammenliegende Schulterblattränder, wenn der Beagle seine Nase am Boden hat, 'Offenen Widerrist' ein beträchtlicher Fehler,

Ist das Schulterblatt lang genug und liegt es im richtigen Winkel zurück, muß wiederum die Fallinie vom hinteren Endpunkt der Schulterblattoberkante, von der Seite gesehen, deutlich hinter der Aufstandsfläche der Vorderpfote liegen.

Vom Buggelenk aus verläuft der Oberarm mit etwa 35 Grad zur Standfläche des Hundes nach hinten unten und endet idealerweise etwas vor der zuvor erwähnten Fallinie im Ellbogengelenk. Liegt er steiler oder ist er kürzer, wird das, von der Seite angesehen, dadurch offenbar, daß die Linie der vorderen Unterkante des Rippenkorbs, das Brustbein nicht sichtbar vor der Vorhand nach vorn geführt in eine deutliche 'Vorbrust' übergeht. In der Bewegung äußert sich das in Mängeln, vornehmlich in mangelndem Raumgriff, zu kurzem Vortritt der Vorhand, einer gebundenen und nicht freien Bewegung der Vorhand. Ein ernster Mangel für einen Laufhund und unglücklicherweise ein Mangel, der sich in vielen Fällen auch durchschlagend zu vererben scheint.

Wäre zur Vollständigkeit nur nachzutragen, daß nach Adam Riese der 'Schulterwinkel', der zwischen Schulterblattgräte und Oberarm besteht, dann etwa 110 Grad betragen muß.

Soviel über den nichtvollplastisch sichtbaren Teil der Vorhand, der Lenkungs- und Hauptstützachse des Systems Hund. Hier bleibt nur anzumerken, daß der Standard 'nicht überladen' fordert, so daß das Schulterblatt und seine Muskulatur harmonisch in die übrige Bemuskelung eingebunden sein müssen. Hunde, die aussehen wie Bodybuilder, sind bei anderen Rassen vielleicht das Ideal, nicht aber beim Beagle. Und auch nicht bei rassetypischen Besitzern.

Der Unterarm ist im Ellbogengelenk mit dem Oberarm verbunden. Der Unterarm wird seinerseits wieder wie bei uns Menschen von den beiden langen Knochen Elle und Speiche gebildet. Vom Ellbogen muß der Unterarm und der Vordermittelfuß, der unserem Handrücken entspricht, gerade und senkrecht verlaufen bis zur Pfote. Und zwar sowohl von der Seite als auch von vorne gesehen. Von vorn sehen Unterarme mitunter nicht gerade aus, denn die Speiche, die sich hier abzeichnet, ist immer etwas gekrümmt. Und die Muskeln der Außenseite des Unterarms treten seitlich heraus. So muß man sich auch hier mitunter der knöchernen Tatsachen durch Abfühlen versichern. Ganz sicher ist jedoch, daß der Unterarm von vorn gesehen nicht dünner aussehen darf als von der Seite oder umgekehrt.

'Gute Substanz' bezieht sich auf die Knochenstärke. Man wünscht sich kräftige Knochen, um mehr Gelenkauflagerfläche zu haben, auf die sich der Druck verteilt, aber auch, um mehr Ansatzfläche für kräftige Sehnen zu haben. Insgesamt soll der Beagle einen stämmigen Gesamteindruck erwecken, ohne grob zu wirken. Ein Zuviel an Knochenumfang ist selten, das Gegenteil ist eher der Fall und offenbar ein altes Problem. Schon 1880 sagt Hugh Dalziel in seinem Buch 'British Dogs': "..der Beagle sollte wohlgestaltet sein, möglichst keine überladenen Schultern haben..; mehr Knochenstärke, als man allgemein sieht, wäre eine Verbesserung...."

Hier noch ein Wort zu den 'überladenen Schultern'. Dies ist ein Manko, das von erfahrenen Richtern häufig bemängelt wird, ohne daß sie erklären könnten, warum das so nicht erwünscht ist. Auch hier hilft wieder der Vergleich mit anderen Hunderassen.

Kurzstreckensprinter, die innerhalb kürzester Zeit größte Muskelleistung umsetzen müssen, so die vornehmlich für Rennen gezüchteten Greyhounds und Whippets, haben insgesamt kugelig runde, in dicken Strängen sichtbare Muskulatur. Auch der Bullterrrier, für seine Größe ein wahres Sprintwunder, sieht so aus. Dauerleister, hier wäre der Dalmatiner, als Brackenverwandter zu nennen, sehen anders aus. Diese Hunde, früher auch bengalische Bracken genannt, folgten vormals als Begleithunde Kutschen diesen halbe und ganze Tagereisen lang auf den eigenen vier Pfoten, zwischen den Radachsen hoher Kutschen unter dem Wagen, aber auch seitlich laufend und haben sich folglich als Rasse entsprechend der ihnen typischen Beanspruchung entwickelt. Dalmatiner haben eine flache, sehnige Muskulatur.

Sollte mir der geneigte Leser hier keinen Glauben schenken wollen, empfehle ich ihm, bei der nächsten Fernsehübertragung eines großen Leichathletik-Sportfestes genau hinzuschauen. Die Hundert-Meter-Läufer sind mit nahezu kugeligen Muskeln bepackte Figuren mit nahezu Bodybuilder-Profilen; je länger die Strecken werden, die Hochleistungssportler zu absolvieren pflegen, um so hagerer, sehniger sind ihre Gestalten. Hindernis- und Marathonläufer schließlich sind alles dürre, zähe Körperbautypen. Wenn Gesetzmäßigkeiten der Anatomie und Biophysik für alle Säugetiere gleichermaßen gelten und diese Rasse für Dauerleistungen erschaffen ist und dazu fähig bleiben muß, wenn sie ihren Platz im Konzert der Rassen nicht verlieren will, kann ein kugelig muskelbepackter Beagle schwerlich als Ideal gelten.

Neben der ausreichend beschriebenen Lage der Ellbogen ist noch anzumerken, daß am gut ausgerundeten Rippenkorb des Beagle die Ellbogen auch gut anliegen müssen. Das ist von vorn nur bedingt, in der seitlichen Draufsicht nur mit Einbildungsvermögen, sehr gut aber von hinten, noch besser schräg von hinten zu sehen.

Ist beträchtlich 'Luft' zwischen Rippenkorb und Ellbogen, ist anzuraten, zu prüfen, ob der Rippenkorb des Hundes auch im unteren Drittel ausreichend ausgerundet ist oder es sich um eine schiffskielartige Ausprägung des unteren Rippenkorbs handelt, eine ernste Abweichung und schwere Fehlform eines äußerst wichtigen Körperteils. In der Ansicht von vorn wäre dann allerdings auch 'viel Luft' zwischen den Vorderläufen und wenig Breite im Buggelenk zu sehen.

Als zuletzt erörterte, keineswegs aber 'letzte' Einzelheit für diesen Körperteil ist eines der wichtigsten Maßverhältnisse beim Beagle zu kommentieren: die Forderung der gleichen Entfernung zwischen Ellbogen und Standfläche wie zwischen Ellbogen und Widerrist. Anders gesagt, daß der Ellbogen genau in der Mitte zwischen Widerrist und Standfläche liegen soll. Eine Abschätzung, die man nicht oft genug treffen kann, um das Gefühl für die richtigen Proportionen nicht zu verlieren. Also am besten bei jedem Beagle, den man trifft.

Dieses Maßverhältnis ist einer der das Gesamtformat des Hundes ganz wesentlich bestimmenden Faktoren, wieder einmal ist die goldene Mitte das Standardziel.

Gebäude:

Die Rückenlinie ist schließlich nur eine Profillinie. Sie folgt jedoch dem verborgenen und nur durch sie erkenntlich werdenden knöchernen und muskulären Unterbau. Keine Rückenlinie ist topfeben. Man kann jedoch erwarten, daß die Rückenlinie eines gut gebauten Beagles in einem Zug vom Widerrist zur Rutenwurzel verläuft, ohne Beulen, Kurven oder gar Knicke.

Konstruktionsbedingt gibt es jedoch einige traditionelle Schwachpunkte; man muß sich vorstellen, daß die lange Wirbelsäule nur im Bereich des Rippenkorbs vom käfigartigen Gewölbe der Rippen haltend ausgesteift ist. Die Lendenpartie ist sozusagen freitragend, bevor mit der durch Verschmelzen einiger Wirbel sehr stabil gewordenen Kruppenkonstruktion wieder ein fester Bereich kommt.

Der erste Schwachpunkt findet sich im Bereich des Wechsel- oder diaphragmatischen Wirbels, jenem Wirbel, dessen auf dem Wirbel aufrechtstehender Dornfortsatz, an dem Muskeln und Sehnen ansetzen, richtungsneutral, also weder nach vorwärts noch nach rückwärts geneigt ist. Hier gibt es mitunter das, was die Zuchtrichter in ihrem Jargon 'Druck hinter dem Widerrist' nennen. Bei einem korrekten Beagle gibt es diese 'Delle' nicht, die 'Delle' ist mit Muskeln völlig ausgefüllt; übergewichtige Hunde zeigen diese Schwäche jedoch eher als mit richtigem Körpergewicht vorgestellte Hunde.

Der zweite Schwachpunkt ist eher eine Schwachstrecke. Es ist die Lendenwirbelsäule, die eigentlich beim Beagle gerade und durch eine perfekte Muskulatur gestützt sein sollte. Hier finden sich manchmal 'aufgezogene Rückenlinien', das heißt, daß die Rückenlinie nach oben gewölbt verläuft. Dies geht immer einher mit einer schräg liegenden Kruppe. Es sollte jedem einleuchten, daß ein solchermaßen wie ein Bogen vorgespanntes Bauteil bei der Bewegung eines Trabers und Dauerleisters im Gelände nie die geforderte Flexibilität und damit ermüdungsarme Funktion haben kann.

Schwachpunkt Nummer drei, mit erheblichem Häßlichkeitswert des für die Rasse Untypischen belastet und dazu noch mit offenbar durchschlagender Erblichkeit gesegnet

'Barn Yard Friends' Gemälde der Lucy Leavers ca. 1890 illustriert das ländliche Umfeld von Beagles in jener Zeit. Für den kundigen Betrachter außerordentlich interessant sind noch heute als vorzüglich empfundener Kopftyp und die beachtliche Knochenstärke des abgebildeten Beagles.

ist die schrägliegende Kruppe. Sie widerspricht sehr deutlich der Standardvorgabe des 'geraden' Rückens. Besonders unschön ist dann bei geforderter senkrechter Rutenhaltung die 'Schlucht' zwischen Kruppenende und Rutenwurzel. Und, wie gesagt, diese Konstellation scheint sich mit eiserner Beständigkeit durch ganze Linien und Familien zu ziehen.

Daß der Brustkorb, von der Seite gesehen, bis unter den Ellbogen reichen muß, ist neben der geforderten gleichen Entfernung vom Ellbogen bis zum Widerrist und zur Standfläche, ein weiteres Maßverhältnis, das stimmen muß, wenn der Beagle das richtige Format haben soll. Junghunde haben mitunter die geforderten Ausmaße des Brustkorbs weder in der Tiefe noch in der Breite; fehlt das, ist es gewiß ein Fehler, wenn solche Hunde den besten Formwert zuerkannt bekommen, den es gibt. Ohne diese Rippenkorbausformung sieht ein Beagle windig aus.

Die Rippen müssen gut gewölbt sein; das heißt nicht, daß eine Tonnenform des Rippenkorbs, sei sie durch knöchernen Unterbau oder eine kräftige Fettschicht auf den Rippen verursacht, richtig wäre. Gewölbt heißt vielmehr, daß der Rippenkorb ungefähr den Querschnitt hat wie ein auf die Spitze gestelltes, aber bitteschön schlankes Ei. Hieraus erhellt, daß flache oder gar eingeschnürte Rippenkorbseiten ebenso fehlerhaft sind wie solche, auf deren Rippen man deutlich Verdickungen fühlen kann. Ebenso Brustkorbformen mit einem Querschnitt, der nach korrekter oberer Hälfte mit einem schiffsboden- oder einem schiffskielartigen Profil der unteren Hälfte endet. Dies alles sind Entwicklungsstörungen, deren Spuren wenn auch nicht immer mit dem Heranwachsen und damit der Zeit verschwinden. Machen sich jedoch solche Erscheinungsformen in der Beaglepopulation breit, heißt dies, daß sich die Züchter und ganz erheblich auch die Zuchtrichter in ihren zurückliegenden Entscheidungen vertan haben.

Der von den Rippen gebildete Rippenkorb muß weit zurückreichen. In der Seitenansicht muß der Rippenkorb gewißlich zwei Drittel des Raumes zwischen Vor- und Hinterhand einnehmen. Und seine Unterlinie darf sich nicht vom tiefsten Punkt, nach der Hinterkante der Vorderläufe gleich mit 45 Grad Steigung nach oben aufschwingen, sondern muß auch in seinem zur Lendenpartie führenden Teil viel Raum für Organe bieten. Dies kann der Rippenkorb nur, wenn er sowohl das geforderte Profil als auch die geforderte Länge hat

Die Lende ist, wenn man das Skelett des Hundes als Tragkonstruktion sieht, die 'Wespentaille' des Hundes, ein nicht von begleitenden Traggliedern ausgesteiftes, sondern nun von ihrem Firstbalken, der Wirbelsäule getragenes Stück seines Gebäudes. Sie ist, wenn man besonders langrückige Hunderassen anschaut, oft deren Schwachpunkt. Daher bleibt sie dann gesünder, wenn sie kurz ist, beidseits der Wirbelsäule diese mit drahtigen Muskelsträngen stützend. Sie sollte, Vorstehendem folgend, höchstens ein Drittel der Rumpflänge zwischen Vor- und Hinterhand ausmachen. Es ist jedoch biologisch begründet, hier anders als bei Rüden bei Hündinnen ein wenig toleranter zu sein - dann ist mehr Platz für Welpen, denn in dieser Bauchregion liegen die Fortpflanzungsorgane.

Die Unterlinie der Lendenpartie darf also nicht 'übermäßig aufgezogen' sein, das heißt, eine Rippenkorb-Lenden-Unterlinie darf nicht so verlaufen wie bei einem Boxer oder gar Windhund. Als Faustregel mag gelten, daß der Querschnitt der Lendenpartie höchstens um ein Viertel bis ein Drittel des Rumpfquerschnitts, gemessen in Höhe des Widerrists, geringer sein darf. Auch die Unterlinie muß freilich neben der muskulösen, drahtigen Beschaffenheit und damit der erforderlichen Flexibilität auch eine gewisse Eleganz der Profillinien haben, denn: Der Beagle hat keinen wurstförmigen Rumpf!

Hinterhand:

Dieser Körperteil ist in Entsprechung zur Vorhand die andere Hälfte der vier Säulen, auf die der Beagle gestellt ist. Und müßte die Hinterhand den Beagle nur im Stand tragen, wäre dies einfach: Ein Hinterlauf gerade wie ein Besenstiel müßte genügen. Da jedoch aus der Bewegung der Hinterhand der ganze Vorwärtsschub kommt, der den Beagle einen langen Jagdtag hindurch über Stock und Stein tragen können muß, hat die Natur die Hinterhand mit Hilfe einfallsreich gewinkelter Teile dieser Gliedmaße 'gut gefedert'.

Zuerst zum nicht vollplastisch zu sehenden Teil des Hüftgelenks. Hier ist der Oberschenkelknochen mit seinem kugeligen Kopf in die halbkugelförmige Hüftgelenkspfanne gefügt. Dieser Hüftgelenkwinkel (man mißt zwischen Darmbein und Oberschenkelknochen) müßte, könnte man ihn leicht im Ausstellungsring messen, ungefähr 100 Grad betragen.

Leichter zu beurteilen sind die anderen Winkel der Hinterhandteile, weil sie alle vollplastisch und räumlich betrachtet werden können.

Im Kniegelenk, dem wichtigsten Gelenk der Hinterhand, treffen Oberschenkel- und Unterschenkelknochen zusammen. Durch die Streckung dieses Gelenks wird der Körper vorwärts geworfen. Woraus folgt, daß die Bewegung des Hundes um so weniger Schub erhalten wird, je geringer sich dies Gelenk strecken kann; es kann sich um so weniger strecken, je weniger gewinkelt es schon im Stand ist. Erwünscht ist beim Beagle ein Kniegelenkwinkel von etwa 95 Grad.

Bei der optischen Beurteilung dieses Winkels ist stets zu bedenken, daß die Winkelung jener Hunde stärker aussehen wird -und die Hinterhand des Hundes damit dynamischer-, die kräftig und doch drahtig bemuskelt sind - der Unterschenkelknochen hat dann doch noch aufsitzende Muskeln, die scheinbar die Winkelung verstärken.

Im Sprunggelenk treffen Unterschenkel und Hintermittelfuß zusammen. Ein Gelenk, das bei einer Gebrauchsrasse wie dem Beagle gewiß nicht fein und elegant sein darf, sondern eher, von hinten betrachtet, breit und mit viel Ansatzfläche für Muskeln und Sehnen. Der erwünschte Winkel ist hier etwa 140 Grad.

Auch bei aller Winkelung ist zuviel des Guten zuviel. Überwinkelte Hunde gibt es selten; und wenn überhaupt, eher bei den niederläufigen Exemplaren als bei den ausgeglichen proportionierten Hunden.

Der Hintermittelfuß soll bei der Dauerleistungsrasse Beagle anders als bei Rassen, die zu den Kurzstrecken-Hochgeschwindigkeitssprintern zählen, kurz sein, weil so die Belastung der Achillessehne des Hundes verringert wird. Der Hintermittelfuß, um dieses schreckliche Wort zu wiederholen, soll sich im natürlichen Stand ganz von selbst lotrecht stellen. Kurz heißt hier, eindeutig kürzer, ungefähr um ein Drittel kürzer als der Unterschenkel. Hunde, die trotz guter Kniewinkelung gerne ihren Hintermittelfuß mit der Pfote nach vorn schräg unterstellen, haben oft eine schrägliegende Kruppe.

Da der Standard weiter vorschreibt, daß die Sprunggelenke (richtiger ausgedrückt die Hintermittelfußknochen) parallel zueinander verlaufen sollen, wird damit deutlich, daß die Ebenen beider Hinterläufe senkrecht stehen sollen - wie sonst soll Parallelität zustande kommen?

Nun unterscheidet der Standard nicht zwischen der gewünschten Form im Stand oder in der Bewegung, sodaß die Forderung wohl für beide Fälle gilt. Daß dies eine berechtigte Forderung für die Stellung beim stehenden Hund ist, wird kein Kundiger bestreiten; zeigen sich nämlich schon im Stand Abweichungen wie zum Beispiel Ausdrehen der Kniegelenke, Pfoten nach außen gestellt, 'in Tateinheit' mit näherem Zusammenstellen der Sprunggelenke, wird schon dann klar, daß dieser Hund auch in der Bewegung Mängel haben wird, vermutlich 'kuhhessig' läuft, wie die Zuchtrichter sagen. Er wird nicht beide Hinterläufe in parallelen Ebenen bewegen können. Anderes als diese parallele Bewegung ist nicht die effizienteste und damit energiesparendste Art, sich zu bewegen, und damit fehlerhaft.

Mehr über fehlerhafte Führung der Läufe in der Bewegung wird im Kommentar zu den Forderungen des Standards für die Bewegung des Beagle zu sagen sein.

Pfoten:

Die Pfotenform, wie im Standard beschrieben, ist wie alle anderen Details bei dieser Rasse nicht etwa Produkt eines erträumten Schönheitsideals.

Sie ist vielmehr mindestens bei der Vorhand Folge der gewünschten Stellung des Vordermittelfußes in geradlinigem Verlauf mit dem senkrecht gestellten Unterarm.

Für die Pfoten der Vorhand und Hinterhand gilt: gewünscht sind, wie der Zuchtrichter sagt, 'Katzenpfoten'. Dies sind Pfoten mit rundem Grundriß. Mit gewölbten, eng und fest aneinanderliegenden Zehen und dicken, gut gepolsterten Ballen ausgestattete Endpunkte der vier Stützen, die ja nicht nur das ruhende Gewicht des Beagles auffangen, sondern ihn beim Laufen unversehrt über heiße und kalte, glatte und rauhe Oberflächen, über Steine, scharfkantigen Bewuchs und Sand bringen.

Die Ballen sind Teil der ausgeklügelten Federung und Stoßdämpfung der fast perfekten Jagd- und Laufmaschine Beagle. Ohne kräftige Ballen, mit flachen, weichen Pfoten ist der Beagle eben nicht mehr der Gebrauchshund im Schafspelz des Familienmitglieds, ihm fehlt eine wichtige Voraussetzung für seine ursprüngliche Funktion; wer die nicht erfüllen könnte, mag zwar ein liebenswerter Sofahund sein, ist aber kein Vorbild oder Idealbild, kein standardgerechter Beagle.

Hasenpfoten sind eben das, was man nicht will: eine Pfotenform mit längsovalem Grundriß, nicht immer gut geschlossenen Zehen und schon wegen der Anordnung des Krallenbetts eher langen Krallen.

Der Wortlaut 'Kurze Krallen' ist nämlich beileibe kein Pflegehinweis für die Besitzer, auch wenn diese es manchmal wenigstens so verstehen sollten. Nein, es ist zu beobachten, daß die vier Zehenkrallen wenigstens bei richtiger Pfotenform, Katzen- pfoten eben, so angeordnet sind und so wachsen, daß sie sich dann von selbst hinrei- chend abnutzen, wenn der Hund regelmäßig auf harten, rauhen Oberflächen Bewegung hat. Hat ein Hund jedoch nicht die gewünschte Pfotenform, hatte er nicht die erforderliche Bewegung auf harten Flächen, hat er jedenfalls zu lange Krallen, dann stehen diese in der Regel auf dem Boden auf. Und spreizen die Zehen, die eigentlich gut geschlossen sein sollten. Nicht gekürzte, zu lange Krallen sind ebenso ein Zeichen mangelnder vorbeugender Wartung beim Hund durch den Besitzer wie ein ungepflegtes Gebiß.

Die hochsitzenden Daumenkrallen hingegen, wenn sie belassen wurden, bedürfen immer der Beobachtung und müssen, bevor sie rund und in den Ballen einwachsen können, gekürzt werden. Grund genug, daß vorausschauende Züchter, die schmerzhaftes Ein- oder gar Abreißen dieser hochsitzenden Zehen beim unentwegten Stöbern schon einmal erlebt hatten, dafür sorgen, daß diese Daumenkrallen, wie auch in Großbritannien üblich, beim zwei- bis dreitägigen Welpen amputiert werden. Gewiß in der Güter- abwägung eine wegen des Wohles des Hundes zulässige Verstümmelung!

Rute:

Der Beagle hat, wie man 'kynologisch', im allgemeinen Kauderwelsch der Hundekundigen also, sagt, eine Säbelrute. Und damit ist ganz gut beschrieben, was man erwarten soll: eine leicht gebogene, aber nicht stärker gekrümmte, in der Verbindungslinie von Rutenwurzel zu Rutenspitze möglichst senkrecht gehaltene Standarte, wie die Fahne einer Truppe. So sind auch ihre Funktionen: wie die Fahne einer Truppe aufrecht getragen wird, solange die Armee guter Dinge ist und sich nur dann senkt, wenn der Mut der Kämpfenden oder des Fahnenträgers sinkt oder die Truppe gar geschlagen ist; wie die Fahne weithin erkennen läßt, wo sich dieser Truppenteil befindet, so zeugt die Rute des Beagle weithin davon, wo er sich befindet, von seiner Stimmung seiner Lebenslust und seiner ausdauernden Kraft.

Allein aus diesen Gründen ist es mir immer wieder schleierhaft, wie Zuchtrichter die beste Formwertnote 'Vorzüglich' am Beagle vergeben können, die nicht zuverlässig und dauerhaft mindestens in der Bewegung ihre Rute einer Standarte gleich fröhlich tragen.

Der Vergleich ist auch deshalb zutreffend, weil ein Stummel als Standarte nicht taugt und weil keine Truppenfahne tarnfarben ist. Wenn man die Standarte sehen soll, muß sie lang sein, muß sie sich im Getümmel farblich deutlich absetzen; so auch die Beaglerute.

Eine gute Beaglerute ist stark am Ansatz, aber läuft gegen ihre Spitze hin auch im knochigen Teil natürlich feiner zu. Dies kommt schon allein daher, daß die Rute das Ende der Wirbelsäule des Hundes ist.

Die Ruten aller Hunderassen, auch derjenigen, die ihre Ruten alsbald, nachdem sie das Licht der Welt erblickt haben (auch das ist ein Grund, warum ich mich vor vielen Jahren für den Beagle entschieden habe!) derzeit leider immer noch abgeschnitten kriegen, haben stets zwischen 18 und 23 Schwanzwirbel. Diese Wirbel sind, der Größe des Hundes entsprechend, verschieden lang, sollen aber ihrer Mittelachse entlang ohne Richtungsabweichungen aufeinanderfolgen. Diese knöcherne Stütze der Rute bliebe jedoch ein müdes Anhängsel, wenn nicht Muskeln und Sehnen die Rute aufrichten würden und bewegen könnten. Schon allein deshalb ist die Rute am Ansatz stark.

Die Rute soll von mittlerer Länge sein, soll also, wenn sie herabhängen würde, bis zum Fersenbeinhöcker reichen. Hoch getragen, geht sie mindestens bis zur Waagerechten, die parallel zur Rückenlinie des Hundes die waagerechte Verlängerung des Oberkopfprofils bildet. Bestens demonstriert dies das Foto von Ch. Borderline Comfort auf S. 104.

Kurze Ruten, kurze Enden der Wirbelsäule des Hundes, stehen stets im Zusammenhang mit der übrigen 'Bauart'; die extrem kurze Mittelhand, also die Kombination von einem unerwünscht kurzen Rippenkorb im Verein mit der hingegen erwünschten kurzen Lendenpartie, geht nach aller Erfahrung mit sehr kurzen Ruten einher; hieraus folgt der Merksatz: Am kurzrutigen Beagle ist nicht nur die Rute zu kurz gekommen. Züchter, die einen korrekt gebauten Beagle züchten wollen, tun gut daran, dies sehen zu lernen.

Die andere Hilfsfunktion, die der Rute zukommt, nämlich bei Wenden oder Richtungswechseln in vollem Lauf ebenso wie beim Schwimmen als Hilfsruder zu dienen, kann eine kurze Rute ebensowenig erfüllen.

Der geforderte hohe Rutenansatz kommt korrekterweise durch die Lage des Beckens und die dadurch bedingte Lage des Kreuzbeins zustande. Im Idealfall bildet die Kruppe eine Waagerechte, die Rute eine rechtwinklig darauf stehende Senkrechte. Mitunter sieht man die häßliche Form einer schräg gelagerten, nach hinten abfallenden Kruppe mit einer entsprechend dann tief angesetzten Rute, die gleichwohl hoch getragen wird. Da ist dann eben der Rutenansatz, bildlich gesprochen, nicht bei 12 Uhr mittags, sondern bei 13 oder gar 14 Uhr. Äußerst rasseuntypisch.

Über die Behaarung der Rute macht der Rassestandard zwei Aussagen: über Menge und Ort der Behaarung - die andere Aussage ist im Absatz über die Farben versteckt: Rutenspitze weiß. Da gibt's nichts zu deuten, die Standarte des Beagle sieht man eben am besten, wenn sie weiß ist, zumindest ihre Spitze.

Aber zurück zur Behaarung: eine schöne Säbelrute bekommt ihre Silhouette erst durch die etwas längere Behaarung in ihrem unteren Drittel und an ihrer Unterseite - sie erscheint dann optisch in der Mitte etwas dicker. Fast automatisch ergibt sich die gewünschte Silhouette, wenn der Beagle auch sonst die gewünschte Haarqualität hat - kurz, dicht und wetterfest, aber eher hart im einzelnen Haar und nicht langhaarig, aber auch nicht 'plüschig'; nicht mit samtigem, pelzigem Kurzhaar.

Hunde mit manchmal auch nur zeitweilig zu dünnem Unterhaar haben dann auch eine sehr dünn behaarte Rute, im Fachjargon mit 'Pfeifenputzer' recht treffend beschrieben. Hunde mit dem vorerwähnten pelzigen, samtigen Fell haben häufig eine Rute, die mangels unterschiedlich langer Behaarung zwar gleichmäßig behaart ist, aber eben das Profil eines Wiener Würstchens hat. Nicht ideal für einen britischen Meutehund.

Zuviel Behaarung, die dann wie eine Bürste wirkt, sieht man selten. Dennoch ist das auch nicht schön, denn ein smarter Beagle sollte keine Klobürste als Standarte tragen.

Gangart / Bewegung:

Daß der Rücken des Beagles gerade sein muß, ergibt sich schon zum guten Teil aus der im Absatz über die Rute erwähnten horizontalen Lage des Kreuzbeins und damit der Kruppe, aber auch aus der erforderlichen nahezu waagerechten Lage der Wirbelsäule, der nur kurzen, unausgesteiften Lende und der gleichmäßig an der gesamten Wirbelsäule angelagerten Rückenmuskulatur. Gemeint ist, daß die Rückenlinie vom Widerrist bis zum Rutenansatz gerade, auf keinen Fall aber unelastisch wie ein Brett und nicht unbedingt, aber möglichst waagerecht verläuft. Mögliche Abweichung: die gesamte Rückenlinie kann bei sehr hohem, ausgeprägtem Widerrist insgesamt sehr leicht abfallen. Das Ansteigen der Rückenlinie über der Lende oder zum Rutenansatz hin ist ein schwerer Fehler. Nur ein Beagle mit geradem Rücken wird sich im allgemeinen straff und raumgreifend bewegen.

Gangarten gibt es beim Hund hauptsächlich vier: Schritt, Trab, Paß, Galopp. Das hört sich stark nach der Welt der Pferde an. Kein Wunder, bei dieser Tierart wurde die Bewegung zuerst analytisch untersucht.

Für alle Gangarten gilt eine gemeinsame Grundregel: Die Körperlängsachse muß sich exakt in der Richtung bewegen, in die der Beagle läuft.

Schritt ist die langsamste Gangart. Im Schritt läuft der Beagle nur, wenn er zu Hause umhertrottet oder wenn er nach einem langen bewegten Tag heimgeht - privat sozusagen. Im Schritt bewegt sich sein Körper mit kurzfristig wechselnder Spannung und daher unruhig, nur mit mäßigem Schwung, der Kopf nickt deutlich bei jedem Schritt.

Paß ist die Gangart der Kamele, die ermüdeter Hunde und die von Hunden, die bei mäßiger Kniewinkelung und kurzer Mittelhand Koordinationsprobleme der Bewegungsfolge von Vor- und Hinterlauf derselben Körperseite vermeiden und insgesamt Kraft sparen möchten. Für Beagle, die Kraftpakete in ihrer Gewichtsklasse und die berühmten Dauerleister, unnötig und verpönt. Im Paßgang werden stets die Läufe derselben Körperseite zugleich gleichsinnig bewegt. In langsamem Tempo ergibt sich hiermit ein eigentümlich schwankender, hin- und herpendelnder Gang. Ein Beagle, der statt im Trab im Paß geht, zeigt nicht seinen rassetypischen Bewegungscharakter; darüber hinaus kann man getrost annehmen, daß er entweder nicht wie vom Standard gefordert 'aufgeweckt' oder nicht in Form, ohne Energie ist oder nicht die geforderte Winkelung und Knochenlängen der Hinterhand zeigt, die der Standard vorschreibt. Paßgang ist allerdings ein Schongang: alte Hunde gehen oft im Paß.

Trab, flüssiger Trab ist die Gangart, in der Hunde bei Zuchtschauen gemeinhin vorgeführt und beurteilt werden, und zwar deshalb, weil dann die gleichmäßigste Bewegungsabfolge aller vier Läufe erfolgt, der Rücken am gleichmäßigsten von jeweils drei Läufen unterstützt ist und die Schubachse im Rumpf diagonal wechselt. So bleibt der Rumpf ganz gleichmäßig 'in Fahrt', die Bewegungsanlagen des Hundes können am reinsten beobachtet und bewertet werden.

Galopp, vornehmlich seine schnelle Version, der Sprunggalopp, ist die schnellste Gangart, in der der ganze Hund vorwärts geschleudert wird, der ganze Hund Augenblicke lang in der Luft ist. Der Rumpf ist daher im Galopp stark bewegt, die Forderungen des Standards könnten in dieser Gangart garnicht beurteilt werden. Auf Zuchtschauen sieht man daher keinen Hund im Galopp vorgeführt. Im 'kurzen' Galopp, der langsamer als der flüssige Trab ist, gehen viele Hunde, die sich mit mäßiger Eile dahinbewegen: eine unruhige Gangart.

Bleiben wir also bei der Gangart, in der die Bewegung am besten beurteilt werden kann, dem flüssigen Trab. In ihm, so fordert der Standard, muß der Rücken des Beagle in der Bewegung gerade bleiben, der Rumpf darf keine Anzeichen des Rollens um seine Längsachse erkennen lassen. Dies setzt ja nicht nur voraus, daß der Rumpf fest, hart bemuskelt ist und keine Schwachstellen aufweist, an denen zum Beispiel die Rückenlinie einknicken könnte oder in dem sich die Lende nur mit Hilfe von bogenartigem Aufziehen stabilisieren könnte. Sondern das setzt auch andere anatomische, abgestimmte Maßverhältnisse voraus, deren Vorhandensein erst und das Zusammenwirken aller zur Bewegung benötigten Körperteile das berühmte raumgreifende Laufhundegangwerk ermöglichen.

Wenn man sich vorhält, daß der Schub als die Kraft, die den Hund vorwärts treibt, vornehmlich von der Hinterhand erzeugt wird und über die Schubstrecke des Rumpfes nach vorn übertragen wird, ergibt sich ganz schlüssig, daß die Vorhand die Hauptfunktion des Stützens des Körpers hat, aber dazu noch die heikle und vielfältige Beanspruchung, die immensen Schubkräfte, die da ankommen, in die gewünschte Richtung zu lenken und, wenn erforderlich, all das abzubremsen oder gar all diese Kräfte umzukehren, wenn der Hund gewendet werden muß. Bei all' dem soll der Beaglerücken gerade bleiben, ohne Anzeichen irgendeines Rollens um die Längsachse - dazu muß der Beagle meisterhaft konstruiert sein !

Frei ausgreifende Bewegung wird da weiter gefordert - für alle Läufe; der geforderte weite Vortritt verlängert die Schrittweite des Beagles. Für die Vorhand muß hierfür eine Fülle von Voraussetzungen gegeben sein: daß Schulterblatt und Oberarm lang genug sind und die Vorhandwinkel nicht zu offen, um den Vorderlauf weit nach vorn setzen zu können ("weiter Vortritt") ; dazu darf das Schulterblatt nicht zu unbeweglich am Rumpf angebunden sein, was die Vorhand an der weit vorgreifenden Bewegung hindern könnte; der Rippenkorb darf hinter den Ellenbogen nicht tonnenförmig gewölbt sein; der Hals muß lang genug sein und hinreichend flexibel, um mit leichtem Vorstrecken des Kopfes eine geringe Schwerpunktverlagerung höchst wirksam zu ermöglichen (ohne Schwerpunktverlagerung ist schlechterdings keine aktive Bewegung möglich - im Eigenversuch sollten Sie mal versuchen, ohne sich schwerpunktverlagernd vorzulehnen, ohne Hilfe der Hände und Arme von einem Stuhl aufzustehen!)

Für die Hinterhand muß ebenso bei beagletypischer, gerader Kruppenlage genug Winkelung und Knochenlänge in der Hinterhand vorhanden sein, um die Hinterläufe weit nach vorn ("weiter Vortritt") setzen zu können und wie ein Ruderer mit langem

Schlag, eben langem Nachschub weit über die Fallinie der Rückseite des Beagle hinaus die erforderliche Kraft für die Vorwärtsbewegung zu erzeugen. Ebenso selbstverständlich ist für die Hinterhand dazu die kräftige Bemuskelung der Oberschenkel und die kräftige Ausbildung der Gelenke (auch die Kette des Bewegungsapparats ist nur so stark wie das schwächste seiner Glieder), um diese Kräfte ohne Ausweichen oder Wanken zu übertragen.

Daß die Läufe gerade nach vorn geführt und in der Gerade verbleiben müssen, wenn der Körper darüber hinweg gestemmt wird, ist eine Voraussetzung für die höchste Mühelosigkeit, den geringsten erforderlichen Kraftaufwand und damit die wirtschaftlichste, effizienteste Fortbewegung. Jede in weniger direkten Linien übertragene Kraft wird zum guten Teil irgendwo auf diesen nicht direkten Wegen verzehrt für Zwecke, die nicht der Fortbewegung dienen.

Gerade heißt hier Bewegung der Läufe in Ebenen, die in Bewegungsrichtung senkrecht auf der Stand- oder Lauffläche des Hundes stehen.

Daß die Läufe nicht hoch angehoben werden sollen, sondern bodennah eben so weit wie mögich nach vorn geführt und dann unmittelbar aufgesetzt, ist auch eine Forderung der wirtschaftlichsten und damit mühelosesten Bewegung. Hunde, die ihre Vorderläufe weit anheben, tun dies meist, weil sie einen zu steil gelagerten Oberarm haben. Für den Zuchtrichter ist immer dann zu prüfen, wie hoch die Vorderläufe gehoben werden, wenn ein Hund im Trab ohne Not seinen Kopf sehr hoch trägt.

Daß die Hinterhandbewegung nicht eng sein 'sollte', ist mit Bedacht so formuliert. Den Gesetzen der Statik, Dynamik und der möglichst mühelosen Bewegung folgend, neigt jeder Hund dazu, die Linie, auf der sein Körperschwerpunkt sich bewegt, mit seinen Läufen zu unterstützen und auf dieser Linie den Schub für die Vorwärtsbewegung anzusetzen. Daher kann leichtes Konvergieren der Hinterläufe, jedoch wohlgemerkt des ganzen Hinterlaufs, der sich dennoch in einer geraden Ebene bewegen muß, aus rein naturwissenschaftlichen Gründen nicht fehlerhaft sein. Die Grenzen solchen Verständnisses sind jedoch erreicht, wenn beide Hinterpfoten ohne deutlichen Abstand aneinander vorbeigeführt werden: dies ist fehlerhaft. Werden gar noch Abweichungen in der Ebene, in der sich die Hinterläufe bewegen sollen, sichtbar wie, daß die Sprunggelenke/Hinterfußwurzelgelenke einander näher stehen als die Pfoten ("kuhhessig") oder daß die Hinterläufe o-beinig stehen, was bei Hunden als faßbeinig bezeichnet wird, dann ist das alles andere als erwünscht.

Die Vorhand als nicht knochig verankerte, aus vielen kleinen Knochen zusammengesetzte Gliedmaße hat schon bauartbedingt weit mehr Möglichkeiten zur Abweichung von der gewünschten Ausbildung als die Hinterhand.

Besonders bei wenig entwickelter Bemuskelung, jenen Hunden, bei denen schon im Stand die Ellbogen viel 'Spiel' zum Rippenkorb haben und bei jenen, die einen 'offenen Widerrist' haben, bei denen also viel Luft zwischen den Oberkanten der Schulterblätter ist, bewegen sich die Vorderläufe eben nicht in einer Ebene, das Vorderfußwurzelgelenk bewegt sich eher auf einer elliptischen Bahn als auf einer geraden, in einer zum Boden senkrecht stehenden Ebene in Richtung der Bewegung: der Beagle paddelt.

Kreuzen ist noch schlimmer: da muß der Beagle einen Vorderlauf um den anderen herum vorbeiführen, um eine Pfote vor die andere zu setzen, die Pfotenabdrücke lägen auf einer Geraden hintereinander.

172

Haarkleid:

Die Haarlänge variiert beim Beagle von Körperteil zu Körperteil erheblich, ebenso wie die Dichte und der Anteil von Unterwolle, der feineren, dichteren Schicht von weicheren Haaren, die der Haut direkt aufliegt und so der Wärmedämmung dient. Hier sind die durchschnittlichen Standardlängen der einzelnen Deckhaare und ihre Beschaffenheit für spezifische Körperstellen: Haarlänge auf den Behängen ca. 10 mm, sehr fein, weich; an der Brust ca. 25 mm, von mittlerer Härte; am Widerrist ca. 33 bis 40 mm, hart fast wie ein feines Roßhaar, an den Vorderläufen ca. 12 mm, hart; auf der Außenseiten der Oberschenkel ca. 15 mm, hart, Haarlänge an der Rutenspitze ca. 35 mm, hart wie am Widerrist. Im allgemeinen sind der Kopf, die Laufinnenseiten, die Körperunterseite mit weicherem, kürzerem, aber sehr dichtem Haar bestanden.

Es hat sich erwiesen, daß nur diese Kombination von feinem Unterhaar und hartem Deckhaar, in der Fachsprache der Zuchtrichter 'kurzes Stockhaar' genannt, dem Beagle den erforderlichen Schutz gegen Witterung, Hitze und Kälte bietet. Ein auch in den Bereichen, in denen sich üblicherweise längeres und hartes Deckhaar findet, weiches und kurzes Haarkleid ist äußerst unerwünscht und im Mutterland der Rasse als 'Seehundfell' (seal coat) verpönt.

Mit Gewißheit streichelt sich zwar ein solches kurzes, feines Fell besser als stellenweise hartes Haar und ist deshalb bei Unkundigen so beliebt; seiner Funktion als Schutz des Hundes vor Witterung genügt es dann aber nicht mehr im erforderlichen Maße; es ist nicht mehr wetterbeständig. Dasselbe trifft zu für Abweichungen wie zu langes Haar, das sich zuerst in der Gegend des Widerrists und entlang des Rückens zeigt. Welligkeit des Haares ist ein sicheres Anzeichen für übermäßige Länge und erscheint reichlich rasseuntypisch. 'Seal Coat'-Haar wird auch gerne bei Ausstellungsfreaks bevorzugt, denn das kürzere und feinere Haar zeigt besser abgegrenzten Kontrast bei den weißen und verschiedenfarbigen Fellpartien. Eine Tendenz, die dem Dalmatiner wegen der gewünschten randscharfen Abgrenzung seiner Tüpfel ein gebrauchsuntaugliches Haar beschert hat. Drahtiges Rauhhaar, das wohl noch um die Wende vom 19. ins 20. Jahrhundert in einzelnen Beaglemeuten verbreitet war, findet sich in kontrollierten Zuchten reinrassiger Beagle heute nicht mehr.

Haut und das daraus erwachsende Haar sind, flächenmäßig gesehen, das größte Organ unseres Beagles. Beide sind in ihrer Beschaffenheit außer von den genetischen Festlegungen, also dem, was Züchter durch Zuchtwahl steuern können, abhängig vom Allgemeinzustand der Gesundheit des Hundes, von seiner Ernährung, aber auch seinem Hormonhaushalt. Die Pflege dieses Organs 'Haut und Haare' geschieht also sowohl von innen, als auch nicht zu vernachlässigen von außen. Ein schmutziger Hund mit ungepflegter Haut (beides wird durch regelmäßiges Bürsten sauber und seine Haut gesünder, weil besser durchblutet). Bleibt der Hund schmutzig, erleidet er durch diese aus Pflegerückstand resultierenden Beschaffenheit ohne Zweifel eine ständige Gesundheitsbelastung. Daß ein schmutziger Hund wenig appetitlich, eben ungepflegt aussieht, sich rauh anfaßt statt glatt und nicht gut riecht, ist auch dem Hundelaien klar.

Für die Pflege sprich täglicher Reinigung des Deckhaars und der dabei ebenfalls betroffenen Unterwolle hat sich ein sogenannter 'hound glove', ein Baumwollhandschuh mit auf der Handfläche eingearbeiteter, dichthaariger Sisalbürste am besten bewährt. Beagles mögen diese Pflege, wohl weil sie sich wie ein herzhaftes Streicheln anfühlt. Hin und wieder entlastet es die Hausfrau, wenn der Beagle draußen der lose sitzenden, überfälligen Haare entkleidet wird. Hierzu sind zwei Pflegehilfen am besten geeignet: eine kleine Kardätsche aus Metall, Zahnspitzenabstand auf der groben Seite 5 mm, auf der feinen Seite 3 mm; für das Deckhaar eine elliptisch geformte Hartgummibürste mit Handschlaufe, auf der konzentrisch drei Reihen Gummizähne mit 5 bzw. 4 mm Spitzenabstand angeordnet sind. Gut geht auch ein Stück einer Schaumglasplatte. Mit beiden Werkzeugen ist zwar entschlossen, aber auch mit Feingefühl zu arbeiten, denn die sind wesentlich unangenehmer für den Beagle, insbesondere dort, wo das Fell insgesamt nicht so dicht ist bzw. die Haarlänge kurz. Wenn Sie also mit allzuviel Kraft vorgehen, machen Sie sich bei Ihrem Beagle unbeliebt. Mit der Kardätsche ist ohnehin nur dort zu arbeiten, wo Unterwolle vorhanden ist - zum Beispiel an den Vorderläufen und dem Hintermittelfuß wäre das Tierquälerei.

Haut und Haar machen auch beim Beagle zwischen 10 und 12% des Gesamtkörpergewichts aus. Gerade weil, anders als beim Menschen, die Haut beim Hund aus nur einer Gewebeschicht besteht, ist Pflege wichtig und die Haut, wenn auch durch das aufliegende Haar geschützt, empfindlicher als beim Menschen. Dies wird deutlich, wenn man sich die Rate der Hauterkrankungen durch einerseits Parasiten, andererseits unzureichende Ernährung und Pflege des Hundefells betrachtet: eindeutig häufiger als beim Menschen. Tierärzte, die sich auf Haut- und Fellprobleme bei Hunden spezialisieren, haben volle Wartezimmer und schnell einen landesweiten Ruf.

Der Haarwechsel beim Hund verläuft eigentlich in Zyklen. Im Frühjahr kriegt der Beagle sein Sommerfell, im Herbst sein Winterfell. Und das jeweils alte Fell muß eben weichen. Bei freilebenden Hunden wird das ganz deutlich, außerhalb der eigentlichen Fellwechsel fällt wenig Haar aus, soll doch das neue Fell angemessen gegen die Unbilden der jeweils bevorstehenden Jahreszeit schützen. Denn Haar und das zwischen den Haaren befindliche Luftpolster bringen eben Wärmedämmung - mehr von unten im Winter, um die Wärme des Köprer nicht so schnell abfließen zu lassen oder eher von oben, um die Hitze des Sommers abzuhalten. Beagles sind jedoch selten freilebend; ganz im Gegenteil, die Lebensumstände der meisten Beagle in Mitteleuropa sind dank ihrer Halter zwar höchst human, jedoch wenig naturnah und genauso zivilisationsgeschädigt wie die der dazugehörigen Menschen. Die vorwiegende Wohnungshaltung, aber natürlich auch der fehlende Reiz des jahreszeitlichen Unterschieds in Lichtintensität und Tageslichtdauer führen dazu, daß der Haarwechsel sich verzögert, die Ausprägung in zwei Haupt-wechselphasen sich verwischt und nur noch die Fortpflanzungszyklen zu deutlichen und rapiden Änderungen im Haarkleid führen. Der Familienbeagle haart also ständig. Man könnte glauben, daß er nur seine weißen Haare verliert. Fehleinschätzung: er verliert alle Haare gleichermaßen und vielleicht zahlenmäßig auch nicht mehr als die Menschen in der Familie. Nur sind die menschlichen Haare ebenso wie die farbigen Haare unseres Beagles eben so schlecht sichtbar, sie verschwinden ungesehen im Staubsauger, während die weißen Haare allüberall unübersehbar sind. So tut sich der heikle Besitzer eines zweifarbigen Beagles einen Bärendienst, wenn er seinen Hund kastrieren läßt: nach unseren Erfahrungen entwickeln zweifarbige Hunde nach einem solchen Eingriff ein phänomenal dichtes reiches Haarkleid, das dann auch reichlich Haare, eben viele unübersehbare weiße Haare abwirft.

Wird das Haar, wie es die Natur vorsieht, zweimal im Jahr komplett und konzentriert abgeworfen, dauert die Fertigung des komplett neuen Haarkleids etwa sechs Wochen. Dies ist eine große Leistung für den Stoffwechsel des Beagles und wenn er ohnehin bis dahin verborgene Ernährungsschwächen oder Hormomstörungen hat, treten sie jetzt deutlich sichtbar zu Tage. Denn die Steuerung des Haarwechsels hat ihren Ursprung in der Hirnanahangdrüse (Hypophyse), die ihrerseits über Hormone, darunter auch die Sexualhormone, diesen Rhythmus bis an die Hautzellen hin weitergibt. Hier schwant dem nachdenklichen Leser, daß naturnahe Haltung mit dem jahreszeitlich typischen Lichteinfluß dann vielleicht auch den Funktionskreis der Sexualität beeinflußt und naturferne Haltung einer gesunden Zuchtentwicklung zuwiderläuft. Jedenfalls beobachtet der aufmerksame Hündinnenbesitzer, daß bei Hündinnen vor der Hitze vermehrter Haarausfall auftritt, während der Hitze der Hündin ihr Körper alle Kraft auf die hormonellen und lebenswichtigen Abläufe konzentriert und nach der Hitze ein leicht verstärkter Haarwuchs zu beobachten ist. Nach einer Belegung der Hündin, aber auch bei Scheinträchtigkeiten fallen dann vor dem errechneten oder vermeintlichen Wurfdatum drastische Haarausfälle auf. Hündinnen werden an der Unterseite kahl. Veständlich einerseits, weil Welpen ebensowenig wie Menschen beim Trinken ständig Haare im Maul haben wollen, andererseits, weil dann die Hautflächen der Unterseite ihre Wärme direkt an die Welpen, die sich dort wärmen, abgibt.

Wenn man verstehen will, wie Haut und Haar verwachsen sind, muß man näher hinschauen. Jedes Haar besteht aus Haarschaft und Haarwurzel. Die Haarwurzel steckt wie beim Menschen in einer Tasche der Haut, der Wurzelscheide. An deren Grund beginnt das Haar mit der Haarzwiebel, an deren unterem Ende die Hautzellen mit der Herstellung neuer Haarsubstanz und der Einlagerung von Haarfarbstoff in das neue Haarmaterial beschäftigt sind. Welche Farbe da eingearbeitet wird, ist genetisch vorgegeben, glücklicherweise kann der Mensch da nichts manipulieren. Das Haarmaterial besteht aus verschiedenen Eiweißen, weiter finden sich im Haar noch Zink und Kupfer. Was dann schließlich aus der Haut herauswächst, ist ganz schlicht totes Material. Hier wieder ein Vergleich moderner Prägung: auch die Autokarosserie besteht zweifellos aus totem Material, ihre Oberfläche bedarf aber auch einer gewissen Pflege, um nicht matt und brüchig zu werden und dann nicht nur unansehnlich zu sein, sondern auch langsam durchzurosten und damit ihre Schutzfunktion mindestens stellenweise einzubüßen. So auch das Haar des Hundes, das wesentlich besser dran ist als die Autokarosserie: der Hund hat für sein Haarkleid eine automatische Schutz- und Pflegefunktion eingebaut, der Hund ist ein Komplettmodell. Am Rande der Wurzelscheide, aus der das Haar ans Licht der Welt tritt, befinden sich in der Haut Talgdrüsen. Sie produzieren eine ausgezeichnete Pflegesubstanz für das Haar, fettartig und mit reichem Mineralstoffanteil. Die Verteilung dieses einmal mitgegebenen Talgs nimmt der Hund mittels seiner Bewegung ganz selbsttätig vor. Also: das Haar ist totes Material, wird aber gepflegt. Und dies tote Material kann, jedes einzelne Haar, bewegt werden. Das macht der Hund mittels kleiner Muskeln, die an den unteren Enden der Wurzelscheiden ansetzen und die, wie wenn wir eine Gänsehaut kriegen, die Haare dann aufrichten können, wenn der Hund entweder friert und so sein Luftpolster um sich rum vergrößern muß oder wenn er, verhaltensbedingt, zum Beispiel die Nackenhaare sträubt, weil er optisch dicker, athletischer und damit vermeintlich eindrucksvoller aussehen will.

Und schließlich gehen wir dem Haar auch noch auf den Grund: Die Haare haben zwar keine Nerven eingebaut - das wäre eine Verschwendung der Natur, wenn sie bei jedem ausgefallenen Haar eine neue Nerveninstallation vornehmen müßte. Aber die Haut rund ums Haar ist höchst sinnreich mit Tastzellen versorgt, die ständig mitteilen, in welcher

Stellung sich die Haare befinden Auch hier eine sinnreiche Einrichtung, die dem Hund mitteilt, wo er irgendwelche Objekte berührt. Schließlich ist das Haar die erste Schutzzone rund um den Hund und wenn die verletzt wird, muß das dem System ja schließlich mitgeteilt werden. Denn das Haar dient auch als Schutzzone für das flächenmäßig größte Organ des Hundes: die Haut.

Farbe:

Allein die korrekte Bezeichnung der Farben bei den Meutehunden und ganz allgemein bei allen Hunderassen ist eine Wissenschaft für sich. Zum einen haben sich für viele Fellfarben und deren Farbnuancen aus Tradition bei den einzelnen Rassen eigene termini, eigene Fachausdrücke eingebürgert. Was bei der einen Rasse als marmoriert bezeichnet wird, nennen die Kenner anderer Rasse gewolkt. Die Dachorganisation Féderation Cynologique Internationale (FCI) hat daher Arbeiten von Genetikern und Zoologen zusammengefaßt, um dem allem ein Gerüst zu geben. Beaglefreunde, die sich hier vertiefend orientieren wollen, sei das kleine, aber gehaltvolle Grundlagenwerk des Professors Denis über 'Die Haarfarben des Hundes' ans Herz gelegt, das mit farbigen Abbildungen vorzüglich vermittelt, wie bunt Hunde sein können. Hier findet sich auch die weitere Vertiefung, warum welche Farbe wie erscheint und Angesichts der ungeheuren Farbenvielfalt der Rasse Beagle ist der Standard in seinem Wortlaut klug, nur das auszuschließen, was unerwünscht ist: Leberbraun. Wie sieht Leber aus? Roh oder gekocht, Rinds-, Kalbs-, Schweine- oder gar Lammleber?

Leberbraun, ein Mittelding zwischen der Farbe von heller Zartbitter-Schokolade und schönem altem Kuba-Mahagoni (etwa das Braun, das Englische Springerspaniel zeigen) ist an sich eine schöne Farbe, tritt jedoch mit einer sehr hellen, bis ins Stachelbeergrün reichenden Augenfarbe zusammen auf. Diese helle Augenfarbe für sich alleine schon würde den Beagle drastisch abqualifizieren, begründet mit dem eben alles andere als freundlichen, sanften Ausdruck, den eine solche Augenfarbe erzeugt. Und dies ist die einzige Begründung für diesen Farbausschluß, die sowohl aus der Literatur als auch von Beagle-Autoritäten zu kriegen ist. Gründlich, wie unsere insulären Freunde mitunter sind, haben sie jedoch die Farbe sowohl als Einzelfarbe neben dem weißen Fellhintergrund als auch als Farbe in der dreifarbigen Kombination neben Schwarz verbannt. Hunde mit leberbrauner Fellfärbung fallen selten; es scheint, als ob unsere Vorväter dies dem Beagle abgezüchtet hätten. Nun zu allem Anderen:

DREIFARBIG:

Es gibt keine Vorschrift, wie die Dreifarbigkeit verteilt sein muß; ebensowenig, wieviel Prozent der Körperoberfläche weiß sein müssen. Eine weitgehend symmetrische Verteilung ist jedoch, insbesondere am Kopf, optisch vorteilhaft. Hunde ohne Weiß am Kopf, gar mit in den Fangbereich reichendem Schwarz, lassen häufig den heiteren, freundlichen Ausdruck, der nun mal Rassevorschrift ist, vermissen. Im Irrtum ist, wer erwartet oder gar verlangt, daß Dreifarbige sattes Schwarz zeigen, zum Beispiel am Rücken.

Das Maß von Schwarz ist nicht definiert, auch wenige Haare reichen. Grundregel ist jedoch, daß vorhanden sein müssen: schwarze Haare, braune Haare, weiße Haare. Jedes einzelne dieser Haare zeigt nur eine Farbe: schwarze Haare sind rein schwarz, braune Haare rein braun. Die Rutenspitze jedoch muß, eine unabdingbare Standardvorschrift,

Erst die Vielfalt der Farben macht den ästhetischen Reiz mehrerer Beagles aus. Hier eine Studie von Arthur Wardle etwa 1895, als zeitgenössische Kunstporstkarte veröffentlicht.

Mit herzlichem Dank an Andrew Smalley, der mir seine selbstgemalten Darstellungen zur erstmaligen Veröffentlichung überließ, hier die Fellfarben des Beagles, wie von ihm bisher in Großbritannien beobachtet. Zur Vereinheitlichung der Fellfarbenbezeichnungen empfehle ich, künftig die Abbildungen als Referenzen zu betrachten.

Braun mit Weiß ("Tan and White')

Orange mit Weiß ('Orange and White')

Zitronengelb mit Weiß ('Lemon and White')

Hasenfarben meliert ('Hare Pied')

Dachsfarben meliert ("Badger Pied')

Weiß oder Cremefarben ('White oder Cream')

180

Zitronenfarben ('Self Lemon')

Schwarz mit Loh ('Black and Tan')

Orange gesprenkelt ('Orange Mottled')

Rot gesprenkelt ('Red Mottled')

Braun gesprenkelt ('Tan Mottled')

Rot einfarbig ('Self Red')

Zitronenfarben gesprenkelt ('Lemon Mottled')

Blau gesprenkelt ('Blue Mottled')

Schwarz mit Weiß ('Black and White')

Rot mit Weiß ('Red and White')

Zitronenfarben meliert ('Lemon Pied')

Blau gesprenkelt wie Bleu de Gascogne ('Bleu de Gascogne-Blue Mottled')

Dreifarbig gesprenkelt ('Tricolour Mottled')

Blau, Falb und Weiß ('Blue, Fawn and White')

Schwarz mit Loh, Sattelmuster ('Black and Tan, Saddle Pattern')

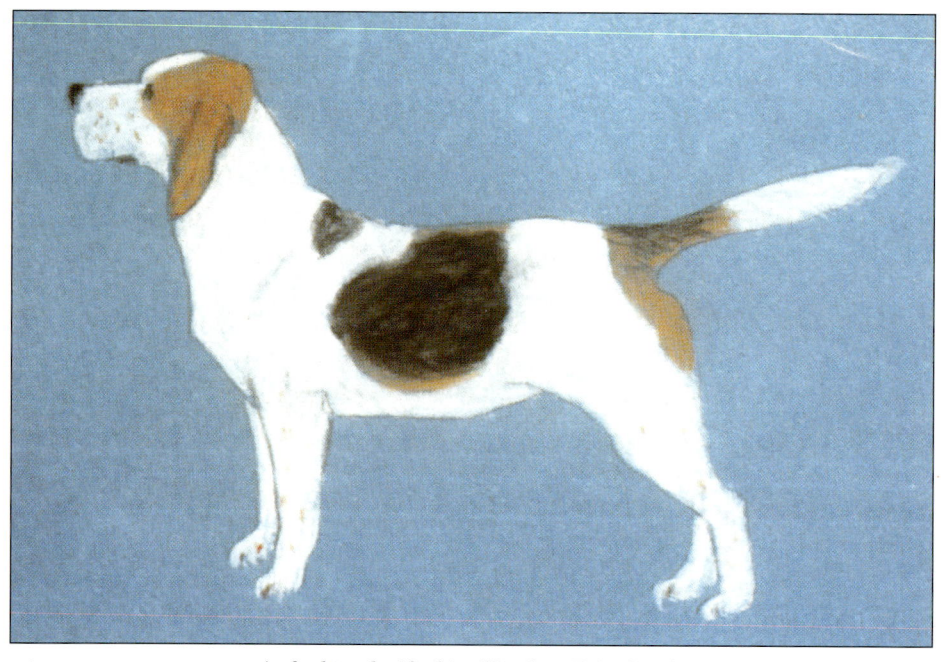

Aufgelöst dreifarbig ('Broken Tricolour')

Dreifarbig ('Tricoloured')

Leberfarben, Braun und Weiß ('Liver, Tan and White')

Andrew Smalley ist einer der wenigen verbliebenen Experten, die sich aktiv und fördernd um die Erhaltung der vielfältigen Fellfarben beim Beagle kümmern. Seine Aufzeichnungen zu den Fellfarben sind Grundlage aller kompetenten Erörterungen zu diesem Thema. Hier anläßlich der Jubiläumsschau des Beagle Club GB anläßlich seines hundertjährigen Bestehens mit dreien seiner Hunde, einem orange and blue mottle, und zwei tricoloured mottles.

weiß sein. Akademisch betrachtet, reichen ein paar weiße Haare, funktional betrachtet reichen sie jedoch nicht, um eine Beaglerute auch im Bewuchs deutlich verfolgen zu können.

BLUE: Wird das Schwarz genetisch verdünnt, kommt es zu einer blaugrau erscheinenden Behaarung. Diese Fellfarbe ist, da nicht Liver bzw. leberfarben, erlaubt. Da aber mit der verdünnten Fellfarbe auch verdünntes Pigment in den Augen einhergeht, haben Hunde mit blauen Fellpartien nicht den für einen guten Beagle selbstverständlichen bezaubernden Ausdruck, der zum größten Teil von der dunklen Augenfarbe bewirkt wird. Daher in den Augen des Autors zwar ein Beitrag zu dem bunten Bild der Meutehunde, aber nicht gezielt föderungswürdig.

PIED (HAREPIED, BADGERPIED, LEMONPIED):

Gesamteindruck des erwachsenen Hundes: meliert. Diesen Eindruck erzeugen schwarze Haare hineingemischt zwischen die zahlenmäßig überwiegenden, in sich jeweils mehrfarbigen Haare. Indiz beim Welpen: deutlicher 'Aalstrich', also ein andersfarbiger, meist dunklerer Strich im Fell entlang der Wirbelsäule auf dem Rücken. Zusätzliches Indiz: grauer oder brauner Streifen mitten entlang der Längsachse der sonst schwarzen oder dunkelbraunen Nase.

190

Ein schon als Welpe höchst attraktiv aufgelöst dreifarbiger Welpe mit vorzüglichen Proportionen. TL's Xcellent Newbury hat noch heute mit 10 Jahren satte, kontrastreiche Farben.

HAREPIED ist am häufigsten, die Gesamtfarbe schwankt vom verblaßten Dreifarbigen zum hasenfarbig Graubraunen.

BADGERPIED ist eine Melierung eindeutig im grauen Farbbereich, sehr selten.

LEMONPIED ist ein melierter Beagle, dessen mehrfarbige Haare als 'Farbe' einen Ton zwischen Beige und Gelb aufweisen, insgesamt sehen diese Hunde von weitem durch die eher zum rötlichen neigende Tönung des Beige fast rosa aus.

ZWEIFARBIG (tan and white, red and white, lemon and white, black and white):

In allen diesen Grundmustern gibt es wie beim Dreifarbigen nur einfarbige Haare, hier eben entweder weiße oder solche mit der entsprechenden Farbe. Es sei gleich angemerkt, daß diesen Hunden die schwarze Fellfarbe fehlt - wäre sie angelegt, hätte der Hund, weil die Fellfarbe Schwarz dominant ist, auch schwarze Haare. Was ein Hund selbst nicht hat, kann er auch nicht vererben. Also: zweifarbige Hunde haben, wenn sie mit Zweifarbigen gepaart werden, nur zweifarbige Welpen.

Nach meinen Beobachtungen gibt es bei den Zweifarbigen auch Tiere, die ich privatim immer 'die Rothaarigen' nenne. Sie haben hellere Lidränder und rotbraune Nasenbeeren. Dies ist eine nicht ausgeschlossene, damit erlaubte und mithin korrekte Fellfärbung.

Attraktiv sind auch hier die sogenannten 'Mantelschecken'; bei ihnen sind der Rücken und die Oberseite des Rumpfes einheitlich farbig, während die Extremitäten und die Bauchunterseite ebenso wie die Brust weiß sind.

TAN AND WHITE ist die häufigste Version der Zweifarbigkeit, allein schon weil der Begriff 'tan' alle Schattierungen von Braun umfaßt. Vom hellsten Braun mit Weiß bis

Ch. True Line's Nordic Vermont (Ch. Falk vom Rosental x Ch. True Line's Xcellent Newbury), ein heller zweifarbiger Rüde, der sich phänomenal vererbte.. Deutlich werden hier der markante Rüdenkopf, die kräftigen Laufknochen, der lange Brustkorb und die kurze muskulöse Lende

zum dunklen Braun mit Weiß: alle tan and white. Dunkelbraune Nase. Da die zweifarbigen Welpen fast weiß das Licht der Welt erblicken und sich die farbigen Fellpartien erst langsam durchfärben, ist eine solche Farbangabe für den Züchter der sicherste Weg; hat er sich nicht getraut, einen farbstarken Welpen so zu deklarieren, werden auch rotweiße Hunde mitunter als tan and white geführt. Der Zuchtrichter sollte das besser wissen.

RED AND WHITE: Ein kräftiges Tan mit deutlich rotem Stich; die Welpen sind von Anfang an intensiv rotbraun und weiß. Schwarze bis dunkelbraune Nase. Sehr attraktive Fellfärbung.

LEMON AND WHITE: viel zu häufig, meist, auch in Großbritannien, umgangssprachlich unpräzise für zweifarbige Hunde gebrauchter Begriff. Das zitronengelbe, einfarbige Haar eines wirklichen lemon ist meist so farbschwach, daß der Hund eher hellbeige aussieht. Hier können erstaunlicherweise sehr dunkle Augen und eine schwarze Nase erwartet werden.

BLUE MOTTLED:
Interessante Farbe, die ich nur vom Hörensagen und aus der Rassenliteratur kannte

Oben:
Nahezu ein Mantelschecke
war der in Wien beheimatete,
auf Schauen in ganz Europa
von Tatjana Schneider höchst
erfolgreich vorgestellte Ch.
True Line's Golden Nugget
(Ch. True Line's Confident
Chorister x Ch. True Line's
Quenchless Galaxy). Hier
war er etwa fünf Jahre alt.

Rechts:
Dieses Nugget, der
vorgenannte Ch. True Line's
Golden Nugget, war gewiß
aus Rotgold. Ein Rüde mit
bestens ausgefülltem
maskulinem Kopf, mit
dunklem Rot und Weiß
kontrastreich und attraktiv.

und noch nicht einmal in historischen Abbildungen finden konnte, bis mir Andrew Smalley 1994 neben seinen Darstellungen der Fellfarben beim Beagle auch noch ein vorzügliches Foto eines blue mottled Beagles (S. 195) sandte. Diese Beagles haben in der Tat eine ähnliche Färbung wie heute noch manche Meutehunde Frankreichs, die freilich nie an die kynologische Öffentlichkeit treten oder ihre überseeischen Verwandten, die 'Bluetick Coonhounds': kleinere, unregelmäßige schwarze Platten auf weißem Grund, im übrigen Fellweiß eine Unzahl schwarzer kleiner Sprenkel. Fellpartien mit lohfarbener oder brauner Behaarung sind auf diesem Grund normal, lenken aber von der vorherrschenden Farbe nicht ab.

Hier muß gesagt werden, daß das Auftauchen von einer Unzahl schwarzer und brauner Sprenkel, in Kynologenkreisen auch 'Spritzer' genannt, auch bei sonst deutlichen Plattenschecken in den weißen Fellpartien eine äußerst korrekte, sogar als Anzeichen von Pigmentstärke erwünschte Färbung ist. Diese Flecken nennt man 'ticks'.

Abschließend muß gesagt werden, daß Fellfarben beim Hund genauso wie Haarfarben beim Menschen sich mit zunehmendem Alter verändern. Hunde sind insofern die besseren Menschen, daß sie Verkahlung im Alter nicht kennen. Manche schwarzen Haare bleiben ein Hundeleben lang schwarz, andere werden weiß, es gibt auch die silberdurchwirkte Spielart wie bei mediterranen Herren im besten Alter. Bei zweifarbigen Hunden sieht man wegen des meist großen Weißanteils am Kopf das Ergrauen erst spät. Ein paar graue Haare verleihen manchem Hund optisch mehr Adel als er früher zeigte - Alter hat auch bei Hunden eine eigene Würde.

Größe:

Die erlaubten Schwankungen in der Widerristhöhe (in der Hundeszene werden auch die Begriffe Schulterhöhe und - aus der Pferdewelt entlehnt - Stockmaß gebraucht), also dem Maß, das sich ergibt, wenn die lotrechte Entfernung des höchsten Punktes des Schulterblattes zur Standfläche des Hundes gemessen wird, sind ganz erheblich. Die sieben Zentimeter Differenz sind 17,5 % der Maximalgröße und sogar 21 % der Mindestgröße dieser Hunderasse!

Diese Schwankungsbreite hat schon immer bestanden, sie hat ihren Grund in der jagdlichen Verwendung der Rasse in den unterschiedlichsten Landschaftsformen Großbritanniens mit ihren höchst verschiedenen Vegetationstypen und vielfältiger Nutzungsform. Mehr darüber in den Erläuterungen zur jagdlichen Verwendung der Rasse im Ursprungsland.

Es ist eine naturwissenschaftliche Tatsache, daß Grössenänderungen einer zoologischen Art immer mit Proportionsänderungen einhergehen. Daher sind sehr kleine Beagle fast immer rundköpfiger, ihre Augen treten oft stärker hervor als die der größeren Hunde dieser Rasse, die Vorhand ist in der Vorderansicht im Unterarm oft nicht gerade. Wie jedoch im Kommentar zu Kopf und Schädel ausgeführt, ist es höchstes Ziel der Züchterkunst, bei kleinen und großen Hunden denselben Erscheinungstyp herauszuzüchten.

Beim Messen muß immer ein gewisser Zweifel an der Richtigkeit des Meßergebnisses bestehen bleiben: Hunde sind, insbesondere hinsichtlich ihrer Körperhaltung im Bereich der Vorderhand, wahrhaft weiche Objekte. Dies deshalb, das sei hier wiederholt, weil die Vorhand nicht mittels knöchernen Gelenken mit dem Rumpfskelett verbunden ist, sondern nur mit Muskeln, Sehnen und Bändern. Deren Spannung kann sich ändern,

194

Ch. True Line's Golden Nugget mit etwa zehn Jahren. Bei zweifarbigen Hunden wird Fremden garnicht deutlich, daß sich da schon viele weiße Haare eingeschmuggelt haben. Gerade deswegen erscheinen Zweifarbige länger jung.

Einer von Andrew Smalley's britischen Beagles mit alten Fellfarben etwa 1993, am Brustkorb 'blue mottled'

abhängig vom Ermüdungszustand ebenso wie von psychichen Zuständen wie z.B. Unsicherheit, aber auch willentlich, der Hund 'läßt sich hängen'. Resultat: der Hund hat eine geringere Widerristhöhe. Oder ein zu messender Hund ist aufmerksam, gespannt, dominant oder gar agressiv gestimmt; dann richtet er sich ganz auf, Muskeln und Sehnen sind gespannt. Dann mag der Beagle als größer gemessen werden als er in 'Normalstimmung' wäre.

Zu diesen Erwägungen tritt noch der erhebliche Fehlerfaktor der Meßtechnik und die Schwierigkeit, vom höchsten Widerristpunkt lotrecht auf die hoffentlich ebene Standfläche zu messen; diese Schwierigkeiten ermißt nur, der häufig zu messen versucht hat. Last not least trägt ja auch die Kopfhaltung des Hundes dazu bei, wie sich der Meßpunkt, nämlich der oberste Rand der Schulterblätter, darstellt. Senkt der Hund den Kopf, schließen sich die Schulterblätter gegeneinander, der Hund könnte etwas größer gemessen werden. Trägt der Hund den Kopf aber hoch, trifft das Gegenteil zu. Üblich ist daher bei Messung im Ring oder bei der Zuchtzulassung, darauf zu achten, daß der Kehlkopf des Hundes in einer Waagerechten mit dem oberen Rand der Schulterblätter liegt.

Schulterhöhe ist ein Merkmal, das sich mit hoher Durchschlagskraft vererbt. Es ist sicher vernünftig, jedoch nur dienigen Hunde auf Grund ihrer Widerristhöhe von der Zucht auszuschließen, die zu einem recht erheblichem Prozentsatz von der Mindest- oder Höchstgröße abweichen. In internationalen Zuchtrichterkreisen gibt es hierzu einen Konsens: Hunde, die um mehr als jeweils 5% abweichen, also Hunde, die, was höchst selten ist, weniger als 31 cm oder, schon häufiger, mehr als 42 cm messen, sollten nur dann in die Zucht Eingang finden, wenn sie diese erhebliche Abweichung durch seltene und deutliche andere Vorzüge mehr als wettmachen können. In allen anderen Fällen der Über- oder Unterschreitung sollte sich dies gegebenenfalls nur in einer niedrigeren Formwertnote niederschlagen.

Fehler:

Der vom Kennel Club GB allen britischen Standardtexten verordnete Passus über die Bewertung der Fehler mahnt zur Bewertung des beurteilten Hundes mit Augenmaß und in dem Bewußtsein, wie schwer es ist, einen weitgehend fehlerlosen Hund zu züchten.

Darüber hinaus sind sicher diejenigen Abweichungen als gravierender zu betrachten, die zu Verhältnissen führen, die beim Hund Beschwerden verursachen könnten; ein gutes Beispiel sind die nicht am Auge anliegenden Augenlidränder, die das Eindringen von Fremdköpern begünstigen und damit die Reizung, vielleicht sogar Verletzung des Auges, eines der wichtigen Sinnesorganes des Hundes, ermöglichen. Man muß abwägen. Nicht anliegende Lidränder müssen sicher als gravierender betrachtet werden als eine zu sehr über dem Rücken getragene Rute. Rassespezialisten haben mitunter bestimmte, nicht einmal grundlegende Lieblingsdetails, die sie vor allen anderen Details zur Grundlage der Bewertung machen. In solchen Fällen fehlt sicher die Abwägung, was wichtig und was schlechterdings nur erwünscht ist. Zuchtrichter, die mehr als eine Rasse richten, leisten sich solche Steckenpferde in der Regel nicht und korrigieren mit ihrem Urteil oft die fixierte Wahrnehmung der 'Insider'.

Hoden:

Bei Beaglewelpen sind beide Hoden in der Regel in der zwölften Lebenswoche

Beagle and Rabbit, William Smith etwa 1830. Wenn man unterstellt, daß Kaninchen seinerzeit genauso groß waren wie heute, hatte dieser Beagle höchstens 30 cm Schulterhöhe. Diesem Hund konnte man bei der Jagd zweifellos bequem folgen

vollständig in den Hodensack abgestiegen. Abweichungen davon, aus welchen Gründen auch immer, sind nicht die Norm und der Beobachtung, und, für züchterische Zwecke, der Aufzeichnung wert. Hunde, die auf die Zuchtschau kommen, müssen in dieser Hinsicht nun einmal normal sein. Auch die Anordnung, nämlich, daß beide Hoden lose nebeneinander liegen, ist die Norm. Anderes ist eine Abweichung und verdient nicht, gefördert zu werden, so durch eine Plazierung ganz vorn im Wettbewerb oder durch eine der oberen Formwertnoten.

Hoden sind nun einmal wichtige Teile für die Fortpflanzung und damit den Erhalt der Rasse. Wenn die für diesen Zweck erforderlichen Organe von der Norm abweichen, kann getrost angenommen werden, daß sie nicht die von der Natur als ideal befundenen Eigenschaften haben: Ein solcher anomaler Beagle ist kein Hund für die Zucht.

3.2 Unzensiertes, mehr und ausführlicheres zu den Details

Nachstehend will ich anfügen, was mir noch bei der Erläuterung des Standards durch den Kopf ging, jedoch nicht zu einem Kurzkommentar gehört. Viele dieser Dinge kann wenigstens ich weder höflich noch zurückhaltend ausdrücken, ohne an Deutlichkeit oder Verständlichkeit zu verlieren. Deshalb sollten gerade solche ungekämmten Erörterungen mit Muße gelesen werden und beim Betrachten und Beobachten der Beagleszene, des eigenen Hundes und anderer Beagles überdacht werden. Sie sind gewollt sehr subjektiv, mitunter überspitzt formuliert und nicht immer ganz ernsthaft ausgedrückt. Nicht zuletzt ist dieses Kapitel auch mit voller Absicht geschrieben, um den Leser dazu zu verführen, dieses Buch und seinen Autor vielleicht mit Entschiedenheit nicht zu mögen. Aber ich betrachte es schon als Erfolg, die Leser aus der passiven Distanz zu locken und für oder gegen etwas zu sein. Und wenigstens eines, wenigstens das mit Enthusiasmus.

Wat mutt dat mutt oder: die Bedeutung des Wörtchens 'should' im Originalstandard

Eine Vorrede sollte der Wortlaut der Standardübersetzung noch bekommen. So 'sollten' beim Beagle die Kiefer stark sein, die Hinterhandbewegung 'sollte' nicht eng sein, die Vorhandbewegung nicht paddelnd oder kreuzend, jede Abweichung von den vorgenannten Punkten 'sollte' als Fehler angesehen werden, dessen Bewertung in genauem Verhältnis zum Grad seiner Abweichung stehen 'sollte'. Rüden 'sollten' zwei offensichtlich normal entwickelte Hoden aufweisen, die sich vollständig im Skrotum befinden. Wie stark schreibt der englische Ausdruck 'should', von mir notgedrungen mit 'sollte' übersetzt, bestimmte Eigenschaften vor ?

Es handelt sich ja um meine persönliche Wortwahl für die Übersetzung aus dem Englischen. Nicht für alle Begriffe in Fremdsprachen findet sich derselbe Ausdruck der deutschen Sprache. Deshalb kann sich keiner, der den Rassestandard auch nur einigermaßen seriös und sorgfältig interpretieren will, sich auch bei Vorliegen der kongenialsten Übersetzung über den Wortlaut der Originalfassung hinwegsetzen. Zum Verständnis der Wortbedeutung in der Ursprache muß dann sinnvollerweise nach dem Sinnzusammenhang und dem Stellenwert der mit 'should' erwünschten Eigenschaft gesucht werden.

Ein hervorragendes Beispiel gibt hier die Sache mit den beiden Hoden ab. Jeder Tierzüchter wird mir recht geben, daß die Fortpflanzung von Tieren eines ihrer wichtigsten Funktionskreise ist. Sind aber gerade Fortpflanzungsorgane nicht so ausgebildet oder an jenem Platz, den die Natur für sie bestimmt hat, ist gewiß die Zuchtverwendung von Tieren mit solchen Abweichungen für den gesunden Fortbestand ihrer Rasse schädlich. Ein Rüde mit nur einem abgestiegenen Hoden ist wie ein vierrädriges Auto, an dem nur drei Räder montiert sind: Es fährt unter Umständen, kaufen will's aber keiner.

Nach intensiver Korrespondenz mit dem englischen Kennel Club und dem ältesten

Rassehundezuchtverein für Beagle in GB stand zwar fest, daß "should" nicht mit "muß" als wörtlich übersetzt gelten kann. Der deutsche Begriff "sollte" ist jedoch deutlich zu schwach in seinem Forderungscharakter.

Lassen wir doch einen ausgewiesenen Experten, Herrn Professor Raymond Triquet, Emeritus für Anglistik der Universität Lille, einen der bekanntesten französischen Kynologens und unter vielen anderen Funktionen auch lange Mitglied der Standardkommission der FCI, ausführen, was er einer der sorgfältigsten und gebildetsten Kynologinnen, die sich mit der Übersetzung von Rassestandards beschäftigte, Helma Quaritsch-Fricke, schrieb:

"Auf Befragen habe ich erklärt, daß das Wort 'should' einen weniger starken Bindungscharakter als das Wort 'must' hat." Prof. Triquet zieht dazu drei britische Linguisten heran und erklärt schließlich: "Der Begriff 'should' hat daher in Rassestandards die Bedeutung des Normativen". Sieht man sich wiederum die Bedeutung des Ausdrucks 'normativ' in deutschen Wörterbüchern an, wird ganz klar, daß es sich bei den mit 'should' bezeichneten Erwartungen um Vorschriften handelt, um grundlegende Festsetzungen. Lassen Sie mich meine von international maßgeblichen Kynologen geteilte Auffassung des Normativ-Charakters des 'should' schließlich mit einem Vergleich illustrieren: Das "soll" ist als ebenso starkes Gebot zu verstehen wie das "sollst" im alttestamentarischen "Du sollst nicht töten !".

Wie steht es nun mit dem Begriff 'desirable', von mir mit 'wünschenswert' übersetzt? Gewiß ist hier nicht nur 'der Wunsch' der Vater des Gedankens. Der Rassestandard formuliert vielmehr eine Zielvorstellung, eine Idealvorstellung und mit Sicherheit auch eine Beschreibung der Norm, des als Norm Gesetzten aber auch des Normalen. Hier kann 'wünschenswert' nicht nur die Bedeutung haben, daß man etwas gerne so hätte und wenn es denn eben nicht so kommt, so ist es auch gut. 'Desire' ist vielmehr auch ein Wunsch mit dem Charakter des Leidenschaftlichen ebenso wie des Entschlossenen, das nicht unverbindlich und ohne Folgen an der Oberfläche verbleibt. Folglich ist hier 'wünschenswert' das, was man mit aller Kraft und als Wert für sich zu erreichen versucht. Schließlich: was hier abweicht, ist 'nicht wünschwenswert'. Und so soll auch die Bewertung der Abweichung sein: was nicht wünschenswert ist, ist nicht zu fördern, ja es ist sogar zurückzudrängen. Die Bewertung solcher Abweichungen durch die Zuchtrichter muß mithin nach Überzeugung des Autors jenem Imperativ folgen, den Harry G. A. Hinckeldeyn, als Nestor der deutschen Zuchtrichterschaft dem Cato dem Älteren des antiken Roms vergleichbar, prägte: "Gegenhalten !"

Über das allgemeine Erscheinungsbild

Auch die Bilder in diesem Buch vermitteln, daß unterschiedlich aussehende Hunde dennoch nicht nur als korrekt gelten können, sondern gar als mustergültig angesehen sein müssen. Qualität jedoch ist ein Begriff, der sich einem nur im Vergleich erschließt. Jeder kennt den Unterschied zwischen einem kratzigen vollsynthetischen Pullover, im Ramschverkauf erstanden, und einem feinen Kaschmir-Pullover. Man sieht die Qualität von außen; sie äußert sich in einer vollendeten Harmonie der Linien und Proportionen im Verein mit entsprechendem Verhalten des Hundes. Nichts ist übertrieben, wohlgemerkt auch nicht die Verfeinerung. Der Beagle muß etwas Naturverbundenes haben, um im Vergleich zu bleiben, etwa wie ein Lambswoolpullover.

Format

Alle Hunderassen haben Format; nur ist das von Rasse zu Rasse verschieden. Den Beagle wünscht man sich quadratisch. Vom Widerrist zum Rutenansatz und jeweils zur Standfläche: ein Quadrat. Der Kopf von vorn betrachtet: Oberkopf, Seitenflächen und Unterkante Unterkiefer bilden ein Quadrat, darin einbeschrieben ein kleineres Quadrat, der Fang.

Das klingt recht geometrisch, die Wirklichkeit ist (geringfügig) anders als es im Lehrbuch steht. Der Beagle gehört bei den Hunderassen zu denen, die im Trab arbeiten. Stockmann beschreibt diese Grundform wie folgt: "Die Traberform ist bei Hunden stets etwas gestreckter als ein Quadrat". Hündinnen erscheinen noch länger, weil man sich bei ihnen eine etwas längere Lende wünscht. Dazu kommen "kräftig gewinkelte Gliedmaßen.

Der Rücken hat beim Traben keine übermäßige Arbeit zu leisten, die beim Traben abwechselnd vorgreifenden Läufe haben niemals das ganze Schwergewicht des Schwungs zu tragen und können sich gleitend vorwärtsbewegen. Die stärkere Winkelung ist nötig, um mit Strecken und Beugen eine möglichst große, federnde, ausdauernde Schrittweise ohne übermäßigen Kraftverbrauch zu ermöglichen.

Jede Übertreibung ist auch bei der Traberform zu vermeiden ! In der Rumpflänge führt sie unweigerlich zu Weichheit der Muskeln, Lockerung Schlaffheit des ganzen Gefüges." Besser könnte man es nicht sagen. Die goldene Mitte liegt also bei einem Hund, der fast quadratisch ist, keinesfalls aber lang. Wie sagt der Standard? Ein kompakter Hund. Eben.

Ausdruck - was ist das ?

Ausdruck ist der Hauptfaktor für die in Fachkreisen so genannte 'Anmutungsqualtität'. Nicht ohne Grund stellen die Tierfotografen ihre Kameras immer auf den Kopf, meist gar auf das Auge des Tieres scharf ein. Kopfstudien sind die häufigsten Teilansichten von Hunden in Hundebüchern oder in Tierkalendern. Wir erleben im Ausdruck des 'Gesichtes', so sind Menschen eben geprägt, das 'Wesen' des erblickten Gegenübers.

Mehr als Worte sagen können, werden hier sicher die Abbildungen dieses Buches erklären - Sie finden eine Vielzahl von Kopftypen und eine Vielfalt von verschiedenem, überwiegend korrektem Ausdruck. Überall jedoch bestimmen Kopf und Schädel den Ausdruck des Hundes, der wiederum den Eindruck auf den Betrachter.

Bevor wir aber die Betrachtung der Details verlassen, sollten wir uns ins Gedächtnis zurückrufen, daß der rassetypische Ausdruck, der sich sehr wesentlich über die Gestalt des Kopfes vermittelt, mehr als die Gesamtheit der korrekten Einzelteile ist; Ausdruck ist auch das, was vom Wesen 'nach außen scheint', Ausdruck offenbart ein wenig von der, hier sei der Ausdruck erlaubt, Seele des Hundes.

Kummer mit den Kummerfalten

Oft ist nur durch den Anblick alleine nicht zu entscheiden, ob es sich bei einer nicht glatten Stirn um Hautfalten handelt. Man muß dann schon einmal nachfühlen, warum hier Falten sichtbar werden. In einigen Fällen handelt es sich nämlich um (parallel oder radial zum Stirnabsatz bzw. Stop verlaufende) Hautfalten, die entstehen, weil die Haut den hervorstehenden Graten (anatomisch: Stirnleisten) der darunter liegenden Schädelknochen (Schädelplatte) folgend anliegt. Auch diese Ausprägung der Stirnleisten ist bei der Rasse Beagle nicht erwüscht. Denn: Runzeln und Falten lassen den Beagle weniger freundlich, weniger offen und weniger jugendlich aussehen. Sie mögen für andere Hunderassen typisch sein, nicht aber für Beagle; einmal erwachsen, sollen Beagle keine Hautfalten mehr zeigen. Welpen mit allzuviel Stirnfalten haben sozusagen zuviel Haut auf Vorrat, in die sie nicht mehr hineinwachsen; sie verlieren die Stirnfalten dann eben beim Erwachsenwerden nicht mehr vollständig.

"Ein Fang ! Ein Fang! Ein superber Fang !"

(Originalzitat aus Schiller's 'Die Räuber')

Im Auf und Ab der Züchtervorstellungen ist immer wieder die Fanglänge in Vergessenheit geraten. Verständige Züchter haben das aber bald bekämpft. Denn ihnen war klar, daß ein kurzer Fang nicht nur den Kindchen-Ausdruck beim Beagle bis hin zum 'Mickey-Mouse-Beagle' verstärkt, ihnen war aber wichtiger, daß mit dem verkürzten Fang auch Probleme der Zahnstellung, der Vollständigkeit der Zahnreihen und eine andere Lage der Augen in den Augenhöhlen einhergehen. Wie man schon allein durch Beobachtung anderer Rassen wie beispielhaft beim Cavalier-King-Charles Spaniel feststellen kann, ändert sich bei Verkürzung der Fanglänge der Ausdruck insgesamt. Das Auge ist in eine veränderte Schädelsituation, aufgerichtetere Augenbögen eingesetzt, die Augäpfel treten stärker hervor. Der Oberkopf ist stärker gewölbt, was beim Beagle als 'Apfelkopf' verpönt ist. Das Gebiß bleibt vorerst vollzählig, die Zähne haben aber im kürzeren Fang keinen Platz, ordentlich wie die Soldaten in einer Linie hintereinander zu stehen; sie stehen schließlich mit ihrer Längsachse, die normal dem Kieferbogen folgt, zu dessen Linie schräg bis quer, es entsteht die sogenannte 'Kulissenstellung'. Wird das züchterisch weitergetrieben, fehlen schließlich Zähne.

Dazu kommt die Erschwerung der Atemführung und damit eine Beeinträchtigung der Riechfähigkeit durch höheren Aufwand für das dafür erforderliche Einziehen großer Mengen Atemluft. Der Raum für die Riechschleimhaut wird kleiner und die zum Riechen erforderliche Schnüffelatmung, bei der bis zu 300mal in der Minute eingeatmet wird, tritt in Konkurrenz zur Atmung für die Sauerstoffversorgung des Hundes. Sicherlich für den Beagle, der kraft der eisernen Züchtermoral der vergangenen Generationen bis heute in allen Details naturnah geblieben ist, eine deprimierende Perspektive.

Es sei freilich nicht verschwiegen, daß vor Jahren aus der Beaglezucht, die ich gemeinsam mit meiner Frau betreibe, eine äußerst erfolgreiche Hündin mit deutlich kürzerem Fang hervorging. Diese Hündin, lustigerweise von einem ebenfalls von uns gezüchteten Rüden gezeugt, dessen Besitzer sich gar nicht genug in der Betonung der rein jagdlichen Bestimmung des Beagle tun kann, war im Ring so voller Leben und Ausstrahlung, daß dieser erhebliche Mangel insbesondere Zuchtrichtern, die keine Spezialisten für Beagle sind, nicht auffiel. Im Gegenteil, ich wette, daß der veränderte Ausdruck, der eben dem Kindchenschema des runderen Kopfs und der großen Augen folgt, eben diesen gefiel.

Erfolg weckt nicht nur Neid, sondern verführt die Betrachter, Erfolgreiches nachzuahmen. Als andere Züchterkollegen sich begannen, an diesem Ideal zu orientieren, hatten wir längst Paarungen durchgeführt, die wieder zu einem längeren und damit korrekteren Fang führten.

Ich bin der festen Überzeugung, daß die Maßnahme bei den Zuchtzulassungsveranstaltungen des Beagle Club Deutschland, Fanglänge und die Länge des Hirnschädels, also von Nasenspitze zum Stirnabsatz und dann vom Stirnabsatz zum Ende des Hinterhauptstachels zu messen und diese Daten zu dokumentieren, wichtige Indizien liefert, wo der Fang zu kurz geworden ist. Korrekte Messungen finden im übrigen dann statt, wenn als Punkt des Stirnabsatzes die Achslinie angenommen wird, die sich zwischen den Augenmittelpunkten ergäbe.

Lefzen und Lippen

Es besteht bei allen Züchtern stets die Gefahr, daß bei den von ihnen gezüchteten Hunden bestimmte Einzelheiten durch die von ihnen getroffene Zuchtwahl übertrieben betont werden. Das kann züchterischer Wille sein, sollte aber gewiß nicht in eine vom Standard als falsch deklarierte Richtung gehen.

Das betrifft auch die Lefzen. So sind aus deutscher Zucht in den vergangenen Jahren häufig Beagle mit eindeutig zu langen Lefzen aufgetaucht. Bei einigem Glück stimmte dann die Gesamtsubstanz des Kopfes einigermaßen dazu; war der Kopf aber weniger stark, schmaler und weniger ausgefüllt, schienen ihre Beagle ein 'langes Gesicht' zu machen.

Man prüft das am besten, wenn man seine Hand flächig von unten an den Fang legt. Liegen die Lefzen zu den Fangseiten hin auf der Hand, sind sie zu lang und dann fast auch immer feucht. Die Liebhaber der Rasse wollen mit Recht lieber an den Lippen des Unterkiefers gut anliegende Lefzen. Dann behält man auch ein trockenes Knie, wenn ein Beagle seinen Kopf vertrauensvoll darauf legt.

Nun zu den Lippen. Diese Ränder, an denen Maulschleimhaut und behaarte Haut aufeinandertreffen, sieht man eigentlich nur, wenn der Beagle den Fang weit öffnet und hechelt. Dann müssen die Lippen straff den Zahnreihen folgend verlaufen, der Lippenrand darf nicht seitlich überkippen; laienhaft ausgedrückt, wäre dann seitlich ein schwarzer oder fleischfarbener Rand zu sehen, der wie mit der Zackenschere geschnitten aussieht und weich lappig seitlich aus dem Maul überhängt. Hunde, die dies zeigen, haben in aller Regel auch zu wenig straffe und zu große Maulwinkel, die meist auch von Speichel triefen und im Extremfall Walstatt für übelriechende Ekzeme werden können.

Wie die Nase des Mannes..

In indonesischen Mythologie-Darstellungen, hat man mir einst erzählt, sind die Figuren mit den langen, spitzen Nasen stets die Klugen, Guten und die mit den dicken, großen und stumpfen Nasen die Bösen. Anders beim Beagle. Nur der mit einer stumpfen, großen Nase ist richtig. Ein guter Beagle. Das hat gute Gründe.

Wenn man sich ins Gedächtnis ruft, daß Hunde im allgemeinen ohnehin nicht durch das Maul, sondern die Nase atmen und sie dann neben der Atemluft, deren erforderliche Durchflußmenge bei hoher körperlicher Leistung, so beim Laufen, sich ja erhöht, noch eine wesentlich größere Luftmenge einatmen müssen, um die darin enthaltenen Geruchsinformationen zuverlässig auswerten zu können, wird einem klar: All' diese Luft muß eben durch die Nase. Und dafür muß die eben breit, müssen die Nasenlöcher gut geöffnet sein. Betrachten Sie zur Bestätigung die Nasenformen der Nasenspezialisten und Schnüffelgenies unter den Hunden, des Bloodhound und des Hannoverschen Schweißhundes: Mordsnasen !

Die Nasenoberfläche ist eine Schleimhaut. Schleimhäute schwanken in ihrer Farbintensität aus ganz unterschiedlichen Gründen. Zum einen mit der Jahreszeit; im Winter sehen manche sonst schwarzen Nasen dunkel- oder mittelgrau aus, dunkelbraune Nasenbeeren werden heller. Ebensolche Änderungen finden bei Hündinnen mit den Änderungen ihres Hormomzyklus statt, die Nasenfarbe wechselt vor, während und nach der Hitze, sonst hellere Nasen sind während der ersten Wochen nach einem Wurf intensiv schwarz. Zeit, von einer sonst hellnasigen Hündin nun schnell ein Foto, eine Kopfstudie zu machen, sagen alte Hasen.

Bei Welpen ist nur bedingt zu beurteilen, ob sich unpigmentierte Flecken in der Nasenbeere noch dunkel färben werden. Meine Erfahrung ist, daß sich bei Welpen im Alter von acht Wochen kleine unpigmentierte Flecken in der Nasenbeere, deren Rand zur fleischfarbenen Partie nicht scharf abgegerenzt ist, wohl noch ausfärben. Ausnahmen bestätigen die Regel. Flecken aber, die mehr als ein Zehntel der Fläche der gesamten Nasenbeere ausmachen, sind mit Vorsicht zu betrachten, wenn man einen Hund für Zucht und Ausstellung erwerben möchte. Für Ihren Hausgenossen ist das aber mit Sicherheit unwichtig.

Halt! An dienigen, die dem Glück stets versuchen nachzuhelfen: Auch langfristig verabreichte Futterzusätze können fehlendes Pigment in der Nasenhaut nicht ersetzen; ich kenne keine zuverlässigen Färbemittel, die nicht entweder wieder schnell verschwinden oder wenn sie das nicht tun, gesundheitsschädlich für den Hund sind. Ich habe allerdings schon bei anderen Rassen Hunde des Ringes verwiesen, bei denen ich anläßlich der Gebißkontrolle eine schwarz verschmierte Zunge fand - Hunde tun eben bei den Schummelversuchen ihrer Halter nicht mit. Aber da mögen mir nicht alle schmutzigen Tricks vertraut sein - die zu kennen habe ich keinen Ehrgeiz.

Wer hat die Stirn..? Stop ! Der Stirnabsatz.

Zu flache Oberköpfe, zu flache Schädelplatten mit wenig Stop, wozu der Anatom 'Stirngrube' sagt, geben dem Beagle, so deutlich muß man das schon sagen, einen etwas blöden Ausdruck. Diese Konstellation tritt aber offensichtlich nicht selten besonders dann auf, wenn ohne wohlüberlegtes und fixiertes Zuchtziel aufs Geratewohl Hunde gepaart werden. Dies muß man so erklären, daß ein keilförmiger, flacher und schlanker Kopf ohne erheblichen Stirnabsatz in der Rassegeschichte des Hundes entwicklungsgeschichtlich die ältere Form ist, die sich oft immer wieder durchsetzt, wenn man dem nicht gezielt züchterisch entgegenwirkt. So ist der 'ausgepägte Stop' ein Produkt der Züchterkunst, er verliert sich jedenfalls bei ungezielten Zuchtmaßnahmen recht schnell.

Um die Maßverhältnisse des Kopfes überhaupt prüfen zu können, muß man definieren, an welchem Punkt der aufsteigenden Knochenformation des Schädels der Stop anzunehmen sei. Ich schlage vor, festzulegen, daß dieser Punkt dort angenommen wird, wo die in der Vorderansicht vorstellbare Verbindungslinie zwischen den Augapfelmittelpunkten den Fangrücken kreuzt.

Manchmal ist es hilfreich, zur Vermeidung optischer Täuschungen etwas mit Hilfe von Messungen nüchtern festzustellen. Wenn man mißt, tut man das methodisch. Nämlich so, daß ein Schneidermaßband an der Nasenspitze angelegt wird und auf dem Fangrücken und der Stirnfurche entlang bis dorthin geführt wird, wo man den Hinterhauptstachel fühlt. Zuerst wird dies Gesamtmaß abgelesen; dann wird, ohne das Maßband abzunehmen, der Stop wie zuvor beschrieben festgelegt und dessen Maß abgelesen. Wird das einheitlich so gemacht, kann sicher darüber nicht mehr gestritten werden. Und der Zuchtrichter kann die zuvor nur empfundenen Maßverhältnisse zwischen Fang und Oberkopf, Gesichts- und Hirnschädel wirklich feststellen.

Das Maß der Abgesetztheit des Gesichtsschädels vom Hirnschädel ist auch eine Proportion, die der Ausgewogenheitsempfindung der Züchter und Zuchtrichter nachdrücklich anempfohlen werden muß. Der Stop kommt zustande durch eine züchterische Förderung der aufwärts gekrümmten Schnauzen, eine Knickung in den knöchernen Schädelteilen. Es ist von Skelettkundlern gefundene Gesetzmäßigkeit, daß mit der Knickung immer eine absolute Verkürzung der Gesamtschädellänge einhergeht, ein Beagle mit einem übertriebenen Stop hat also meist einen 'kleineren' Kopf. Dazu kommt aber noch, daß die Vererbung der Länge von Unter- und Oberkiefer getrennt stattfindet: die Länge des Unterkiefers muß sich in solchen Fällen nicht ändern. Folge: es kommt vermehrt zu Vorbiß des Unterkiefers, eine biologisch nicht erwünschte Form des Gebißschlusses. Also: Stop mit Maßen!

Glücklicherweise ändert sich aus entwicklungsgeschichtlichen Gründen der Gehirnschädel nicht so leicht wie der Gesichtsschädel. Damit und durch die Standardregel, daß die Strecke vom Stop zur Nasenspitze gleich sein müsse mit der bis zum Hinterhauptstachel, wird züchterischen 'Styling'-Versuchen wirksam Einhalt geboten, wenn die Zuchtrichter mitmachen und ihre Befunde offenlegen.

Don't fix what's not broken !

Diese Spruchweisheit ist vordergründig eine Binsenweisheit, aber doch eine gute Handlungsanweisung für Züchter, Vereinsfunktionäre, Manager - sie sagt unter anderem, daß man die Dinge, die funktionieren, in Ruhe weiter funktionieren lassen soll. Hier zitiere ich diesen Spruch aber nur wegen des Begriffs 'broken'. Im englischen Wortschatz der Kynologie (aus dem Griechischen abgeleitetes Fremdwort: 'Lehre vom Hunde', die sich damit beschäftigen, nennt man entsprechend Kynologen) gibt es den Fachausdruck des 'broken profile'. Dieser Begriff bezieht sich auf die oberen Profillinien des Hundekopfes, von der Seite gesehen. Für jede Rasse gibt es da rassetypische Verhältnisse zweier Linien zueinander. Und zwar der Linie der Fangoberkante, umgangssprachlich Nasenrücken genannt, und der Linie, die die Oberfläche des Schädels, des Oberkopfes hat. Ich höre Sie schon sagen: "Die muß doch leicht gewölbt sein!" Und Sie haben recht. Gleichwohl lassen sich in der Seitenansicht vom Anfangspunkt (Augenbogenoberkante) zum Endpunkt (Hinterhauptbein) auch im Geiste Linien ziehen, die dann die allgemeine Ebene und Lage des Schädels bezeichnen.

An diesem Detail der Anatomie der Rassen kann man nahezu die Historie der Entwicklung des Jagdhundekopfes über die Jahrhunderte verfolgen: die alten, in ihren Grundzügen in Frankreich und französischen und italienischen Jagdhundeschlägen (so des Bracco Italiano und des Grand Bleu de Gascogne, beides alte und traditionsreiche große Vorstehhunderassen) erhaltenen typischen Köpfe haben das 'broken profile', ihre

Kopfoberlinien bilden im Stop tatsächlich einen leichten Scheitelpunkt, von dem beidseitig Nasenrücken und Oberkopfebene abfallen. Hier ist das Kopfprofil divergent.

Schon beim Basset Hound, der noch viel altes Jagdhundeerbe verkörpert, ist das 'broken Profile' ungern gesehen, beim Beagle müssen die bewußten beiden Linien, wenn man sie verlängern würde, sodaß sie übereinander lägen, absolut parallel sein. Die augenfälligste Weiterentwicklung im Kopfmodell der Jagdhunderassen bildet dann der Pointer, dessen Fangrücken fast in Art einer Stupsnase ansteigt, er hat dann das für einen Beagle höchst verpönte konvergente Kopfprofil.

Die Parallelität der Kopfprofillinien ist im Standard des Beagle nicht eigens erwähnt; insofern kann eine Abweichung hiervon immer nur hinsichtlich ihrer Folge bewertet und beschrieben werden, die sie verursacht: sie beeinträchtigt den offenen, wachen und damit erwünschten rassetypischen Ausdruck des Beagle.

Beagle mit solchen divergenten Kopfprofillinien treten selten auf, der Züchter muß jedoch lernen, diese Abweichung zu erkennen und für seine Zucht zu meiden. Wenn jedoch dieses Problem bei seinen Zuchthunden und deren bisherigen Nachkommen nicht auftritt, kann er diesen Aspekt getrost vergessen: Don't fix what's not broken!

Behänge

Wie so vieles, so ändert sich auch der Zeitgeschmack und Hunderassen werden nach jedem Zeitgeschmack zurechtgezüchtet bis sie passen. Glücklicherweise geht das auch bei der schnellen Generationenfolge der Hunde von ca. drei Jahren pro Generation insgesamt immer noch langsam.

Welpen haben proportional wesentlich längere Ohren, wodurch Beaglewelpen oft Basset-Hound-Welpen ähneln. Bei TL's Double Jasmine war dies besonders auffällig.

TL's Kicking Zebra hatte eher hoch angesetzte und mäßig lange Behänge. Die Welpen TL's Atrocious Selby und Adult Skipton zeigen hingegen korrekten, tiefen Behangansatz.

So waren manchmal auch die Behänge à la mode länger gezüchtet und die Beagles sahen dann, wenigstens wenn sie sonst keine groben oder zu schmalen, windigen Köpfe hatten, in der Tat seelenvoll aus.

Aber Behanglänge hat Folgen. Nicht nur, daß längere Behänge eben auch schwerer sind und damit das Eigengewicht der Behänge die Ventilation der Gehörgänge verschlechtert. Wie Sie dem ersten historischen Beaglestandard entnehmen können, sollten die Behänge noch 'mit einer eleganten Falte an den Kopfseiten anliegen'. Das Erbteil der Southern Hounds mit viel Kehlhaut und langen Behängen war eben noch gegenwärtig und sichtbar, auch wenn kürzere Behänge angestrebt und vielfach auch erreicht wurden. Hieraus ist auch zu erklären, daß schon 1872 Stonehenge in seinem Buch 'The Dogs of the British Islands' sagt, 'es ist nicht üblich, die Behänge zu kürzen, und wir hoffen, daß wir den Tag erleben, an dem keinem unserer hounds mehr die Behänge gekürzt werden'. Bei den großen Meuten, ganz besonders bei den Foxhounds, die oft mehr als hundert Hunde umfaßten, war es unbeschadet der Notwendigkeit Gewohnheit geworden, die Behänge der Meutehunde vorbeugend als eine Maßnahme der Wartungserleichterung zu kürzen. Daß das gewiß nicht durch Tierärzte unter Narkose erfolgte, kann für jene Zeit getrost angenommen werden und macht zivilisierte Hundefreunde schaudern. Ich denke, daß die züchterische Steuerung der Behanglänge humaner ist.

Die heutige gültige Längenvorschrift für die Behänge entstand eindeutig aus funktionalen Anforderungen, daraus, daß zu lange Behänge bei der Spurarbeit des Beagle ständig auf dem Boden aufliegen oder aufstoßen und nach kurzer Zeit blutig aufgescheuert sind. Dies ist aber natürlich nur eine relative Vorschrift, denn ein Hund mit kürzerem Fang kommt nach dieser Regel auch ungetadelt mit kürzeren Behängen aus.

Die absolute Methode, die Behanglänge zu ermitteln, und das sollte bei einer Zuchtzulassung als Maß erhoben werden, ist, die Behänge horizontal zu spannen und dann von Behangansatz zu Behangunterkante zu messen.

Tränen vergießen ?

Nicht immer mit einer fehlerhaften Lidrandstellung behaftet sind Beagle, die offenbar einen ständigen Tränenfluß zeigen. Hier gibt es mehrere mögliche Gründe, deren Diagnose und, wenn möglich und erforderlich, Behandlung und Behebung nur ein in Hundedingen erfahrener, noch besser in Tieraugenheilkunde, auch Veterinärophthalmologie genannt, wohlbewanderter und geübter Tierarzt sicherstellen kann.

Der naheliegendste der Gründe ist, daß einer der zwei feinen Kanälchen oder mindestens ihre Einlauföffnungen verstopft oder verklebt sind, durch die die überschüssige Tränenflüssigkeit in den Nasen-Rachen-Raum abgeleitet wird. Diese Kanälchen können manchmal unter örtlicher Betäubung wieder freigespült werden, manchmal sind sie schon dauerhaft verklebt.

Es kann freilich auch sein, daß zusätzlich zu der einen Wimpernreihe unnötigerweise noch eine zweite solche Reihe angelegt ist, die dann auf dem Augapfel aufliegt und durch diese Reizung eine ständige Mehrproduktion von Tränenfüssigkeit herbeiführt. Diese Abweichung, höchst wissenschaftlich Distichiasis genannt, kann nur bei bester Beleuchtung und meist auch nur von erfahrenen Tierärzten, am besten von Veterinärophthalmologen, den Augenärzten für Tiere diagnostiziert werden. Die können dann auch helfen, die Haarwurzeln dieser Härchen werden elektrisch verödet.

Und schließlich gibt es auch, am harmlosesten, als Ursache das Auftreten eines wie die Oberfläche einer Himbeere strukturierten Belages auf der Innenseite der unteren Nickhaut, der mittels seiner Rauhigkeit ebenfalls Reizung und als dessen Folge reichlichen Tränenfluß erzeugt. Der Tierarzt kann nach örtlicher Betäubung diesen Belag erfolgreich und dauerhaft entfernen.

Zuviel ist zuviel

Der Beagle ist eigentlich eine ganz und gar mittelmäßige Rasse. Und zwar im allerbesten Sinne. Er hat fast alles, außer Jagdleidenschaft, Gehorsam und Appetit, in mittlerem, wohlangemessem Maße. So muß auch jeder Beagle betrachtet werden, wenn man ihn mit dem geschriebenen Standard vergleicht.

Angefangen bei der Schädelbreite - sie muß 'moderately wide' sein und das bedeutet, daß der Schädel nicht so breit sein darf, daß er grob wirkt, denn dann fehlt der ebenfalls für den Rassetyp erforderliche Adel.

Weiter bei den Lefzen: zuviel Lefzen sind schwer, sie machen den Eindruck, der Beagle sei mit dem Bloodhound verwandt, Hunde mit viel Lefzen und auch sonst viel loser Haut, und das geht meist miteinander einher, haben meist nicht gut anliegende Lidränder.

Der Stirnabsatz, der Stop muß harmonisch und keineswegs abrupt modelliert sein. Der Fang soll schließlich mit dem Schädel harmonisch verbunden sein und nicht wirken, als sei er davor angeleimt.

Die Wangen, vulgo 'Backen', sollen flach sein und nicht hervortreten. Die häufig gehörte, menschlich rührende aber unzureichend gut erfundene Entschuldigung, der Hund habe in seiner Jugend zuviel Knochen abgenagt und habe demzufolge soviel Kaumuskeln entwickelt, ist nur dann interessant, wenn man sich überlegt, warum dann, wenn diese Kausalkette analog angewandt wird, manche Mitmenschen ein so ausladendes Gesäß zeigen. Zuviel 'Backen' bei Hund sind angeboren bzw. angelegt, Beagles, die dies zeigen, haben rein empirisch auch meist gleichzeitig eine grobe Modellierung des Muskelkostüms, haben häufig überladene Schultern.

Weiter geht es mit Augenform und -größe. Der Ausdruck des Beagles ist zum großen Teil durch die Größe, die Form, die Augenfarbe und davon bestimmt, wie die Augen eingesetzt sind. Über die Wirkung bzw. den Ausdruck, den helle Augen erzeugen, ist schon an anderer Stelle genug gesagt. Aber flankierend muß gesagt werden, daß die Augen gut voneinander eingesetzt sein sollen. Was ist gut? Lehrbuchantwort: der Abstand zwischen den Augen des Beagles erscheint dann richtig, wenn der Abstand zwischen den beiden inneren Augenwinkeln knapp der waagerechten Breite eines Auges vom inneren bis zum äußeren Augenwinkel entspricht. Zu enge oder zu weite Augenstellung ändern den Ausdruck zum Anomalen. Auch hier sei wieder auf die Fellfärbung hingewiesen, die scheinbar Maße und Proportionen ändert, zu breite oder gar keine Blesse können als optische Täuschung wirken.

Auch beim Gebiß ist die solide Mitte anzustreben. Ein grober Kopf mag mit makellosen, riesigen, kräftigen Zähnen einhergehen, aber der Beagle ist gewiß nicht mehr typisch, wenn er die Gebißformation eines American Staffordshire Terriers zeigt. Zu fein ist auch nicht richtig, auf wohlproportioniert kräftige Zähne ist zu achten, ein zu feiner und schmaler Unterkiefer macht den Eindruck des fliehenden Kinns und erzeugt eine rasseuntypische Kopf-Seitenansicht. Im übrigen ist der feine, schmale Unterkiefer ein Schritt auf dem Wege zum Rückbiß des Unterkiefers und insofern auch aus züchterischen Gründen zu bekämpfen.

Bei den Behängen gibt es auch ein Zuviel. Sehr feine, sehr lange Behänge neigen dazu, wie beim Basset Artesien Normand in Vorhangfalten zu hängen, die Vorderkante der Behänge hängt dann nicht mehr optimal an den Wangen anliegend. Daß die übermäßige Länge auch dazu führte, daß Meutehunden in vergangenen Jahrhunderten dann einfach soweit gekürzt wurden, daß die Unterkante bei der Jagdarbeit nicht mehr auf den Boden aufstieß, gibt Hinweis genug, daß die Länge aus vernünftigen Gründen abgegrenzt sein muß. Die Standardforderung, daß die Behänge auch nur fast bis zum Ende der Nase reichen müssen, wenn nach vorn gezogen, ist keine Willkür, sondern funktionale Erfahrung.

Auch die obere Halslinie hat ihr Zuviel und Zuwenig. Zuwenig ist, wenn die Oberlinie konkav gebogen ist: der sogenannte Schafshals ist bei Beagles eben schlicht der falsche. Die Halslinie muß konvex gebogen sein, unmittelbar hinter dem Hinterhaupt sind Rüden in der Regel besser bemuskelt und modelliert als Hündinnen - am Hals allein muß erkenntlich sein, ob Rüde oder Hündin vor einem stehen. Ein Halsprofil wie ein Ofenrohr ist ebenfalls nicht beagletypisch.

Die richtige Länge des Halses wird ähnlich wie bei den Behängen ganz einfach dadurch definiert, daß ein Beagle mit richtiger Halslänge mühelos seine Nase zum Boden bringen kann. Längere Hälse sind modische Wünsche und aus funktionalen Gründen abzulehnen. Ein Schwanenhals hat eben nur Ledas Entzücken in Aussicht gestellt, Beaglekenner läßt er schaudern. Kurze Hälse sind ein solider Hinweis darauf, daß an der Schulterkonstruktion dieses Beagles was faul ist.

Der Hals darf zwar etwas Kehlhaut haben, aber weder soviel wie ein Basse Hound noch so trocken sein wie beim Dobermann.

Die Vorhand soll natürlich gut gewinkelt sein, hier beschreibt der Standard eher den Wunsch als die Wirklichkeit. Die Vorhandkonstruktion bei den Beagles ganz allgemein läßt heutzutage in der Regel zu wünschen übrig. Weder sind meist Schulterblatt und Oberarm von der erforderlichen Länge noch optimal zueinander gewinkelt gelagert, um dem Hund jenen mühelosen freien Raumgriff zu bescheren, den man allerdings zugegebenermaßen auch bei anderen Rassen nur selten antrifft. Leider sind viele Beaglebesitzer so sehr an den Anblick der Bewegung ihres Hundes gewöhnt, daß sie darin keinen Mangel sehen können. Hier kann nur dazugelernt werden, wenn Leute, die das nicht nur sehen, sondern auch erklären können, das auf Anforderung vermitteln und wenn Züchter die Verbesserung dieser Situation ganz vornan auf ihr Panier schreiben.

Ver(d)erblich ist des Tigers Zahn !

Das beliebteste Feld für die Zähler ist die Gebißkontrolle. Die Mehrheit der Rassekenner weiß wohl, daß die Rasse Beagle von Gebiß-, Zahn- und Kieferfehlern noch recht selten heimgesucht wird. Sie prüft daher nur Vollständigkeit und Schluß der Schneidezahnreihen, dazu Vorhandensein der vollständigen Reihen von Vormahlzähnen (Prämolaren). Die Zähler hingegen verlangen das vollständige Gebiß, auch die Molaren oder Mahlzähne, zu sehen, was heißt, daß der geplagte Beagle das Maul weit und lange aufreißen muß.

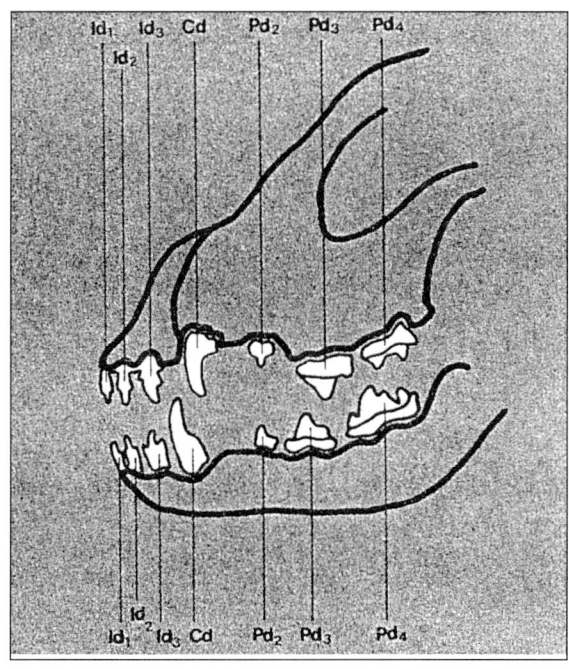

Als Vergleich hier das Milchgebiß und das Dauer- oder Ersatzgebiß, hier eines Deutschen Schäferhundes. Das Beaglegebiß ist bei korrekter Kopfproportion nur geringfügig gestauchter. Ein Grund dafür, daß Zähne keinen Platz haben könnten, besteht jedoch nicht.

Im Beagle Club Deutschland wurde daher das Institut geschaffen, daß die Vollständigkeit des Gebisses vom röntgenden Tierarzt dann geprüft wird, wenn der Hund vor der Zuchtverwendung ohnhehin zur Prüfung der Hüftgelenke eine Vollnarkose erhält, in der ihn die Beschau und das ausführliche Zählen herzlich wenig stört. Hoffen wir, daß die Zähler wissen, was da vorgefunden werden sollte, das Vorgefundene dann korrekt sehen und auch noch zählen können. Und dann unbestechlich, selbst wenn es zum Nachteil des hernach die Liquidation bezahlenden Kunden sein sollte, das auf der Ahnentafel bzw. auf dem Gebißbefundbogen dokumentieren.

Da aber alle unsere Hundeausstellungen Zuchtschauen sind, bei denen die Hunde hinsichtlich ihrer Eigenschaften, die sie gegebenenfalls an ihre Nachkommen weitergeben, begutachtet werden, ist es berechtigt, auch auf Hundeschauen die Gebißkontrolle als Selbstverständlichkeit zu betrachten. Oder würden Sie einen Beagle kaufen wollen, der mangels Zähnen sein Hasenfilet 'auf den Felgen' kauen muß? Einen weiteren wichtigen Aspekt hat die Gebißkontrolle im Ring: wie der Beagle die Gebißkontrolle duldet, wenn sie mit Routine, nämlich bestimmt aber nicht grob und unter Loben des Hundes durch seinen Vorführer gemacht wird, ist auch eine Art Verhaltenstest.

Zähne zusammenbeißen !

Die von meiner Frau und mir selbst gezüchteten und die von mir gerichteten Hunde sind zusammen mit den nur 'besichtigten' sicherlich über 2000 Beagle, denen ich ins Maul geschaut habe. Aber außer ein paar überzähligen Schneidezähnen, ein paar Schneidezähnen, die wie gespalten strukturiert waren, dazu das Fehlen verschiedener Prämolaren ist mir bei dieser Rasse nichts Wesentliches an Gebiß-Abweichungen in alarmierend hoher Häufigkeit aufgefallen. Dazu kommen freilich noch die 'normale' Rate des gelegentlichen Kieferfehlers wie Vor- oder Rückbiß des Unterkiefers.

Da aber unseligerweise der Beagle ja auch Versuchstier Nr. 1 unter den Hunden ist, liegt aus den Anstalten, die für solche Verwendung Beagle züchten, mehr Material vor. Erhebliche Unterschiede zwischen Europa und Amerika, insbesondere bei Zuchtlinien, die für Haustierhaltung und für Ausstellungen gezüchtet wurden, sind freilich denkbar. So berichten Clark und Stainer ohne nähere Häufigkeitsangaben, daß der Gebißschluß häufig unkorrekt sei, aber die Zähne stets vollständig ausgebildet würden. Das heißt ganz offenbar, daß bei Versuchstierzuchten Kieferfehler häufiger beobachtet wurden als uns dies in unserer 'Szene' bekannt ist.

Wenn sonst vorzügliche Hunde bei insgesamt kräftigen Zähnen für ihre Körpergröße auch noch neben einem satten Gebißschluß eines Scherengebisses einen breiten Unterkiefer zeigen, sollte das sicher lobend erwähnt, deren züchterische Verwendung gefördert werden. Schmale Unterkiefer (mandibula angusta) führen zuerst zu Änderung der Stellung der unteren Fangzähne, sie wachsen nach innen, beißen in das Zahnfleisch (Fangzahnengstand) oder gar den Gaumen des Oberkiefers; dies hat für den Hund eindeutig Leidenscharakter. Eine solche Änderung geschieht jedoch nicht mit einem Schlag: diese Tendenzen kündigen sich an, erste Hinweise sind die anfänglich unregelmäßige Stellung der unteren Schneidezähne, dann das Fehlen von Schneidezähnen. Gemessen daran, wie selten dies bei Beagles vorkommt, gibt es im Interesse der Rasse keinen vernünftigen Grund, einen Hund mit einer solchen Abweichung als Zuchttier zuzulassen.

Es ist gute Übung bei allen Rassehundezuchtvereinen, die Rassen mit 'normalem' Gebißschluß zu zubetreuen, diejenigen Hunde, die einen deutlichen Vor- oder Rückbiß des Unterkiefers zeigen, nicht zur Zucht zuzulassen. Den von (Unter)Kieferfehlern betroffenen Hunden schadet dies freilich meist nicht im geringsten. Hier sollte noch ein Wort über jene Gebißform gesagt werden, bei der die unteren Schneidezähne nicht senkrecht im Kiefer, sondern schräg nach vorn stehen und das Bild eines Vorbisses ergeben. Hat dieser Hund die oberen kräftigen und endgültigen Schneidezähne zuerst bekommen, können die erst später nachfolgenden unteren Schneidezähne nach vorn gedrückt haben. Also kein echter Vorbiß, aber eben auch nicht erwünscht, der Zuchtausschluß eines solchen Hundes ist angesichts der vielen übrigen korrekten Beaglegebisse gewiß für die Rasse kein Verlust. Echter Vorbiß (des Unterkiefers) geht immer mit einer Verkürzung des gesamten Gesichtsschädels mitsamt Oberkiefer einher.

Eine vorzügliche röntgenologisch klare Darstellung der Entwicklungsfolge des Beaglegebisses findet sich übrigens in Andersens allerdings nur englisch vorliegendem Grundlagenwerk über den Beagle als Versuchshund.

Mopsgesicht oder Windhund ?

Gesicht als Wortentwicklung geht auf das Wort 'sehen' zurück.

Zuerst ein paar Worte zum Sehen bei Hunden überhaupt. Hunde sehen besser im Dunkeln, denn ihre Netzhaut im Auge hat mehr Stäbchen, die auf niedrige Lichtintensität ansprechen als der Mensch; ihre Regenbogenhaut im Auge reflektiert auch geringen Lichteinfall so, daß diese Stäbchen es auswerten können. Hunde sehen aber dann miserabel, wenn wir unsere räumliche Wahrnehmung zum Maßstab machen, denn sie haben die Augen so eingesetzt, daß das Gesichtsfeld des Auges nun mal vom Fangrücken eingeschränkt wird: der Hund kann sich nicht 'über die Nase schauen'.

Bei Hunden, die einen gestreckten Kopf haben wie Windhunde, überdecken sich nur zwei winzige Anteile der Gesichtsfeld-Sektoren der beiden Augen: in diesem Bereich kann dieser Hund Objekte räumlich, sozusagen in Stereo sehen. Hunde hingegen, die einen gedrungenen Schädel haben, in dem die Augen weit vorn nahezu in einer Ebene und ein wenig hervortretend angeordnet sind wie Möpse oder Bulldoggenartige, haben hier natürlich einen weitaus größeren Bereich, in dem sie Dinge räumlich wahrnehmen, denn die Gesichtsfelder ihrer beiden Augen überdecken sich weiter.

Kein Grund jedoch, dem Beagle einen gedrungeneren Kopf anzuzüchten, denn Hunde sind überlegene Bewegungsseher. Stillstehende Objekte können Hunde ganz schlecht wahrnehmen; sie versuchen, solche Objekte meist mit Hilfe ihres nun wirklich hervorragenden Geruchssinnes zu identifizieren. Sind sie davon zu weit weg oder 'unter Wind', wirken Hunde da recht tölpelhaft. Dinge jedoch, die sich bewegen, sehen Hunde schärfer, schneller und sie haben wohl auch ein hervorragendes Gedächtnis für Bewegungsmuster. Sie können also ihnen bekannte Hunde schon auf weite Entfernung an ihren individualtypischen Bewegungen erkennen; Beagles sind natürlich wahre Meister darin, auch auf weite Entfernung herauszufinden, ob da ein Hund oder ein Hase in weiter Entfernung läuft.

Menschen haben wegen ihrer fast in einer Ebene angeordneten Augen ein hervorragendes räumliches Wahrnehmungsvermögen, sind aber recht mittelmäßige Bewegungsseher. Es sei denn, je nach Geschlecht, Marilyn Monroe oder Richard Gere gingen vor ihnen her.

Knochenstärke. Was bitte ?

Ein untaugliches Wort, besonders wenn man an Speisestärke oder an gestärkte Baumwollhemden denkt. Gemeint ist ein Sammelbegriff von Wandstärke der Laufknochen, ihrem sich über die Länge der Laufknochen stets verändernden Durchmesser, ihre Wandstärke, das Maß der Ausfüllung mit knöchernem Stützgewebe und die Abmessungen der Gelenkköpfe. Das kann man eigentlich alles nicht sehen, da ja die Knochen von Muskeln, Sehnen und Haut umgeben sind; in Ansehung des Gesamttyps des Hundes, seiner typischen Bemuskelung am übrigen Körper entsprechend kann man aber sehr wohl sagen, ob es sich hier um ein dünnknochiges oder kräftiges Exemplar handelt.

Kurz gesagt, diese Faktoren erzeugen einen erheblichen Teil der im Standardtext für die Vorhand geforderten 'Substanz', ohne starke Knochen sieht ein Beagle eben mehr wie ein Spielzeug-, Stadt- und Sofahund als wie der elegante Landedelmann mit selbstverständlichen sportlichen Fähigkeiten und Neigungen aus.

Krumme Beene ......

Es ist eine Gesetzmäßigkeit bei Hunden, daß der Unterarm wegen der Krümmung der Speiche und der seitlich hervortretenden Bemuskelung um so krummer aussieht, je kürzer der Unterarm ist. So hat mancher sehr knochenstarker Beagle die offensichtliche Tendenz, krummbeinig auszusehen. Eben diese Hunde sind denn auch meist niederläufig. Hunde nennt man dann niederläufig, wenn ihre Unterarme und Unterschenkel übermäßig kurz sind - und folgerichtigerweise hochläufig, wenn diese Teile übermäßig lang sind. Beim Beagle kann man diese Übermäßigkeit, sei sie nun auf Hoch- oder Niederläufigkeit bezogen, sehr gut an dem vom Standard vorgegebenen Maßverhältnis abschätzen. Nämlich, daß die Entfernung von der Standfläche des Hundes bis zum Ellenbogen und die vom Ellenbogen bis zum Widerrist gleich sein sollen.

Wenn man ergeben nickt..

Wie weit die Schulterblätter sich am Widerrist einander nähern, hängt hauptsächlich von zwei Voraussetzungen ab. Die eine ist, daß unser Beagle einen Brustkorb mit dem vorschriftsmäßig eiförmig-ovalen Querschnitt hat und nicht einen unrichtigen tonnenförmigen - dann können die Schulterbläter nicht nahe genug zusammenkommen, in der Kynologie 'offener Widerrist' genannt. Die andere, daß das Schulterblatt lang genug ist. Das prüft auch ein Zuchtrichter im Stand. Ganz ausgefuchste Vorführer bringen, wenn nun mal die Schulter ihres Hundes so perfekt nicht ist, während der Richter beim Prüfen ist, den Hund dazu, den Kopf zu senken. Schon liegen die Schulterblätter näher zusammen. Und ein erfahrener Zuchtrichter, der hoffentlich vormals ein erfolgreicher Aussteller war und diesen Trick kennt, weiß schon, was er nochmal prüfen muß.

Karussellpferd oder Straßenbahn oder
Der Widerrist als Hilfspunkt

Der Hund ist sicher dann optimal gebaut, wenn er sich mit geringster erforderlicher

Energie von A nach B bewegt. Je weniger Energie ein Hund hierfür verbraucht, um so eher wird er in der Lage sein, einen ganzen Jagd- oder Arbeitstag lang zu gehen, traben und zu galoppieren und auch am Ende des Tages noch genügend Kraft zu haben, um müde aber vergnügt nach Hause zu trotten. War es doch vor der Zeit der Selbstverständlichkeit des Autos als Hundetransportmittel noch für die Beagles der englischen Hasenmeuten üblich, nach dem langen Jagdtag viele Meilen, oft so gute zwanzig Kilometer nach Hause gehen zu müssen, während ein Jagdgehilfe der Meute zu Pferd voranritt, der andere hintendrein. Wer von den Hunden da, ohne verletzt zu sein, zurückblieb, war bald nicht mehr in der Meute und fand schon gar keinen Eingang in die Zucht.

Nun ist eine gute Widerristlage, nämlich über die Linie der Wirbelsäule hinaustretende Schulterblattränder, nicht das einzige, was bei der Betrachtung der sogenannten 'kynologischen Seitenansicht', des stehenden Hundes, geprüft wird. Die Beobachtung des Widerristpunktes kann auch eine gute Hilfe für die Beurteilung sein, ob das Gangwerk harmonisch, nämlich so effizient wie möglich ist.

Es ist folgerichtig so, daß jeder gedachte Punkt von Kopf, Hals und Rumpf - und man kann optisch eben einen hervorstehenden Punkt der Außenlinie besser im Auge behalten als einen, der mitten in der Körperfläche angenommen wird - idealerweise ausschließlich horizontale Vorwärtsbewegung zeigt, wenn der Hund sich nach vorn bewegt. Vergröbernd kann man sagen: es bewegt sich jener Hund besser, dessen Widerrist sich bei der Gangart mittlerer Trab wie ein Schienenfahrzeug ('Straßenbahn') nur vorwärts bewegt wird, sozusagen 'fährt' (hier wird die Energie ausschließlich für Vorwärtsbewegung verwendet), als ein Hund, bei dem dieser Punkt erkennbar nicht nur vorwärts, sondern auch noch auf und ab, in der Bewegung folgenden Wellen ('Karussellpferd') bewegt wird.

Nun tut der Hund so etwas ja nicht, weil er diesen Gang für attraktiver hält; er bewegt sich vielmehr so, weil seine Maßverhältnisse, seine Knochen- und Muskelverhältnisse ihm keine andere Wahl lassen. Und dann ist es an den versierten Züchtern oder Zuchtrichtern, zu sagen, wo züchterisch die Konstruktion dieses Hundes zu bessern wäre.

Verlust der Mitte ?

Die dreizehn Rippen des Beagles bilden ein sinnreiches Gerüst, das die lebenswichtigsten Organe des Hundes umschließt. Die ersten neun stehen fast senkrecht unter der Wirbelsäule und sind die Träger des Rumpfes, am ersten Rippenpaar ist die Verspannung mit der Halswirbelsäule des Hundes befestigt. Den Rumpf tragen und einen stabilen Korb bilden können die Rippen jedoch nur, weil sie neben der Befestigung an der Wirbelsäule auch noch in der Mitte unter dem Brustkorb mit dem Brustbein verwachsen sind. Dies meist nicht bewußt wahrgenommene Brustbein hat aber eine weit unterschätzte Bedeutung für die Gestalt und das Profil des Brust- oder Rippenkorbes. In seinem vorderen Bereich ist es aufwärts gekrümmt und bestimmt das Maß der 'Vorbrust', dann ist es (untere) 'Mitte' des Rippenkorbs.

Wie lang es beckenwärts nach hinten verläuft bestimmt zusammen mit der Gestalt der anderen, 'falschen' Rippen, die so genannt werden, weil sie nur am unteren Ende miteinander zusammengewachsen sind, die untere hintere Ausdehnung des Brustkorbs und damit seinen Rauminhalt. Ist das Brustbein lang, bietet der Brustkorb viel Raum, sagen die Zuchtrichter, der Hund sei 'gut aufgerippt'. Wenn das Brustbein kurz ist, wie es gegenwärtig immer häufiger in Zuchtschauringen entdeckt wird, fehlt dem Rippenkorb über eine beträchtliche Strecke die Mitte.

Das ist für einen Hund, dessen Markenzeichen durch Jahrhunderte seine Dauerleistungsfähigkeit bei bester Gemütsverfassung war, ein äußerst ernster Fehler. Wie schon Hugh Dalziel 1880 in seinen 'British Dogs' zur Erläuterung des Körperbaus beim Beagle sagt: "..die Rippen müssen stärker gewölbt sein als beim Foxhound, die hinteren Rippen müssen tief hinabreichen." Kurze Rippenkörbe sind äußerst ernste, von vielen Züchtern garnicht beachtete oder wenn beachtet, weitaus unterschätzte Abweichungen. Sie nehmen dem Beagle, weil sie den lebenswichtigen 'Motorraum' für Herz, Lunge und die anderen Betriebsorgane einengen, einen seiner wichtigsten Eigenschaften, die Dauerleistungsfähigkeit. Beagles, die mehr können sollen als 20 Minuten schön im Ring stehen, brauchen einen langen Brustkorb. Und dazu brauchen sie ein langes, nach hinten reichendes Brustbein.

Mies van der Rohe: Form follows function

Der vorgenannte Herr (*1186 Aachen, +1969 Chicago), man verzeihe dem Autor berufsmilieugeschädigte Ausflüge, war einer der weltweit berühmtesten Architekten, der von Deutschland, dort 1929-33 Direktor des Dessauer Bauhauses, nach USA auswandern mußte und dort zu einer Weltautorität in Design und Architektur schlechthin wurde. Der oben zitierte Lehrsatz ist sein berühmtester Grundsatz und hat, der Natur listig abgeschaut, damals wie heute globale Bedeutung.

Natürlich gehören zum Gebäude sämtliche Körperteile des Hundes, also auch der Kopf und Hals, die Gliedmaßen ebenso wie die Rute. Gleichwohl haben wir uns mit diesen Körperteilen einzeln bereits in den Kommentaren zum Standard beschäftigt, ebenso in diesen meinen höchst privaten Randbemerkungen oder tun das im Folgenden noch.

Hier liegen mir mehrere unzensierte Kommentare auf der Zunge: zur Proportion der Rasse generell, ihrer drohenden Kurzbeinigkeit und ihrer immer schlechter werdenden Vorhandbewegung, aber auch ein Kommentar zur Länge des Brustbeins und schließlich zur rassetypischen Kruppenlage.

Wenden wir uns zuerst dem größten volumenbildenden Teil des Rumpfes, dem Rippenkorb zu. Gewiß will der Beaglestandard einen tiefen, in seitlicher Ansicht bis unter den Ellbogenpunkt reichenden Brustkorb, über die Breite oder räumliche Tiefe des Rippenkorbs in seinen Teilen sagt der Standard jedoch nichts. Hier zitiere ich Christian Nau, einen Windhundzüchter, der sich erfreulicherweise auch für andere Rassen interessiert und mutig genug ist, seine Ansichten zu publizieren: "...erstreben wir einen Brustkorb, der breit sein soll, aber auch tief - hat man die Breite verstärkt, will man wieder mehr Tiefe...Der Brustkorb bis unter den Ellenbogen ist bei laufenden Rassen eine Showqualität, keine Leistungsqualität. Die Auffassung, daß solche Brustkörbe sein müssen, um große Lungen und ein leistungsfähiges Herz zu haben, ist hanebüchen. Der Hund mit dem vielleicht rundesten Brustkorb ist die (englische) Bulldogge, die auffallend oft Atemnot und Konditionsprobleme hat, da die maximale Wölbung kaum Ausdehnung zuläßt. Im hinteren Teil des Brustkorbes, bei dem deshalb eher Länge als Breite erforderlich ist, findet der Hauptteil der atmungsrelevanten Bewegung statt."

Hier will der Autor ergänzen, daß im hinteren Teil des Brustkorbes das Zwerchfell wie ein gut bemuskeltes Schott Brust- und Bauchraum trennt. In Stand und Ruhe wird die Füllung und Entleerung der Lungen durch Muskelarbeit des Zwerchfells und der daher Atmungsrippen genannten hinteren kurzen Rippen bewirkt. In der Bewegung wird (nach Klärner) ein großer Teil dieser Muskelarbeit durch die bewegungsbedingte Verformung des Brustkorbs und die kolbenartige Hin- und Herbewegung der Masse der hinter dem Zwerchfell befindlichen Eingeweide ersetzt. Nun wieder zurück zur Form des Rippenkorbs. Auch Nau stützt sich auf eine Liste, die Curtis M. Brown in seinem Buch aufgestellt hat. Sie gibt gemessene Verhältniszahlen wieder, die sich aus Abstand des Rippenkorbs vom Boden einerseits und die für die jeweilige Rasse mit der Zahl 1 bewertete Brusttiefe ergeben. Hier rangiert der Beagle in der Spanne vom Mähnenwolf (1.50) über Windspiel, Podenco (1.40), Pointer und Deutsche Dogge (1.22) mit 0,80 noch hinter dem Berhardiner und ist unmittelbarer Nachbar des Bullterrriers, der immerhin noch 0.77 hat.

Mit Recht kommt hier der Einwand, daß Brown als Meßobjekte 'nur' amerikanische Beagle hatte und da, weil Brown in den Südstaaten der USA zuhause ist, wohl vorwiegend Field-Trial-Typen zur Verfügung standen, diese Zahl für den europäischen Kontinent und die Britischen Inseln nicht repräsentativ seien.

Mag sein - am besten ist aber doch eigentlich, Sie legen dieses Buch für einen Moment zur Seite und messen Ihren oder alle Ihre Beagles, sodaß Sie einen Begriff von den Maßverhältnissen erhalten. Dennoch halte ich es für unwahrscheinlich, daß diese Hunde excessiv von den landesweit vertretenen Typen allzusehr abwichen - Brown, Beagle-züchter, Beaglerichter, Vermessungsingenieur und begabter Beobachter, hätte dies gewiß nicht übersehen, schließlich sprechen die Beagleabbildungen in seinem Buch dagegen.

Im übrigen haben Field-trial-Beagle offenbar eher einen weniger breit bzw. räumlich tief ausgeprägten Rippenkorb als Show-Beagle, denn Holcombe sagt 1954, als die Rasse dem Zenith ihrer Popularität zustrebte, die Hauptbeschwerden der Field-Leute richteten sich einerseits gegen die zu steile, unbewegliche Vorhand. Eine solche Vorhand sei nicht in der Lage, den Hund über die gewünschte Zeit beschwerdefrei zu tragen. Der Mangel an Vorhandwinkelung bewirke einen Mangel in der Abfederung der auf die Vorhand kommenden Belastung und belaste so das Skelett übermäßig. Ihr nächstwichtigster Einwand ist andererseits die von den Schauleuten als unerläßlich betrachtete Brustbreite.

Die Field-Leute machen geltend, daß ein solchermaßen in der Frontansicht auch im unteren Bereich breit ausgeformter Rippenkorb den Hund in seiner Bewegung eher hindere; eine freie, behende Bewegung komme nur dann zustande, wenn der Rippenkorb (zu seiner Unterseite hin) nicht breit sei und nicht an seiner Unterseite abgeflacht, sondern (gemeint ist sicher der Querschnitt) zu einer schmalen Spitze zulaufe.

Hart wie Kruppstahl

Die Überschrift ist gewiß vordergründig ein Kalauer. Dennoch zählt die Kruppe zu den Schlüsselpartien im Hundeskelett, was die Erscheinung der Hinterhand in ihrem Rumpfanteil angeht. Die Kruppe ist derjenige Körperteil, der vom Kreuzbein, den ersten vier Schwanzwirbeln und dem Hüfthöcker des Beckens unterlagert wird. Länge und Lage der Kruppe tragen in hohem Maße zum erwünscht rassetypischen Erscheinungsbild bei. Der Laie mag sich das am besten vergleichend deutlich machen, wenn er die Abbildung eines stehenden Boston Terriers und die eines Beagles nebeneinander betrachtet. Der Bostonterrier hat nach der Lende ein kurzes und nach hinten abfallendes 'Stück Oberlinie', an dem das kleine, maximal waagerecht getragene Reststückchen Rute tief angesetzt ist.

Der Beagle hingegen soll eine möglichst lange, aber auch höchstens waagerecht liegende Kruppe haben, in deren Weiterverlauf die Rute in derselben Ebene angesetzt ist und höchst rassetypisch senkrecht aufragend getragen wird.

Im Ring prüft der erfahrene Zuchtrichter, ob die nun eben mal entlang der Mittelachse des Rückens längeren Stockhaare eine zu schräge Kruppenlage nicht etwa verbergen: bei senkrecht gestellten Hintermittelfußknochen des Hundes bringt der Richter mit einer Hand die Rute in eine senkrechte Position und streicht mit der anderen Hand rutenwärts über den Hunderücken. Hat der einfallsreiche Besitzer nun die Unterwolle vor dem Kruppenanfang kurz- oder ausgetrimmt, sie aber zum Kruppenende und Rutenansatz hin stehen lassen, gleicht das die abfallende Oberline einer zu schräg liegenden Kruppe scheinbar aus. Die Hand des Richters aber fühlt, ob's waagerecht weitergeht oder eben, ob's abwärts geht. Beim Beagle darf's nicht abwärts gehen.

Nun ist der Grund für diese Standarderwartung keine verselbstständigte Schönheitsempfindung, sondern ebenfalls funktional begründet. Um denselben Schub zu erzielen wie an einer korrekt waagerecht liegenden Kruppe, müßte die an einer schrägliegenden Kruppe angesetzte Hinterhand stärker gewinkelt, tatsächlich überwinkelt sein. Die Muskel- und Bewegungsarbeit wäre dann für jede Einzelbewegung dieser Gliedmaße erheblich gemehrt. Mehr Arbeit kostet mehr Kalorien, ist weniger effizient. Funktional gesehen, ist aber derjenige Hund optimal gebaut, der dieselbe Strecke mit gleicher Geschwindigkeit und dem geringsten Kalorienaufwand zurücklegt. Erfahrungsgemäß haben Beagles, die eine schrägliegende Kruppe zeigen, eher eine wenig gewinkelte Hinterhand, zeigen also dort eine geringere Schrittweite und weniger druckvollen Schub, der ja nur aus der Hinterhand kommen kann.

Die Lende

Auch wenn die Lendenwirbelsäule eine von der Natur genial ersonnene unglaublich starke knöcherne Stützachse ist, die enorme Kräfte, vornehmlich in Richtung der Horizontalen, überträgt, ist sie eben doch, weil sie nicht von begleitenden Traggliedern unterstützt wird, stark beansprucht. Man darf nicht vergessen, daß sie zusätzlich zu den Horizontalkräften auch noch die vertikal angreifenden Kräfte des Tragens des 'darunterhängenden' Bauchraums übernimmt. Dies wird dann besonders deutlich, wenn eine Hündin trächtig ist: das ganze Welpengewicht und das des vielen Fruchtwassers wird in dieser Körperregion abgetragen, muß von der Lendenwirbelsäule aufgefangen werden.

Nun wird verständlich, daß hier am ehesten Bandscheibenverschiebungen und Verknöcherungen der Wirbelsäule stattfinden. Insbesondere wenn Hunde disproportioniert sind. Teckel und Basset Hounds sind von solchen Beschwerden geplagt.

Der Beagle als Rasse ist von seinen Züchtern der letzten fünfhundert Jahre nicht ohne Grund mit langem Rippenkorb und kurzer Lendenpartie gezüchtet worden. Nur wenn die Lende gut bemuskelt, fest und drahtig ist, hilft sie der Lendenwirbelsäule, jenem nicht unterstützten Teil der Wirbelsäule, nicht nur Dreh- und Angelpunkt flexibler Bewegung fast wie der Sattel eines Sattelschlepper-Lastzuges oder besser Kupplung und Gelenk eines geländegängigen Amphibienfahrzeugs zu sein. Sondern sie überträgt dazu noch den enormen Schub einer gut gebauten Hinterhand auf die vordere Körperhälfte.

Hintermittelfußwurzel- oder Sprunggelenk

Mir geht es stets so, daß ich Dinge dann besser behalte, bedenke und ernster nehme, wenn ich sie von Leuten höre, die mich als Persönlichkeit beeindrucken. So hat einst der mittlerweile verstorbene Dr. Scherer, ein erfahrener Tierarzt, Züchter und Spanielrichter mir auf die Frage, wo denn eigentlich Laufknochensubstanz am sichersten zu beurteilen sei, lakonisch geantwortet: "Am Sprunggelenk!". Er hat mir dann erst auf Befragen ausführlicher erklärt, daß er bei jenen Hunden, die ein kräftiges, breites, knochenstarkes Sprunggelenk zeigten, auch sonst kräftige Laufknochen gefunden, nie aber Bänderschwächen oder Erkrankungen des Bewegungsapparates gesehen habe. Vielleicht mit diesem Gesamtanspruch ein wenig pauschal, aber gewiß in die richtige Richtung weisend. Da nach meiner Beobachtung der Blick über den Zaun zu anderen Hunderassen nie schadet, rate ich allen Beaglefreunden, einmal die Knochenstärke am Sprunggelenk eines hoch prämierten Deutschen Schäferhundes zu betrachten. Wenn die Beagle entsprechend starke Sprunggelenke hätten, wäre dieser Punkt züchterisch zufriedenstellend erledigt.

Beim Suchen historischer Beaglespuren in der britischen Hundeliteratur erwies sich dann bald, daß dieser Grundglaube schon länger gepflegt wird. Sagt doch Hugh Dalziel 1880 in 'British Dogs': über die Beagles seiner Zeit: "...stärkere Hintermittelfußwurzelgelenke, als man allgemein sieht, wären eine Verbesserung.. ."

Weil Wiederholung nicht schadet, sei hier angefügt, daß kräftige Laufknochen deshalb erwünscht sind, weil mit dem Ansteigen der Knochenstärke auch die Ansatzflächen für Muskeln, Sehnen und Bänder größer wird. Eine Hunderasse, deren historische Berechtigung sich aus nahezu unermüdlicher Bewegung in jedem Gelände herleitet, muß die Grundforderung eines möglichst stabilen und gesunden Bewegungsapparates mit Sicherheit erfüllen.

Warum Katzenpfoten ?

Die Schöpfer des Beagle in seiner heutigen Erscheinungsform, die 'huntsmen' der Meuten seit etwa 250 Jahren, haben sich für die senkrechte Stellung des Vordermittelfußes entschieden, weil sie die Beugesehnen der Vorderfußwurzel weniger beansprucht.

Diese Stellung hat, wie jedes Ding, freilich nicht nur Vorteile. Es wird leichter verständlich, daß diese Stellung die darauf einwirkenden Kräfte weniger gut abfedert als ein von dieser senkrechten Linie abgewinkelter Laufteil, wenn man selbst einen Versuch anstellt. Man stößt einmal mit einem Besenstiel fest auf den Boden, dann genauso fest mit einem ebenso starken Ast, der im unteren Teil wie ein Eishockeyschläger gekrümmt ist. Wie man sieht, vielmehr fühlt, fühlt man bei der senkrechten Stellung des Besenstiels die volle Wucht des Aufpralls in der den Besenstiel haltenden Hand. Genauso kommt das Gewicht seines nach vorn geschleuderten Körpers Hund auf diesen Lauf, auf die an die unten liegende Pfote. Die muß folglich gut gepolstert sein, also möglich dicke Pfotenballen haben. Und dazu kürzere Pfoten, um die gesamte Sohlenfläche möglichst zu konzentrieren, aber auch stärker aufgebogene Zehen, die besser abfedern als flache Zehen. Auch das können wir bei uns selbst testen, wenn wir wollen, mit den eigenen Füßen. Wenn wir die Zehen krümmen, haben wir auch einen geschlosseneren Fußrand, wie die Katzen, darum Katzenpfoten.

Weil auch ein Beaglebuch anregen soll, über den eigenen Tellerrand hinauszuschauen, sei hier angefügt, daß der gekrümmte Ast den Stoß in unserem Eigenexperiment erträglich abfederte. Also brauchen die Pfoten bei Hunderassen, die keinen senkrecht stehenden Vordermittelfuß haben und durch diesen Winkel schon einiges abfedern, nicht ganz so gut gepolstert sein; die geringere Pfotenpolsterung und die längere, schmalere Pfotenform zum Besipiel beim Deutschen Schäferhund ist somit seinem geneigter gestellten Vordermittelfuß ebenso perfekt angepaßt wie untereinander Vordermittel-fußneigung, Pfotenform und Ballenpolsterung beim Beagle.

Der Bewegungsapparat beim Laufhund Beagle

Nach Beobachtung vieler Rassen bin ich zu der Überzeugung gekommen, daß sich bei Hunden hinsichtlich des Bewegungsapparates mit der Qualität der Vorhandkonstruktion die Spreu vom Weizen scheidet. Einer der Gründe ist das Problem der kynologischen Volksbildung. Denn selbst dem an Hundefragen brennend interessierten Laien kann die Bedeutung der Vorhand beim Hund allgemein und beim Beagle nur schwer nahegebracht werden. Man kann's nur selten irgendwo lesen; und selbst wenn einem Kenner die wesentlichen Dinge am lebenden Hund zeigen, braucht man jahrelange Erfahrung, um diese Dinge schnell und richtig sehen zu lernen.

Gerade der Beagle aber ist hierfür ein Mustermodell, da dessen Bau an den Anfor-derungen an eine geländegängige Dauerleistungsmaschine, die dabei noch schwerste Spürarbeit leistet, gemessen werden muß.

Vielleicht nützt es, wenn man sich verdeutlicht, daß der Kopf mit seiner erheblichen und daher schweren Knochenmasse und der muskulöse Hals, die beide bei der Spurarbeit nach vorn gestreckt werden, aber auch der Rippenkorb mit allen lebens-wichtigen Organen sich vornehmlich auf die zwei Vorderpfoten stützt. Dies schon allein, wenn der Hund nur stillsteht.

Wenn jedoch der Hund läuft, ja rennt, dabei Wendungen und drastische Richtungs-änderungen macht, kommt der enorme Vorwärtsschub dazu, der noch zusätzlich von der Vorhand des Hundes, seinen Knochen, Bändern, Sehnen und Muskeln aufgefangen und umgesetzt werden muß.

Die Beurteilung der Vorhand ist schon im Stand nicht leicht. Das geht nicht mit Winkelmaß und Zirkel. Die Beurteilung geschieht anfänglich nach visueller Einschät-zung. Erst nach Abtasten vieler vorzüglich gebauter Hunde entwickelt man schließlich ein Gefühl dafür, wie die Elemente Schulterblatt, Oberarm und Unterarm, Mittelfuß und Pfoten in ihren Maßen und Ausformungen und in ihren Winkeln zueinander stehen sollten; die so erworbene Kenntnis läßt sich schließlich wieder in visuelle Erfahrung umsetzen; das macht das Auge des Zuchtrichters. Diese Erfahrung wird dann zuverlässig, wenn sie dadurch ergänzt wird, daß man gelernt hat, Bewegungsmängel analytisch zu sehen und zu wissen, was sie verursacht.

Lernen kann man das auch, durch Lesen. Im Deutschen jedoch gibt es nur ein Werk über die Bewegung des Hundes; alle anderen Ausführungen sind nur in englischer Sprache zugänglich, aber eigentlich für eine gründliche Erkenntnis der komplizierten Abläufe unerläßlich. Wißbegierigen sollten Zuchtrichter diese Titel nennen können.

Ausrufungszeichen !

Ich erinnere mich, daß ich als Kind, wiewohl das nun bald ein halbes Jahrhundert her ist, abstoßend fand, daß die Boxerhunde der Nachbarschaft ihre Stummelrute immer so erhoben trugen und daher ihre Rückansicht so schamlos preisgaben. Komischerweise hat mich dasselbe Escheinungsbild, als ich meine erste Beaglehündin erwarb, dann doch nicht mehr gestört. Jüngst hat mir ein nicht hundehaltender Berufskollege auf die Gruppe der Hunde mit dem Ausrufungszeichen aufmerksam gemacht. Und tatsächlich: Die erhobene Rute des Beagle und sein 'Rücklicht' bilden wirklich ein wandelndes Ausrufungszeichen.

Auch hier gilt: ein Beagle geht nicht einfach so dahin. Er hat zu allem und jedem eine Meinung, er zeigt seine Stimmung und selbst wenn er weggeht, zeigt er uns ein Ausrufungszeichen. Ich meine, dies ist eine Mahnung an jeden Beaglebetrachter, entschieden und fröhlich zu leben. Beaglehalter haben sich entschieden, sich hieran permanent erinnern zu lassen. Und wirklich: Beaglebesitzer lieben das Leben, sie leben entschieden, sie leben fröhlich. Ausrufungszeichen!

Pilgerade ?

Harry G. A. Hinckeldeyn, den ich an anderer Stelle als Cato den Älteren des deutschen Zuchtrichterwesens vorstellte, hat zu vielen Dingen am Hund sehr entschiedene und meist wohlbegründete Ansichten geäußert. So hat er stets die Meinung vertreten, eine Beaglerute solle pfeilgerade aufrecht getragen werden. Richtig, wenn man davon ausgeht, daß die weiße Spitze sich eben so weit wie möglich oben befinden muß, um beim Stöbern im Bewuchs sichtbar zu bleiben oder wenigstens ab und zu sichtbar zu werden.

Richtig ist dies aber auch nur dann, wenn die Rute so lang ist, daß sie eine gewisse Flexibilität hat. Ganz unnatürlich und mit dem Ruch der Fälschung behaftet sind kurze, steife und wie eingeschlagene Nägel getragene Ruten.

Es ist wohlbekannt, daß nicht nur unseriöse Tierärzte immer wieder 'Korrektur' von durch die Natur nicht nach dem Lehrbuch des Rassestandards geformter Ruten anbieten, sondern daß gewissenlose und betrügerische Züchter solche Angebote auch tatsächlich annehmen. Diese manipulierten Ruten erscheinen meist in der Bewegung nicht natürlich flexibel und werden stereotyp in stets derselben Position getragen. Zuchtrichtern sei geraten, in solchen Situationen lieber nachzudenken, ob es nicht im Interesse einer natürlichen und gesunden Rasse ist, dann lieber den Konkurrenten mit der natürlichen Rute nach vorne zu stellen. Die Rute macht nämlich einen erklecklichen Teil des Gesamteindrucks des Hundeprofils beim Beagle aus: Scherenschnittsilhouetten der Rassen zeigen den Beagle immer mit angemessen langer, säbelförmig aufrecht getragener Rute.

Rutenveränderungen und ihre Bewertung

Es gibt immer wieder in sonst fehlerlosen Würfen Hunde, die Verwachsungen einzelner oder mehrerer Rutenwirbel zeigen. Deswegen begehen Zuchtwarte und Zuchtrichter schwere Unterlassungen, wenn sie nicht jeden ihnen vorgestellten Hund routinemäßig auf Rutenanomalien prüfen. Jede Abweichung in der Ausformung der Rute ist ein anatomischer Fehler - die Rute ist ja schließlich Teil der Wirbelsäule. Und wenn auch die Möglichkeit besteht, daß eine solche Rutenanomalie durch beengte Lage vor der Geburt verursacht worden sein könnte, ist es doch klug, mindestens die Merkmalsträger solcher Abweichungen von der Zucht fernzuhalten. Es ist ja flankierend durchaus interessant, in Zuchtbüchern festzustellen, daß bestimmte Zuchttiere eben mehr als einmal die gelegentliche Knickrute vererben. Dies ist jedoch nur dann möglich, wenn die Züchter dazu ermutigt werden, vollständige und ehrliche Angaben zu machen. Wo in Vereinen Neid und Mißgunst vorherrschen, ist, wenn auch nur scheinbar, alles in Ordnung.

Krumme Nägel und Schneckennudeln:

Eine andere Abweichung ist die überzogene Rute, kein Terminus aus der Sado/Maso-Szene, ein Generalbegriff für entweder Hakenruten, also ziemlich wenig gebogene Ruten, die aber von der Rutenwurzel an recht stark nach vorn gezogen werden, so wie der Daumen Ihrer rechten Hand, wenn Sie die offene Hand anschauen und die Stellung des Daumens zur Handkante. 45 Grad sind da keine Seltenheit - sicher nicht ideal, wenn die Rutenspitze so hoch wie möglich getragen werden soll. Dazu kommt, daß solche Ruten meist recht starr oder gespannt getragen werden. Wenn man sieht, daß dies sogar bei Terriern, denen die Ruten drastisch gekürzt werden, als unschön betrachtet wird, muß dies bei Beagles mindestens als ebenso schwer gewertet werden. Dies ist keine moderne Betrachtung, denn schon Hugh Dalziel merkte in 'British Dogs' 1880 kritisch an: ..; the tail roughish...and gaily carried.. " Während die Bürste an der Unterseite der Beaglerute vollkommen korrekt ist, betrachten wir noch über hundert Jahre später die überzogen getragene Rute als nicht nur funktional minderwertig, sondern allein deswegen mit Recht auch als ausgesprochen häßlich.

Von einer anderen Fraktion sind solche Säbelruten, die sich als afghanische Krummdolche präsentieren. Die lehrbuchhafte Idealform, nämlich daß das von der Rutenspitze gefällte Lot nicht wesentlich vor der Rutenwurzel den Rücken berühren soll, deutlich verfehlen. Hier sind alle Formen der Krümmung denkbar, bis hin zur Posthornrute, bei dem sich ein voller Kreis ergibt. Solche Ruten verderben nicht nur den Ausdruck des beagletypischen Profils, sondern vererben sich zu allem Übel auch noch drastisch. Daher betrügen Eigner solcher Hunde, die eine solche Rutenform mit allerhand Manipulationen, Wickeln, Schneiden, und Dehnen, aber auch mit Wickeln-lassen, Schneidenlassen und Dehnenlassen eben nur befristet erfolgreich korrigieren, nicht nur sich selbst, die Zuchtrichter und das Publikum, sondern, viel schlimmer noch, die arglosen Käufer der von diesen Tieren stammenden Welpen, die mit buchstäblichen krummen Touren getäuscht werden.

"An ihren Kindern sollt Ihr Sie erkennen." Deshalb lege man als Hundebesitzer schleunigst die Illusion ab, man könne auf die Dauer im stillen Kämmerlein etwas manipulieren, das dann draußen doch keiner merke! Es spricht sich in der Hundeszene schnell herum, wo die Zauberkundigen wohnen und wer zu ihren treuen Zauber-lehrlingen zählt. Wer erst mehrere Nachkommen nach denselben äußerlich unauffälligen Zuchttieren gesehen hat, die mit grausigen Rutenformen umhergehen, macht sich alsbald seinen Reim auf die Seriosität des Züchters und des Deckrüdenbesitzers. Getäuschte Züchter sorgen dann kompromißlos und berechtigterweise für die Publizität der 'unerklärlichen' Abweichungen und können meist darauf verweisen, daß dieselbe Zuchthündin dies mit anderen Rüden nicht gebracht habe.

Kein Hundebuch kann die vielfältigen Erscheinungsformen aller Details beim Freund Hund vollständig beschreiben; so auch dieses nicht alle Rutenformen, die es nun mal gibt. Ungleich gekrümmte Ruten gehören dazu; und wenn schon die gleichmäßig, aber zu stark gekrümmten Ruten meist von einer zur Zuchttauglichkeit beitragenden

Bewertung im Schauring ausschließen müssen, um wieviel mehr muß das für die ungleich gekrümmten gelten? Kurzum: ein sonst ordentlicher Beagle wird nicht zuchttauglich, wenn er an seinem Ende einen krummen, farbig angestrichenen Nagel eingeschlagen zu haben scheint.

Mit Haut und Haaren Beagle !

Laien ist meist nur wichtig, wie 'das Fell gefärbt ist'. Jeder, der tiefer blicken will, muß am Make-up vorbei an Haut und Haaren als Organ des Hundes, das für seine Gesundheit äußerst wichtig ist, gelegen sein.

Das Haarkleid des Beagles wächst am ganzen Körper, die Haut ist jedoch mehr oder weniger stark behaart. Die gruppenweise stehenden Haare ragen in Büscheln aus der Oberhaut hervor. In diesen Büscheln kann man bei genauer Betrachtung sogar Haupt-, Neben- und Beinhaare unterscheiden. Meist wachsen da ein stärkeres Haupt-, zwei schwächere Neben- und zwischen acht und zehn Beinhaaren in einem dieser Büschel. Die Haupt- und Nebenhaare bilden das Deckhaar, die äußere Felldecke mit der rassetypischen Färbung. Die feinen Beinhaare bilden die Unterwolle.

Das Hundehaar hat eine grundsätzlich andere Form als das menschliche Haar; es ist in seinem Verlauf unterschiedlich verdickt und läuft zur Spitze hin dünn aus. Während das menschliche Haar pro Tag etwa 0,4 mm wie aus einer Strangprofilpresse stets im gleichen Querschnitt sich verlängernd wächst und bis zu sechs Jahren alt werden kann, wächst das Haar des Hundes genauso wie ein Zahn einmal komplett zu seiner nicht ganz regelmäßigen Form heran und stirbt dann ab. Es wird nur etwa sechs Monate alt. Also: der Beagle wechselt jedes halbe Jahr sein Haar komplett aus.

Durch Wuchsrichtung und den Winkel, mit dem die Haarzwiebel in der Haut liegt, aber auch die im Verlauf des Einzelhaares unterschiedliche Dicke liegen die Haare beim Hund sozusagen dachziegelartig aufeinander und ermöglichen so, daß Feuchtigkeit ablaufen kann, ohne die feine Unterwolle zu durchnässen und damit zu bewirken, daß diese zu Strähnen zusammenklebt und nun ohne dazwischenliegende Luftpolster keine Wärmedämmung mehr bewirkt. Diese Fellkonstruktion ist die 'ursprüngliche' der Hunde, die seit Jahrhunderten Wind und Wetter trotzen mußten. Wir tun daher gut daran, diese in langer Erprobung gewonnene Qualität nicht dahinschwinden zu lassen. Es sei den Beaglerichtern daher geraten, ein gutes Haarkleid mit derbem Deckhaar und weicher, dichter, feiner Unterwolle nicht nur erkennen zu lernen, sondern auch in ihrer Bewertung zu fördern.

Auf anderen Kontinenten ist bedauerlicherweise die deutliche Tendenz sichtbar, als Zuchtziel Beagle mit kurzem, feinem Fell zu züchten, sehen diese doch so smart und aalglatt, wie geleckt aus, richtig gestylt. Bei einer solchen Fellkonstruktion hebt sich natürlich auch die Fleckung haarscharf begrenzt ab und wirkt daher schlagender, auffälliger. Dieser Entwicklung des Geschmäcklerischen zum Opfer gefallen und folglich ganz auf den Sofahund gekommen sind damit in Mitteleuropa die Dalmatiner, bei denen die höchstens fünfmarkstückgroßen schwarzen Flecken nach Möglichkeit scharf abgegerenzt erscheinen sollen. Die Folge ist, daß heute kein Dalmatiner mit dem heute feinen Luxusfell auch bei wüstem Wetter lange mit den Pferden mitlaufen und ab und zu verweilen könnte, ohne hernach erkältet zu sein.

Auch sonst treibt die Reduktion des Hundes auf sein äußeres Erscheinungsbild perverse Blüten. Hierzulande ist es glücklicherweise weder üblich, den Ausstellungshunden die Tasthaare abzuschneiden oder die Keulenhinterseiten auszudünnen noch gar, den Unterbauch so kurz zu scheren, daß der Hund dort nackt aussieht. Angesichts der Funktion des Haarkleids und der Tasthaare halte ich solche Maßnahmen für ungerechtfertigte Verstümmelungen; solcherart vorgestellte Hunde sind bei Zucht-schauen von den Zuchtrichtern als in wesentlichen Bereichen verändert, als nicht bewertbar auszuscheiden.

Dennoch finden sich hierzulande Toren, die nicht nur dies tun, sondern noch, wie drüben nicht unüblich, ihren Beagle rund sechs bis acht Wochen vor der Schau komplett zu scheren, damit das dann pünktlich zur Schau nachgewachsene neue Haar glänzend und farbstark, eben wie neu leuchtet.

Der Beagle bleibt auch dann nur der ungekünstelte Naturbursche, wenn er nicht zum Luxusgeschöpf emporfrisiert und -stilisiert wird. Mit Leuten, die dies anders sehen, geraten sich richtige Beaglefreunde gerne in die Haare, mit Haut und Haaren.

Farbe bekennen !

Liberal, wie Beagle-Leute nun mal sind, sind fast alle Fellfarben erlaubt, bis auf Leberbraun. Interessanterweise finden sich im ersten Beaglestandard von 1889 keine Hinweise auf nicht erlaubte Farben. Dort gibt es zwar eine Reihung von aufgezählten Fellfarben, aber schon dort sagt der Autor, M. E. B. Joachim: "In der Skala der Bewertung will man der Farbe keine Wertigkeit zuerkennen", erklärt aber dennoch: „Vielleicht die beliebtesten Farben sind Schwarz, Weiß und Braun. Als nächste folgt lemon-and-white, dann blue-and-lemon und mottled, dann folgen die Ganzfarbenen wie Schwarz mit Braun, Braun, Lemon, Falb etc. Die erstgenannten Farben erzeugen den lebhaftesten Kontrast und fügen sich besser in der Meute ein, die Ganzfarbenen wirken düster und ermüden das Auge."

Wie man sieht, sind einige Farben wie blue-and-lemon inzwischen wohl auch in den entlegensten Meuten ausgestorben - dies hat Parallelen zum Beispiel im Verschwinden des einst populären ähnlich gefärbten Württembergischen Vorstehhundes; Fellfarbe ist bei Hunden ebenso eine Frage des Zeitgeschmacks wie andere visuelle Vorlieben.

Die Beagleliebhaber und Züchter haben offenbar diejenigen Farbkombinationen züchterisch gefördert, die vielfältige Fellmuster mit sich bringen und damit jeden Hund zum unverwechselbaren Einzeltier machen. Je einfarbiger, desto scheinbar einheitlicher, aber auch weniger abwechslungsreich; man muß einräumen, daß Laien zum Beispiel eine Reihe von elf Rottweilern ähnlich erscheint, wiewohl sie alle verschieden sind: das macht das einheitlichere Farbmuster. Die Beagle von der Insel sind alle recht farbig; dies macht es auch auf Zuchtschauen bei Zuchtgruppenwettbewerben, bei denen es primär auf die Einheitlichkeit der gezeigten Hunde ankommt, für Beaglezüchter so schwer, im Wettbewerb mit anderen einfarbigen Rassen auf die Plätze zu kommen.

In den USA jedoch dominiert der dunkle dreifarbige Hund mit durchgehendem schwarzem Sattel und möglichst dunklem Braun die Ausstellungsringe. Freilich haben die amerikanischen Züchter wohl erkannt, daß viel Weiß an Läufen und Rute und, für einen Ausstellungshund unerläßlich, eine weiße Blesse am Kopf dann schon sein müssen. Gewiß, hin und wieder sind Hunde ohne diese Attribute zu sehen und ohne Zweifel korrekt gefärbt, aber ihre 'Anmutungsqualität' ist eben nicht so schlagend wie die ihrer scheckigen Verwandtschaft.

Zum einen läßt fehlendes Weiß am Kopf den Hund deutlich düsterer wenn nicht gar finster im Ausdruck erscheinen. Zum anderen ist es eben ein typisches Brackenmuster, neben weißem Bauch, weißen Läufen und Rutenspitze auch eine weiße Blesse und, wenn möglich, einen weißen Halsring zu zeigen.

Dreifarbig ist jede Zusammenstellung von zwei weiteren Fellfarben auf dem bekannt weißen Grund, nicht nur die zuvor beschriebene lehrbuchhafte Version. Das Schwarz ist außer dem weißen Grund bei Welpen zunächst die einzige Fellfarbe, innerhalb dessen sich an den vorbestimmten Stellen dann braune Fellpartien ausfärben. Ob dies ein intensives, dunkles Braun wird, ist nicht mit Sicherheit vorherzusagen, wird aber vererbt. Ebenso wird auch vererbt, ob die beim Junghund schwarzen Fellstellen schwarz bleiben oder sich im Lauf des weiteren Hundelebens mehr oder weniger schnell mit braunen Haaren durchmelieren, bis der Hund unter Umständen eher zweifarbig aussieht. Zweifellos ist der kontrastreiche dreifarbige Hund mit viel sattem Schwarz auf dem Rücken jener Beagle, den sich der kleine Fritz so vorstellt.

Für die Farbvererbung in der Zucht gilt ganz grob, daß ein Hund, der kein schwarzes Haar hat, die Fellfarbe Schwarz auch nicht vererben kann. In anderen Worten: Schwarz ist dominant; wenn der Hund es selbst mitbringt und folglich genetisch haben muß, zeigt er es auch.

Durch die häufige Verpaarung unterschiedlicher Fellfarben in der auch jüngeren Geschichte des Beagles trägt der weitaus überwiegende Teil der Beagle in Europa jeweils Erbanlagen für Zweifarbigkeit, Würfe auch von zwei dreifarbigen Eltern bringen immer wieder zweifarbige Nachkommen. Zuchttiere, die nur dreifarbige Erbanlagen haben, die, wie die Züchter sagen, 'reinerbig dreifarbig' sind, sind selten und gesucht. Denn Welpenkäufer zeigen nun mal zuallererst begehrlich auf die dreifarbigen Welpen. Garnicht selten aber sind die Käufer von dreifarbigen Hunden, die schließlich als zweiten Beagle unbedingt einen Zweifarbigen wollen. Und ganz auffällig ist ebenso, daß denjenigen, die von Anfang an einen zweifarbigen Beagle hatten, Dreifarbige schließlich unattraktiv erscheinen.

Zweifarbig: ein weites Feld !

Auffallend ist zunächst, daß alle Zweifarbigen bis auf die seltenen Mantelschecken eine breite weiße Blesse haben, die nicht selten auch noch über den Oberkopf hinweg in einen weißen Halsring oder -fleck weiterläuft. Die Definition der Farbstellungen in der Standarderläuterung bedarf keiner weiteren Ausführung. Es scheint mir nur nach langen Jahren der Haltung und Zucht von zahlreichen Zweifarbigen, daß sie zum einen oft ein dichteres Fell haben als die Dreifarbigen und, daß bei ihnen Haut und Fell besonders im Alter häufiger Probleme zeigen. Ganz vereinzelt hatten wir den Eindruck, daß Beagles untereinander sehr wohl in Dreifarbige und Zweifarbige unterscheiden können und sich Interessengruppen in unserer Meute teilweise auch nach gleicher Fellfärbung bildeten. Wir wissen jedoch, daß man eine solche Beobachtung wissenschaftlich sauber nachvollziehen müßte.

Pied: der Begriff kommt von der englischen 'pie', eine Teigpastete, in der die sparsame britische Hausfrau ebenso alles verarbeitet wie die italienische in der Pizza. Ebenso gemischt sieht's dann eben darin aus. Und gemischt sind dann auch die Haarfarben bei dieser Fellfärbung.

Hier ist anzmerken, daß Welpen, die sonst wie dreifarbige aussehen, aber überall zwischen den schwarzen Haaren weiße Grannen haben und damit wie ein Dachshaar-

Rasierpinsel in Beaglewelpen-Form aussehen, mitnichten 'badger pied' sind, sondern diese weißen Grannen mit ca. 13 Wochen verlieren und fortan als ganz gewöhnliche Dreifarbige weiterleben.

Weiße Schwanzspitze - ein Erfolg der Züchterkunst ?

Auf den ersten Blick könnte man meinen, die aparte weiße Schwanzspitze sei ein großartiger Erfolg langjähriger Züchterkunst. Falsch !

Wenn Sie mal mit Verstand umherschauen bei den Rassehunden und auch bei denen, die auch ohne Abstammungsnachweis glückliche Familienhunde sind, können Sie das folgende gemeinsame Strickmuster erkennen: Wenn ein sonst einfarbiger Hund einen weißen Fleck hat, ist es fast immer ein Brustfleck. Wenn er mehr Weiß hat, ist der Brustfleck zum Kehlfleck geworden. Wenn's noch mehr Weiß sein darf, zeigt sich das dann an den Zehen, dann auf den ganzen Pfoten; bei noch mehr Weiß sind das dann weiße Stiefel - und dann wird auch schon die Schwanzspitze weiß. So also.

Beagle, insbesondere die mit dem großen Weißanteil, werden von Fachleuten den 'extremen Schecken' zugerechnet. Wird das Weiß zur vorherrschenden Farbe, sieht das zwar interessant aus, bringt aber im Extremfall Neigung zum Ausfall von Pigment in Augen und Nasenbeere mit sich. Das schließt dann meist von der Zuchtverwendung aus - der Rassestandard fordert dunkle Augen und die Nase schwarz, höchstens braun aufgehellt. Auch hier ist mit Augenmaß und Verstand zu urteilen: ein fast weißer Hund sollte sicher wegen drei Quadratmillimetern unpigmentierter Fläche auf der Nasenbeere nicht allzu streng abgewertet werden.

Wie groß ist groß ?

Als die Briten der Europäischen Union bereits schöne Augen machten und das metrische System, wenn auch nur scheinbar und nicht in ihren Herzen, sondern nur auf dem Ladentisch einführten, mußten sich die Beagleleute entscheiden, auf welche Seite der Würfel nun fallen solle. Ob auf 40 oder 41 cm Schulterhöhe, denn man wollte nur ganze Zentimeter.

Sie haben sich wohlweislich, offenbar in Ansehung ihrer eigenen seiner- und derzeit vielen großen Ausstellungs- und Zuchthunde dafür entschieden, als Zielvorstellung lieber die 40cm anzuvisieren. Sie halten sich allerdings selbst nicht so ganz daran; wenn Aufrührer in ihren eigenen Reihen das Messen von Hunden im Ring vorschlagen, geht der Ruf: "Verrrat!" schnell durch alle Reihen. Vielleicht ist das ein Erbteil aus den Zeiten der alten franko-britischen Verbindungen: was britische Rassen betrifft, werden kleine Schwächen leichtlich von nationaler Grandeur wettgemacht.

Vom Zählen und Messen

Nachdem alle vorigen Standardvorgaben doch recht viel Ermessensspielraum bieten, ist man fast erleichtert, wenn sich hier ein absoluter Wert findet, den man messen und vergleichen und zur Bewertung heranziehen kann. Nun sollte man meinen, ein gemessener Wert ist was Objektives. Ist es auch, wenn nur das Messen von Hunden nicht so schwierig wäre.

Es ist wirklich eine Art von Wesenstest, einen Hund zu vermessen. Nur ein Hund mit der erwünschten Selbstsicherheit, die wiederum mit dem Grad der Vertrautheit mit den Menschen zusammenhängt, wird sich ohne Komplikationen messen lassen.

224

Helle Grannen im Welpenfell fallen aus, bevor der Hund erwachsen ist. TL's Adult Skipton (s. auch S. 206) wurde ein kontrastreich gefärbter Dreifarbiger. Man beachte die weiße Fangpartie und die hier breitere Blesse, die sehr zum freundlichen Ausdruck beitragen.

Die Messung des Verhältnisses zwischen Fang und Oberkopf geht noch gut und wird wegen der einfachen, untereinander nicht veränderlichen Größenverhältnisse kein nennenneneswertes Risiko einer Fehlmessung bergen.

Mit der Messung des Körpers ist es anders. Zumal eine Messung allein mindestens für die Ermittlung der Schulterhöhe, nämlich die Höhe vom höchsten Punkt des Widerristes in der Fallinie bis zur Standfläche, die umgangssprachlich 'Größe' genannt wird, nicht ausreicht.

Denn Hunde sind körperlich außerordentlich beweglich, ja labil. Sie können schon allein bauartbedingt nicht lange stehen. Die im Vergleich zu Tieren wie Pferden zierlichen Gelenke der Hunde, ihre verhältnismäßig schwachen Bänder und wenig sehnig durchwachsenen Muskeln stützen den Körper im Stand nicht passiv; beim Hund ist zum Stehen aktive Muskelarbeit nötig. Daher die Neigung aller Hunde, sich immer wieder zu setzen oder niederzulegen. So wird ein Hund nach längerem Stehen anders gemessen werden als wenn er just aufgestanden ist. Aber das ist nicht die einzige Komplikation beim Messen.

Hier gilt es nämlich dazu noch, vom exakt bezeichneten Widerristpunkt aus exakt waagerecht, dann exakt senkrecht zu messen. Und manch ein Hund mag das Messen eben nicht; er macht sich kleiner oder, bockig, größer. Folglich ist es besser, mehrfach zu messen und den Mittelwert als halbwegs richtig anzunehmen.

Ist der Beagle eindeutig im Größenlimit, ist das gut genug. Ist er aber -zu kleine Beagle gibt es in Mitteleuropa selten- deutlich zu groß, ist das durchaus erheblich für eine Zuchtentscheidung und unter diesen Aspekten werden Hunde nun mal primär analytisch betrachtet.

Wenn man auch deutliche Überschreitungen des Größenlimits mit Nachsicht behandeln will, sollte man besser mit dem Rassestandard gar nicht mehr argumentieren; dann gefällt einem eben jeder in sich schöne Hund, ohne daß er einer auch größenmäßig definierten Rasse angehören müßte. Also soll man bei Zuchtzulassungsveranstaltungen immer und bei auffälligen Größenabweichungen im Zuchtschauring nur dann messen. Und festhalten, was gemessen wurde.

Im Jahrhundert der Informationsverarbeitung ist es zur Gewohnheit geworden, auch über unsere Hunde soviele Informationen wie möglich zu sammeln. Ich bin für's Zählen und Messen. Aber nur für gelegentliches Zahlen und Messen und wenn die ermittelten Informationen nicht formalistisch zur Bewertung herangezogen werden, sondern wenn sie über Generationen in Zuchtbüchern zugänglich veröffentlicht werden und Trends ermittelt werden, die den Züchtern bei ihren Entscheidungen zur Zuchtwahl helfen können.

Die Freude an der Fortpflanzung

Die gnadenlosen Erläuterungen über die vorschriftsmäßige Konstruktion der Fortpflanzungsorgane bei den Rüden verdient, ja zwingt zu wenigen ebenso gnadenlosen Worten zu deren besseren Hälften.

Sicher sind die Hündinnen im Vorteil, weil sich ihre Fortpflanzungsorgane 'unter Putz' befinden - Mängel sind äußerlich nicht zu erkennen. Gleichwohl ist es im Interesse der Rasse unerläßlich, hier ein paar Worte zur 'Kunst der Verpaarung' zu sagen. Die Deckrüden, die bei meiner Frau und mir gehalten werden und wurden, hätten zu Goldeseln werden können, wenn sie im Stundenlohn und nicht auf Pauschalpreisbasis tätig geworden wären. In vielen Fällen mußten die Hündinnen, die zum Decken kamen, mit viel 'Kunst' soweit gebracht werden, daß sie sich decken ließen. Das waren, und so sehe ich das noch immer, die Bemühungen des Kenners, dem Hündinnenbesitzer zum gewünschten Erfolg, einer trächtigen Hündin nämlich, zu verhelfen.

Für unsere eigenen Hündinnen gilt seit langem: Wenn es nicht zu einem erfolgreichen Deckakt kommt, wenn Rüde und Hündin allein zur rechten Zeit zusammen in den Garten gelassen werden, dann hat es entweder nicht sollen sein oder die Zuchthunde sind nicht wert, sich fortzupflanzen.

Ich will nicht indiskreterweise ausführen, daß ich in vielen Fällen glaube, daß vermenschlichende Haltung und Behandlung die Hündin sich so verhalten läßt, daß es zu einer natürlichen, im wahren Wortsinn zwanglosen Fortpflanzung nicht mehr kommt; ich sage es nur mit einem Vergleich: Wenn es in der Küche nicht zum gewünschten Gericht kommt, waren Zutaten oder Zubereitung oder beides nicht in Ordnung. Man soll dann nicht versuchen, doch noch einen Eintopf daraus zu zaubern, in der Hoffnung, er werde schon gegessen.

Lee bildet in seinem 1906 erschienen Werk das Bild einer Gruppe von Beagles ab, das der äußerst naturgetreu darstellende Arthur Wardle gemalt hat. Hier finden sich heute wenig rassetypische Hunde, denen wohl auch die weiße Rutenspitze fehlt., daneben aber auch interessant gefleckte kurzhaarige und deutlich rauhhaarige Hunde.

Drahthaar oder Beagle !

Es gibt immer wieder mit Absicht oder auch entgegen allen ursprünglichen Absichten drahthaarige Beagle, meist einzelne Hunde in sonst glatthaarigen Würfen; meist hört niemand davon, weil der Züchter sich ihres Ursprungs nicht so ganz sicher ist. Und Jäger fragen nach rauhhaarigen Beagles - sie glauben, diese seien härter im Fell und damit brauchbarer auf der Jagd, im Stöbern im Bewuchs oder auch im Winter. Sie sind meist in ihrer Hundekunde bei der Vorbereitung zur Jägerprüfung mit dem Zauberwort des deutschen Universaljagdhundes 'Deutsch Drahthaar' indoktriniert worden.

Es ist bezeichnend, daß schon das von 'Stonehenge' (John Henry Walsh) 1872 herausgegebene Buch 'The Dogs of the British Islands' ausführt: "Mr. Henry Pickard Cambridge aus Boxworth hatte.. in seiner Meute vier oder mehr rauhhaarige Beagle, die einem verkleinerten Otterhund sehr ähnlich sahen. Die rauhhaarigen Beagle...haben die langen Behänge und das Meutehund-Wesen, aber nicht die tiefe Stimme. Ihr Laut ist hell und durchdringend und nicht so anhaltend. Wir glauben, daß sie durch Einkreuzung von drahthaarigen Terriern entstanden sind und daß es keinen reinrassigen drahthaarigen Beagle gibt noch je gegeben hat. Sie arbeiten gleichwohl gut; sie nehmen jedes Dickicht und dornige Hecken zum Stöbern ohne Zögern an und sind bemerkenswert hasenrein."

In Walsh's Werk stammten viele Beiträge aus der Feder verschiedener Rassekenner. Der Beagle-Beitrag war geschrieben von Mr. E. B. Joachim, einem Mitbegründer des

Mr. Crane's Giant and Ringlet

britischen Beagle Club, der etwa 1891 den ersten Rassestandard für Beagles erstellte.

Bei aller Überzeugung jedoch, die alle Beaglekenner mit Argwohn auf die geltend gemachte Abstammung eines rauhhaarigen Beagles sehen läßt, muß die Haarstruktur doch einmal kritisch betrachtet werden. Erwünscht ist beim Beagle ein wetterfestes Haar ("kurz, dicht und wetterbeständig"). Wie zuvor ausgeführt, heißt das, das Deckhaar muß hart sein, um sich schützend über die dichtere, feinere Unterwolle zu legen und Feuchtigkeit abzuweisen, und es ist beim Beagle je nach Körperteil von unterschiedlicher Länge.

Größe und Gestalt

Die Körpergröße des Beagle ist, wie in den Darstellungen zur Geschichte der Rasse in den Hasenmeuten Großbritanniens, seit Jahrhunderten Gegenstand züchterischer Bemühungen. Eine Bewertung der verschiedenen Größen gab es in der Vergangenheit nicht, weil sie in genau der Größe gezüchtet wurden, wie sie für die Jagd in dem für diese Meute reservierten Gebiet gebraucht wurden.

Eine Bewertung der Körpergröße fängt erst 1880 an, als Hugh Dalziel im Zuge der Erwähnung der berühmten Zwergbeagle des Mr. Crane, die nie über 9 inches, also 23 cm maßen und über die er bei Stonehenge gelesen hatte, aber ohne Würdigung der dort beschriebenen Zucht- und Wurfschwierigkeiten bei solch kleinen Hunden, in seinem Buch 'British Dogs' schreibt:

"Man muß bedauern, daß Beagle nicht mehr durch führende Leute von Ausstellungen gefördert werden und daß, wenn sie einmal zur Ausstellung zugelassen werden, alle Größen zusammengeworfen werden."

Dieser sehr alten Anregung Dalziels und dem Nachsatz der Erstfassung des Standards für den Beagle durch Mr. E. Joachim ca. 1891 hat der American Kennel Club, in dessen Bereich schon immer sehr kleine Beagle gezüchtet wurden, Rechnung getragen, indem er Beagle in zwei Größengruppen einteilt und bewerten läßt, die Hunde bis 13 inches Schulterhöhe und die über 13 bis 15 inches Schulterhöhe.

Wirklich? Ist das der Grund für die Teilung der größten Beaglepopulation der Welt in zwei Größenklassen?

Die Begründung ist so akademisch, daß der Autor das einfach nicht glauben konnte. Nichts auf der Welt ist so einfach. Also sind bei Recherchen ganz andere Begründungen zu Tage getreten. Eine einleuchtende und dem amerikanischen Sinn fürs Praktische viel näher liegende Interpretation ist die von Thelma Brown, langjähriger Beaglezüchterin und -richterin sowie Ehefrau und kongenialer Muse des legendären Curtis M. Brown. Sie sagte Folgendes:

"Die USA sind das einzige Land, das hier eine Teilung vornimmt. Überall sonst sind alle eben Beagles. Und der Grund ist, daß hierzulande im Mittelwesten die Field Trials so riesig wurden in der Meldezahl und daher ewig dauerten, daß man sich sagte, irgendwie müßte man da teilen. Also teilte man in die bis 13 inches und die über 13 bis 15 inches."

Der Beagle als Schmalzdackel

Nanu! Beagles sind doch Sportsleute, geradeaus. So ist auch sein Haarkleid: Kurz, dicht und wetterfest. Wie zuvor erläutert, ist das korrekte Beaglehaarkleid ein kurzes, derbes Stockhaar mit feiner Unterwolle. Leider scheinen sich, insbesondere in der Neuen Welt, die falschen Leute in unsere Rasse verirrt zu haben. Leute, die eher eine jener für Haarstylisten geeignete Rasse haben sollten.

Diese Menschen, die offenbar der Meinung sind, die Natur könne mit ihren bescheidenen Mitteln nur verbessert werden, reiben ihren Beagle -aber nur die weißen Fellpartien!- mit einem Shampoo ein, das man noch nicht einmal auswaschen muß, nur mit einem Handtuch wieder ausrubbeln. Solange das noch feucht ist, wird gemahlene Kreide erst gegen die Haarwuchsrichtung ein- und anschließend der Überschuß wieder ausgebürstet. Jetzt kommt die Brillantine! Nur wenig nehmen, rät man uns, in zwei Hände verteilen, auf die Rumpfoberseite und den Kopf aufstreichen. Und noch ein Tüpfchen auf die schwarze Nase - soweit ja ganz allerliebst!

Das war's? Weit gefehlt - jetzt geht's ans Rasieren! Vom Kinn abwärts bis unter die Brust. Wie geleckt, der Junge! Nun unter den Behängen ausdünnen, ausdünnen. Dann liegen die süßen Öhrchen so perfekt an. Ruckzuck, weg sind die Schnurrhaare. Braucht der Beagle nicht. Lebt auch ohne weiter. Seitlich am Hals ausdünnen - daß da Beagles einen Kamm, mitunter gar einen Wirbel haben, an dem sich Haare verschiedener Wuchsrichtung treffen, ist ja geradezu obszön!

Natürlich dauert's einen Monat oder so, bis die Haare wieder da sind, aber ist man erst mal im Besitze einer Schermaschine, muß sich die ja amortisieren. Jetzt werden die Haare an den Behangrändern ringsum mit der Maschine schön beschnitten, sodaß der Behang endlich wie aus einem Fensterleder gestanzt erscheint. Wenn wir schon mal da sind, machen wir auch die überflüssigen längeren Haare an der Rückseite der Vorderläufe weg. Zack!

Jetzt kommt die Bauchrasur. Keine Angst, die angewachsenen Teile bleiben dran.

Aber weg mit den Haaren, bis endlich der rosa unschuldige Welpenstatus wieder erreicht ist. Insbesondere für Rüden: man stellt sein Licht doch nicht unter den Scheffel, auch wenn der aus bestem weißem Haar ist! Weiter, es wird immer raffinierter: jetzt kommen die Haare zwischen den Pfotenballen weg. Lästige Überflüssigkeit, die Hunde ja erst seit Jahrtausenden haben.

Langsam kommen wir jetzt ans Heck. Dort, wo die Natur besonders viel Haar hingetan hat (Zweifellos nur vergessen, das aufzuräumen!), machen wir jetzt besonders viel weg. Und noch, damit auch nichts natürlich bleibt, rasieren wir fein die Keulenhinterseite aus. endlich keine langen Haare mehr, der Beagle sieht nun super gewinkelt aus.

Krönung des Ganzen: Rute oben abrunden, wie's nie von Natur aus wäre. Endlich sieht der Beagle aus, als wäre er der Hund von Barbie.

Wenn er mir zum Richten unterkommt? Haarkleid manipuliert, dessen Beschaffenheit und damit Korrektheit kann nicht bewertet werden. Ohne Bewertung. Alternativen? Haar nicht wetterfest. Funktionaler Mangel: Gut!

Bonsai-Beagle

Die Körpergröße des Beagles ist immer wieder Gegenstand erregter Diskussionen gewesen, aber erst seit dem siebzehnten Jahrhundert, im Ursprungsland, Großbritannien. Zweihundert Jahre lang existierten dann große und kleine Beagles friedlich nebeneinander und jeder Meutehalter hielt und züchtete die Hunde, die ihrer Größe nach für sein Jagdrevier und seine körperlichen Fähigkeiten, den Hunden zu folgen, sinnvoll war. Nach einem absoluten Rassetief um 1820, das damit einherging, daß vornehmlich sehr kleine Beagles mit etwa 25 cm Schulterhöhe als normal und typisch für die Rasse betrachtet worden waren, ging es mit dem Züchten größerer Beagles und der Fixierung der Größe durch einen Rassestandard mit der Rasse drastisch aufwärts. Der Beagle wurde weltweit verteilt, Großbritannien blieb jedoch, wenn man einen Vergleich aus dem Handelsleben heranzieht, weiterhin das Stammhaus der Rasse.

In den Vereinigten Staaten bildete sich, aus britischen Blutlinien, bildlich gesprochen, eine Filiale des weltweiten Beagleunternehmens, die aus den verschiedensten Gründen, so auch der unglaublichen Fläche der Nation und wegen der vielen Einwohner, die alle einen Beagle wollten, schließlich größer wurde und mehr Umsatz machte als das Stammhaus. Gleichwohl sind die amerikanischen Beagles als Vervielfältigung der aus Großbritannien importierten Beagles, wieder bildlich gesprochen, immer eine Kopie des Originals geblieben.

Wir haben auf dem europäischen Festland den Beagle, da wir's zum Stammhaus näher haben, immer wieder als Original eingekauft. Freilich haben wir von diesen Originalen auch Kopien gemacht, aber bis in die späten achtziger Jahre doch immer wieder Originalexemplare importiert und diese eingekreuzt, um unsere Kopien nicht verwässern zu lassen.

Erstaunlicherweise haben viele skandinavische Länder, obwohl geographisch genauso nahe am Mutterland der Rasse gelegen wie die Festlandeuropäer, dann doch ihr Fundament an Zuchttieren in den USA eingekauft. Dies scheint, wenn man das analytisch betrachtet, in den meisten Fällen auf Bindungen oder bereits bestehende persönliche Kontakte von Schlüsselpersonen der Rasseszene in den USA zu liegen. Dies sollte aber nicht ausreichen, um den Trend der Rasseszene eines ganzen Landes oder gar von Gruppen von Ländern in nur eine, nur diese Richtung zu bestimmen.

Jetzt, da wenigstens in Deutschland auf dem Umweg über die skandinavischen Länder der amerikanische Beagletyp mit allen seinen postiven und negativen Merkmalen subversiven Einzug hält und sich offenbar nur wenige Züchter im deutschen Sprachraum grundsätzliche Gedanken machen, was den Beagle als Rasse großgemacht hat und daher erhaltenswert ist, wird der unheilige Drang früher oder später wieder auferstehen, Beagles am kleinsten Rand der erlaubten Größe zu züchten.

Gewiß, auch kleine Hunde haben ihren Reiz und es ist gewiß züchterisch eine Herausforderung, immer kleinere Hunde zu züchten und dabei den Typ zu erhalten. Hierbei wird immer wieder verwiesen auf die Bemühungen der Vergangenheit und daß, seit es verläßlich gemessene Größenangaben gibt, immer wieder Hunde von 20 bis 30 cm Schulterhöhe verzeichnet sind. Daß sie verzeichnet sind, ist alleine schon entlarvend, denn verzeichnet wird meist die Ausnahme und nicht die Regel.

Die sehr kleinen Hunde, von denen in Großbritannien berichtet wird, sind Sammlerstücke gewesen und alle Versuche, auch von Züchtern, die große Hundezahlen halten und daher auch züchten konnten, geringe Körpergröße als Hauptmerkmal in ihren Linien zu festigen, sind erfolglos geblieben. Nicht nur Ernest Fitch Daglish, ein britischer Kynologe der sechziger Jahre dieses Jahrhunderts und intimer Kenner der Beagleszene, kann nur von Erinnerungen an mehrere Meuten von 'pocket beagles' schwärmen, die ihn in seine Kinderzeit vor dem ersten Weltkrieg zurückführen. 1920 jedoch, als der Krieg zu Ende war, lag auch die Beaglezucht in Großbritannien darnieder und wenn insgesamt wenig Beagle die mageren Kriegszeiten überlebt hatten, waren proportional noch weniger kleine Hunde übriggeblieben.

Wenn man nun aus rein populationsgenetischen Erkenntnissen weiß, daß man eine ganz erhebliche Anzahl unterschiedlicher Blutlinien mit dem gesicherten Erbmerkmal 'geringe Körpergröße' braucht, um gesunde Nachkommen in jener Anzahl zu erhalten, die das Weiterleben dieser Linien sichert, ist es eine seriöse Feststellung, daß die Pocket Beagles ausgestorben sind.

Freilich wird immer wieder auf das scheinbar unerschöpfliche Reservoir der kleinen Beagles aus den USA verwiesen. Dort werden kleine Beagles ja planmäßig seit bald hundert Jahren gezüchtet; sie werden ja auch in separaten Größenklassen auf Schauen gezeigt. Weit gefehlt wird jedoch, wenn unterstellt wird, die kleinen Beagles seien exakt verkleinerte Repliken der normalgroßen Hunde, wie wir sie kennen. Die Richter, die ja nach dem amerikanischen Rassestandard richten, richten ihr Hauptaugenmerk ohnehin auf die kleinen Hunde und betrachten die in unseren Augen normalgroßen Hunde, übertrieben formuliert, als gigantische wenn auch zugegebenermaßen bisweilen typische Randerscheinungen. Insider in den USA, die über lange Jahre die Beagleszene beobachteten und aktive Züchter waren, so Thelma Brown, konstatierten noch 1993 ganz klar:

"In Hinsicht auf Qualität findet man insbesondere die besten Rüden mit dem besten Typ unter den Hunden bis 15 inches (1 inch= 2,54 cm, also rund 38 cm Schulterhöhe). Wie ich zuvor schon sagte, sind gute Rüden von unter 13 inches schon allein deshalb selten zu finden, weil die Hündinnen dieser Klasse, die genügend Knochen und Gesamtsubstanz haben, immer schon an der oberen Größengrenze dieser Klasse sind. Und dann werden eben die Rüden, die guten Rüden in den Würfen eben etwas größer als ihre Mütter. Das ist im übrigen bei Pudeln nicht anders...." "Das Wichtigste ist, daß genügend Gesamtsubstanz da sein muß. Wenn man auf geringere Schulterhöhe züchtet, bekommt man eben Verzwergungsmerkmale, so den sehr runden Hirnschädel und die leicht hervortretenden Augen und dazu die etwas französische Vorhandstellung."

Im weiteren Verlauf des Interviews, in dem Thelma Brown über ihre vielen Jahre der Erfahrung mit dem Züchten und Richten von Beagles und vielen anderen Rassen in ständigem Gedankenaustausch mit ihrem Mann, dem begnadeten Forscher und Erklärer der Bewegung und der Anatomie, Curtis M. Brown, sprach, ließ sie anschließend durchblicken, daß sie eben Beagles unter einer gewissen Mindestgröße zwar für nett, aber nicht mehr für rassetypisch hält:

"In einem unserer letzten Würfe hatten wir eine Hündin, die etwa neun inches (23 cm) Schulterhöhe erreichte. Sie war wohlproportioniert, aber irgendwie erinnerte sie mich immer an eine Erdnuß. Sie war ein prächtiger Familienhund und nervte unaufhörlich. Es gab keinen Zaun, den sie nicht überkletterte."

Studien in der britischen kynologischen Literatur zeigen überdies, daß es in Großbritannien immer wieder Bemühungen gegeben hat, dem kleinen Beagle dort eine Marktnische zu sichern. Zuletzt geschah das in den späten fünfziger Jahren dieses Jahrhunderts durch eine Interessengruppe von Züchterinnen, die sich um die Hundeexpertin und bekannte Beaglezüchterin Thelma Gray scharten. Thelma Gray, aus Wales gebürtig, bekanntgeworden durch ihre 'Rozavel' Welsh Corgis, die den Grundstock der Corgizucht der Königin Elizabeth II. bildeten, verbrachte einen guten Teil ihres langen Lebens in den USA, bevor sie wieder für Jahre nach Großbritannien zurückkehrte, um schließlich die letzten Jahre bis zu ihrem Tode 1984 in Australien zu leben. Von den USA brachte sie, natürlich mit anderen Hunden, auch einige zweifellos schöne kleine amerikanische Beagles mit.

Der Interessengruppe um sie, die sich dann vorgenommen hatte, die Verbreitung der kleinen Beagles auf eine den größeren Beagles gleichwertige Basis zu stellen, gelang es jedoch nicht, auf Dauer kleine Beagles zu züchten, die in ihrer Anatomie und ihrem Typ mit den normalgroßen Beagles konkurrienen konnten. Thelma Gray, damals schon eine alte Dame, hat dies dem Autor anläßlich seines Besuches bei ihr 1976 erläutert. Nach ihrer Meinung fehlte es an Zuchttieren des richtigen Typs in ausreichender Anzahl, um dieses Experiment gelingen zu lassen.

In Großbritannien hat danach Douglas Appleton, der eine Weile Geschäftsführer des Beagle Club GB war, versucht, eine ausreichende Anzahl kleiner Beagles zu züchten. Interessant ist in diesem Zusammenhang das Foto eines solchen kleinen Beagles, den Douglas und Carol Appleton züchteten.

Douglas Appleton, mit Sicherheit einer der größten Beagleexperten seiner Zeit, hat in großem Ausmaß versucht, typische und kleine Beagle zu züchten. Er hatte im fernen Wales eine riesige Hundezucht, insbesondere von Beagles, in der er Zuchtversuche großen Ausmaßes durchführen konnte. Ein Erfolg in der Präsentation einer stabilen Linie von kleinen Beagle ist ihm dennoch nie gelungen.

Nicht Geschichte macht Geschichte, sondern Menschen machen Geschichte. Deshalb auch hier einige nichthundliche Worte zu Douglas Appleton, einer Person der Zeitgeschichte der Rasse Beagle: Daß es kein kluger Schachzug des Beagle Club gewesen war, jemanden zum Geschäftsführer zu bestellen, der zuvor in London ein Geschäft betrieben hatte, in dem auch verschiedene Hunderassen verkauft wurden und der vor seinem Beagle Handbook ein Buch 'The Dog Business' geschrieben hatte, erwies sich dann, als sich herausstellte, daß er seine Beagles als Versuchstiere verkaufte.

Appeline Diplodocus, etwa 30 cm Widerristhöhe, mit ausnehmend guter Vor- und Hinterhandwinkelung und kräftigen Laufknochen, dabei sehr gutem Kopftyp

Appleton mußte von seinem Posten im Beagle Club zurücktreten und wurde in der internationalen Hundszene zur 'persona non grata'. Er verkaufte seine Hundefarm in Wales jedoch mit großem Gewinn und war danach finanziell ein gemachter Mann.

In Deutschland hat Douglas Appleton 1975 die erste Clubsiegerschau des Beagle Club gerichtet, er zog sich später zuerst nach Portugal, dann nach Südfrankreich vollständig aus der Hundewelt aufs Altenteil zurück.

Fehler

Ich kann mir nicht verkneifen, auch den so britisch nobel, aber ebenso unverbindlich vage formulierten Text des Rassestandards hinsichtlich der Fehler zu glossieren. Erwartet werden bei Rüden zwei Hoden im Scrotum. Wie gut, daß es nicht mehr als drei sind; so kann sie auch der taprigste Richter zählen. Wenn er das tut - dies würde aber eine entsprechende Routine beim Richten und die wieder eine planvolle Ausbildung voraussetzen. Erwartet werden also zwei voll abgestiegene Hoden, die auch noch normal entwickelt sein sollen. Zwei Hoden im Hodensack sind also die gewünschten 100 Punkte oder 100 Prozent. Ein vorhandener Hoden wären immerhin noch 50 Prozent.

Dennoch dürfen Einhoder, glücklicherweise hierzulande durch die VDH-Zuchtschauordnung vorgegeben, zu Zuchtschauen nicht zugelassen werden, was manche Hundebesitzer jedoch nicht an einer erfolgreichen Meldung hindert. Nach der Zuchtrichterordnung des VDH sind mit Hodenfehler behaftete Hunde (die also doch bis in den

Ring gelangt sind) mit 'nicht genügend' zu bewerten. Analog ist zu verfahren, wenn ein Hoden deutlich größer oder kleiner oder von untypischer Konsistenz ist. 'Hodenatrophie' ist sogar nach den FCI-Ausstellungsregeln ein Grund, diesen Hund von Zuchtschauen auszuschließen.

3.3 Das Verhaltensrepertoire des Beagle

Diesem Abschnitt muß etwas vorausgeschickt werden, was der Leser getrost als nur aus einem Spleen des Autors herrührend betrachten mag. Seit der Buch- und Filmserie 'Deine Frau/Mann/Sohn/Chef, das unbekannte Wesen' und dem Auftauchen von Horrorfilmen mit Titeln wie 'XYZ, das Wesen aus dem Weltall' vermeide ich den Begriff 'Wesen', wenn ich das Verhalten von Hunden anspreche. Hier muß ich jedoch dort Kompromisse machen, wo der Originaltext des deutschen Standardwortlauts wegen der im deutschsprachigen Raum üblichen Terminologie denn doch den Begriff 'Wesen' verwendet.

Ausgeglichenes 'Wesen' ist eigentlich das, was sich jeder immer für seinen und von seinem menschlichen Partner (Nachbarn, Arbeitskollegen und Vorgesetzten) wünscht: Beagle haben das. Vielleicht ist das eines ihrer Erfolgsgeheimnisse. Jedenfalls freuen sie sich immer über Gesellschaft, sind immer freundlich, nehmen nichts übel und haben sogar Verständnis, wenn man selbst mal nicht in bester Verfassung ist. Das nenne ich zuverlässig gute Laune.

Hier sei angefügt, daß auch ausgeglichene Menschen zu Zeiten in Harnisch geraten können. So, wenn in der sozialen Gruppe, in der Familie oder am Arbeitsplatz. Einzelne die ihnen gesetzten und bis dahin angenommenen Grenzen überschreiten.

Dem Beagle geht es ebenso. Rüden müssen aus biologischen Gründen, insbesondere, wenn es um ihre Stellung in Gegenwart von Hündinnen geht, die Rangfolge klären. Menschen geht es ja offenbar manchmal ebenso.

Hündinnen sind untereinander weitaus streitsüchtiger, ihre soziale Stellung in der Gruppe wird mit dem wechselnden Hormonzyklus, bei Zuchthündinnen mit Trächtigkeit und Säugezeit mal stärker, dann wieder schwächer; dies hat biologische Gründe. Müssen Hündinnen doch jede Konkurrenz in der Gunst des Deckrüden und nachher eventuelle Bedrohung des Nachwuchses durch andere Rudelgenossinnen mit Klauen und Zähnen ein für alle Mal entschieden abwehren.

Ein solches Verhalten ist auch für den Beagle nicht nur normal, sondern es ist wichtig. Es ist sogar ein Anzeichen dafür, daß ein natürliches Verhaltensinventar und ein intaktes Gefühl für die soziale Ordnung noch vorhanden ist. Nach jeder Auseinandersetzung hat allerdings wieder Ruhe zu herrschen. Wahlfeindschaften zwischen Hunden gibt es; sie sind beim Beagle eher selten. Dieser Rasse hat man die soziale Unverträglichkeit rigoros abgezüchtet, indem man sie gandenlos der Gruppenselektion überließ: in großen Meuten werden diejenigen, die sich nicht einfügen, aber ebenso gnadenlos nach den Gesetzen der Natur die Alten und die Kranken von den Anderen umgebracht. Richtiger gesagt, überstehen sie die zeitweiligen Auseinandersetzungen nicht und fallen einem gemeinsamen Agressionsexzess zum Opfer. Hernach werden sie nicht selten aufgefressen. Nicht schön, aber für Naturbeobachter nicht allzu neu.

234

Soziale Fähigkeiten, Selbstbewußtsein und Aggression

Fast alle Leser dieses Buches leben zwar mit dem Beagle zusammen, ich seit nun 25 Jahren mit bis zu 24 Hunden dieser Rasse. Also haben Sie und ich alle höchst persönliche und damit subjektive Eindrücke vom Wesen dieser Rasse. Gleichwohl wird höchst selten mit Hilfe eines standardisierten Tests von fremden Personen an vielen Beagles, die unter unterschiedlichsten Bedingungen gehalten werden, objektiv nachgeprüft, wie es um das Wesen des Beagles wirklich steht.

Dies ist inzwischen nachgeholt worden. Elisabeth Venzl hat in ihrer tierärztlichen Doktorarbeit in München 1990 an insgesamt 256 Hunden mit Hilfe eines standardisierten Tests nach Campbell (1975, modifiziert nach Queinnec 1981) die gesamte Bandbreite von aggressivem, eigenwilligem über anpassungsbereitem bis hin zu sensiblem Verhalten untersucht und aufgezeichnet.

Da diese Tests an drei verschiedenen Hundegruppen, an Beagles einer Aufzuchtstation einer Forschungseinrichtung, Hunden einer Schleppjagdmeute und solchen, die privat gehalten wurden, durchgeführt wurden, haben wir ein zweifellos repräsentatives Bild des 1990 vorherrschenden Wesens bei der Rasse.

Venzl fand, daß bei Untersuchung der Hunde in fünf definierten Situationen (Tests auf soziale Anziehung, auf Nachlaufen oder Folgen, auf soziale Dominanz, Dominanz durch Zwang, Dominanz durch Hochheben), durch eine den Hunden unbekannte Person an einem ruhigen, abgeschlossenen Ort alle Hundegruppen im wesentlichen gleich reagierten, wenn auch etwas differenziert nach Herkunft und Alter.

Zuerst die Definitionen:

'Agressives Verhalten': Verhaltensweisen, die keine Anzeichen von Scheu oder Furcht erkennen lassen, sondern dominante Elemente aufweisen und bei Ausübung von Zwang zu heftiger Abwehr mit deutlicher Drohmimik, Drohlauten sowie Zuschnappen und Beißen führen.

Vom Autor wurde wirklich agressives Verhalten nur einmal bei einem Beagle erlebt, der bei den 'True Line's..' Vater werden sollte und daher zu uns kam. Dieser im Ausland lebende Rüde, aus wohlbekannten, nicht agressiven Linien, war offenbar so aufgewachsen, daß er Herr im Haus war. Demzufolge nahm er übel, wenn wir ihm etwas befehlen wollten und wir natürlich, schon allein aus Gewohnheit, sofort nachsetzten, wenn er die Anordnungen nicht unverzüglich befolgte. Dieser Hund beobachtete nach dem ersten Zwischenfall, nach dem er den Autor zu beißen versuchte, weiter sehr genau, ob man ihm etwas zumuten wollte, was er nicht selbst wollte, und reagierte unmittelbar mit Angriff. Höchst erfolgreich - er bekam den nächsten Heimflug, der sich buchen ließ und konnte von da an wieder seine Familie terrorisieren.

Man könnte zwar in solchen Fällen argumentieren, daß dem Hund kein Vorwurf zu machen sei, denn so, wie er aufgewachsen war, hatte er dies als zweckmäßigste und damit für ihn richtige Handlungsweise erlernt. Dies ist jedoch in seinem Resultat, unbeschadet der Beweggründe, ein für einen Beagle höchst untypisches Verhalten Menschen gegenüber und daher war uns die Entscheidung leicht gefallen, zwar zuungunsten des Hundes, aber zugunsten der Rasse diesen Rüden zur Zucht nicht einzusetzen. An diesem Grundsatz muß sich ohnehin die Entscheidung stets messen lassen, ob ein Hund zur Zucht verwendet wird oder nicht: "Sind Nachkommen dieses Hundes für die Rasse eine Bereicherung?" Nur wenn dies einschränkungslos bejaht werden kann, ist eine Zuchtverwendung zu vertreten. Hinsichtlich des Alters ergab sich, daß "Welpen deutlich mehr agressive und eigenwillige Reaktionen als Junghunde und erwachsene Hunde zeigen". (Ich interpretiere das so, daß Hunde des Alters von sechs bis acht Wochen noch mit Macht suchen, ihre Stellung in der Gruppe zu verbessern und zu festigen) Junghunde, von 6 bis 12 Monaten alt, zeigen dies weniger, während sich der in der Wesensentwicklung gefestigte, erwachsene Hund von über 12 Monaten (mit durch gefundene soziale Stellung gewachsene Selbstsicherheit und abgegrenztes Territorium, wie mir scheint) dann wieder mehr Agressionen und Eigenwilligkeiten erlaubt.

Ängstlichkeiten gibt es bei Welpen am seltensten; Junghunde sind am ängstlichsten, erwachsene Beagle verlieren dieses Verhalten zum Teil wieder.

Anpassungsbereitschaft nimmt ebenso mit zunehmendem Alter zu, um dann aber bei erwachsenen Hunden wieder abzuflauen wie die Eigenwilligkeit des Welpen sich zunehmend mit dem Alter verliert.

Aber sensibel sind sie alle.

3.4 Beaglegesundheit
3.4.1 Instandhaltung und Wartung

Ist ein Beagle erst einmal im Betrieb, läuft er eigentlich ganz problemlos, vorausgesetzt, Sie führen genügend Betriebsmittel, also Futter und Wasser, zu. Freilich braucht er mehr, so menschliche Zuwendung (viel) und Bewegung im Freien (viel) und Maßnahmen zur Instandhaltung. Da ist erst einmal die Karosseriepflege. Wer sein Auto gerne mit glänzend poliertem Lack, frischgewaschen und abgeledert sieht, der hat auch Verständnis für die Fellpflege.

Von der Fellpflege beim Beagle - eine haarige Sache

Entsprechend der Lebensdauer des Hundehaars von ca. 6 Monaten fallen ständig irgendwelche Haare Ihres Beagles aus. Dies häuft sich jedoch dann, wenn meist im Frühling die Temperaturen steigen und dann wieder, wenn sie im Herbst fallen. Das Sommerkleid bzw. Winterkleid wird abgestreift, unser Beagle kleidet sich jahreszeitengerecht neu ein. Beaglebesitzer merken das um so deutlicher, die Fellwechsel sind um so mehr auf wenige Wochen begrenzt, je mehr ihr Hund sich draußen aufhält. Um so dichter wird auch das Winterfell. Ganz folgerichtig vollzieht sich der Haarwechsel des Haushundes ständig, aber nicht so schwerpunktmäßig - man findet ständig Haare im Haus und natürlich um so eher, je mehr weiße Fellpartien der Beagle hat - in meinen Augen nicht so schlimm, denn die Menschen verlieren ja auch ständig Haare. Nur sieht man sie nicht so deutlich. Obwohl ein Hundehaar durchschnittlich nur 0,1 mm stark ist, ist es erstaunlich widerstandsfähig. Es hat eine Reißfestigkeit von ca. 60 g und man braucht ca. 32 g pro Haar, um es auszureißen; also kann das, was Sie bei der Fellpflege in Ihrer Bürste finden, nur reifes, also totes Haar sein. Sonst würde Ihr Hund die Fellpflege nicht ohne Widerspruch über sich ergehen lassen, lebende Haare würden mitsamt dem Haarbalg ausgerissen und hinterließen viele kleine Wunden, Eingangstüren für Infektionen und Entzündungen der Haut.

Da Menschen nur eine Sorte Haare haben, ist deren Pflege eigentlich einfach, auch wenn sich darum eine ganze Branche entwickelt hat. Hunde sind da anspruchsvoller, auch wenn Beagle im Vergleich zu anderen Rassen noch bodenständig sind. Aber Fellpflege ist eben nicht nur das Vermeiden von Schmutz dort, wo man ihn nicht will, sondern ebenso Massage und Anregung des Organs Haut. Und gerade farbige Hunderassen wie der Beagle leuchten attraktiv, wenn das tote, reife, in der Farbe dann eben auch matte Haar entfernt ist.

Zum Entfernen toten Deckhaars -und für jedes Haar, das nicht so beiläufig in der Wohnung ausfällt, sondern gezielt im Freien entfernt wird, werden Hausmann oder Hausfrau dankbar sein- hat sich die Gumminoppenbürste (oval mit Handschlaufe, drei Reihen konzentrisch angeordneter Noppen von 3,5 mm Höhe und 5 mm Basisbreite) oder der Gumminoppenhandschuh als das wirksamste Instrument erwiesen. Diese Instrumente wirken am meisten an den Stellen, die viel langes Deckhaar haben, wie am Hals und der Kehle und Brust, am Rücken und an der Oberseite der Hinterläufe.

Zum Entfernen toter Unterwolle wirkt am besten ein kleiner metallener Striegel (Kardätsche) mit nur einer Reihe von ca. 38 Deiecks-Zacken mit einer Seitenlänge von 2 mm über einer Basis von 3 mm - britische Produkte sind direkt als '38' im Handel. Aber Vorsicht beim Entfernen der Unterwolle- Sie können hiermit bei allzu eifriger Tätigkeit dem Beagle ohne weiteres den Pullover unterm Mantel auszuziehen. Und gerade die Kombination von Unterwolle als Dämmschicht und Deckhaar als Nutzschicht, Regendach und Sonnenschirm ist das, was das Haarkleid in seiner Gesamtheit so wetterfest und widerstandsfähig macht.

Zum Reinigen des Fells von Staub und trockenem Schmutz eignet sich am besten ein so treffend genannter 'hound glove', ein Bürstenhandschuh mit einer Seite, die mit einer sehr dichten Sisalbürste besetzt ist, ca. 10 x 15 cm groß, mit einer Borstenhöhe von 15 mm. Im letzten Jahr hat sich die Erfahrung verbreitet, daß ein handseifengroßes Stück einer im Baubedarfshandel erhältlichen Schaumglasplatte (auch 'Foamglass' genannt) auch reifes Haar entfernt und den Beagle nahezu poliert.

Zum Reinigen des feuchten oder nassen Beagles reichen diverse trockene Frottee-handtücher. Insbesondere ein gut eingeregneter Beagle wird nach dem gründlichen und allseitigen Abtrocknen wunderbar weich, seine Farben leuchten wie frisch gestrichen. Der Grund ist, daß Sie beim Abrubbeln natürlich auch einen Teils des den Haaren anhaftenden Fettes mitsamt dem darin vermengten Staub abstreifen.

Die Natur hat dem Hund eine wenn auch geringe so doch stetige Produktion eigenen Hautfettes mit Pflegebestandteilen installiert; es dient zur Imprägnierung des Haares gegenüber Witterungseinflüssen genauso wie dem Schutz der Haut. Ein Waschen des Hundes mit auch noch so rückfettenden Waschmitteln ist daher zu vermeiden; ich empfehle Waschen nur dann, wenn sich der Hund wirklich mit übelriechendem Parfüm 'eingewälzt' hat. Da ein einsichtiger Beaglebesitzer schon an der Wahl des Parfüms erkannt hat, daß sein Beagle diese Gerüche dem des Lavendels oder der Nelke vorzieht, wird er auch kein Waschmittel mit irgendwelchen dem Hunde dann widerlichen Duftzusätzen für seinen Hund verwenden; organische Gerüche, die der Beagle offenbar so ganz anders als wir liebt, können von solchen Duftstoffen ohnehin nicht überdeckt werden. Für unsere Hunde verwenden wir seit vielen Jahren eine aus pflanzlichen Substanzen in Großbritannien hergestellte Seife, 'canex', deren Wiederbeschaffung immer wieder einer abenteuerlichen Expedition im Handelsdschungel des Inselreichs gleichkommt.

Liegeschwielen

Wie bei allen anderen Hunderassen auch können Beagles, wenn sie vorwiegend auf harten Oberflächen liegen, nach einigen Jahren Liegeschwielen entwickeln. Dies sind kahle, verdickte Hautstellen, die dort entstehen, wo unmittelbar unter der Haut, auf der der Hund liegt, Knochen liegen. Liegeschwielen entstehen meist im Bereich des Ellenbogenhöckers bei Hunden, die erhebliche Zeit des Tages draußen verbringen und sich dann auf Liegebrettern oder in Hütten aufhalten. Bei Hunden, die in Haus und Wohnung leben, ist das höchst selten der Fall. Es gibt zwar auch die Gefahr, daß sich diese Liegeschwielen entzünden und Wunden entstehen, dies ist jedoch bei unserer Rasse eher die Ausnahme. Sind Liegeschwielen da, kann man diese Stellen zwar mit Melkfett oder Hirschtalg pflegen. Wenn die Ursache für das Entstehen der Schwielen, die Belastung der Haut zwischen Knochen und harter Unterlage, jedoch nicht vermieden werden kann, bilden sich Liegeschwielen nicht zurück.

Bei Haltung mehrerer Beagles, die zum Beispiel gemeinsam in Hütten schlafen, ist es nahezu unmöglich, allen Hunden als Hütteneinlage eine weiche Liegeunterlage zu sichern. Stroh und Heu werden bald zu einer Staubquelle, können Bindehäute reizen und werden in die Umgebung mit hinausgetragen, sie müssen sehr häufig erneuert werden und können nicht immer leicht und regelgerecht entsorgt werden. Textile Einlagen wie Kunstfelle oder Decken werden stets vom Höchstrangigen oder dem, der zuerst in die Hütte kommt, einem Instinkt folgend zu einem wunderbaren weichen Berg zusammengescharrt, auf dem der erfolgreiche Scharrer dann wohlig weich liegt. Die anderen liegen dann wieder hart.

Zudem gibt es immer wieder Wißbegierige unter den Beagles, die gerne wissen möchten, wie ein solches Fell aussieht, wenn es in viele kleine Stückchen zerlegt ist. Manche Beagles fressen die Stücke dann auch gleich probehalber. Dicke Liegematten aus elastischem Material oder in kräftige Folien eingehüllte Polster werden von den Hunden sehr gerne an den Ecken abgerundet, die fortschreitende Abrundung macht die Flächen dann immer kleiner. Die früher von uns bevorzugten Kokosmatten, die aus aufrecht in eine plastische Bodenschicht eingegossenen Kokosfasern bestehen, sind im Laufe der Jahre mit immer kürzerem Flor geliefert worden, sodaß die heute auch als harte Unterlage gelten müssen.

Bei den Beagles, die beim Autor und seiner Frau leben, gibt es offenbar veranlagungsbedingt Zuchtlinien, die zu Liegeschwielen neigen. Sie sind in der Minderheit. Bei ihnen entwickeln sich die Liegeschwielen auch nicht an den Ellbogenhöckern, sondern seitlich außen an den Hintermittelfußwurzelgelenken.

Die meisten Beagles haben dies Problem allerdings nicht; der Vollständigkeit halber muß dies jedoch in einem ausführlicheren Beaglebuch erwähnt sein.

3.4.2 Erkrankungen

Unsere Rasse ist gesund. Dies verdanken wir vornehmlich den Züchtern des vorigen Jahrhunderts: was in der Meute nicht mithalten konnte, wer Gesundheitsprobleme hatte - dazu gehören auch Wesensfehler, die das Zusammenleben in der Meute zu einer Folge ständiger Auseinandersetzungen machen-, wurde nie zur Zucht eingesetzt. Dieser Hund verschwand von der Bildfläche. Wurde eingeschläfert, erschossen oder schlicht von den anderen Meutemitgliedern gefressen. Oft genug kann man das garnicht sagen, damit die gnadenlose Auslese als Grundstein der heutigen Rassegesundheit begriffen wird. Daß Hunde auch oft ungerecht ausgesondert wurden, weil sie krank waren oder eben nicht in das optische oder größenmäßige Erwartungsmuster der Meute paßten oder weil es gerade schon genug Rüden oder Hündinnen gab, wurde in Kauf genommen, weil es dem Fortschritt der Rasse diente.

Es ist jetzt rund ein Jahrhundert her, daß die Fraktionen Familienmitglied und Schauhund auf der einen Seite und Meutejagdhund auf der anderen Seite sich getrennt haben. Zweifellos ein Verlust für die Rasse, denn der Austausch von einander fremden Blutlinien ist in jeder Tierzucht eine die Gesundheit der Rasse fördernde Maßnahme.

Eigentlich ist die Rasse Beagle recht gesund geblieben. Wir kommen trotzdem nicht darum herum, einzuräumen, daß der Beagle von vielen Krankheiten, die andere Rassen auch heimsuchen, geplagt wird. Freilich in prozentual weitaus geringerem Maße: der Beagle ist eine erstaunlich gesunde Rasse. Das ist er sicher deshalb, weil er in seiner Konstruktion bemerkenswert normal ist; der Rassestandard fordert weise und glücklicherweise geradezu den durchschnittlichen, gesund gebauten, normalen Hund mittlerer Größe.

Ein guter Indikator für die allgemeine Rassegesundheit ist ferner das durchschnittliche Lebensalter, das die Hunde erreichen. Viele Beagle werden über 10 Jahre alt. Wenn sie diese Marke erst überschritten haben, werden sie meist 12 bis 15 Jahre alt, hierzulande sind viele Hunde 17 Jahre und älter geworden: in der kleinen Meute, die seit 20 Jahren freilaufend bei uns lebt, aber im Winter auch ins Haus kommt, sind die Rüden meist 14 bis 17 Jahre, die Hündinnen 10 bis 12 Jahre alt geworden, bevor sie, meist wegen sich im Alter irgendwo entwickelnder Gewächse, vulgo Krebs genannt, eingeschläfert werden mußten. Sie waren aber stets bis kurz vor ihrem Tod recht gesund, die eigentlichen Todesursachen entwickelten sich spät und rapide. Dennoch nahmen alle unsere alten Hunde bis in ihre letzten Monate hinein aktiv am Leben der Meute teil. Daß alte Hunde insgesamt nicht mehr so aktiv sind, ist beim Beagle nicht anders als beim Homo sapiens. Und daß wir im Alter nicht mehr so gut sehen und hören, ist eben auch bei Hunden so. Weil es nicht nur unseriös, sondern töricht wäre, dem Beagle-interessenten und -besitzer weismachen zu wollen, die Rasse sei frei von Neigungen zu bestimmten Krankheiten, finden Sie nachfolgend eine Aufzählung von Krankheiten, wie sie die amerikanische Fachliteratur (in: Anderson) für die Zucht von Beagles als Laborhunde verzeichnet.

Die erste Aufzählung in Andersons Werk ist zwar aus den siebziger Jahren, es gibt jedoch meines Wissens nach keine gezielte Aktualisierung dieser Zusammenstellung, die auf ebenso großem statistischem Material beruht. Gerade weil der Beagle als Versuchstier in großen Zahlen gezüchtet wird, die freilich selten die Welt der Privathundehalter betreten, ist der Beagle gewiß dennoch die am besten erforschte Hunderasse. Es gibt Hunderte von tierärztlichen Arbeiten, die auf am Beagle gewonnenen Erkenntnissen beruhen.

Ich habe gleichwohl kommentiert, was aus meiner Kenntnis der Situation (Angaben in Zuchtbüchern beinhalten die Dunkelziffer nicht) in Mitteleuropa der wirkliche Sachstand auf dieser Seite des großen Teichs ist. Denn Aufzählung, was bei insgesamt Tausenden von Laborhunden in nicht prozentual erfaßter Häufigkeit auftrat, ergibt kein typisches Bild der Rasse.

Anderson zählt folgende angeborene Abweichungen auf:
• Angeborene Mißbildungen wie Hasenscharten und Wolfsrachen (unter 1%)
• Entwicklungsstörungen wie Mikrophthalmie (zu kleines Auge in normalgroßer Augenhöhle), bei Rüden kein (Kryptorchidie) oder nur einseitiges (einseitige Kryptorchidie) Absteigen der Hoden, oder Schwächen wie Nabelbrüche als Folge einer angeborenen Bindegewebsschwäche (10%). Abweichungen im Skelett wie fehlerhafter Kieferschluß-Rutenmißbildungen, bis hin zu Knickruten (unter 5%), Hüftgelenks-Dysplasie (auch HD genannt, schwankt in der Ausprägung, Feststellung nur beim erwachsenen Hund möglich). Erbliche Augenkrankheiten wie Neigung zu: Glaukom (Star), Katarakt (Lin-sentrübung), Progressive Retina-Atrophie (Fortschreitende Netzhautdegeneration, PRA), alles unter 1 %. Nierenkrankheiten (auch bei anderen Rassen, oft durch die Ernährung gefördert) im Alter häufig.
• Anfallserkrankungen (in Europa unter 1%, in USA angeblich über 20%). Mit erheblichem Leidenswert für Hund und Halter, von Züchtern totgeschwiegen, daher Vorsicht bei Importen !
• Hautprobleme wie atopische Dermatitis, eine schmerzhafte Hautentzündung, die meist erst im Alter auftritt (unter 5 %), bei zweifarbigen Hunden scheinbar häufiger, auch häufiger bei kastrierten Hunden.
Da die Ergebnisse einer Zusammenstellung für Veterinäre sehr häufig vom nächsten Autor einfach als gegeben 'geglaubt' und übernommen werden, sieht die Liste, die Clark und Stainer 1983 wiedergeben, nicht viel anders aus.

Erkrankungen des Stoffwechsels
Von den vielen Abweichungen, die es im hundlichen Stoffwechsel gibt und die wir, mit der sonst gesunden Rasse Beagle meist garnicht kennen, ist die bei Beagles am häufigsten auftretende die Schilddrüsenunterfunktion oder Hypothyreose. Hier wird zuwenig Schilddrüsenhormon ausgeschüttet, wordurch es äußerlich zuerst erkennbar zu Haut- und Fellproblemen kommt. Erblichkeit ist bisher noch nicht erwiesen. Diese Störung kann schon früh, mit etwa zwei Jahren auftreten, wird aber meist erst bei fünf- bis siebenjährigen Hunden beobachtet. Haarausfall, Fettleibigkeit, Hautverdickungen, Teilnahmslosigkeit, Flucht vor Kälte, Unfruchtbarkeit, auch Pigmentanreicherung können Zeichen einer solchen Erkrankung sein, werden aber oft nicht als solche erkannt, da man dies alles als Zeichen vorrückenden Alters versteht.

Blutkrankheiten
Beagles, so sagen Clark und Stainer, sind häufig von Blutkrankheiten befallen. Dazu zählt vor allem die Bluterkrankheit, die nur bei männlichen Tieren auftritt. Die auch Hämophilie A oder 'Fehlen des Faktors VIII' genannte Erkrankung ist auch vom Menschen bekannt, bei dem diese Gerinnungsstörung die häufigste Bluterkrankung überhaupt ist. Bei den Hunden ist dies ebenso und die Erkrankung ist beileibe nicht nur beim Beagle, sondern bei vielen Rassen nachgewiesen worden. Die Krankheit wird fast immer nur bei männlichen Tieren erkannt, während die weiblichen Tiere zwar Träger der Krankheit sein können, aber keine Anzeichen der Erkrankung zeigen. Die Erkrankung wird meist beim Welpen nach der Entwöhnung entdeckt. Oft sind die ersten Anzeichen Blutergüsse, wo die Impfspritzen gesetzt worden waren oder Blut im Kot der Tiere. Echte Probleme treten dann auf, wenn Blutungen in Gelenken auftreten und als

deren Folge Lahmheit, kann nur von versierten Tierärzten mit guter Diagnosetechnik entdeckt werden, Aussicht: ziemlich traurig.

Wichtiger aber und häufiger ist nach Rasmussen das 'Fehlen des Faktors VII'. Hierbei handelt es sich, volkstümlich ausgedrückt, um eine abgeschwächte Form der Bluterkrankheit, also eine Störung der Blutgerinnung. Diese Abweichung kommt angeblich nur bei Beagles vor. Sie war häufig bei großen Zuchtkolonien der Versuchstierzucht, die Tiere verletzten sich leichter und bei ihnen trat deutlich gehäuft die Demodex-Räude auf. Vermutlich deshalb, weil die mangelhafte Gerinnung eine warme und feuchte Gewebebeschaffenheit erzeugt, die die Demodex-Milbe attraktiv findet. Kann nur vom Tierarzt diagnostiziert und behandelt werden.

Erkrankungen der Sinnesorgane

Primäres Glaukom des Auges, zusammen mit Linsenluxation wird als häufig aufgezählt, wobei von Rasmussen behauptet wird, dieses Merkmal vererbe sich rezessiv. Solch einfache Erbgänge werden von den Genetikern heute als eher unwahrscheinlich angesehen. Im Wettlauf mit der derzeit sich rasend entwickelnden Molekulargenetik und der Aufschlüsselung des genetischen Fingerabdrucks eines jeden Hundes wird es gewiß für alle erblichen Erkrankungen, so auch die Veranlagung zu Augenkrankheiten, eher möglich sein, im genetischen Strichcode des Hundes die Veranlagung zu erkennen und Merkmalsträger auszuschließen als den Erbgang zuverlässig zu erforschen und verständlich darzustellen.

Rasmussen widmet 1984 mehreren Erkrankungen längere Ausführungen. Bei ihm stehen die folgenden Krankheiten im Vordergrund:

Epilepsie: funktionale Störung des Gehirnstoffwechsels und der dortigen Reizleitung. Die Folgen sind Abfolgen von Krämpfen und Zuckungen, die plötzlich und unvermittelt auftreten. Leider sind die Ursachen der Erkrankung noch wenig erforscht, in Europa gibt es hierfür nur Spezialisten in Berlin, Trier und Zürich. Die Erkrankung, die offenbar mit ungeklärtem Erbgang weitergegeben wird, hat einen hohen Leidenswert für Hunde und Besitzer. Nicht alle Anfallserkrankungen sind Epilepsie. Diese Anfallsleiden bedürfen sorgfältiger und kundiger Untersuchung und Behandlung. Während sich manche Formen mit regelmäßigen Medikamentengaben erfolgreich über lange Zeit kontrollieren lassen und die Hunde ganz gut damit leben, wird das Krankheitsbild in anderen Fällen schnell schlimmer und oft bleibt dann keine Wahl, als den Hund einschläfern zu lassen.

Glaukom: oder grauer Star, eine Folge erhöhten Augeninnendrucks. Hier treffen oft zwei Phänomene zusammen: Erhöhte Flüssigkeitsmenge in der vorderen Augenkammer und ungenügender Abfluß derselben. Diese Erkrankung ist für den Hund äußerst schmerzhaft und führt zur Erblindung. Rasmussen gibt an, diese Erkrankung sei autosomal rezessiv vererblich; auch hier sei zur Vorsicht geraten, daß dies so stimmt. Diese Erkrankung, die ab dem ersten Lebensjahr auftreten kann, läßt die Linse des Auges trübe werden.

Katarakt oder Linsentrübung führt auch zur Erblindung, wenn auch begnadete Augenchirurgen erfolgreich Ersatz-Kunststofflinsen einpflanzen können, mit denen die Hunde dann wieder sehen. Beim Beagle treten beide Formen auf, der juvenile, also in jugendlichem Alter vorhandene Katarakt ebenso wie der adulte, also der, der sich erst bei erwachsenen Hunden ausbildet. Katarakt ist frühestens, aber auch nur zuverlässig von versierten Veterinärophthalmologen im Alter von vier Monaten erkennbar. Bei

Welpen kann in Zweifelsfällen nur mit Hilfe von in Mitteleuropa noch nicht flächendeckend vorhandenen Geräten ein Elektroretinogramm Aufschluß verschaffen.

Skeletterkrankungen

Anderson beschreibt schon in den siebziger Jahren bei seiner Zusammenstellung typischer Erkrankungen der Beagles Bandscheibenerkrankungen wie -vorfälle (zwischen 10 und 20 %). Diese Erkrankungen werden vornehmlich bei Hunden entdeckt, die in der Familie leben. Die zeitweilige Beweglichkeitseinschränkung, die mit dieser Erkrankung einhergeht, wird von in Kolonien lebenden Hunden und bei Zwingerhunden häufig erst gar nicht entdeckt.

Rasmussen beschreibt diese Erkrankung als Zwischenwirbelscheibenkrankheit, bei uns volkstümlich Bandscheibenvorfall genannt. In diesen Fälle verändert sich die zwischen den Wirbelkörpern befindliche Bandscheibe derart, daß sie schließlich so 'verrutscht', daß sie auf die durch ihre gelochte Mitte hindurchführenden Rückenmarksnerven drückt. Dies ist für den Hund sehr schmerzhaft, denn der Schmerz wird bei jeder Bewegung erneut ausgelöst. Auch andere Rassen, so Teckel, Pekingesen oder Cocker Spaniel sind hiervon befallen; beim Beagle soll die Erkrankung am häufigsten im Lebensalter von fünf bis 12 Jahren auftreten. Die Problemzonen sind meist die Hals- und Brust-wirbelsäule. Merkwürdigerweise kann der Besitzer oft durch vorsichtiges Abtasten der Wirbelsäule den Problempunkt finden - dort ist die Haut deutlich wärmer als entlang der übrigen Wirbelsäule. Die Anzeichen sind Schmerzäußerungen des Hundes und sein Bemühen, sich sowenig wie möglich zu bewegen, bei schweren Fällen können sich die Anzeichen bis zur Lähmung steigern. Die betroffenen Hunde gehen dann oft staksig, verkrampfen in der Halshaltung, weil sie erneuten Schmerz vermeiden wollen und müssen dann im Warmen gehalten werden. Linderung kann einerseits durch erfolgreiche Medikation, in schweren Fällen durch chirurgische Eingriffe geschaffen werden.

Auffälligerweise sind auch nach Clark und Stainer Beagles häufig von degenerativen Veränderungen der Bandscheiben betroffen. Im Gegensatz zu den anderen Gesundheits-problemen, von denen der Autor nur sporadisch bei einzelnen Hunden gehört hatte, scheint diese Erkrankung nun wirklich häufig auch in den mittel-europäischen Populationen aufzutreten. In der Meute des Autors sind verschiedene Beagles, allerdings erst im Alter von ca. 4 - 5 Jahren, hieran erkrankt. Diese Erkrankungen sind für die betroffenen Hunde sehr schmerzhaft, können aber einerseits von geschickten Chirurgen gut operiert werden, heilen aber mitunter auch im Laufe der Jahre aus.

So etwas ist meist, wenigstens hinsichtlich der Neigung von bestimmten Zuchtlinien oder -familien, erblich. Aber auch die Disposition der Rasse, die durch die im Standard festgeschriebenen Maßverhältnisse und Schönheitsvorstellungen bestimmt wird, spielt eine entscheidene Rolle. Die Rasse ändert sich.

In diesem Zusammenhang muß darauf verwiesen werden, daß selbst nach den Unter-suchungen von Schröder doch ein erheblicher Teil der Beaglepopulation Anzeichen von Chondrodystrophie zeigt. Dieses komplizierte Wort bedeutet, daß das Fehlen der Wachs-tumszonen der Knorpel zu Wachstumsstörungen führt und ein Minderwuchs eintritt. Es entwickeln sich kurze, plumpe Glieder. Die Köpfe sind groß, die Hälse kurz, dicke, aber krumme Läufe. Wenn auch eine solche Wuchsform sogar zur Rasseform verfestigt wurde (Teckel, Basset Hound), so kann doch kein Zweifel daran bleiben, daß dies nicht die Wuchsform von Laufhunden mit beeindruckender Dauerleistung sein kann.

Hüftgelenksdysplasie

oder: Die Gesundheit ist nicht alles, aber ohne Gesundheit ist alles nichts!

Bei allen Hunderassen, unabhängig von ihrer Größe, ihrem Körpergewicht oder ihren Rücken- und sonstigen Profillinien kann es vorkommen, daß sich das Hüftgelenk nicht richtig, sozusagen nicht vorschriftsmäßig, ausbildet. Je weniger perfekt das Hüftgelenk ausgebildet ist, um so mehr wird es sich -leider ist beides voneinander bedingt - hernach degenerativ verändern.

Das Hüftgelenk ist im wesentlichen eine halbkugelige Pfanne, in der sich ganz exakt angepaßt der kugelige Kopf des Oberschenkelknochens 'wie geschmiert' bewegt. Vereinfachend kann man sagen, daß sich bei HD die Kugel abgeflacht hat, sie sitzt mit mehr 'Spiel' nicht mehr exakt in einer oft auch flacher gewordenen Pfanne, die den Kopf auch deswegen nicht mehr gut umschließt. Ein solch unangepaßtes Gelenk bietet dem Hund nicht nur keine reibungslose Kraftübertragung für den Vorwärtsschub, die ja nur hier stattfindet, sondern das Gelenk hat auch die Neigung, als Folge der Zerrungen im losen Gelenk Entzündungen zu erleiden und als deren Folge mit Ablagerungen im Gelenk zu entarten, was spätestens dann dem Hund bei jeder Bewegung Schmerzen bereitet

Diese Krankheit ist zum erheblichen Teil erblich angelegt; sie ist bei höheren Befallsgraden im Röntgenbild selbst Laien, wenn Sie denn ein wenig vorgebildet sind, eindeutig erkenntlich. Sicherheit in der gleichmäßigen Beurteilung, das sei hier warnend gesagt, ergibt noch nicht einmal die Beurteilung durch auch oft recht erfahrene Röntgentierärzte, sondern nur die Beurteilung durch die zentralen Gutachter, die alle Röntgenbilder für die Rasse auswerten.

Geringere Befallsgrade prägen sich mitunter nicht aus: durch Bewegungsbeschränkung, so zum Beispiel in ziemlich engen Zwingern, und geringes Körpergewicht der Hunde bis zum Zeitpunkt der ersten röntgenologischen Untersuchung, die erst dann sinnvoll ist, wenn der Hund ein Jahr alt ist, kommen sie, wiewohl erblich angelegt, sozusagen nicht bis an's Licht des Röntgengeräts.

Die Verbreitung dieser Erkrankung kann aber nach wie vor nur durch Zuchtwahl an ihrer Verbreitung gehindert, nur mit Zuchtprogrammen und kluger Zuchtwahl langfristig eingeschränkt werden. Wenn man sich klarmacht, daß ein Hund nicht nur aus Hüftgelenken besteht und vielleicht andere Aspekte für den durchschnittlichen Welpenbesitzer noch wichtiger sind, dämmert einem, daß solche Aspekte alle zusammen angesehen werden müssen. Mit Fontane möchte ich hier sagen "Aber das ist ein weites Feld".

Dem geringen Körpergewicht der Beagle zufolge und auch nur, weil fast kein Beagle mehr soviel laufen muß wie einst die Meutehunde, zeigen Hunde mit Hüftgelenken mit den Befallsgraden B (früher 'Übergangsform/Verdacht') und C (früher 'leichte HD') nach Meinung ihrer Besitzer keinen Leistungsabfall und vermeintlich keine Schmerzen. Höchst einfach denkend und, weil auch Postiives leichter von den Lippen geht als Negatives, meinen daher solche Hundebesitzer im Verein mit vielen Züchtern, diese Befallsgrade hätten für diese Rasse nur geringen Krankheitswert und meist keinen Leidenswert.

Eine solche Meinung, meist von den Besitzern oder Züchtern befallener Hunde geäußert, offenbart Wunschdenken und bestätigt eine bereits bekannte Tatsache: daß das Vorhandensein von Schmerzen bei Hunden von Laien nur selten beobachtet wird. Eine solche Meinung, von Züchtern gehört, erweckt den Verdacht, man wolle einen nicht mit allen Kräften durch Zuchtwahl vermiedenen Defekt verniedlichen, weil ja sonst der Züchter mit Fug und Recht in die Gewährleistungshaftung genommen werden könnte. Wenn allerdings Zuchtfunktionäre oder gar auch ganz gewöhnliche Tierärzte solche Weisheiten verbreiten, ist das zwar höchst willkommen bei den vorgenannten Besitzern und Züchtern, aber bei Lichte betrachtet nicht weniger als eine grob fahrlässige oder gar arglistige Desinformation in Verbindung mit Ignoranz und sollte eigentlich im Interesse der Rasse mit der Bastonade geahndet werden. In dubio pro reo: es ist vermutlich Überheblichkeit und reine Dummheit.

Eine Rasse, die nicht mit allen verfügbaren Kräften und allen Möglichkeiten der modernen Veterinärmedizin und Genetik wenigstens auf dem Gesundheitsstand gehalten wird, mit dem wir sie von unseren Vorvätern übernommen haben, verdient, auszusterben oder, alternativ, andere Zuchtpolitiker und Züchter zu bekommen.

Nur den status quo zu erhalten ist, genau betrachtet und in Ansehung der vielen Informationen, die uns als Hundezüchtern für Anpaarungsentscheidungen heute zu Gebote stehen (wenn wir nur wollen) eine Schande. Wer nicht mehr als dies vermag, darf sich weder Züchter nennen noch kann er als Zuchtpolitiker vor der Geschichte seiner Rasse bestehen.

Nur der Wahrheit gebührt die Ehre: in den Sündenpfuhl gehört mit den Vorgenannten jeder Tierarzt, der HD-Röntgenbilder oder -Befunde manipuliert oder nicht unnachsichtig alle Hunde nach gleichen Regeln beurteilt. Für mein Empfinden haftet den Vorgenannten der Modergeruch der Totengräber der Rasse an. Insofern sind die Statistiken zur HD-Entwicklung der Rasse, wie sie wenigstens in Deutschland aus den jüngeren Zuchtbüchern des betreuenden Vereins ersichtlich sind, cum grano salis zu betrachten - die Statistiken sollten auch nach Amtzeiten der Gutachter differenziert werden.

Gleichwohl weiß ich nur von wenigen Beagles, die wegen HD vorzeitig Beschwerden hatten oder gar ausschließlich deshalb eingeschläfert werden mußten. Aber zum einen gibt es hier unzureichenden Informationsrücklauf über sowohl Gründe als auch Anlässe für den Tod der Hunde. Denn der geht zum anderen oft nur an die Züchter, die wenig Ehrgeiz zeigen, diese Informationen ohne Ansehen der Betroffenheit ihrer eigenen Zuchtlinien zentral zum Verein zurückzumelden.

Ein Verfahren, das erfolgreich in anderen Ländern praktiziert wird, ist, erst garnicht die Hüften zu untersuchen oder gar die Hunde, die alle produziert worden sind, nicht auf ihrem weiteren Lebensweg auch nur stichprobenweise zu verfolgen. So kann im Brustton der Überzeugung gesagt werden, die Rasse habe insgesamt keine Gesundheitsprobleme. So ist wenigstens der Absatz der Züchter und der Export von gut bezahlten Zuchttieren gesichert, die oft ohnehin weit weg von den Menschen in Zuchtanlagen ihr Leben verbringen. Um die Gesundheit der Hunde schert sich da keiner und auch nicht um das Mitleiden, das die Angehörigen des hundlichen Familienmitglieds empfinden.

Sinnvoll wäre, Zuchttiere zum frühestmöglichen Zeitpunkt zur Zucht einzusetzen, sie aber nach ein oder zwei Zuchteinsätzen erst dann zur Zucht weiter zuzulassen, wenn die HD-Ergebnisse eines nach Aussagen der Genetiker repräsentativen Mindestprozentsatzes dieser Nachzucht vorliegen. Dies durchzusetzen ist jedoch für Zuchtvereine schwierig, weil mit erheblichem Verwaltungsaufwand verbunden, teuer für die Hundebesitzer und Züchter, und unbeliebt, weil die Hunde für die Röntgenaufnahme eine Vollnarkose brauchen. So wäre dies Verfahren zwar der Weg der Wahl, aber höchst unpopulär. Aber wenigstens ein wirksames Konzept, bei dem alle Beteiligten ihrer Sorgfaltspflicht nachkommen könnten. Es will nur keiner durchsetzen.

Ein Anfang wäre, wenigstens die Rüden diesen Regeln zu unterwerfen, da diese, da sie mitunter gehäuft zur Zucht eingesetzt werden, ihre Anlagen weiter verbreiten als die meisten Hündinnen während ihrer Zuchtkarriere dies können. Daß die Rüden damit älter sind, wenn sie nach ihren Test-Deckakten wieder zur Zucht eingesetzt werden, ist eher ein Vorteil als ein Nachteil: die Hüftgelenke älterer Rüden können vor der erneuten Zuchtverwendung nochmals begutachtet werden, die Vitalen und Langlebigen werden züchterisch gefördert. Denn was will ein Beaglebesitzer mehr als einen möglichst gesunden Hund, der lange mit ihm lebt ?

Deshalb sollte jeder Beaglebesitzer mindestens soviel für die Rasse übrig haben, daß er für züchterisch wichtige Entscheidungen Informationen zu beschaffen mithilft, indem er nach Beratung mit einem Züchter seines Vertrauens seinen Hund röntgen und begutachten läßt. Schließlich erhält er so auch Informationen über seinen eigenen Hund - wäre der belastet, könnte er gezielt und nach den gegebenen Möglichkeiten das Auftreten von Beschwerden bei seinem Hund verhindern helfen.

Ein anderer, wie ich meine vielversprechender Weg ist, alle Kenntnisse, die man von den Hüftgelenksqualitäten lebender Beagle hat, aufzuzeichnen und sie den Verwandten dieser Hunde zuzuordnen. Hat man Informationen von Vorfahren und vielleicht gar Nachfahren eines Hundes, kann man für diesen einen geschätzten Zuchtwert für dieses Merkmal errechnen, der anders aussieht als jener, den ein anderer Hund haben wird, dessen Verwandtschaft andere Hüftgelenksqualitäten hat. Durch die langjährige Zusammenarbeit mit dem TG-Verlag in Gießen steht für die Beagles im Beagle Club Deutschland viel zuverlässige Information zur Verfügung, die nur darauf wartet, daß Züchter sie nützen. Derzeit ist dies freiwillig und daher nur zögerlich genutzt; der Autor hofft mit seinem sattsam bekannten Optimismus, daß dies noch besser werden wird. Es ließe sich sogar denken, daß ein Zuchtverein den geschätzten Zuchtwert für ein bestimmtes Merkmal zur Zuchtsteuerung heranzieht. Dies würde freilich zur Voraussetzung haben, daß sich der Verein ein Ziel für künftige HD-Werte setzen müßte. Manchen fällt das schwer.

Bei Einsatz eines oder des anderen Bekämpfungsprogramms wie vorstehend aufgezeichnet bestünde für den Welpenkäufer das menschenmöglich geringste Risiko, daß sein Hund je Beschwerden mit HD hätte.

Dieses Kapitel liest sich erschreckend. Man meint gar, der Beagle sei eine Rasse mit allen möglichen und unmöglichen Erkrankungen, Fehlbildungen und Schwächen. Weit gefehlt! Nur ist, weil eben der Beagle die beliebteste und häufigste Laborhunderasse ist, an dieser Rasse viel untersucht und berichtet worden. Dennoch ist tröstlich, daß die durchschnittliche Lebenserwartung des Beagle, so wie sie aus dieser Literatur hervorgeht, doch bei 12 bis 15 Jahren liegt. Wenn Hunde so alt werden, muß die Rasse doch in der Regel gesund sein.

Blinde Passagiere

Wir sprechen hier von Hautparasiten, die zwar häufig als Passagiere auf Hunden mitreisen, aber mitnichten blind sind. Ich will mir schenken, über 'normale' Parasiten zu schreiben wie Flöhe, Läuse, Haarlinge. Ich will nur das Bewußtsein dafür wecken, daß es eine Reihe unangenehmer Parasiten gibt, die ganz schwer zu entdecken sind und manchem Wald-und-Wiesen-Tierarzt daher nicht unterkommen - er entdeckt, er findet sie nicht.

Dazu zählen einmal die Milben, winzige blinde Passagiere, aber für den Transporteur Hund äußerst unangenehm. Insbesondere in größeren Tierbeständen, also, wo mehr als drei Hunde zusammenleben, gefürchtet, weil man sie kaum mehr rauskriegt. Die Hunde zeigen häufigen Juckreiz, der insbesondere dann auftritt, wenn sie vom Haus nach draußen kommen oder umgekehrt, also einem plötzlichen Klimareiz ausgesetzt sind. Ganz schwer zu identifizieren und noch schwerer loszukriegen. Nur bei auf Hautproblemen spezialisierten Tierärzten untersuchen lassen!

Da wären aber noch die Räudemilben. Vernachlässigen wir die Sarkoptesmilbe, die tritt bei den meist gut gepflegten Beagles kaum auf. Die Prognosen sind auch allzuschlecht. Probleme kann aber die Demodex-Milbe verursachen, die überall ist. Auch bei Ihnen, lieber Leser, sitzt sie vermutlich winzig aber behaglich in Ihrer Nasenfalte. Sie gehört zum ganz normalen Zoo, der auf allen Tieren, auch den Menschentieren herumläuft. Sie wird nur geradezu rabiat, wenn der befallene Hund gesundheitlich, besonders hinsichtlich seines Immunsystems, schlecht dran ist. So zeigen sich dann manchmal kleine meist runde Stellen, meist am Kopf oder in der Nähe des Kopfes, an denen die Haare ausgefallen sind. Alarm ! Sofort zum Tierarzt. Der wird was verschreiben, daneben müssen Sie aber noch Ihren Hund möglichst hochwertig ernähren, um seine Widerstandsfähigkeit zu erhöhen.

Was ersetzt die Selektion über Leistungsprüfung ?

Wir haben an anderer Stelle viel darüber gelesen, wie gnadenlos die Meutehalter im letzten Jahrhundert und in der ersten Hälfte dieses Jahrhunderts Selektion betrieben haben. Selektion auf optimale körperliche Leistungsfähigkeit, Selektion auf Arbeitsvermögen. Wiederholt sei hier: wie der Beagle in den Meuten zu jenem perfekten Hund für die Jagd einer Hundegruppe, zu jener liebenswerten Rasse wurde, die uns heute bezaubert: auf Leichenbergen toter Beagles.

Nun passiert die Selektion zum Beispiel auf körperliche Mängel und Schwächen in unserer Welt der Familien- und Ausstellungsbeagle garnicht mehr. Die Leistungsschwelle eines gut gebauten Beagles kommt, selbst getestet, nach einem zügigen Marsch über 15 Kilometern mit einem über 1,80 m großen Menschen und daher entsprechender Schrittweite nicht in Sicht. Auch ein Tag des Stöberns mit dem Jäger läßt den gut gebauten und konditionsstarken Beagle noch lange nicht ermatten.

Bei einem klassischen Sofabeagle mag zwar bei solchen Gelegenheiten sichtbar werden, daß seine Kondition Schwächen zeigt, sein Bewegungsgerüst jedoch macht das alles mit. Allerdings scheidet sich hier dann doch langsam die Spreu vom Weizen, zeigen sich hier schon die überlegenen Traber und wirken die Beagles mit schlechten Winkelungen oder ohne Muskeln matt und schlapp.

Wenn wir als Mindestrespekt für die jahrhundertelange Selektionsarbeit längst verblichener Beaglezüchter, deren Früchte wir heute noch immer gerne ernten, akzeptieren, daß wir nur mit wirklich in allererster Linie verhaltensfesten, dann aber auch nur mit kerngesunden und konditionsstarken Hunden züchten sollen - und unter denen wiederum nur die vervielfältigen sollten, die rassetypisch sind, dann müssen wir dringend beginnen, etwas dafür zu tun, daß auch nur wirklich diese Hunde zur Zucht

Beaglewelpen sind nicht empfindlich: hier haben sich auf dem Basaltpflaster TL's Demure Cromer und TL's Clamant Dudley niedergelassen.

kommen. Alle zur Zucht vorgesehenen Hunde sind also darauf zu prüfen, daß sie verhaltensfest und kerngesund sind.

Nachdenklichen sei als Muster die Ausdauerprüfung zum Beispiel beim Deutschen Boxer als Muster anempfohlen - Beagles, deren Nasenwege nicht verkürzt sind, könnten im Vergleich zum Boxer leicht um 50 Prozent gesteigerte Leistungsziele erreichen. Die Betreuung einer solchen körperlichen Leistungsprüfung als Zuchtzulassungsvoraussetzung durch versierte Terärzte könnte die Züchter wenigstens mit gutem Gewissen den Welpeninteressenten versichern lassen, daß sie nur geprüft gesunde Hunde zur Zucht einsetzen. Darüber hinaus erfährt der Besitzer so mehr über die Gesundheit seines eigenen Hundes - und vielleicht entdeckt er auch, daß Bewegung im Freien Spaß macht. Schließlich wäre eine solche Prüfung der ideale Unterweisungsort für Zuchtrichter und Zuchtrichteranwärter, die mehr über Bewegung beim Hund lernen sollten als man aus Büchern lernen kann.

Wäre das nicht einen Versuch wert?

3.5 Unser Beagle
3.5.1 Wie man an einen Beagle kommt

Bevor ein Beagle Mitglied Ihrer Familie sein kann, müssen Sie ihn erst mal kriegen. Wie kommt man an einen Beagle? Ein Buch, das soviel Papier darauf verwendet, Ihnen zu erklären, welch' eine alte, gebrauchstüchtige, gesunde und tolle Hunderasse Beagles sind, was sie alles können und wie sie möglichst vorschriftsmäßig aussehen, wäre ein blutleeres Buch, wenn auch höchst akademisch, wenn da drin nicht zu finden wäre, wie man an einen Beagle kommt, und zwar richtig. Der methodischen Anleitung will ich freilich noch einige entmutigende Vorreden vorangehen lassen.

Es ist töricht, wenn eine Familie einen Hund anschaffen will, wenn nicht alle Familienmitglieder spontan und rückhaltlos von der Idee begeistert sind. Die Wahrscheinlichkeit freilich, daß die Skeptiker bekehrungsfähig sind, können nur Sie beurteilen. Ich bin der festen Überzeugung, daß eine Bekehrung wie die des Saulus, der bekanntlich zum Paulus wurde, so selten vorkommt, daß die biblischen Journalisten diese Geschichte wegen ihrer Seltenheit als 'aufsehenerregende Story' ins Neue Testament aufgenommen haben. Sind Sie sicher, daß sich bei Ihnen Bekehrungen von biblischen Ausmaßen ereignen könnten ?

Ich rate aber auch dringend von der Anschaffung irgendeines Hundes welcher Rasse auch immer ab, wenn die Frau des Hauses, der gemeinhin Pflege und Wartung von Haus, Wohnung, fast sogar der 'Betrieb des Unternehmens Familie' obliegt, diese Aufgaben schon nur unter Mithilfe anderer Familienmitglieder bewältigen kann. Dann wäre es unfair, den schon bestehenden Belastungen noch eine weitere hinzuzufügen, die mindestens für die nächsten zehn Jahre bestehen bleibt und die in den ersten Monaten auch Personen mit guten Nerven mitunter erschüttert. Fairerweise muß aber hier auch angemerkt werden, daß manche 'Chefinnen', die sich bis dahin nur mit Haushalt und Familie beschäftigten, sich nach Anschaffung eines Hundes emanzipierten und über den Hund viele neue, interessante Kontakte knüpften, ohne die sie sich heute ärmer an Lebensperspektiven fühlen würden.

Ein weiterer Grund zum Abraten ist, wenn der Hund, bis er rund anderthalb Jahre alt ist, länger als vier Stunden alleine im Haus sein müßte. Gerade ein junger Hund braucht menschliche Ansprache, ganz besonders aber eine geregelte Erziehung, und die ist nur dann geregelt, wenn er über den gesamten Zeitraum seiner Anpassung an die Familie während seiner Wachphasen der Kontrolle und Leitung von Menschen unterliegt und nicht sich selbst überlassen bleibt. Kein solider Züchter wird Ihnen einen Beagle verkaufen, wenn Sie vorhaben, ihn eine erhebliche Zeit des Tages zu internieren, das heißt, ihn innerhalb des Hauses oder in einem draußen gelegenen Hundegefängnis, das ja ganz entlarvend auch Zwinger heißt, einzusperren.

Dann sollten Sie sich auch keinen Hund kaufen, wenn Familienmitglieder Allergieprobleme haben. Ein ernsthafter Hundefreund läßt beim geringsten Verdacht prüfen, ob er gegen Hundehaare allergisch ist, bevor er einen Welpen zu sich nimmt und ihn dann hernach zu beider Nachteil wieder abgeben muß. In unserer Eigenschaft als Züchter sind meine Frau und ich den glücklicherweise wenigen Welpenkäufern von Herzen böse gewesen, die einen Welpen mit dieser Begründung wieder zurückgebracht haben. Meistens hielten wir diese Begündung für vorgeschoben oder, noch deutlicher, für gelogen. Auf jeden Fall war die Entscheidungsvorbereitung bei diesen Leuten schlecht gewesen. Man muß auch zur Abrundung des Bildes sagen, daß viele Allergien offenbar erst entstehen, weil Menschen meist einerseits ihrem 'System Körper' keine Belastungen mehr zumuten, die das Immunsystem in Schwung halten; dazu würde natürlich auch der tägliche Spaziergang in freier Natur und frischer Luft gehören. Das bessert sich, wenn sie erst einen Hund artgerecht halten und mit ihm täglich spazierengehen. Andererseits helfen Hunde erwiesenermaßen zur Einstimmung eines seelischen Gleichgewichts, das sicherlich auch der Entstehung von Empfindlichkeiten und Erkrankungen entgegenwirkt.

Die Beagleanschaffung - eine Anleitung

Es ist schon erstaunlich. Der Kauf eines Automobils ist eine weihevolle Handlung. Ihm gehen Tage oder gar Wochen, in verschärften Fällen Monate, des Wälzens aller möglichen Zeitschriften und Tests voraus. Freunde und Kollegen werden befragt, man streicht erwartungsvoll um Ausstellungsstücke beim Händler herum, stößt Familienmitglieder mit dem Ellbogen an, wenn ein solches Fahrzeug wie das erwählte um die Ecke biegt und hält es eine Weile für den besten Kauf seines Lebens. Kurz, der weihevollen Handlung geht eine Zeit fast vorweihnachtlicher Erwartung voraus. Dennoch, trotz dieser 'gefühlsbetonten' Annäherung an das Projekt 'Neues Auto' weiß jeder Autointeressent dennoch ganz genau, wie das Anschaffungsobjekt aussehen muß, daß es als neues Auto keine Mängel haben darf, sondern daß es picobello sauber sein muß, daß man alle vom Prospekt und vom Händler zugesicherten Eigenschaften erwarten darf und daß der Autohändler selbstverständlich eine Gewährleistung, volkstümlich 'Garantie' genannt, auf das neue Auto geben muß. Und ein Käufer, der hinsichtlich Beschwerden beim Verkäufer kulant behandelt wird, wird dem Händler und meist auch der Automarke treu bleiben.

Bleiben wir noch einen Augenblick beim Auto: der stolze Neubesitzer hält es die ersten Monate penibel sauber und, vor allem, ohne Beulen. Dennoch fährt er, wenn man der Statistik glauben darf, damit meist täglich nicht mehr als 10 Prozent der Zeit, die er wach ist und nicht im Bett verbringt. Das Auto steht entweder in der Garage oder gar in Wind, Sonne und Wetter auf der Straße. Es kostet, je nach Größe und Marke, mehr als einen halben Tausender im Monat. Und es verliert rapide an Wert und Wertschätzung. Ein Jahr nach seinem gloriosen Erwerb ist es gewiß nur noch zwei Drittel des Neupreises wert, obwohl es noch immer wie neu aussieht und auch so fährt. Nach fünf Jahren ist es meist zweimal verkauft worden, nach weiteren zehn Jahren wird es, kaum fünfzehnjährig, oft schon verschrottet.

Nun wenden wir uns -endlich- unserem Thema zu, dem Beaglekauf. Was erwerben Sie denn Anderes mit einem Hund als mit einem Auto?

Ihr Beagle wird Ihnen zum Beispiel lange Familienmitglied bleiben, denn beispielsweise werden untermittelgroße Hunderassen wie Beagles leicht zwölf Jahre und älter, rüstige Senioren von fünfzehn und mehr Jahren sind keine Seltenheit. Im Gegensatz zum Auto kommt ein Hund als reizender Welpe in Ihr Haus (man stelle sich vor, es gäbe Autos auch als Welpen!) Aber er ist äußerst lernfähig und stellt sich höchst individuell auf Ihre Familiengegebenheiten ein, tut, bei planmäßiger und konsequenter Erziehung bald das, was Sie ihn mit Worten oder Zeichen zu tun heißen. Er kennt bald alle Ihre Familienmitglieder und Freunde, Ihre Wohnung, Ihr Haus und Ihren Garten. Er lebt mit

Ihnen zusammen und das 24 Stunden am Tag. Er erkennt und kennt die Stimmungen Ihrer Mitmenschen, er freut sich mit Ihnen und empfindet, wenn Sie traurig gestimmt sind. Ihr Hund wird Sie auf allen Spaziergängen begleiten; er geht mit Ihnen selbst auf den einsamsten Wegen und ist dann ein Stück Natur in der Natur, der Ihnen, wenn sie ihn beobachten, den Weg zu ungeahnter Tiefe der Naturbeobachtung eröffnen wird.

Ein Hund, dem, wie schon Goethe sagte, wenn „wohl'gezogen'" selbst ein weiser Mann gewogen ist, wird Sie auch sonst stets begleiten, denn ein Beagle mit Lebenserfahrung ist gelasssen, manierlich und daher stets, selbst bei Menschen, die nie das Privileg hatten mit Hunden zusammenzuleben und daher Hunden gegenüber oft skeptisch sind, gerne gesehen.

Sie erwerben also mit dem Hund einen Gefährten für einen erheblichen Teil Ihres Lebensweges, ein lebendiges, in allen Sinnen meist besser als der Mensch entwickeltes Wesen, das sich den Menschen nahezu perfekt anpaßt, dem jedoch Neid, Mißgunst und Konkurrenzdenken fremd sind. Das alles erwerben Sie in der Größe und Gestalt, in Fellfarbe und -länge, die Sie sich schon immer wünschten. Der Hund wird weitaus billiger sein als ein neues Auto, in Anschaffung und Haltung, und er wird Sie immer als seinen Meister betrachten. Suchen Sie mal so ein Auto!

Erschreckenderweise werden Hunde aber meist höchst spontan gekauft. Und das nicht nur zur Unzeit in unpassende Verhältnisse, sondern zum Entsetzen aller Kundigen mit den verheerendsten Folgen von den falschen Leuten, und das noch Hals über Kopf. Würde keinem bei keinem Auto passieren, man würde wenigstens einen Berater mitnehmen, der nachweislich und erkenntlich von der Sache was versteht. Nicht so bei vielen, vielen Hundekäufen. Warum, zum Teufel aber auch, werden Hunde dann so schlampig, geradezu sträflich leichtsinnig, ausgesucht und eingekauft ?

Dies, lieber Leser, sollte Ihnen nicht passieren, denn sonst hätten Sie dieses Buch nicht in der Hand. Sie werden es besser machen und im Nachfolgenden will ich Ihnen einen Leitfaden geben, wie Sie dies planmäßig anfangen.

Blutige Anfänger gehen -leider- zu Tierhändlern und Zoogeschäften, in der falschen Annahme, wo süße Meerschweinchen herkämen, seien auch Hunde zu haben. Gewiß sind sie das mitunter auch. Und es gibt auch -allerdings sind dies die Ausnahmen, die die Regel bestätigt- immer wieder Leute, die damit nicht reinfallen.

Dennoch haben viele Hunde, die durch Händlerhand gingen, immer wieder, weil sie schlechten Aufzuchtverhältnissen oft zu früh entrissen wurden und wie eine leblose Ware vom 'Hersteller' zum Tierhändler zum Versand kamen, nach Ankunft beim künftigen Besitzer ganz erhebliche Gesundheitsprobleme, ganz zu schweigen von der meist menschenfernen und auch unter den Hunden schlecht sozialisierten Aufzucht bei dem, der die Hunde zum Broterwerb 'erzeugte'.

Das macht dann den vermeintlich günstigen Kauf bald zu einem schlechten Geschäft, denn selbst wenn ein geschickter Tierarzt das bemitleidenswerte Geschöpf wieder hinkriegt, ist der Hund oft dann eben für den Rest, hoffentlich lange Jahre seines restlichen Lebens, nur 'repariert', denn er hat die Lebenskräfte der Jugend, die ihm zur Entwicklung einer robusten Gesundheit, einer übermütig lebendigen Kindheit und Jugend von der Natur mitgegeben waren, weitgehend dafür gebraucht, zu überleben und zu genesen.

Im übrigen hat ein solcher Händler selten die Eltern der Welpen gesehen, die er mit dem Brustton der Überzeugung als 'gesunde Rassehunde' verkaufte. Wie kann er da wissen, wie die Eltern dieses Welpen, die ja Aussehen und Verhalten des jungen Hundes zum erheblichen Teil vererbten, aussahen, sich benahmen und ihre Jungen aufzogen? Wie weiß er, ob es sich überhaupt um reinrassige Welpen aus reinrassigen Eltern handelt, steht doch dafür nur die Zusicherung der 'Hersteller'.

Finger weg auch von 'Züchtern', die mehr als zwei oder drei Rassen halten und züchten, Hände weg von Züchtern, die Ihnen nicht zeigen wollen, wo die Welpen aufwachsen und wie die Eltern aussehen.

Wenn Sie ein wenig nachdenken, sollten Sie auch dort nicht kaufen, wo schon eine Weile gezüchtet wird, aber alte Hunde nicht zu sehen sind - bei Leuten, die nur Geschäft und Ertrag sehen, sind alte Zuchttiere nicht mit Respekt zu behandelnde Familienmitglieder, sondern Ballast, dessen man sich so früh wie möglich auf mannigfaltige Art und Weise entledigt. Auch hier ein passender Vergleich: Würden Sie Ihre Oma verschenken, weil sie „es woanders besser hat, wo nicht soviele Menschen sind?"

In der Regel ist Hundezucht ein Hobby, das von vielen Hobbyzüchtern in der Durchführung recht professionell und hinsichtlich der Qualität der Hunde und des Umfeldes äußerst erfolgreich betrieben wird- meist unter erheblichem Konsumverzicht, so Verzicht auf gemeinsamen Familienurlaub, verzicht auf längere Abwesenheit von zuhause, der Pflicht, daß auch Familienmitglieder aus- und mithelfen müssen und schließlich oft auch unter Verzicht auf zentrale Wohnlage, denn Hundezucht ist in der Großstadt oder in verdichteten Siedlungskernen eben nur in Ausnahmefällen möglich.

Wenn also nun nicht zum Händler oder zum Zoogeschäft und, alle guten Geister mögen Sie davor bewahren, auch nicht zu einem jener Hundesupermärkte-Vertreter, die mit blumigen Anzeigen in der Tagespresse allerliebste Welpen jeder gerade modischen Rasse anbieten, aber auch die Extreme wie ganz große, ganz kleine und ganz haarige Rassen, wo dann anfangen ?

Hier müssen Sie, lieber Leser, erst einmal ganz kräftig gelobt werden, denn mit Erwerb und Lektüre dieses Buches haben Sie sich als Mensch erwiesen, der Dinge effizient erledigt, indem er planmäßige und überlegte Schritte in die richtige Richtung tut. Denn in diesem Buch finden Sie die Adressen von Verbänden und Vereinen, die nur darauf warten, Ihnen mögliche weiterführende Literatur und die Adressen der Züchter zu nennen, die in Ihrer näheren Umgebung leben.

Hat nicht Ihr künftiger Lebensgefährte Beagle verdient, daß er von gesunden, typischen und nervenstarken Eltern stammt, hat er nicht verdient, daß er im engen Kontakt mit Menschen, in sauberen Verhältnissen, mit Aufenthalt sowohl im Haus als auch in freier Natur heranwächst, im Spiel mit Eltern und Geschwistern seine Grunderfahrungen macht ?

Erste Regel: *Wenden Sie sich nur an Züchter und Zuchtvereine, die den (weiter hinten) in diesem Buch aufgeführten Vereinen und Verbänden angehören!*

Die zuvor beschriebenen Bedingungen werden am ehesten von Züchtern gewährleistet, die den (weiter hinten) in diesem Buch aufgeführten Vereinen und Verbänden angehören, Gruppierungen mit den jeweils in ihren Ländern strengsten Anforderungen an Zuchttiere und Zuchtstätten, Zuchtverfahren und Zuchtkontrollen.

Nun haben diese Zuchtvereine gewiß auch ein Spektrum von Züchtern an Mitgliedern, denen man wie in anderen Lebensbereichen von Weiß (selten) über Grau aller Schattierungen (das Häufigste) bis zu Schwarz (selten) eine Helligkeit zuordnen könnte. In allen erwähnten Vereinen werden die schwarzen Schafe, sobald wirklich als solche erkannt, radikal hinausgeworfen. Es wachsen jedoch immer mal wieder welche nach. Es ist unwahrscheinlich, daß Sie mit einem von diesen Vereinen benannten Züchter gerade an ein schwarzes Schaf geraten. Aber auch dafür will ich Ihnen an geeigneter Stelle eine Gebrauchsanweisung geben. Generell gilt erst mal: dort sind Sie richtig.

Zweite Regel: *Fangen Sie lange vor dem Zeitpunkt des geplanten Hundeerwerbs mit der Suche nach dem richtigen Züchter an!*

Wie alle Vereine haben auch Beagle-Zuchtvereine das bewußte Vereinsleben entwickelt, nämlich Veranstaltungen für ihre Vereinsmitglieder, bei denen Interessenten für ihre Rassen stets herzlich willkommen sind. Neben den sommerlichen Grillfesten finden fast überall in erreichbarer Nähe gemeinsame Spaziergänge mit den Hunden statt. Und hier ist Ihre Gelegenheit, zu spionieren! Gehen Sie mit spazieren und schauen Sie sich die Hunde an. Sprechen Sie mit den Hundebesitzern - ich habe noch keinen gefunden, der nicht gerne fast ohne Ende über seinen Hund redete. Aufgepaßt! Hier finden Sie eine Quelle der unentgeltlichen Beratung durch Leute, die alles schon selbst erlebt haben und mitunter noch garnicht so lange über das Stadium der ungewissen Vorfreude hinweg sind, in dem Sie sich gegenwärtig befinden - und Sie sehen das Objekt der Beratung gleichzeitig meist munter um sich herumspringen, als lebenden Beweis oder perfekte Illustration der Erzählungen der Besitzer.

Bei vielen regionalen Spaziergängen oder anderen Vereinsveranstaltungen finden sich auch die regional aktiven Züchter der Rasse ein -hier können Sie sie kennenlernen, um herauszufinden, welche davon Ihnen sympathisch sind.

Glauben Sie bitte nicht, Hundezüchter seien andere Menschen als Sie selbst oder ich. Nach meiner Beobachtung finden sich Welpeninteressenten immer zu denjenigen Züchtern hingezogen, die ihnen in irgendwelchen Dingen nahestehen. So zum Beispiel würde ich nie bei einem Züchter kaufen wollen, der nicht liebevoll mit seinen Hunden umgeht und der nicht mehr an den einmal von ihm gezüchteten Hunden interessiert ist. Finden Sie jedoch hier einen Züchter, der Ihnen auf Anhieb sympathisch ist und dessen Hunde und vielleicht auch die von ihm gezüchteten Hunde anderer Besitzer Ihnen gefallen, dann sollten Sie einen Termin vereinbaren, an dem Sie die Hunde und die Zuchtstätte des Züchters besuchen können. Das ist dann der Termin, zu dem Sie sich gut vorbereiten sollten.

Dritte Regel: *Notieren Sie vor dem Besuch beim Züchter alle Fragen, die Ihnen zur Rasse, deren Bedürfnissen, deren Stärken und Schwächen in den Sinn kommen!*

Nun wird's ernst. Lassen Sie notfalls die ganze Familie den Fragenkatalog zusammentragen und schreiben Sie sich alles auf. Insbesondere die Fragen, die die Dame des Hauses hat, die wohl, wenn sie am häufigsten zuhause ist, am meisten mit dem Beagle zusammen sein wird, sind von Wichtigkeit. Und eine Sache der Höflichkeit: Kommen Sie pünktlich und warnen Sie den Züchter vor, wenn dies ein Familienausflug wird oder gar ein Überfall durch Ihre Großfamilie.

Vierte Regel: *Schauen Sie sich gründlich um! Stellen Sie an Hundezüchter und ihre Umstände, an die Wohnungen, Häuser, Zwinger und die Außenflächen dieselben Ansprüche, die Sie bei sich zuhause stellen!*

Bei Beaglezüchtern zuhause sind die Beaglezüchter daheim. Klingt komisch, soll Ihnen aber den Sinn dafür schärfen, daß Sie hier erleben, wie sauber und abwechslungsreich der nun endlich besuchte Beaglezüchter seine Anlage und die Hunde hält. Wie wohnlich diese auch für die Hunde eingerichtet ist und wieviel Abwechslung die Hunde haben, wieviel Zuwendung die Hunde offenbar von ihrem Züchter bekommen. Hunde, die Ihren Züchter nicht abgöttisch lieben, machen mich mißtrauisch. Selbst Rassen, die in der Beschreibung ihrer typischen Verhaltensweise als zurückhaltend geschildert werden, sind nach meiner Erfahrung ihrem Züchter gegenüber stets freundlich, wenden sich ihm immer wieder zu und sind jederzeit zugänglich.

Nicht nur Sauberkeit, sondern auch Pflegezustand der Anlagen und ganz besonders der Hunde beachten! Ein guter Züchter wendet immer wieder Mittel zur weiteren Perfektionierung seiner Anlagen auf, nicht zuletzt, um es dort für die Hunde schöner und 'wohnlicher', aber auch pflegeleichter und damit für sich selbst weniger arbeitsaufwendig zu halten. Verfallen Sie aber nicht dem Irrtum, klinisch reine, laborähnliche Anlagen seien hundegerecht. Was für die Hunde zählt, ist, die 'artgerechte Strukturierung', nämlich die abwechslungsreiche, natürliche Umgebung, die dem Hund Anregung zur Nutzung seiner Sinne und Anreiz zur Bewegung bietet. Schon allein aus diesen Gründen sind Zuchtstätten, die ihren Bewohnern nicht freien Ausblick in die Umgebung erlauben, nicht gut genug als Heimstatt 'Ihres' Welpen.

Würden Sie ein Kind adoptieren wollen, das bis zum Zeitpunkt, zu dem Sie es zu sich nehmen, nur in einem fensterlosen Raum lebte und nur zum Füttern und Frischmachen von Menschen besucht wurde? Sie würden zu Recht befürchten, daß dieses Kind gefühlsmäßig und von seinen Lebenserfahrungen her, besonders aber von seiner Prägung auf Menschen her verarmt aufgewachsen ist und zeitlebens einen Knacks davon weggekriegt hat, den es behalten wird.

Nicht anders ist es mit Hunden. Diejenige Hundehaltung, die die Hunde jedes Sichtkontakts mit der Außenwelt beraubt, die den Hunden nicht mehr erlaubt, zu schauen, was um sie herum passiert, ist Tierquälerei. Wer seine Hunde so hält ist ein Tierquäler. Bei Tierquälern kauft man keine Hunde!

Heruntergekommene Anlagen, ganz besonders aber heruntergekommene Hunde sind Grund genug, sich auf dem Fuße herumzudrehen und zu gehen. Sie wollen diesen Hunden was Gutes tun? Zeigen Sie Zivilcourage! Nehmen Sie Ihren Mut zusammen und sagen Sie, was Sache ist: zum Beispiel, daß es Ihnen zu schmutzig ist, daß es zu sehr nach Urin stinkt, daß es Sie stört, daß alter Kot herumliegt, daß die Zwingeranlagen ungepflegt, die Hunde zuwenig betreut, ihre Umwelt armselig und langweilig erscheinen. Nichts hilft besser als Kritik von außen.

Fünfte Regel: *Züchter, denen an der Zukunft 'ihrer' Welpen liegt, sind neugierig ! Züchter, die Sie vor Abholung Ihres Hundes noch nicht einmal sehen wollen, sollten Sie nicht sehen wollen!*

Seien Sie darauf gefaßt, daß der besuchte Züchter Sie auf's Genaueste ausfragt, ob Sie ein geeigneter künftiger und ein zuverlässiger, lebenslanger Gastgeber für den bei ihm so liebevoll aufgezogenen Welpen sind. Er sollte wissen wollen, wo Sie wohnen, mit Garten oder ob Sie eben auf den Spaziergang 'um den Block' angewiesen sind. Er fragt sicher auch, wer bei Ihnen ständig zuhause ist und wer sich um den kleinen Hund kümmern wird. Wenn er daran denkt, wird er auch wissen wollen, was mit dem kleinen Beagle im Urlaub geschieht und nur dann zufrieden sein, wenn der Beagle auch dann bei seiner Familie bleibt. Wenn nur Ehemann und Kinder Besuch beim Züchter machen und die Ehefrau eigentlich am meisten mit dem Beagle zusammen ist, wird er gewiß fragen, ob sie damit einverstanden ist, daß ein Hund ins Haus kommen soll.

Sechste Regel: *Wichtige Dinge rechtzeitig schriftlich vereinbaren; in Vertrags- und in Gelddingen kühlen Kopf bewahren!*

Wenn Sie sich schließlich entschlossen haben, bei einem bestimmten Züchter einen Welpen kaufen zu wollen, teilen Sie ihm dies bitte schriftlich mit, dazu Ihre volle Adresse mit Telefonnummer. Wenn Sie bestimmte Wünsche hatten, deren Erfüllung Ihnen der Züchter nach Vermögen zugesagt hat, so zum Beispiel vorzugsweise oder ausschließlich einen kleinen Beaglerüden kaufen zu wollen, dann teilen Sie dies bitte nochmal schriftlich mit. Aber auch, wenn die Übernahme zu einem bestimmten Zeitpunkt als vereinbart gelten soll oder, wenn Sie den Hund für Ausstellungs- und Zuchtzwecke erwerben wollen. Ein vernünftiger Züchter macht nämlich mit seinen Welpenkäufern einen ausführlichen Kaufvertrag, der alle wichtigen Dinge regelt und der in der Regel auch die Quittung für den doch erheblichen Kaufpreis Ihres neuen Familienmitglieds darstellt. Auch wenn es Verträge als Vordrucke gibt, braucht jeder Züchter Zeit, die Verträge für jeden einzelnen Welpen vorzubereiten. Sie sollten sich also, sobald Sie wissen, daß der Beaglekauf vom Projekt zur fast greifbaren Wirklichkeit herangereift ist, einen dieser Verträge zeigen lassen und so wichtige Dinge wie die Zahlungsweise vereinbaren. Zur Information und als Anregung habe ich einen Vertrag, wie meine Frau und ich ihn derzeit mit jedem Welpenkäufer abschließen, abgedruckt und ihn stellenweise komentiert.

Manche Beaglezüchter nehmen bei Aussprache der 'festen Bestellung' eines Welpen eine Anzahlung, die als Reuegeld verfällt, wenn Sie sich plötzlich umentschließen. Der Betrag soll die Aufwendungen abdecken, die der Züchter hat, bis er für den Beaglewelpen einen anderen künftigen und passenden Menschen gefunden hat. Denn ich habe mitunter erlebt, daß sich Leute plötzlich umentschieden und noch nicht einmal den Anstand hatten, den reservierten Beaglewelpen abzusagen. Ich weiß, Ihnen wird dies nicht in den Sinn kommen, um so besser.

Meine Frau und ich haben im übrigen in rund zwanzig Jahren des Beaglezüchtens nie eine Anzahlung gewollt - wir hatten stets mehr Welpeninteressenten als Welpen, ich habe neben dem Hundekram einen Beruf, der die gesamte Familie nebst Hunden gut ernährt. Und ich bin schließlich der Meinung, daß bei Anforderung einer Anzahlung auch die Konditionen der Anzahlung einer schriftlichen Vereinbarung bedürften. Und das ist mir zu deutsch und zuviel Papierkram. Also lassen wir's.

Wenn der Kaufpreis Sie erschreckt: Denken Sie an das, was Sie ein neues Auto kosten würde! Um wieviel eindrucksvoller als ein Auto ist, was Sie hier für einen Bruchteil dieser Summe bekommen: Ein Lebewesen, das Sie versteht und mit Ihnen lebt. Und

Manche Züchter gehen meilenweit für einen guten Hund. Abgebildet ist Ch. True Line's Quenchless Galaxy, die aus einem vorzüglichen älteren englischen Champion stammte, der in GB verblieb. Also sandte er sein Bestes über den Ärmelkanal und aus der ersten künstlichen Befruchtung mit Samen aus GB in Deutschland erhielten wir Galaxy, die Stammmutter vieler True Line's.

255

rechnen Sie mal: der Betrieb Ihres Beagles wird Sie jedes Jahr rund 1500 DM kosten. Wenn er zehn Jahre alt wird, wird er bis dahin rund 15.000 DM gekostet haben - was für eine Rolle spielt bei solchen Betriebskosten schon der Anschaffungspreis?

Seriöse Züchter nennen übrigens einen Komplettpreis für den Welpen. Darin muß ohne jeden Aufpreis der Abstammungsnachweis (Ahnentafel oder Registrierbescheinigung) enthalten sein, dazu die mehrfache Entwurmung (mindestens dreimal vor Übersiedlung zu Ihnen) und die Grundimpfung gegen vier für Hunde lebensbedrohliche Krankheiten: Staupe, Hepatitis, Leptospirose, Parvovirose. Als Nachweis kriegen Sie bei der Abholung Ihres Beagles einen international anerkannten Impfpaß mit Stempel und Unterschrift des Tierarztes, der die Welpen geimpft und betreut hat.

Kaufvertrag[1]

1. (Familie/Herr/Frau Vornamen, Namen, Straße Hausnummer, Postleitzahl Ort, Tel. (Vorwahl) Anschlußnummer, im Nachfolgenden Käufer genannt, kauft heute von (Züchter, Vornamen, Namen, Adresse, Postleitzahl, Ort), im Nachfolgenden Verkäufer genannt,» den Beaglerüden/die Beaglehündin "(Zwingernamen, Welpennamen)", geworfen am (Tag, Monat, Jahr) und eingetragen im Zuchtbuch des (Zuchtvereins/Verbandes) unter der Nummer (voll-ständige Zuchtbuchnummer). Der Hund ist wie folgt unveränderlich gekennzeichnet: (Tätowierung [Inhalt] in [Tätowierungsort] /mit Transponder des Herstellers [Trans-ponderhersteller] mit Kennung [Transponderkennung]). [2]

2. Als Kaufpreis für den Hund wird ein Betrag von (Währung, Betrag) (in Worten [Betrag in Worten]) vereinbart, dessen Bezahlung mittels (Zahlungsart) [Barzahlung, Überweisung, Barscheck, Verrechnungsscheck] mit der Unterschrift des Verkäufers auf diesem Vertrag quittiert wird. Der Kaufpreis schließt die Ahnentafel des Hundes, die Kosten der Grundimpfung (Parvovirose, SHL) und eine etwa erforderliche Anerkennung der Ahnentafel für das Ausland ein. [3]

3. Die Verkäufer leisten für die Richtigkeit der in der Ahnentafel wieder-gegebenen Informationen Gewähr. Sie versichern, daß dieser Hund entsprechend den Regeln des (Zuchtvereinsnamen, Vereinskürzel), Mitglied im Verband [Verbandsnamen, Verbands-kürzel] angeschlossen der Féderation Cynologique Internationale [FCI]) gezüchtet ist und ihnen zuchtausschließende Eigenschaften und Defekte bei den Ahnen des Hundes nicht bekannt sind.

4. Die Verkäufer erklären, daß der Hund bisher mindestens dreimal entwurmt wurde und ordnungsgemäß grundgeimpft wurde.

5. Der Käufer erklärt, den Hund als Haushund und Familienmitglied sowie als Ausstellungs- und Zuchthund[4] zu erwerben. Der Käufer bestätigt, über die Besonderheiten der Rasse unterrichtet zu sein und die für die artgerechte Aufzucht und Haltung erforderlichen Bedingungen zu garantieren. Er bestätigt ferner, diesen Hund eingehend besichtigt zu haben[5]; er verpflichtet sich, den Welpen binnen drei Tagen nach Abholung vom Züchter seinem Tierarzt vorzustellen und dem Verkäufer unverzüglich mitzuteilen, wenn der Tierarzt dem Welpen keine uneingeschränkte Gesundheit attestiert. Er verzichtet weiter darauf, später

Ansprüche geltend zu machen, die sich auf Wesensentwicklung oder später in Erscheinung tretende Mängel[1] und Krankheiten beziehen, die die Züchter weder erwarten konnten noch zu vertreten haben. Sollten jedoch Mängel ersichtlich werden, die erbmäßig angelegt waren[6] oder unstrittig aus der Zeit herrühren, die der Hund beim Züchter verbracht hat, verpflichtet sich der Käufer, vor streitiger Auseinandersetzung den ernsthaften Versuch zu machen, mit den Verkäufern eine gütliche und einvernehmliche Einigung, zum Beispiel durch Minderung des Kaufpreises, herbeizuführen.6. Der Käufer versichert, den Hund wie erforderlich nachzuimpfen, ihn artgerecht zu ernähren, aufzuziehen und zu halten, ihn nicht überwiegend im Zwinger zu halten und die Zuchtverwendung außerhalb eines von der Féderation Cynologique Internationale (FCI) anerkannten Dachverbandes oder Rassehundezuchtvereins nicht zuzulassen.

7. Der Käufer verpflichtet sich, die Verkäufer von Änderungen seiner Wohnanschrift und/oder seines Namens, z.B. durch Familienstandsänderung, zu unterrichten sowie ihnen unverzüglich schriftlich Mitteilung zu machen, wenn er sich von dem Hund trennen oder in ständigen oder überwiegenden zeitlichen oder räumlichen Gewahrsam Dritter geben möchte. Die Verkäufer werden sich dann ggf. bemühen, dem Käufer einen Interessenten für die Übernahme des Hundes zu vermitteln. Den Verkäufern wird jedoch auch das Recht eingeräumt, in einem solchen Falle den Hund innerhalb von zwei Wochen, vom Erhalt der Mitteilung an gerechnet, zum Welpenpreis zurückzukaufen; in diesem Falle hat der Käufer den Hund mit allen dazugehörigen Dokumenten nach Terminabsprache unverzüglich und kostenfrei den Verkäufern zu überbringen.

8. Verkäufer und Käufer erhalten je eine von der Gegenseite unterzeichnete Ausfertigung des Vertrages; Ergänzungen und Änderungen dieses Vertrages bedürfen der Schriftform. Gerichtsstand ist (Gerichtsstandsnennung).

9. Der Käufer bestätigt, außer dem Welpen folgende Unterlagen erhalten zu haben: Ahnentafel[7], Impfpaß, Wurfabnahmebericht[8], Fütterungsanleitung.

Die Verkäufer: (Ort, Tag, Monat, Jahr)
Unterschrift:..
Der Käufer: (Ort, Tag, Monat, Jahr)
Unterschrift:..

---

[1] In Deutschland ist es erforderlich, daß Verkäufer jeden einzelnen Kaufvertrag eigens ausfertigen; nach der geltenden Rechtsprechung werden Formularkaufverträge im Streitfalle nicht als bindend anerkannt.

[2] Transponder sind winzige elektronische Bauteile, kleiner als ein Reiskorn, die als Ersatz für die Tätowierung auch bei Hunden schmerzfrei implantiert werden können. Die auf diesem Transponder unveränderlich vorgegebene Kennung kann nur mit einem geeigneten Lesegerät 'gelesen' werden. Daher ist auch die Angabe des Transponderherstellers erforderlich.

[3] Sollte der Kaufpreis, z.B. wegen Fehler des Welpen, gemindert werden, ist dies hier schriftlich zu vereinbaren. Vorgeschlagener Wortlaut: „Wegen (genaue Bezeichnung des Fehlers) vereinbaren Verkäufer und Käufer die Minderung des Kaufpreises um (Währung, Betrag)." Üblich, aber Vereinbarungssache sind derzeit (1994) etwa folgende Minderungsmargen in % des Kaufpreises: Kieferfehler 25, Augenfehler 20, Rutenfehler 25, Hodenfehler 25, Fehlfarben 25. Bei längerem Verbleib des Welpen beim Züchter kann hier auch ein täglicher 'Pensionspreis' vereinbart werden. Dieser könnte bei etwa DM 10,-/Tag liegen.[4] Hat der Welpe Fehler, die ihn von der Ausstellungs- und/oder Zuchtverwendung ausschließen, ist dieser Passus unbedingt zu streichen. Wird dies vom Verkäufer versäumt, erkennen die Gerichte gegenwärtig auf Minderungen von ca. 50% des Kaufpreises.

[5] Hier sind stets alle erheblichen Abweichungen, so insbesondere Fehler, die eine Minderung des Kaufpreises nach sich ziehen, zu verzeichnen. Vorgeschlagener Text: „Der Käufer bestätigt, davon unterrichtet zu sein, daß der Welpe folgende(n) erheblichen Fehler aufweist. (Genaue Beschreibung des oder der Fehler). Sämtliche Ansprüche aus diesem(n) Fehler(n) sind mit der Minderung des Kaufpreises wie in Ziffer 2 des Vertrags vereinbart abgegolten."

⁶ Nabelbrüche, die in der Regel aus einer erblichen Veranlagung herrühren, sollten auf Kosten des Verkäufers bei einem Tierarzt seines Vertrauens zum vom Tierarzt vorgeschlagenen Zeitpunkt behoben werden. Das Verschweigen eines schon behobenen Nabelbruchs durch den Verkäufer ist Betrug. Für Beagle-Rüdenwelpen ist es normal, daß beide Hoden im Alter von acht Wochen im Hodensack tastbar sind. Ist dies nicht der Fall, kann für den Abstieg keine Voraussage gemacht werden. Es ist sinnvoll, zu vereinbaren, daß über eine ihrer Höhe nach schon im Kaufvertrag zu vereinbarende Minderung des Kaufpreises erst entschieden wird, wenn der Welpe rund sechs Monate alt ist. Dann ändert sich da nichts mehr.

⁷ In Deutschland hat der Autor während seiner elf Jahre als Zuchtleiter des Beagle Club Deutschland das Verfahren so organisiert, daß der Welpenkäufer mit dem Welpen auch den Abstammungsnachweis (Ahnentafel, Registrierbescheinigung) beim Züchter mitnehmen kann. Ist dies nicht der Fall, empfiehlt sich eine Vereinbarung, daß der Züchter bis zu einem bestimmten Zeitpunkt die Ahnentafel per Einschreiben kostenfrei an den Welpenkäufer zustellt.

⁸ In Ländern, in denen die Mitgabe des Wurfabnahmeberichts nicht üblich ist, sollte der Käufer auf keinen Fall versäumen, sich eine Kopie des Wurfabnahmeberichts zu erbitten: darin stehen dann nicht nur alle bemerkenswerten Besonderheiten über seinen Welpen, wenn er welche hat, sondern auch die Dinge, die bei den Geschwistern seines Welpen festgestellt wurden. Für eventuelle Zuchtplanungen unerläßlich!

Siebente Regel: *Weit vor Übernahme Betriebsanleitung und Hinweise zu vorbeugender Wartung und Instandhaltung anfordern!*

Der Züchter wird ihnen bei Ihrem Besuch gewiß auch sagen, wann der kleine Beagle frühestens Mutter und Geschwister verlassen darf. Rechnen Sie nach: wenn der Züchter Ihnen einen weniger als acht volle Wochen alten Welpen überlassen will, ist was faul.

Solange brauchen Welpen neben der Entwicklung ihres vollen Impfschutzes, um im Umgang mit Mutter und Geschwistern die Grundlagen des Hundeknigges erlernen zu können. Ohne den können sie hernach nicht problemlos mit fremden Hunden umgehen.

Wenn junge Beagle zuchtausschließende Fehler haben, die Sie möglicherweise garnicht stören, so zum Beispiel ein unkorrekter Gebißschluß oder eine Rutenverdickung, die man garnicht sieht, ist das dennoch ein Mangel. Jede Ware, die einen oder mehrere Mängel hat, muß weniger kosten als wenn sie mängelfrei wäre. Bei Hunden ist das nichts anders. Ehrliche Züchter weisen Sie auf die Mängel hin und mindern von sich aus den Kaufpreis entsprechend.

Fragen Sie jetzt nach Fütterungs- und Pflegeanleitung, wir haben unsere zweiseitige Zusammenstellung für 'True Line's'.. -Welpeninteressenten 'Betriebsanleitung und Hinweise zur vorbeugenden Wartung' genannt, sie finden sie nachstehend als Anregung abgedruckt (Hinweis: Die im Muster genannten Produkte werden von verschiedenen Züchtern durch andere Produkte, die sie bevorzugen, ersetzt!) Es ist weitaus besser, wenn man diese Hinweise in aller Ruhe zuhause durchliest und -auch hier wieder- sich die Fragen aufschreibt, die einem in den Sinn kommen, als wenn man das erst dann tut, wenn der Welpe und damit viel Leben in die Bude eingekehrt ist. Nicht alle Züchter sind freilich so gut organisiert, daß sie das alles schon vorbereitet haben. Für diesen Fall nehmen Sie Block und Bleistift mit und schreiben sich das selbst auf.

So weiß man, was man am Tag X, jenem bedeutsamem Tag, ab dem Sie einem kleinen Beagle gehören, alles im Hause haben muß. Man kann es geruhsam in der Woche einkaufen und muß nicht, wenn der Welpe am Wochenende abgeholt wurde, zum nächsten Flughafen oder Großstadt-Hauptbahnhof rasen, um in den dort noch geöffneten Läden die Welpenerstausstattung zu komplettieren. Viele Züchter geben ihren Welpen ohnehin einen 'Notverpflegungskoffer' mit, ein Futtermittelpaket, das sie als Werbung um den Kunden von Kindesbeinen an (erinnert an das Sparbuch der örtlichen Bank mit fünf Mark Guthaben bei der Taufe) von der Futtermittelindustrie zur Verfügung gestellt bekommen.

Gute Züchter sind ohnehin daran interessiert, daß Sie sich nach Heimkehr mit dem Welpen bald einmal melden und sagen, wie die Fahrt war und wie sich der kleine Neubürger im Hause zurechtgefunden hat. Sorgfältige Züchter verlangen gar, daß Sie den Welpen bald nach ihrer Ankunft Ihrem Tierarzt vorstellen und seine Bestätigung einholen, daß mit seinem neuen Patienten alles in Ordnung ist. In Deutschland ist ganz eindeutig: Erkenntliche Mängel an der Sache, hier am Hund, müssen innerhalb von sechs Monaten, von Übernahme des Hundes an gerechnet, gerügt werden. Danach meckern gilt nicht, jedenfalls nicht vor Gericht.

Betriebsanleitung für „True Line" Beaglewelpen

Tägliche Maßnahmen zur Aufrechterhaltung der Betriebsfähigkeit
Ihren acht Wochen alten Welpen raten wir Ihnen, so zu füttern:

08.00   Eine Tasse Eukanuba Puppies oder Royal Canin A 3 S oder Pro Plan Growth, die zuvor mit handwarmem Wasser eben bedeckt und eine halbe Stunde lang eingeweicht wurde. Als Alternative kann andere Welpenkost verfüttert werden; fragen Sie uns aber bitte, bevor Sie eine andere Marke einkaufen.

12.00   Die Hälfte einer Dose 'PAL für Welpen', vermischt mit zwei Eßlöffeln Hundeflocken, z.B. 'Matzinger Bioflocken', dazu jeweils ein Teelöffel Bierhefeflocken aus dem Reformhaus, ein Teelöffel Quark, Vollfettstufe, und eine kleine, fein geriebene Mohrrübe.

18.00   Hurra, die Fleischmahlzeit! Nur Fleisch, immer roh, in gulasch- bis hühnereigroßen Brocken, denn Ihr Welpe hat schon ganz tolle Zähne. Aber nie Fleisch vom Schwein oder Lamm füttern, da dies mit lebensbedrohenden Aujetzky-Viren befallen sein könnte! Abwechslungsreich füttern, so z.B. Rinderkopffleisch, roher, nur leicht gewaschener grüner Blättermagen, Rinderpansen, Herz, Suppenfleisch. Keine Nieren, keine Lunge, wenig Leber. Wichtig: Die Menge der Fleischmahlzeit muß so bemessen werden, daß Ihr True Line Beagle auch die Fertigfuttermahlzeit am nächsten Morgen noch mit spontanem Appetit frißt. Die vorgenannten Mengen langsam aber ständig vergrößern. Der Welpe muß stets die nächste Mahlzeit mit Heißhunger, sofort und vollständig auffressen.

Ab sechs Monaten Alter bekommt der Welpen nur noch zwei Mahlzeiten am Tag. Wechseln Sie gleichzeitig allmählich von Welpenkost zu Normalkost wie folgt:

09.00	Vollkost wie z.B. Eukanuba, Royal Canin Trad oder im Winter HE, Pedigree Pal Formula 1, Peka Vollkost Mix, Latz Pro Plan Adult etc.. Wir lehnen Frolic, Trim, Hap oder Ähnliches ab. Bevor Sie das Futter wechseln, fragen Sie uns lieber - wir haben einige Erfahrung!
16.00	Fleischmahlzeit. Die Grundsätze dafür sind oben beschrieben. Ab und zu, so auf Reisen, bei schlechtem Appetit oder nur mal so ist das sonst wegen seines hohen Wassergehalts zu teure Dosenfutter (Vollnahrung) ratsam. Ihr Welpe kennt PAL (Junior) von Jugend an, wir halten dies für das beste unter den Dosenfuttern.

Als Zwischenmahlzeit sind möglichst harte Hundekuchen sinnvoll, dann muß aber frisches Wasser bereit stehen. Unsere Hunde fressen mitunter auch Äpfel; den Fertigfuttermahlzeiten setzen wir je einen TL Speiseöl zu. Ab und zu ein Eigelb ins Futter ist gut für Haut und Fell; Eiweiß jedoch, besonders, wenn roh verfüttert, ist ein Vitaminräuber und läßt den Hund ungeahnte Gerüche produzieren. Zum Abreagieren des Nagebedürfnisses sind große, möglichst lange stabile Rindermarkknochen oder gekochte, gereinigte und getrocknete Rinderhufe geeignet. Von anderen Knochen ist abzuraten. Und schließlich zur Linie: Bis zu sieben Monaten können Sie Ihren Welpen kaum überfüttern. Aber danach gilt: Ihr True Line Beagle ist richtig gefüttert, wenn man die Rippen ahnen, aber nicht sehen kann.

Lebenslange vorbeugende Wartung
Ohren: Alle vier Wochen die äußeren Gehörgänge, soweit sichtbar, mit einem mit Brennspiritus befeuchteten Wattebausch reinigen. Fell täglich bürsten. Krallen kürzen, wenn sie sich nicht von selbst ablaufen.
Motorraum & Auspuffanlage: Alle sechs Monate mit Banminth-Paste (von Pfizer) entwurmen. Jährlich gegen Leptospirose, Tollwut und Parvovirose nachimpfen lassen, alle zwei Jahr gegen Staupe und Hepatitis. Damit bleibt Ihr True Line Beagle gesund, aktiv und entwickelt sich bei konsequenter Erziehung zum perfekten Familienmitglied. Rutscht Ihr True Line Beagle auf seinem Rücklicht entlang, könnten die Analdrüsen verstopft sein: Fragen Sie ihren Tierarzt.
Noch Fragen? Fragen Sie uns, rufen Sie uns an; wir hören immer gerne von 'unseren Welpen' und raten Ihnen lieber, bevor etwas schiefgelaufen ist

Abschließend noch einige Gedanken zum Thema Beaglekauf und zur Aufzucht:

Leider kommen weniger als 50% der in deutschen Familien lebenden Beagles aus kontrolllierten Zuchtstätten, in denen typische Beagles als Zuchttiere artgerecht gehalten und, vor allem, Welpen mit bester Prägung auf den Menschen und Berührung mit allen Dingen der Außenwelt aufgezogen werden. Noch immer werden höchst erfolgreich von vordringlich am Kommerziellen orientierten Tierzüchtern, bei denen die Entscheidung, ob Hunde oder Schweine gezüchtet werden, nur vom möglichen Ertrag bestimmt wird, ihre Produkte über den Tierhandel oder über Zeitungsannoncen vertrieben.

Wohlgemerkt, die Vermarktung geschieht durchaus problemlos - beziehungsweise die Unappetitlichkeiten und das Elend, das mit der Vermarktung einhergeht, bekommen

Welpeninteressent oder Käufer nicht zu sehen. Das will gleichwohl nicht heißen, daß diese Hunde die Wochen nach der Vermarktung problemlos überstehen. Denn einerseits, wie zuvor bereits vermerkt, durchlaufen diese Hundekinder von ihrer meist erbarmungswürdigen Zuchtstätte an über den 'Versand' bis zu den gefühlskalten Verkaufsstätten viele Umgebungen mit jeweils höchst unterschiedlichem Keimmilieu, die das Hundekind erst mal überstehen muß.

Andererseits kommen vielleicht neben den noch nicht offenbar kranken auch gerade die mit hoher Überlebensfähigkeit, die Welpen also, die 'nichts umbringt', bis zum 'Endverbraucher'. Das sind dann die, die bis dahin schon alles überstanden haben, von ihrer Aufzucht angefangen bis hin zu den vielfältigen Gesundheitsgefahren. Den arglosen Käufern jedenfalls wünsche ich eher so einen Welpen mit robuster Gesundheit und nicht einen jener vielen, für die ihr erstes Abenteuer auch ihr letztes war - oder die mit massiver Hilfe des Tierarztes und aufopfernder Pflege ihrer neuen Familie dieses Abenteuer gerade mit knapper Not bestanden.

Dennoch sind die wenigsten dieser Beagle 'schöne' und 'typische' Beagle, wie sie sie allenthalben auf den Fotos in diesem Buch finden können, obwohl sie genauso geliebte Familienmitglieder sein können wie die, die wohlbehütet bei sorgfältigen Züchtern aufwuchsen. Solche Welpen haben aber, wohlgemerkt, nur selten als Welpen weniger gekostet. Sie fressen nicht weniger als ein typischer Welpe, den sie bei einem sorgfältigen Züchter erwerben. Eines jedoch hat in der mir bekannten Vergangenheit, wenigstens in Deutschland, bei solchen Hunden nie funktioniert: die erfolgreiche Verwendung solcher Hunde in der Zucht.

Dies kann ich am eigenen Beispiel illustrieren: 1970 kaufte ich aus dem einzigen Beaglewurf, den ich seinerzeit in Deutschland finden konnte, meine erste Beaglehündin, 'Diana von der Ronneburg'. Wie allen anderen Welpenkäufern war mir zunächst nur der Hund wichtig. Und sie war gewiß der Hund, mit dem ich am meisten gearbeitet habe und von dem ich am meisten gelernt habe. Die Hündin wurde von mir, zu Zeiten, als Beagles bei Zuchtschauen in Europa eher noch eine Seltenheit waren, erfolgreich ausgestellt. Sie war auch in jagdlichen Belangen hervorragend, auch wenn sie 'nur' Prüfungen diverser Art hervorragend absolvierte.

Meines Wissens hat danach kein Beagle neben jagdlicher Anlagenprüfung mit Apportieren, Wasserarbeit und Schleppe noch acht Verbandsschweißprüfungen absolviert und davon die schwerste, die 'Pfälzerwald'-Schweißprüfung, zweimal als Suchensieger vor vielen anderen traditionellen deutschen Jagdhunderassen gewonnen.

Zwar bekam ich die Hündin direkt vom Züchter. Dennoch hatte die Hündin als Abstammungsnachweis eine Regstrierbescheinigung vom Verband für das Deutsche Hundewesen (VDH), was zunächst heißt, daß ihre 14 unmittelbaren Ahnen nicht sämtlich in vom internationalen Dachverband Féderation Cynologique Internationale (FCI) anerkannten Zuchtbüchern nachweisbar waren und/oder daß diese Zuchtmaßnahme nicht unter der Wurf- und Zuchtkontrolle eines von der FCI anerkannten Verbandes oder Vereines stattgefunden hatte. Praktisch heißt das, ihre Großeltern waren Meutehunde in Deutschland, die wiederum von für den Tierversuch in Großbritannien gezüchteten Beagles abstammten. Und damit waren außer ihren Eltern, Carlo (dreifarbig) und Julia (zweifarbig) keine anderen zuchtrelevanten Tatsachen bekannt, die ein Züchter eben braucht, um den richtigen Anpaarungspartner für die Hündin zu finden.

Darüber hinaus, und hier wird die Sache wieder allgemeingültig, war die Hündin in ihrem Exterieur keine typische Beaglehündin. Sie hatte vielmehr das typische Exterieur eines außerhalb der anerkannten Verbände gezüchteten Beagles: recht groß, dünn-knochig, mit schlankem, eher keilförmig spitzem Kopf, jedoch unglaublich farbstark, mit viel dunklem Pigment.

Ich wollte nie mit dieser Hündin züchten, auch wenn sie eine perfekte Jagdhündin war, insofern also beste Anlagen hätte weitergeben können. Ihre Hüften waren zu schlecht, im Kynologen- und Veterinärjargon hatte sie HD (Hüftgelenksdysplasie) und ich fand nicht, daß die Nachkommen dieser Hündin, auch mit dem hochtypischsten Rüden, versprochen hätten, eine Bereicherung für die Rasse zu werden. Im Nachhinein fällt mir ein, daß ich leicht hätte schummeln können, auf Kosten des Nachwuchses und der Käufer des Nachwuchses. Meine erste Beaglehündin 'Diana von der Ronneburg' jedoch: sie blieb, was sie bis dahin gewesen war: ein geliebter, recht gut erzogener, lebenserfahrener Beagle und unentbehrliches Familienmitglied. Das können, wie Sie sehen, auch Beagles sein, die außerhalb der anerkannten Verbände gezüchtet sind oder, wie der Hundezüchter und Funktionär dazu sagt: "aus der Dissidenz".

Die 'Moral aus der Geschicht'? Wenn sie auch nur die klitzekleinste Absicht haben, außerhalb des Hauses mit dem Hund an die kynologische Öffentlichkeit zu treten, kaufen Sie sich einen Hund über eine der weiter hinten im Buch angegebenen Adressen.

Aber wieder zurück zum Beaglewelpen. Douglas Appleton gibt für die Welpen-aufzucht folgenden Rat: "rear them fat up to seven months of age if you want spring of rib and depth of body - both essentials in the show ring and the field. If you want a racy hound to course, breed whippets." (Ziehen Sie die Welpen wohlgenährt auf, bis sie sieben Monate alt sind, wenn Sie eine vernünftige Ausformung des Rippenkorbs und Brustkorbtiefe wollen, die beide sowohl im Schauring als auch beim Jagen unverzichtbar sind. Wenn Sie schlanke Hunde zum Wildhetzen wollen, züchten Sie Whippets!). Douglas Appleton hat freilich, weil seine Hunde stets zu mehreren in großen Zwingern untergebracht wurden, vergessen hinzuzufügen, daß das Füttern alleine die körperliche Ausformung nicht besorgt, sondern noch viel körperliche Bewegung nach den eigenen Bedürfnissen des wachsenden Skeletts und Muskelapparats dazukommen muß.

So könnte man, wenn man die genetische Wirklichkeit an ihrer auch nur potentiellen Manifestation hindern wollte, seine Beaglewelpen durchaus schlank und mit nur absolut der notwendigsten Bewegung aufziehen. Schlechte Hüftgelenke werden sich dann, aber auch nur möglicherweise, nicht so ausbilden, wie sie im schlimmsten Falle angelegt waren.

Dies ist natürlich dann zu besorgen, wenn der Hund, den Sie kaufen, aus einem Zwinger kommt, in dem ihm, weil in Einzelhaft oder nur mit wenigen anderen Hunden zusammen, der Anlaß und der Raum zu freier Bewegung fehlt und wenn die Futtermenge bzw. die hierfür erforderlichen Geldmittel ein Rolle spielen. Auch deshalb ist es ein Hazardspiel, in solchen Verhältnissen einen Hund, insbesondere einen schon erwachsenen Hund zu kaufen. Auch ein Röntgenbild der Hüftgelenke dieses Hundes, das nach Urteil von dazu qualifizierten Veterinäranatomen ein einwandfreies Skelett zeigt, ist hier keine Qualitätszusicherung. Dies könnte allerhöchstens zusammen mit einem nach deutschen Kriterien errechneten guten geschätzten Zuchtwert für HD, über den im Kapitel Beaglegesundheit zu reden ist, beruhigen.

Der Rasse gegenüber wäre dies freilich ein Verbrechen und den Käufern der Nachkommen dieses Hundes gegenüber Betrug. Denn, was erblich angelegt ist, wird vererbt. Und die Ausprägung der ererbten Eigenschaften wird durch Umwelteinflüsse mehr oder weniger ausgeprägt.

3.5.2 Der Beagle als Familienmitglied

Ganz wichtig, und daher auch sofort an die Erläuterungen zum Erwerb eines Beaglewelpen anschließend, ist eine Unterrichtung, warum man seinen Beagle rechtzeitig vom Züchter abholen soll und weshalb gute Züchter die Welpen weder zu früh noch zu spät abgeben.

Selbst den Dinks (amerikanisch für Double Income No Kids = Doppelverdienerpärchen ohne Kinder) ist inzwischen bekannt, daß Kinder in ihren ersten vier Lebensjahren entscheidende Prägungen erfahren, die später einfach nicht mehr aus dem Persönlichkeitsmuster ausradiert werden können. Daher haben die auch keine Kinder: sie sind das teuerste denkbare Hobby und erzeugen die Notwendigkeit, daß einer der Eltern vier Jahre lang nicht an seiner Karriere weiterbasteln kann. Ähnlich ist das mit den jungen Hunden.

Welpenkäufer sollten, um den Welpen richtig ins Familienleben eingewöhnen zu können, einen Teil ihres Jahresurlaubs nehmen, sodaß sie dem neuen Familienmitglied die Regeln des Verhaltens in der Familie konsequent beibringen können. Warum das so sein sollte, ist in der Entwicklung des Charakters und der Persönlichkeit des Beaglewelpen begründet.

Christa Wolfs Feststellung "Das Vergangene ist nicht tot, es hat noch nicht einmal angefangen' illustriert hervorragend, daß insbesondere in der Persönlichkeitsbildung vergangene Erfahrungen und Prägungen fortwirken, sodaß das in der Vergangenheit Erlebte und Erlernte gegenwärtig und in die Zukunft fortwirkt. Die Entwicklung des Hundecharakters ist gut erforscht, europäische Hundeforscher haben ebenso daran geforscht wie der amerikanische Hundekundler Pfaffenberger. An anderer Stelle dieses Buches habe ich bereits darauf hingewiesen, daß Elisabeth Venzl eine hervorragende Darstellung der Verhaltensentwicklung in ihrer Dissertation zusammengestellt hat.

Gewiß beginnt die Prägung des Hundewelpen bereits vor der Geburt. Insbesondere akustische Vorkommnisse in der Umgebung der Hündin werden von den heranwachsenden Welpen schon recht gut wahrgenommen. Deshalb ist auch recht wahrscheinlich, daß eine recht bellfreudige Mutterhündin lautfreudige Welpen erzeugt. Wollen Sie folglich einen eher ruhigen Welpen, sollten Sie keinen Nachwuchs einer Hündin kaufen, die freudig aus geringstem Anlaß bellt. Jeder Welpe kann bellen ebenso wie in ein Auto eine Hupe eingebaut ist. Aber wie oft die betätigt wird, hängt vom Temperament und der Mentalität des Fahrers ab.

Von der Geburt bis zur dritten Lebenswoche

Die Geburt, oder wie man bei Hunden sagt, der Wurfakt ist für den Welpen genauso wie für die Hündin ein dramatisches Erlebnis. Während die Hündin von ihrer Leibeslast erleichtert wird, aber doch Schmerzen erleidet und ungeheuer viel Kraft verliert, muß der bisher wunderbar und wohlig im Körper der Mutterhündin verpackte Welpe sich nun innerhalb von Minuten mit der oft dramatisch kälteren Außenluft abfinden. Früher 'automatisch betrieben', muß er jetzt plötzlich atmen, muß seine Nahrung selbst finden.

Und das, obwohl er noch garnicht vollständig ausgestattet bzw. entwickelt ist: er hört nicht, sieht nicht, riecht nicht. Sogar die Entsorgung von Urin und Kot funktioniert nur auf die Massage mit der Zunge der Mutterhündin hin. Er hat nur reflexartige Reaktionen auf seinen eigenen Hunger, ein wenig Reaktion auf die Temperatur der Umgebung, sein Fell ist noch kurz und dünn, es dämmt noch nicht richtig. Er kann sich zwar eher seitwärts bewegen, aber weit kommt er damit nicht, er bleibt am Platz seiner Geburt.

Zwischen dem 10. und 19. Lebenstag beginnen sich die Augen des Welpen zu öffnen, aber die Linsen entwickeln erst allmählich Durchsichtigkeit und die Nerven und das Gehirn erst langsam die Fähigkeit, beweglichen Objekten mit den Augen zu folgen, jedoch noch nicht soviel, um auf schnelle und plötzliche Bewegungen zu reagieren.

Die Reaktionszeit des zentralen Nervensystems des neugeborenen Welpen ist etwa hundertmal langsamer als die des erwachsenen Hundes. Welpen sind langsam und hinsichtlich der Bewegung schlecht koordiniert. Erst wenn der Welpe etwa zwei Wochen alt ist, kann er Urin- und Kotabsatz steuern. Er beginnt langsam zu spielen, empfindet Kälte bewußt und sucht die Wärme. In der dritten Lebenswoche öffnen sich die bis dahin geschlossenen Gehörgänge; nun kann sich auch die Hörfähigkeit entwickeln. Aber langsam und unkoordiniert bewegt sich der Welpe immer noch. Was er braucht, sind nur Ernährung, Schlaf, ausreichende Umgebungstemperatur und Massage durch die Mutterhündin. Er ist eigentlich auch noch nicht lernfähig, soweit es zielgerichtetes Handeln betrifft; die Zeit, die der Welpe sich konzentrieren kann, ist sehr kurz.

Dritte bis siebte Lebenswoche

Die bedeutendste Entwicklungsperiode des Welpen. Mit vier Wochen sind alle Sinneswahrnehmungen des Welpen entwickelt. Er saugt weniger, er quäkt weniger und wird aufmerksamer. Kurz, er wendet sich der Außenwelt aktiv zu. In dieser Zeit wird der Welpe selbständiger, er beginnt, das Zentrum der Wurfkiste zu verlassen und sich in fremderer Umgebung dennoch sicherer zu fühlen.

Jetzt, und das ist das Wichtigste dieses Katpitels, beginnt die soziale Einordnung des Welpen. Jetzt paßt sich der Welpe an ihm ähnliche Mitlebewesen an, an die Geschwister und die Mutter. Aber auch an den Menschen. Jetzt muß genügend menschlicher Kontakt gewährleistet sein, damit es später nicht zu Problemen mit den Menschen kommt. Beides ist wichtig, Kontakt zu Hunden und zu Menschen. Wenn der Welpe jetzt keine Hundekontakte hat, kann er im schlimmsten Falle später andere Hunde nicht als seinesgleichen erkennen. In krassen Fällen lassen sich so aufgewachsene Hunde sogar später nicht zur Zucht verwenden, weil sie den Zuchtpartner nicht als artgleich akzeptieren. Menschen soll er zwar nicht als Paarungspartner akzeptieren lernen, aber auch auf sie muß der Welpe jetzt geprägt werden, sonst wird er sie später stets als fremd empfinden und mit ihnen keine emotionale Bindung aufbauen können.

Natürlich hat die Prägung, wie sie die Verhaltensforscher nennen, auch weniger friedliche Seiten. Mit zunehmender Erkundung der Umgebung, zunehmender Abwesenheit vom Geburtszentrum wird natürlich auch das Selbstbewußtsein gestärkt. Und das zeigt sich sehr deutlich in den Rangkämpfen, die nun unter den Wurfgeschwistern stattfinden. Es gibt also neben sozialer Prägung auch die Festlegung der sozialen Hierarchie, der Rangfolge, die Rudeltiere alle haben. Steht die Rangfolge erst fest, lassen die Kämpfe in Häufigkeit und Erbitterung nach.

Siebte bis zwölfte Lebenswoche

Die beste Phase, um eine enge Bindung des Welpen an Menschen herzustellen. Jetzt ist auch die Fähigkeit des Welpen, zu lernen, ausreichend ausgeprägt. Denn der junge Hund, wiewohl erst sieben Wochen alt, hat bereits die Lernfähigkeit des erwachsenen Hundes. Demzufolge lernt der Welpe auch, wie man mit Menschen umgeht und welche Erfahrungen 'man' mit ihnen macht. Jedes Ereignis, das in dieser Zeit vorkommt, wird sich unauslöschlich beim Welpen einprägen, er 'lernt', und dazu gehören natürlich auch Negativerlebnisse. Erleben Welpen die Menschen dann als inkonsequente Rudelführer, die keine glasklaren Regeln setzen und von denen nicht nur niemals abweichen, sondern auch deren Einhaltung sofort unnachsichtig durchsetzen, werden sie zu Hunden, die selbst zum Boß werden wollen und Anweisungen nur nach Gutdünken befolgen. Vornehmlich aus diesen Gründen wird diese Zeit die 'kritische Phase' genannt. Und aus genau diesem Grund müssen Sie einen Welpen in dieser Zeit zu sich nehmen, wenn alles optimal laufen soll. Und erziehen, denn nie wieder im Leben wird der Hund dauerhafter und schneller lernen.

Zwölfte bis sechzehnte Lebenswoche

Nun entwickelt sich der Welpe körperlich rasant. Und die zuvor begonnenen Schritte zur Unabhängigkeit werden größer. In Welpengruppen dieses Alters wird erbittert und rücksichtslos um die Rangordnung gekämpft, Nicht anders kann sich das zwischen Welpen und zugehörigem menschlichem Chef ereignen. Alle Beziehungen, die sich zwischen Mensch und Hund nach dem 4. Lebensmonat ergeben, bleiben weniger dauerhaft und zuverlässig. Ist die Phase der schlimmen Rangkämpfe vorbei, lernen Hunde wieder mehr voneinander, sie gehen in die Mittelstufe der hundeeigenen Hundeschule. Da lernt man die körperlichen Fähigkeiten wie Rennen und Wenden, Raufen und Springen. Aber auch die Tanzschule sozusagen, das Werben und das Flirten. Paarungsverhalten wird spielerisch geübt. Der Mensch, der sich solche Spiele nicht energisch verbittet, zeigt an, daß er sozial in der Rangfolge unter dem Welpen steht. Aber es werden auch wichtige 'berufliche' Fähigkeiten wie die Verfolgung von Beute und die Entwicklung der Riechfähigkeit durch ständiges Üben verfeinert. Und auch mit diesen spielerisch ausgeübten Lernschritten lernt der Welpe, seinen Platz in seiner - menschlichen und hundlichen- Gesellschaft zu finden.

Danach

Etwa im Alter von sechs Monaten entwickeln Hunde die Selbstsicherheit, um sich selbst wirksam zu verteidigen und etwa ab dieser Zeit werden sie auch wachsam und verteidigen auch Eigentum oder Person ihres Herrn. Zwischen sieben und neun Monaten erreichen Rüden- und Hündinnenwelpen ihre sexuelle Reife, bei kleinen bis untermittel-großen Rassen, auf jeden Fall aber beim Beagle ist damit das Größenwachstum abge-schlossen, die Widerristhöhe erreicht. Bei großen Rassen freilich kann das Erreichen der 'Endform' bis zu drei Jahren dauern.

Wenn der Beaglewelpe erst im Haus aufgewachsen ist, wenn er das Glück hat, auf konsequente und dennoch liebevolle Familienmitglieder zu treffen, wird er sich vorzüglich dem Tageslauf anpassen, wenn er genügend Ausgang erhält, bei dem er Lebenserfahrung sammeln kann. Gerade die Hunde, die überall ihre Besitzer begleiten dürfen und alle Erfahrungen selbst machen, werden hernach zum friedlichsten und ausgeglichensten Hund, mit dem höchst erfolgreich Reklame für die Rasse, aber auch für die ausgezeichnete Hand seiner Besitzer gemacht werden kann.

Beagles sind in ihrer ersten Lebenshälfte vorzügliche und geduldige Kompagnons von Kindern und, da stets fröhlich und nicht agressiv, mit die sicherste Hunderasse für eine Familie mit Kindern. Zielsicher ermutigt, sind Beagles auch recht wachsam und haben mit ihrer mächtigen Stimme auch erheblichen Abschreckungswert. Solange der Eindringling nicht näher kommt - dann besteht die Gefahr, daß ihn der Beagle des Hauses nicht etwa angreift, sondern ihn freundlich wedelnd als neuen Familenzuwachs begrüßt.

Für Leute, die Freude daran haben, gelegentlich zu ihren Mitgeschöpfen garstig zu sein, und das wird der geneigte Leser bereits bemerkt haben, ist ein Beagle nicht der richtige Hund. Jedoch für Menschenfreunde, Tierfreunde, positiv gestimmte, unternehmungslustige Menschen ist der Beagle der richtige Gefährte.

Wenn der Beagle nun erzogen ist und seine erfreuten Besitzer wie es sich geziemt mit ihm unverdrossen weite Spaziergänge in der freien Natur unternehmen, ohne ihn - hoffentlich- aus den Augen zu verlieren, wird bald auffallen, daß man da ein Naturtalent an der Leine hat. Ein Naturtalent, das mit seinem geradezu unglaublichen Riechvermögen Dinge anzeigt, die man zuvor nie wahrgenommen hat. Und der Beagle zeigt gerne, was in ihm steckt. Kleine Aufgaben, mit denen er irgendetwas erschnuppern muß, bereiten ihm unbändige Freude. Das fängt harmlos an: er muß auf Befehl ein im Haus verstecktes Objekt finden und wird dafür belohnt. Dann bleibt man im Wald mit ihm zurück und läßt ein anderes Familienmitglied sich verstecken - der Beagle freut sich wie ein Schneekönig, wenn er die Aufgabe gelöst hat. Und dieser Lerneffekt verstärkt sich dramatisch mit der gelegentlichen freßbaren Belohnung. Bald kann dies auch nützlich sein. Im Wald oder Feld absichtlich verlorene Objekte wie Handschuhe, aber sogar Schlüssel findet der Beagle sicher und gerne wieder und bringt sie, besonders flott gegen Belohnung, herbei.

Nun fragt sich der aktive Beaglebesitzer weiter, was man mit diesen unstreitig vorhandenen und hervorragenden Fähigkeiten dieses fröhlichen bunten Hundes noch machen kann. Daß die Umstände zum Beispiel dazu taugen, daß der glückliche Beaglebesitzer sich auf den steinigen und kostspieligen Weg macht, eine Jagderlaubnis zu erwerben, um seinen Beagle jagdlich einsetzen zu können, wird wohl nur in der Minderzahl der Fälle eintreten. Sicher könnte der Beagle ein hervorragender Fährtenhund werden und damit zum Schrecken aller Fährtenhundprüfungen. Aber auch das ist bis jetzt selten geglückt, selbst wenn alle Sterne dafür günstig stehen.

Häufiger geglückt ist, daß sportliche Beaglebesitzer zuerst eine Begleithundeprüfung mit ihrem Hund gemacht haben, was hiermit allen dringend empfohlen sei. Und dann Spaß am Breitensport, Spaß an der Wettbewerbsart 'Agility' gefunden haben, die Wendigkeit und Fitneß für Hund und Besitzer erfordert.

Dies alles sind Spezialitäten. Des Beagles größte und vornehmste Aufgabe jedoch ist immer noch, ein fröhliches und natürliches, immer gut gelauntes Familienmitglied zu sein.

3.6 Was man mit dem Beagle machen kann

3.6.1 Ausstellungshund

Hundeausstellungen - Jahrmarkt der Eitelkeiten ?

Der Vergleich einzelner Hunde zu den Vorgaben des Standards erfolgt offiziell nur von dazu Geschulten, den Zuchrichtern, auf Zuchtschauen. Wie aus dem Begriff hervorgeht, sind diese Schauen kein Selbstzweck, sondern dienen der Sichtung der gezüchteten Hunde und der Überprüfung, wie weit die Züchter die Rasse hinsichtlich der Übereinstimmung mit dem Rassestandard zu erhalten oder hoffentlich gar zu verbessern vermochten. Es ist wohlgemerkt nicht Hauptzweck der Zuchtschauen, Gewinner zu glorifizieren oder Propaganda für einzelne Zuchthunde zu machen. Aber Hinweise darauf, ob es wünschenswert wäre, einen Beagle zur Zucht zu verwenden, erhält man hier schon.

Ausstellungen, Zuchtschauen und Zuchtzulassungsveranstaltungen und die dort Tätigen

Im Ausland gibt es Hundeschauen, es geht nur nach Schönheit, funktionale Abweichungen werden je nach eingesetzten Richtern höchst unterschiedlich bewertet. Am mildesten urteilen meist die am mildesten ausgebildeten Richter, viele andere Dinge scheinen eine Rolle zu spielen. Solche Erscheinungen holt man sich natürlich auch hierzulande in den Ring, wenn man entsprechende Richter einlädt. Insbesondere die, die gerne, aber selten reisen, meinen offenbar oft, daß gezeigte Milde eine Wiedereinladung fördert. Stimmt auch oft, denn es gibt ja dann weniger Unzufriedene.

Der Rasse dient das nicht. Der Rasse dient nur, daß die Klassenunterschiede zwischen den gezeigten Hunden sich auch in Unterschieden der Formwertnoten ausdrücken. Der Rasse dient nur, daß erhebliche funktionale Schwächen die Zuchtzulassung von Hunden verhindern - und darin ist der Richterschaft internationale Solidarität zu wünschen. Es wäre auch den Zuchtvereinen damit gedient, daß diejenigen Richter wiederholt bei ihnen arbeiten, die ihre Entscheidungen auch öffentlich und detailliert zu begründen bereit und in der Lage sind. Denn dann könnten endlich Entwicklungen gesehen und die Zucht gesteuert werden, und nicht nur der Bestand verwaltet und das, was sich damit ereignet.

Dennoch haben sich in manchen Ländern schon Zuchtzulassungsveranstaltungen entwickelt, bei denen eben die Zuchttiere in spe doch recht gründlich und meist auch nach einer vorhandenen Checkliste beurteilt werden. Solche Veranstaltungen sind dann langfristig besonders nützlich, wenn stets derselbe enge Personenkreis diese Beurteilung vornimmt. Und natürlich können Erfahrung und Talent bei den Beurteilern nicht schaden. Um zu verhindern, daß Hunde mit Hängen und Würgen die Zuchtzulassungsprüfung bestehen und dann mit vielen Würfen mehr in der Population vertreten sind als der guttut, ist als Zugangsvoraussetzung das mehr als einmalige Erreichen von Mindestformwerten bei Rassespezialisten und der Nachweis gesundheitlicher Voraussetzungen gewiß sinnvoll.

Aus meiner Beobachtung bei vielen anderen Rassen geht ganz klar hervor, daß sich eine Rasse um so gezielter verbessert, je qualifizierter und beständiger die Bewerter bei den Zuchtzulassungsveranstaltungen handeln. Nur so kann einer Gefahr gegengesteuert, eine schon bestehende Schwäche der Rasse wieder aufs Normalmaß zurückgedreht werden.

3.6.2 Jagdhund

Jagdgelegenheit heute

Sicher ist es die wesentlichste Bestimmung dieser Rasse, den Hasen zu jagen, indem er seiner Spur folgt. Aber, seien wir ehrlich, dies ist nur noch wenigen dieser aktiven Hunde vergönnt. Dem Beagle, der in Großbritanniens Hasenmeuten lebt und jagt in abgeänderter Form dem Beagle, der in den weiten Landschaften der Vereinigten Staaten von Amerika dem 'cottontail' oder dem 'mountain hare' folgt, und dem privilegierten Beagle in Mitteleuropa, der stöbernd oder in einer anderen Form der Meutejagd der Hasenspur folgt.

In der Bundesrepublik Deutschland, in Österreich und der Schweiz ist dem Beagle meist nur vergönnt, daß er legitim die Hasenfährte arbeitet, wenn er (einmal in seinem Leben) eine Anlagenprüfung macht. Nur dann ist die Ausübung seiner 'wesentlichen Bestimmung' legitim. Darüber mehr an anderer Stelle.

An diese Stelle aber gehört die Bemerkung, daß Hunde, die ihre einstige Aufgabe soweit verloren haben oder nicht mehr ausüben können, daß sie nur mehr historisch geworden ist oder nur noch von wenigen Hundehaltern, in musealer Praxis sozusagen, ausgeübt und vorgeführt werden kann, sich nun eben den geänderten Zeitläuften anpassen müssen und immer noch eine ebenso wertvolle Aufgabe für uns Menschen erfüllen können. Ist denn die Aufgabe, ein ausgleichendes, freundliches und zur körperlichen Aktivität anregendes Familienmitglied zu sein, nicht ebenso ehrbar wie die, nur zweimal in der Woche für Wenige die ursprüngliche Jagd auf den Hasen vorzuführen? Haben Suchhunde bei Zoll und Polizei, bei Einfuhrbehörden und bei Insektenschutzfirmen eine weniger respektierliche Aufgabe als jene Beagle, die den Jägern zur Seite stehen?

3.6.3 Helfer bei Polizei und Zoll, Weitere Spezialitäten

Gerade die vorzügliche Nase der Beagles, verbunden mit ihrer geringen Körpergröße und ihrer umgänglichen Geselligkeit hat Beagles auch andere ungewöhnliche Karrieren machen lassen.

'True Line's Classic Incident', ein rotweißer Beaglerüde aus der Zucht des Autors, geworfen im Jahr 1979, war acht Jahre lang Diensthund beim Land Hessen. In jenen Zeiten, als Terroristen Sprengstoffattentate für Mittel politischer Auseinandersetzung hielten, mußte die Polizei der Mainmetropole Frankfurt viele Veranstaltungsorte, zu denen Prominente kamen, auf versteckten Sprengstoff absuchen. Meist waren dies Orte wie Tagungshotels, Festsäle und Bankenkasinos, bei denen Deutsche Schäferhunde, die sonst auf Polizeiarbeit abonniert sind, zu martialisch gewirkt hätten. So kopierte die hessische Polizei jüngste Erfahrungen der Militärpolizei der US-Armee, seinerzeit massiv in Frankfurt und Umgebung präsent, die Beagles als Spürhunde einsetzte. Die hatte das allerdings seinerzeit getan, als die GI's Rauschmittelkonsum modern fanden und diese auch in ihren Unterkunftgebäuden versteckten. Beagles fanden dort alles, auch in engsten Räumen, versteckt in anderen starkriechenden Substanzen und in abgehängten Decken, in Jeeps und auch in Panzern. Wendig, wie sie waren, kamen sie überall hin und sie waren darauf trainiert, auch in den befremdlichsten Umgebungen sicher zu arbeiten.

Ivan kam also zur Polizei des Landes Hessen als Diensthund Nr. 355. Er überstand nicht nur als einer von wenigen Diensthunden die seinerzeit neu aufgetauchte Hundeseuche Parvovirose unbeeinträchtigt, sondern erwies sich als Lehrling mit schneller Auffassungsgabe und beständigem Arbeitswillen, dann als sorgfältiger und sicherer Arbeiter. Sein Hundeführer, Polizeihauptmeister Arno Wetter, fuhr seinerzeit täglich mit Ivan im Zug von Klein Gerau im hessischen Ried, wo Ivan und Herr Wetter wohnten, nach Frankfurt. Ivan war bald auch im Pendlerzug bekannt und beliebt, wie ein bunter Hund eben, der er war. Ivan lernte weiter und suchte bald auch nach Projektilen in Kriminalfällen mit großem Erfolg. Was er jedoch nie überging und trotz aller guten Erziehung in Landesdiensten nie ablegte, war die Leidenschaft für die Pausenbrote der anderen Diensthundeführer. Da Ivan anders als die deutschen Schäferhunde stets auf der Wachstube wohnte, ist ihm dank seiner Nase so manches Leberwurstbrot auf- und unmittelbar danach zum Opfer gefallen. Zuhause ist Ivan ein liebevolles Familienmitglied und erfreut sich zur Zeit der letzten Korrekturen an diesem Buch, im Februar 1996, siebzehnjährig noch immer bester Gesundheit.

Auch in der Schweiz werden Beagles bei den Behörden gerne eingestellt. So tut noch zur Zeit, als dies Buch verfaßt wird, ein schöner Beaglerüde aus deutscher Zucht erfolgreich Dienst beim schweizerischen Zollamt Stein/Bad Säckingen als Rauschgiftsuchhund. Borderline Badger ist Sohn eines erfolgreichen Ausstellungs- und Zuchtrüden und wurde selbst erfolgreich ausgestellt. Badger ist außerhalb der Dienstzeit ein wirklich herrschaftlich verwöhntes Familienmitglied.

Flugpassagiere, die am John F. Kennedy-Flughafen in New York ankommen, müssen nicht nur durch den Zoll, sondern sich auch der Inspektion erbarmunglos genauer Kontrolleure unterziehen: die Inspekteure sind Beagles. Sie gehören der Beagle Brigade des Landwirtschaftsministeriums, United States Department of Agriculture, abgekürzt USDA genannt, an. Seit 1984 sind die vierläufigen Beamten auf Streife, sie schnuppern in diesem Flughafen, in dem die meisten Passagiere aus fremden Ländern ankommen, nach so verbotenen Mitbringseln wie Früchten, Fleisch, Erde, Pflanzen oder vielleicht wüchten auch Vögeln. Streifenrevier ist meist die Zone, wo aufgegebenes Gepäck ankommt. Dort schnüffeln die haarigen Dienstleute nach verborgenen Waren oder Lebensmitteln in Koffern, Handtaschen, Einkaufstüten oder Kleidungstaschen. Nach Betäubungsmitteln suchen diese Beagle nicht.

Sobald die Beagles etwas wittern, was nicht eingeführt werden darf, setzen sie sich neben das Behältnis, worin sich der inkriminierte Gegenstand befindet. Auf Nachfrage geht's genauer: wenn der Hundeführer nachfragt "Wo ist die Ware?", gehen die Beagles mit der Nase dicht ran und zeigen an, wo sie etwas gewittert haben. Dann folgt die unvermeidliche Frage an den jeweiligen Passagier, ob er oder sie Lebensmittel oder landwirtschaftliche Erzeugnisse mit sich führt. Zeigt der Passagier den fraglichen Gegenstand nicht vor, wird er in einen Untersuchungsraum verbracht und dort wird dann festgestellt, ob die vom Beagle gewitterte Ware eingeführt werden darf oder nicht.

Die USDA-Beagles sind in einem Zwinger auf dem Flughafengelände untergebracht, jeden Morgen gibt's Wiederholungstraining in einem leeren Terminal-Gebäude. Die meisten der Diensthunde stammen aus Tierheimen, wurden von Privatpersonen abgegeben oder sind Fundhunde. Wenn sie sich als ungeeignet erweisen, werden sie als Familienhunde weitervermittelt.

Suzanne Kreuz, die Pressesprecherin der USDA, berichtet, daß die meisten Passagiere sich über die Anwesenheit der Beagles mitten unter den Reisenden freuen. Gerade wegen ihres alles andere als bedrohlichen Aussehens und, natürlich, wegen ihres exzellenten Geruchssinns wurden Hunde gerade dieser Rasse gewählt.

Auch in Australien arbeiten mittlerweile Beagles in den Diensten der Einwanderungs- und Gesundheitsbehörden, die 'Quarantäne-Brigade', wie in einem von Mr. Leonard L. Pagliero, Präsident des Beagle Club GB übersandten Bericht im Vereinsblatt Juli 1993 berichtet wird:

"Flugreisende, die in Sydney oder Brisbane ankommen, sehen sich höchstwahr-scheinlich am Gepäckempfang mit dem Beagledetektiv-Pärchen Winston und Melody konfrontiert, deren Aufgaben das Aufspüren von der Einfuhr ausgeschlossenen Lebensmittel- und Pflanzenimporten oder eingeschmuggelten Tieren ist.

Anscheinend haben Untersuchungen in Japan erwiesen, daß Beagles eine bis zu 10.000mal höhere Nasenleistung erbringen können als dies Menschen vermögen. Das läßt Winston in mehr als 90% der Fälle Erfolg haben, wenn er seine Gepäck-Schnüffeltour macht, bei der er frisches Obst, Pflanzen, Fleisch, lebende Vögel, Reptilien oder Eier findet. "Ihm entgeht kaum etwas", sagt sein Hundeführer Harold. Ein großer Vorzug Winstons ist das 'Knuddel-Syndrom': Die Flugreisenden und ihre Kinder sind bezaubert von diesem freundlichen kleinen Hund und so kann Harold kurz erklären, was es mit dem Einfuhrverbot auf sich hat.

Australiens Quarantäne-Brigade wurde nach Konsultation der Landwirtschafts-ministerien in den USA und Kanada 1992 aufgebaut, um das Land vor Schädlingen und Krankheiten schützen zu helfen, die Mensch, Wild- und Haustiere, Feldfrüchte, Bäume und andere Pflanzen bedrohen könnten. In den USA und Kanada wurden Beagles hierfür seit Jahren erfolgreich eingesetzt.

Für das Auswahlverfahren wurden 28 Beagles ausgesucht, die zunächst Verhaltens-tests und tierärztlichen Untersuchungen unterzogen wurden. Fünf wurden schließlich zur Ausbildung zugelassen, in der Geruchserkennung von unterschiedlichen rohen und zubereiteten Fleischsorten, Früchten, aber auch von Blattwerk und Eiern eingeübt wurde. Danach folgte dasselbe für lebende Vögel. Zwei der fünf Beagleschüler bestanden die Prüfungen nicht und waren fortan nur noch Privatiers. Winston, Melody und als Reserve Eva blieben übrig. Winston ist ein besonders hartnäckiger Bursche, der sehr arbeitswillig und belastbar ist. Er ist allerdings mitunter auch übereifrig. Melody ist ein fröhlicher, leistungsstarker Beagle, die sich stets Mühe gibt, ihrem Hundeführer zu gefallen.

An den Grenzen Australiens werden monatlich von der Quarantänebrigade bei den Reisenden aus dem Ausland über 5.000 Artikel entdeckt, die nicht eingeführt werden dürfen, so daß die Beagles hier eine Schlüsselrolle bei der Aufdeckung spielen. Da Beagles Meutehunde sind, bleiben sie auch in der geschäftigen Atmosphäre und in den Menschenmengen in den baggage claim -Zonen ruhig.

Von 1990 bis 1991 kamen in Australien etwa 40.000 Auslandsflüge an, die sämtlich quarantänemäßig untersucht werden mußten. In jenem Jahr reisten 4,8 Millionen Passagiere nach Australien ein. Das heißt, es gab genug Koffer abzuriechen.

'Borderline Badger' ein Beagle als Rauschgiftsuchhund beim schweizerischen Grenzschutz mit seinem Führer und Herrchen, dem Grenzwachtbeamten Hansjörg Spring, Riehlen.

271

Beagles helfen aber nicht nur bei staatlichen Stellen. Auch Freiberufler machen sich ihre feine Nase zunutze. So stellen in den wärmeren und feuchteren Bundesstaaten der USA, wo Häuser tradtionell vorwiegend aus Holz gebaut sind, Holzschädlinge ein erhebliches Problem dar. Hier sind es insbesondere bestimmte Termitenstämme, die die Häuser tatsächlich im Verborgenen und das auch noch erstaunlich schnell auffressen können. Versicherungen wissen daher ebenso wie Immobilienmakler ganz gerne, ob das zu betreuende Objekt gesund ist oder vielleicht nur noch eine mit Mühe zusammenhaltende Fassade. Also haben sich Spezialisten aufgetan, die Beagles als Termitensuchhunde trainiert haben. Hier sucht der Beagle sowohl nach der Geruchsnote, die die fleißigen Insekten hinterlassen als auch mit Hilfe seines feinen Gehörs nach den Fraßgeräuschen, die die niedlichen aber schädlichen Tierchen machen.

Wenn man weiß, daß auch die Termiten immer flexibler werden und sich zunehmend auch unserem Klima anpassen, auf Schiffen und in Flugzeugen als buchstäblich blinde Passagiere einreisen und so selbst in Hamburg schon Gelbfußtermiten immobilien-vernichtend entdeckt wurden, hat möglicherweise der Beagle auch hier noch eine Marktnische auszufüllen.

Hier soll am Rande erwähnt werden, daß Beagles inzwischen schon erfolgreich zu Helfern von an Epilepsie erkrankten Menschen ausgebildet wurden. Die Hunde lernen, Anfälle ihrer Besitzer etwa zehn Minuten früher als die Erkrankten es, wenn überhaupt, könnten, vorauszuahnen und dies dem Kranken anzuzeigen. Dies ermöglicht den Kranken immerhin, sich zu Bett zu begeben oder Hilfe herbeizuholen, sodaß sie sich bei den Anfällen keine Verletzungen zuziehen oder es zu Unfällen kommt.

Andere wichtige Hilfen geben inzwischen Hunde für Hörbehinderte, die Tauben die Türklingel oder das Telefon anzeigen und so den Alltag einfacher machen.

Ebenso wichtig und erst im Anfang ist die Nutzung von Hunden als Besucher von Kranken, Alten und Behinderten. Die Hunde bereichern nicht nur den Alltag dieser Personengruppen, wenn sie immer wieder bei ihnen zu Besuch auftauchen, sondern fördern ebenso den Kontakt mit der Umwelt, bescheren freudige Erregung und haben in vielen Fällen bei Behinderten zur deutlichen Verbesssrung der Wahrnehmung der Außenwelt veranlaßt.

Vordringliche Aufgabe des Beagles mit den vielen Talenten wird jedoch bleiben, ein fröhliches und natürliches Familienmitglied zu sein.

4.
Die Erziehung des Beagle -
das meistgelesene Kapitel

Erziehung in der freien Natur, jedoch altertümlich: Thomas Bewick's Darstellung eines Mannes mit drei Beagles vor etwa zweihundert Jahren (ca. 1790)

Dieses Kapitel entstand als eines der letzten. Dies nicht symbolisch, weil die Erziehung des Beagles am längsten dauert, sondern weil ich mir nicht immer sicher war, was der geneigte Leser denn als Erwartung daran hat, wieviel Erziehung ein Beagle haben soll.

Zwar steht die Familie Walz aus Stuttgart als leuchtendes Beispiel vor meinem geistigen Auge, weil sie aus den von meiner Frau und mir gezüchteten Welpen die besterzogenen hundlichen Familienmitglieder gemacht haben. Beagles, die draußen stets unangeleint laufen konnten und die damit gewiß die beste Werbung für diese Rasse machten, die man sich denken kann.

Die durchschnittliche Wirklichkeit ist jedoch anders. Die meisten Beagles, so auch die, die dem Autor Gesellschaft leisten, kommen auf Zuruf, zeigen sich perfekt im Ausstellungsring, suchen gerne nach freßbaren Gegenständen und leben gerne komfortabel. Sonst aber können weder sie durch Disziplin noch ihre Halter durch jederzeitige und vollständige Kontrolle ihrer Hunde imponieren. Und da, scheint mir, sind Eberhardts recht typisch für andere Beaglehalter. Wie wiederholt behauptet, sind Beagleinteressenten meist Leute, die nur dann einen wohlerzogenen Beagle haben, wenn er sich von allein zu einem solchen entwickelt hat. Da jeder Beagle auch ohne Disziplin perfekt glücklich ist, sieht er seinerseits keine Notwendigkeit, sich ohne Not so zu verbiegen. Und bleibt eben so, wie es die Umstände erfordern.

Gleichwohl halte ich es im Zeitalter der wachsenden Zahl von Menschen, die Hunden -meist jedoch in Wirklichkeit deren Haltern- kritisch gegenüberstehen, für einen 'Dienst am Hund', daß man diesen so erzieht, daß er lebende Werbung für seine Rasse, seine Spezies und seine Halter ist. Ebenso, wie ich es für selbstverständlich halte, daß Hundehalter Kunststofftüten in der Tasche haben, mit denen sie ohne Geziere die festen Hinterlassenschaften ihrer Hunde einsammeln und korrekt entsorgen, wenn auch nur ein Gerechter an diesen Anstoß nehmen könnte, so halte ich dafür, daß Hunde erzogen werden müssen. Und zwar sollen sie das beherrschen, was man altväterisch 'Stubendressur' nannte. Soviel Dressur also, daß ein Hund „weder der Stube noch deren Benutzern eine Last ist, er die Stube noch die darinnen befindlichen Geräthe beschädigt noch beschmutzt."

Noch viel mehr muß aber für jeden Hundefreund, für jeden Tierliebhaber der unvergeßliche Grundsatz von Prof. Dr. Albert Heim (1849-1937), dem großen Schweizer Naturforscher, immer wieder zu befolgende Leitlinie werden: "Die unfreiwillige Langeweile, zu denen viele Hunde durch den Menschen verurteilt werden, ist ein großes Unrecht". Dieser Langeweile wird auch durch Erziehung des Hundes entgegengewirkt, denn auch Erziehung ist Beschäftigung mit dem Hund.

Darüber hinaus gibt das Einüben von Dingen, die dem Hund sinnvoll vermittelt werden, gibt das Vermitteln von eindeutigen, ja auch von strengen Regeln dem Hund Orientierungshilfe, wie er sich verhalten soll. Hunde sind als Rudeltiere, mit wölfischem oder anderem Wildtiererbe, nicht nur an strenge Gruppenhierarchie und eherne Regeln des Verhaltens in der Gruppe gewöhnt, sondern empfinden solche Regeln nach den Erkenntnissen der Verhaltensforscher als Stütze im Alltag, Strukturierung ihrer Umwelt. Dies gilt auch für Ihren Beagle; mit einer vernünftigen Erziehung machen Sie ihren Hund wirklich glücklicher.

Ich bin nun, weil ich höchstens zwei Beagles erfolgreich zu artigen Zeitgenossen in allen Lebenslagen erzog, nicht gerade der Experte, von dem Sie sich sagen lassen sollten, wie Sie ihren Beagle erziehen. Ich kann Ihnen aber mitteilen, welche Literatur ich dafür für spezialisiert und damit geeignet halte. Und ich kann auf einzelne Dinge eingehen, die in dieser Literatur meist nicht verzeichnet sind.

Sie sollten, lange bevor ein Beagle bei Ihnen Einzug hält, sich ein vernünftiges Erziehungsbuch kaufen und das lesen. Und verstehen. Manche, so der Autor, müssen manche Sachen zweimal lesen, um sie wirklich verstanden zu haben. Am besten wäre, Sie hätten das Prinzip der Hundeerziehung verstanden, bevor Sie Ihr Hund zu solcher herausfordert. Da der Beagle ein Jagdhund ist und bleibt, habe ich immer mit jenen Erziehungsbüchern am besten leben können, die nicht offenbar auf den Schäferhund als Klientel zielen, sondern erklären, wie man einen jungen oder älteren Jagdhund erzieht.

Dicke Bücher haben mich immer erschreckt. Man hat den Eindruck, man müsse gelehrt sein, um die zu öffnen und von eiserner Kondition, um sie zu Ende zu kriegen. Daher habe ich auch als Erziehungsbuch Heinz Gail's 1x1 der Hundeerziehung, fast ein Taschenbuch, stets als Maßarbeit betrachtet. Es kostet nicht viel, hat nur 100 Seiten und ist voller praktischer Hinweise, mit deren Hilfe es auch mäßig Talentierten gelingen müßte, ihren Hund zu erziehen.

Was ich auch darin nicht fand, ist eine Hilfe für den Hundebesitzer, wie er mit seinem Hund umgeht, der auch mal allein bleiben muß. Vorzüglich fand ich hierzu Tips in einer

Vereinszeitschrift, die ich hier wiedergeben will. Sie berücksichtigen die natürliche Veranlagung des Rudeltiers Hund und nutzen sie geschickt.

Tips zum Alleinbleibenlernen

Am einfachsten und natürlichsten lernt der Hund das Warten, wenn er noch Welpe ist. Je früher ein Hund an das Alleinbleiben gewöhnt wird, desto geduldiger erträgt er später Ihre Abwesenheit.

Verlassen Sie ihn also von Anfang an jeden Tag für mehrere Minuten, wie das auch die Hundemutter tut. Und bringen Sie ihm bei Ihrer Rückkehr jedesmal einen Leckerbissen mit, wenn er sich Ihren Wünschen entsprechend verhalten hat. Dadurch bleibt seine Welt in Ordnung, denn Sie entfernen sich ja nur, um ihn mit Nahrung zu versorgen.

Das Alleinbleiben fällt leichter, wenn der Hund einen festen Warteplatz hat, etwa sein Körbchen, seine Decke, eine Höhle oder eine Hundehütte. Der 'Bau', in dem er Ihre Heimkehr erwartet, ist für ihn 'logisch'. Vor allem aber hat er keinen Grund, darin zu bellen oder zu winseln, denn in ihrer Höhle in freier Natur tun Hunde genau das Gegenteil, um nicht die Aufmerksamkeit von Feinden auf sich zu lenken.

Warten fällt leichter, wenn ein Hund sich vorher austoben konnte. Machen Sie es sich zur Regel, vor Ihrem Weggang immer wenigstens eine kleine Runde mit ihm spazierenzugehen oder mit Ihrem Vierbeiner zu spielen.

Sehr temperamentvolle Hunde, die dazu neigen, das Mobiliar zu zerstückeln, sollten Kauspielzeug, ein Plüschtier zum Zerfetzen oder sonst einen Gegenstand zum Kaputtmachen erhalten und zwar nur an ihrem Warteplatz und nur, wenn sie allein sind. (Anmerkung des Autors: Kauspielzeug ja, besonders empfehlenswert sind 'Nylabone'-Kauknochen oder gekochte und gesäuberte Kuhhufe. Plüschtiere etc. zum Zerfetzen nein, denn Beagles fressen sowas auch ohne weiteres noch auf und das bekommt nicht allen). Selbstverständlich darf der Gegenstand ihrer Zerstörungswut nichts sein, was sie sonst auch nicht zerbeißen dürfen. Geben Sie also niemals ein ohnehin schon zerrissenes Kissen in den Hunde-Warteraum. Sonst riskieren sie, daß Ihr gelehriger Hund sich auch die anderen Kissen schnappt.

In Gesellschaft wartet sich's leichter. Ein zweiter Hund, eine Katze, ein Kaninchen - jeder, der das Leid Ihres Hundes teilt, wird ihm willkommen sein. So eine Wartegemeinschaft hat allerdings auch ihre Schattenseiten: Ist nämlich der Kompagnon ebenfalls ein Rudeltier, rotten die zwei sich in einer Gruppe zusammen. Und wenn Sie zu oft oder zu lange außer Haus sind, könnte das Minirudel Sie aus der Gemeinschaft verbannen und sich selbst genug werden.

Jede Aufgabe, die er begriffen hat und lösen kann, erfüllt einen Hund mit Stolz, vor allem, wenn Sie mit Ihrem Lob nicht geizen. Lassen Sie ihn während Ihrer Abwesenheit eine Puppe bewachen oder Ihren Mantel, natürlich an seinem Warteplatz. Loben Sie ihn jedesmal, wenn er sich von dem ihm anvertrauten Ding nicht entfernt hat. Wählen Sie aber nicht die Wohnung, das Haus und den Garten als Bewachungsobjekt. Die Folge wäre sonst, daß der Hund bei jeder kleinen Störung von außen anschlägt. (Anmerkung des Autors: Der Text ist ursprünglich für Besitzer türkischer Hirtenhunde geschrieben, die imposante Wächter abgeben. Vermutlich wird sich ein Beagle auf den Mantel legen, die Puppe unters Kinn, damit's bequem ist.)

Verbinden Sie ihr Zurückkommen immer mit einem für den Hunde angenehmen

Erlebnis nach dem obligatorsichen Leckerbissen, aber nur dann, wenn der Hund nichts angestellt hat. Es wartet sich freudiger auf ein schönes Ereignis als auf etwas Negatives. Kommen Sie also nie nach Hause und gehen sofort ans Telefon, in die Küche oder ins Bett, ohne dem Hunde (Anmerkung des Autors: kann jederzeit durch die Begriffe 'der Ehefrau', 'dem Ehemann', 'der Schwiegermutter' ersetzt werden!) gebührende Aufmerksamkeit geschenkt zu haben. Er braucht nach bravem Warten unbedingt Zuwendung.

Einmal vier Stunden Einsamkeit sind besser als viermal eine Stunde. Glauben Sie nicht, daß es Ihren Hund tröstet, wenn er Sie gehetzt kurz einmal hereinflitzen sieht, bevor Sie wieder weggehen. Im Gegenteil: Wenn Sie wieder da sind, will er Sie für sich beanspruchen, erneutes Verlassen läßt auch den geduldigsten Hund in Depressionen verfallen.

Machen Sie kein Theater, wenn Sie weggehen. Für den Hund muß die Situation normal sein, kein Drama. Gehen Sie ohne großen Abschied, ohne Trostworte, genauso als würden Sie sich nur eine Minute lang entfernen. Unter keinen Umständen dürfen Sie auf ein Winseln oder Nachlaufen verständnisvoll reagieren. Eher abweisend.

Hören Sie kurz nach dem Verlassen Ihren Hund winseln oder bellen, gehen Sie sofort (!!) zurück, reißen die Tür auf und zeigen deutlich Ihren Ärger. Bleiben Sie böse, schicken Sie den Hunde auf seinen Warteplatz und entfernen Sie sich wieder - ohne ein gutes Wort.

Einen Hund mit Zerstörungstrieb dürfen Sie beim Heimkommen und Entdecken der Bescherung keinesfalls ausschimpfen oder bestrafen. Einmal, weil er garnicht mehr weiß, warum Sie böse sind und so Ihren Tadel mit Sicherheit mißversteht. Dann, weil das Zerstören ein Art 'Herbeirufen' bedeuten kann; nämlich dann, wenn Sie sonst immer sofort zur Stelle waren, sobald er in Ihrer Abwesenheit etwas kaputt gemacht hatte. Und in diesem Falle würden Sie die Theorie 'Zerstören bedeutet, daß Herrchen sofort kommt', bestätigen.

Hunde mit Zerstörungswut legen Sie am Warteplatz an die Leine, entfernen Sie sich ca. 10 Minuten, kommen dann wieder und loben sie kräftig. Bis zu einer halben Stunde Wartezeit an der Leine üben Sie, dann riskieren Sie's mal ohne. Ein Geduldsspiel, das Sie gewinnen müssen.

Kommen Sie dem Zeitsinn Ihres Hundes entgegen. Achten Sie darauf, daß Ihre Abwesenheitszeiten möglichst regelmäßig sind. Das erleichtert ihm sein Warten, weil seine innere Uhr verrät, wann er erlöst ist.

Wer täglich acht Stunden außer Haus ist, braucht einen Hundesitter. So lange Wartezeiten grenzen an Tierquälerei. Menschen, die ihrem Hund solche Bedingungen bieten, bekommen bei 'True Line's..' keinen Hund. Wenn Sie doch einen bekommen haben: Engagieren Sie Nachbarn oder suchen Sie einen Menschen, der mit dem Hund in der Mitte der Wartezeit spazierengeht, und ihm damit den notwendigen Glauben an das Gute im Menschen erhält.

5. Beagle züchten

Es gibt keinen vernünftigen Grund, in einer Rassemonographie allzuviel über die Zucht der Rasse zu schreiben, wenn die Rasse eine so normale ist wie der Beagle. Alles, was selbst versierte Züchter zusammentragen könnten, ist bereits zusammengetragen.

Auch mehrere Würfe wachsen problemlos zusammen auf. Gerade die Buntheit der Fell-fäbung macht einen guten Teil der Reize dieser Rasse aus.

Für diejenigen, die also wissen wollen, ob sie züchten sollen, empfehle ich, zuerst Hans Räbers 'Brevier neuzeitlicher Hundezucht' zu studieren. Sollten Sie nach der Lektüre von Räbers Klassiker dann doch noch züchten wollen, aber nicht wissen, wie man das vernünftig organisiert, insbesondere, wie man das rational und richtig vorbereitet und abwickelt, müssen Sie sich ein anderes Standardwerk zu Gemüte führen: Dieter Fleigs "Technik der Hundezucht".

Was ein Beaglezüchter darüber hinaus haben und gelesen haben muß, ist Elisabeth Venzl's Dissertation (siehe Literaturverzeichnis am Ende dieses Buchs). Hierin findet sich ein Fülle von Daten, Grundlagen und wichtigen Verhaltensschilderungen von erwachsenen und heranwachsenden Beagles. Vieles, was meine Frau und ich praktisch erlebt und erfahren haben, ist hier trefflich geschildert und beantwortet viele Fragen, die sonst gemeinhin offen bleiben. Für Züchter von Beagles ebenso Pflichtlektüre wie Hans Räbers und Dr. Fleigs Buch für Züchter aller Rassen. Dem Beagle Club Deutschland sei an's Herz gelegt, mit Frau Dr. Venzl dahingehend zu verhandeln, daß diese Dissertation

True Line's Welpen wachsen ab ihrer vierten Lebenswoche mit freiem Zugang zum Garten auf. So sind sie nahezu stubenrein, wenn sie uns verlassen. Die beiden 'Außenstürmer', True Line's Echo's Rainbow und Rhapsody blieben allerdings als Zucht- und Ausstellungshündinnen bei uns

Für mich bleibt, die Freuden und Leiden des Züchterlebens nach eigener Erfahrung zu schildern, die Zuchtsituation der Rasse in Deutschland zu kommentieren und, Ihnen meine kritischen Gedanken zu diesem Thema anzubieten.

Jeder, der die Voraussetzungen, und das sind zuallererst typische, körperlich gesunde und in ihrem Verhalten absolut gesunde Zuchttiere, aber auch die räumlichen, die zeitlichen und die finanziellen Möglichkeiten hat, sollte züchten.

Einer der besten Gründe, Beagle zu züchten, ist, daß es seit Jahren, an der Nachfrage gemessen, nicht genug Beaglewelpen in Deutschland gibt. Im Vergleich zum Wachstum anderer gleichgroßer Rassen, die wenigstens in meinen Augen wesentlich weniger attraktiv sind als Beagles, hat sich die Zucht von Beagles in Deutschland nur unwesentlich über die Sicherung der Ersatzbeschaffung hinaus entwickelt - Besitzer von Beagles, die in den Hundehimmel kommen, finden nun wenigstens ihren nächsten Beagle im eigenen Lande.

Sicher, vor Jahren noch mußten immer wieder Zuchttiere aus dem Ausland importiert werden, weil Hunde solcher Grundqualität bei uns nicht in ausreichender Anzahl zu finden waren. Das ist jetzt ein wenig anders: bei guter Beratung können auch gute Zuchttiere aus inländischer Zucht in ausreichender Menge gefunden werden. ohne daß gelegentliche Importe künftig damit unnötig werden.

Gleichwohl wird der überwiegende Anteil der Beagles in Deutschland nicht nur in höchst fragwürdigen Zuchtstätten, und zwar außerhalb des vom Verband für das Deutsche Hundewesen anerkannten einzigen Mitgliedsvereins für die Rasse Beagle, des Beagle Club Deutschland e.V. gezüchtet.

Sondern auch von 'Tierzüchtern' fern der Öffentlichkeit - und diese Beaglewelpen werden von kommerziellen Hundehändlern verkauft. Trotz der Tatsache, daß der Welpenkäufer die Eltern jener Beagles ebensowenig zu Gesicht bekommt wie Zuchtstätte oder Züchter, sondern diese Hunde über den kommerziellen Hundehandel ans Licht der Welt geraten, werden die meisten dieser Welpen ohne Probleme an den Mann, an die Frau, an die Familie gebracht.

Um die Größenordnung des Problems einschätzen zu können, kann die Hundesituation in Deutschland schnell und ganz grob dargestellt werden. Seit Jahren gleichbleibend gibt es im Lande etwa 4,5 Millionen Hunde. Um diese Zahl konstant halten zu können, müssen etwa 500.000 Hunde 'Ersatzbedarf' pro Jahr gezüchtet werden. Von diesen sind etwa 60% oder 300.000 Hunde Rassehunde, der Rest von 40% sind Mischlinge, die mehr oder weniger zufällig erzeugt werden und ebenso zufällig ihre neuen Besitzer finden. Von den vorgenannten 300.000 Rassehunden stammen nur etwa 130.000, also 40 % aller Rassehunde oder schlichtweg 24% des gesamten Rassehunde'bedarfs' aus kontrollierter Zucht im Verband für das Deutsche Hundewesen. Von diesen 130.000 Hunden sind jährlich, großzügig geschätzt, rund 500 Beagles. Das ist noch nicht einmal ein halbes Prozent aller VDH-Rassehunde - man vergleiche die Eintragungszahlen in USA oder in Dänemark weiter vorn im Buch. Noch viel deutlicher wird die mögliche Markteroberung durch den Beagle, wenn man sich klarmacht, daß bei gleicher Rasserepäsentanz im Hundehandel auf deren Vertriebswegen immerhin jährlich weitere 1.500 Beagles ihren künftigen Besitzer finden. Erst wenn also hierzulande im BCD jährlich rund 2.000 Beagles gezüchtet würden, wäre 'der Markt gesättigt'. Ein 'Absatzproblem' sollte sich also für keinen qualitätsbewußten Züchter ergeben.

Kommen wir zurück zum Züchten. Kann man mit Rüden züchten? Nein. Man kann nur an der Zucht mitwirken, beziehungsweise mitwirken lassen.

Anders als in den meisten menschlichen Kulturen, anders als bei den Menschenmännern und -frauen herrscht bei den Hunden ein komplett anderes Nachfrage-und-Angebot - Verhältnis zwischen männlichen und weiblichen Vertretern der Art. Während das bei den Menschen -hoffentlich- ausgeglichen erscheint, ist es bei den Hunden so, daß nach ziemlich wenigen Rüden immerhin Nachfrage besteht. Und zwar von mitunter bis häufig. Nach den anderen Rüden fragt keiner. Und die Hündinnen fragt keiner, denn bei den Hunden machen die Menschen die Zuchtplanung. Folglich müssen die Rüden, die an der Zucht mitwirken wollen, den Menschen, denen die Zuchthündinnen gehören, begehrenswert erscheinen. Wie das gemacht wird? Nun, wie im wirklichen Leben: es wird geworben.

Besitzer von wirklich ausgezeichneten Rüden aus renommierten Zuchten, deren Eltern schon erfolgreiche Beagles gewesen sein müssen ('von nix kommt nix'), müssen für ihren Rüden werben, wenn er sich denn fortpflanzen soll. Werben heißt mindestens, alle Qualifikationen zu erwerben, die ein Rüde so erwerben kann. Das heißt aber auch, auch schon erfolgreiche Hunde immer wieder auf Zuchtschauen zu zeigen, denn auch Züchter sind vergeßlich und es gilt, ihnen gelegentlich ins Gedächtnis zu rufen, daß es diesen Rüden noch immer gibt. Auch hier gilt natürlich: 'Nothing succeeds like success' oder, platterdings, Erfolg macht noch erfolgreicher! Erfolgreiche Rüden, die mit den verschiedensten Hündinnen viele und viele typische fehlerfreie Nachkommen erzeugt haben, sind bei Züchtern beliebt. Unbekannte Rüden nimmt keiner. Für sie gibt es keine Partnervermittlung. Rüdenbesitzer erleiden daher weniger Enttäuschungen, wenn sie ihren Liebling erst mal vorsorglich und von vornherein für ein unvermehrbares Original halten. Diese Regel wird dann gelegentlich durch Ausnahmen bestätigt.

Hier müßten sich die Züchter eigentlich mal grundsätzlich umstellen. Die Heerschau sollte vordringlich bei Rüden erfolgen, die mit ihren Hündinnen sowenig wie möglich verwandt sind und doch einen ähnlichen Typ verkörpern und deren Schwächen nicht nur nicht haben, sondern möglichst kompensieren können. Wo die Hündinnen Schwächen haben, müssen die Stärken der Rüden liegen. Weiter aber sollte viel wichtiger sein, daß die Rüden bei bester Gesundheit lange leben. Und daß sie noch in vorgerücktem Alter Würfe mit normalen Welpenzahlen produzieren. Denn Langlebigkeit bei guter Gesundheit ist ein zuverlässiges Zeichen für allgemeine Fitness. Und lange einen gesunden Hund um sich zu haben, ist allererste Priorität für den normalen Hundebesitzer.

Es gibt freilich unter den ohnehin schon merkwürdigen Züchtermenschen, zu denen der Autor und seine Frau ja auch gehören, exaltierte Gestalten. Solche, und das passiert ihnen meist am blauäugigen Anfang ihres Züchterlebens, setzen sich doch tatsächlich in den Kopf, Beagles mit bestimmten Fellfarben zu züchten. Das geht. Besonders dann, wenn man sich das Ziel setzt: "So dunkel wie möglich". Denn Schwarz ist nun mal eine dominante Fellfarbe und so wird sich schließlich dann auch ein Beagle züchten lassen, der den Hunden ziemlich ähnlich sieht, die zuhauf in allen Tierheimen sitzen: mittelgroß und schwarz. Nur werden sich diese verkannten Züchtergenies dann wundern, daß kein Käufer so recht ran will. Fragen Sie das örtliche Tierheim: schwarze Hunde sind ganz schlecht zu vermitteln, die Leute wollen keine schwarzen Hunde, es sei denn, dies diktiert ihnen ihre politische Präferenz. Da aber die Leute die sind, die die Hunde kaufen sollen (O-Ton Konrad Adenauer: "Man muß die Leute nehmen wie sie sind, es gibt keine andern!"), ist ein Züchter gut beraten, seine Zuchtplanung so einzurichten, daß typische Beagles dabei herauskommen: Bunte Hunde. Aber auch in Ansehung der vielen erlaubten helleren Fellfarben ist es töricht, auf irgendwelche Farben hinzuzüchten. Wie sagt der Brite kurz und treffend? "Ein guter Hund hat keine Farbe." Richtig. Will heißen, ein typischer und gesunder Hund von bester Anatomie kann gefärbt sein, wie er will. Nur nicht leberbraun, wie der geneigte Leser weiß, der sich die Kommentare zu den Fellfarben beim Beagle zu Gemüte geführt hat.

Besonders die Erfahrenen werden bereitwillig zustimmen, wenn hier festgestellt wird, daß die Buntheit der Rasse eine weitere attraktive Zugabe zu ihrem Hauptvorteil ist: der robusten Gesundheit, der unbeeindruckten Fröhlichkeit und der sozialen Verträglichkeit.

In dieses Kapitel gehört jedoch ein Moment des Innehaltens und die nachdenkliche Betrachtung, wie der Beagle in den Meuten zu jenem perfekten Hund für die Jagd einer Hundegruppe, zu jener liebenswerten Rasse wurde, die uns heute bezaubert.

Unser fröhlicher Liebling ist ein Überlebender. Hinter ihm liegen, unsichtbar, Leichenberge toter Beagles. Dasselbe erläutern die Ausführungen am Schluß des Kapitels über die Meutejagd mit Beagles. Natürlich ist Fortschritt bei der Zucht allgemein einerseits mit vielen Würfen, andererseits damit am schnellsten erreicht, daß man alle unerwünschten Nachkommen ausmerzt. Warum? Zum einen aus wirtschaftlichen Gründen, weil die schon nicht mehr erhalten werden müssen, kein Geld für Unterbringung, Fütterung und Betreuung mehr kosten. Zum anderen, weil damit sichergestellt ist, daß

Zwölf Jahre Linienzucht in sechs Generationen auf Typ und Langlebigkeit, allesamt Champions, leben in der Meute des Autors zusammen: von links Pinewood Chieftain, TL's Quick Brigand, TL's Bright Kindness, TL's Kind Xmas, TL's Xcellent Newbury, TL's Nordic Vermont, Borderline Comfort

die sich schon nicht mehr fortpflanzen. In der Vergangenheit ist der Beagle viel gezüchtet worden, weil die Meuten neue und geeignete Hunde brauchten. Durch die ständigen Leistungsprüfungen, denen die Meutehunde bei jeder Jagdgelegenheit unterworfen wurden, wurden nur die gesündesten Hunde zur Weiterzucht selektiert. Durch die Haltung in Gruppen wurden nur die sozialverträglichsten Hunde beibehalten - hier sei wiederholt, daß ständige Stänkerer, aber oft auch kranke Hunde in Meuten einfach verschwinden: die Meute hat sich zusammengetan und dem, der 'anders' war, den Garaus gemacht. Mitunter wurden diese Hunde dann von den anderen auch noch einfach aufgefressen. Das wunderbare, um den Preis so vieler toter an sich gesunder Hunde erreichte Endprodukt Meutehund Beagle wurde also in vielen Jahrzehnten, vielleicht gar Jahrhunderten häufiger Zuchtmaß-nahmen und harter Selektion des Unerwünschten erreicht.

Wie geht es nun weiter ? Langsamer. Es wird weniger werden, immer wieder kommen neue Hunderassen. Alte Hunderassen gehen wie bereits viele. Der Beagle wird den Weg des Southern Hound gehen, auch wenn noch lange, lange Zeit Menschen sich an Beagles erfreuen werden, die mit ihnen leben. Die Meuten werden früher oder später verschwinden, Nostalgiker und Gründliche sollten deshalb bald nach Großbritannien aufbrechen, um noch eine Hasenjagd hinter der Beaglemeute live zu erleben.

Die kommerzielle Haltung und Weiterzucht von Beagles liegt gegenwärtig in Händen der Versuchtiervermehrer, der Hundeerzeuger für kommerziellen Hundeverkauf und in den Händen der Züchter für Ausstellungs- und Familienhunden. International und genau in dieser Reihenfolge der Intensität der Zuchtaktivitäten.

Die Versuchstiererzeuger werden immer unter sich bleiben, genauso wie die vielen tausend Beagles, die von Tierpflegern immer wieder aus den Zuchten geschmuggelt, nie eine Rolle in der internationalen Population der reinrassigen Beagles gespielt haben. Die Versuchstiere gehen in den Versuch. Dort ist dem Beagle ohnehin zu wünschen, daß er ausstirbt. Aber als Versuchstier.

Die Hundevermehrer für kommerziellen Hundehandel sind hinsichtlich ihrer Zuchtwahl nur immer so aktiv, wie es der Markt wünscht. So ist es immer auffällig gewesen, daß im Hundehandel nie andere als dreifarbige Beaglewelpen zum Verkauf auftauchten. Das heißt, daß die, wie Beaglekenner wissen, unweigerlich immer wieder auftretenden zweifarbigen Welpen umgebracht wurden. Vielleicht erlebten sie auch die grausamste Karriere, die des Versuchstiers. Bestenfalls. Von diesen Leute ist also auch nicht zu erwarten, daß sie an der Erhaltung der vielen Qualitäten des Beagles interessiert sind und daran auch nur einen Handstreich tun. Denn was eigentlich Züchten heißt, nämlich Verbessern, heißt, sich in seinen Zuchtmaßnahmen auf diejenigen Paarungen zu beschränken, die die Rasse weiterbringen. Das heißt aber auch, mehr als nur minimale Aufwendungen zu treiben und gute Welpen selektiv zur Weiterzucht zu nutzen. Die Vermehrer haben in der Regel aber nicht die Zeit, auch nicht die Kenntnisse und die Geduld, die besten Welpen ihrer Zuchtmaßnahmen überhaupt zwischen den anderen herauszufinden. Auch diese Gruppe trägt also zur Erhaltung der Rasse nicht bei.

Folglich bleiben für die Bewahrung und die Entwicklung weltweit nur die Hobbyzüchter. Sie können in der Regel nur während eines zeitlich begrenzten Ausschnitts ihres Lebens aktiv dieses Ziel verfolgen. Die Hundezahl, die sie halten und wirklich kennen können, ist ebenfalls begrenzt. Folglich entstehen, wenn nicht ein neues Modell der Hundehaltung und -zucht entsteht, das ich jetzt noch nicht sehe, immer weniger Beagles, aus denen sich die Rasse erneuern und erhalten kann. Weil allein aus humanitären Gründen nicht zahlreich gezüchtet werden kann und so rigoros selektiert wie es die Meutehalter tun und taten, wird sich der Zuchtfortschritt verlangsamen und, da die vielen Hobbyzüchter nur sehr selten wenigstens landesweit oder gar länderübergreifend ein konzertiertes Zuchtprogramm haben, stehenbleiben. Oder sich gar langsam ins Gegenteil verkehren.

Eine Blutauffrischung oder ein Austausch von Zuchttieren zwischen den Ländern, so zum Beispiel aus den USA, wo soviele Beagles gezüchtet werden, geschieht nicht in dem Ausmaß, daß die europäische Beaglepopulation dadurch wesentlich geändert würde. Die dort erzeugten Beagles sind ja auch nicht für den Export bestimmt, sondern ebenso wie hierzulande zur Befriedigung der inländischen, oft sogar erst Ersatzbeschaffungs-Nachfrage.

Einen Zwingernamen zu einem Qualitätsbegriff werden zu lassen, erfordert diverse Voraussetzungen. Zum einen die berühmten 10% Talent und Glück und die nachhaltig empfundenen 90% harte Arbeit. Zum anderen extreme Wißbegier, Lernwillen, etwas

Muße, Studium von Literatur und den Zuchtstrategien erfolgreicher Zwinger, deren Namen bereits ein Qualitätsbegriff sind, und die Bereitschaft, Meinungen und Urteile nicht vorschnell zu fassen, sondern sie immer wieder zu hinterfragen. Dann weiter viel Durchhaltevermögen. Denn mit einem Wurf wird kein ruhmvoller Zwingernamen begründet, mit zwei Würfen noch keine nutzbare Erfahrung erworben. Vielmehr braucht ein Züchter gewiß ein durchgezüchtetes Alphabet, das heißt fast 30 Würfe, um von Erfahrung sprechen zu können. Das sind viele durchwachte Nächte, viel Investitionen und unendlich viele Beratungsstunden für die Welpenbesitzer. Und: auch nach 30 Würfen noch viel Bescheidenheit, weil man dann erst erkennt, wieviel noch zu lernen ist. Weiter ist unerläßlich, daß man wie bei einem Schachspiel mit den richtigen Zügen anfängt. Mit weniger als nach ihrem genetischen Hintergrund erstklassigen Zuchttieren anzufangen ist wie eine verpatzte Eröffnung im königlichen Spiel - man wird bis an's Ende daran leiden. Aus demselben Grund ist jedem zu raten, nur erstklassige Hunde bei sich zu behalten, denn Vorstellungen der Menschen werden auch von der Umgebung, die sie täglich umgibt, wesentlich geprägt. Leute, die nur mittelmäßige Hunde um sich haben, werden höchstens durch Zufall ausgezeichnete Hunde züchten. Allerbestes Zuchtmaterial und eine besonnene, solide Zuchtstrategie bringen einen Zwinger weiter.

Kluge Züchter zum Beispiel nutzen immer wieder die Vorteile von fremden Blutlinien, um den durchaus reputable Linien- bzw. Verwandtschaftszucht gefestigten Typ ihrer Zuchtstätte sowohl hinsichtlich der Viefältigkeit des Genbestands als auch des Erscheinungsbilds zu verbessern. Neuzüchter sollten daher mit Sorgfalt die Schachzüge erfolgreicher Züchter studieren, um daraus zu lernen. Als Beispiel sei hier die überlegte Einmischung amerikanischer Blutlinien in Linienzuchten englischen Typs in Dänemark vorgestellt.

An den Fotos des Rüden US & DK. Ch. Seven Hills Black Gold im Kapitel 'Beagles in Dänemark' ist zu sehen, daß Fang- und Schädelhöhe dieses sehr typischen amerikanischen Rüden insgesamt geringer sind als bei Hunden englischer Herkunft. Seine Stärke war also nicht der maskuline Kopf, sondern seine Eleganz im kleinen Format. Black Gold, oder, wie er gerufen wurde, 'Sonny' hatte in Schweden mit der aus rein englischen Vorfahren (Annasline Pompous x Gaydawe Country Girl) gezüchteten Hündin Jidjis BGL Anemone, dort einen Sohn, Gold Smuggler. Der wiederum wurde von der berühmten grauen Eminenz der schwedischen Beaglewelt, Dr. Catharina Linde-Forsberg, mit ihrer englischen Stammhündin Ch. Pinewood Courtesy verpaart. Diese Paarung brachte einen Rüdenwelpen, der seinem Großvater 'Sonny' anfangs verblüffend ähnlich sah, sodaß er mit dem Namen Beagler's Black Gold II eingetragen wurde. Als Black Gold II älter wurde und körperlich fertig entwickelt war, entpuppte er sich als ideale Mischung englischer und amerikanischer Blutlinien. Nach Dänemark exportiert, wurde er einer der einflußreichsten Deckrüden in Dänemark.

Auch für Laien offensichtlich: die genetisch unglaublich gefestigten ausgefüllten britischen Köpfe und Knochen des 'Pinewood'-Zwingers in Großbritannien haben mit 'Sonny's Eleganz eine blendende Mischung des englischen und amerikanischen Beagletyps gebracht.

Hier sei ein Hinweis für Kenner im Zuchtgeschehen gegeben, die in Generationen zu denken gelernt haben. Ein ganz ähnlich erfolgreicher Vorgang mit demselben Strickmuster spielte sich im Zuchtgeschehen Deutschlands ab. Im 'True Line's' - Zwinger stand eine aus englischen Eltern gezüchtete Hündin, ebenfalls aus einer Hündin des

Pinewood-Zwingers, Ch. Pinewood Capricio. Mit ihr brachte der englisch-amerikanisch gezüchtete Sohn von 'Sonny', Ch. Interim's Sir Copper Corn den hervorragenden Rüden Ch. True Line's Confident Chorister, der unter 'Sonny's' Besitzer, I.C. Christensen als älterer Hund noch Clubsieger wurde (siehe Buchrückseite). Hier ist auch für Laien die Ähnlichkeit mit 'Sonny' noch zu sehen, ebenfalls bei einem Wurfbruder Choristers aus einer Wiederholungspaarung, Ch. True Line's Careful Endeavour, dessen Bild der Leser weiter hinten im Buch findet.

Eine weiteres Meisterstück derselben Art ergab sich, als die knochenstarke, fast mit rüdenhaftem Kopf auf rein englischen Blutlinien aufgebaute Hündin (selbst keine Schönheit, aber Mutter vieler Champions) True Line's Honeyed Delight mit dem

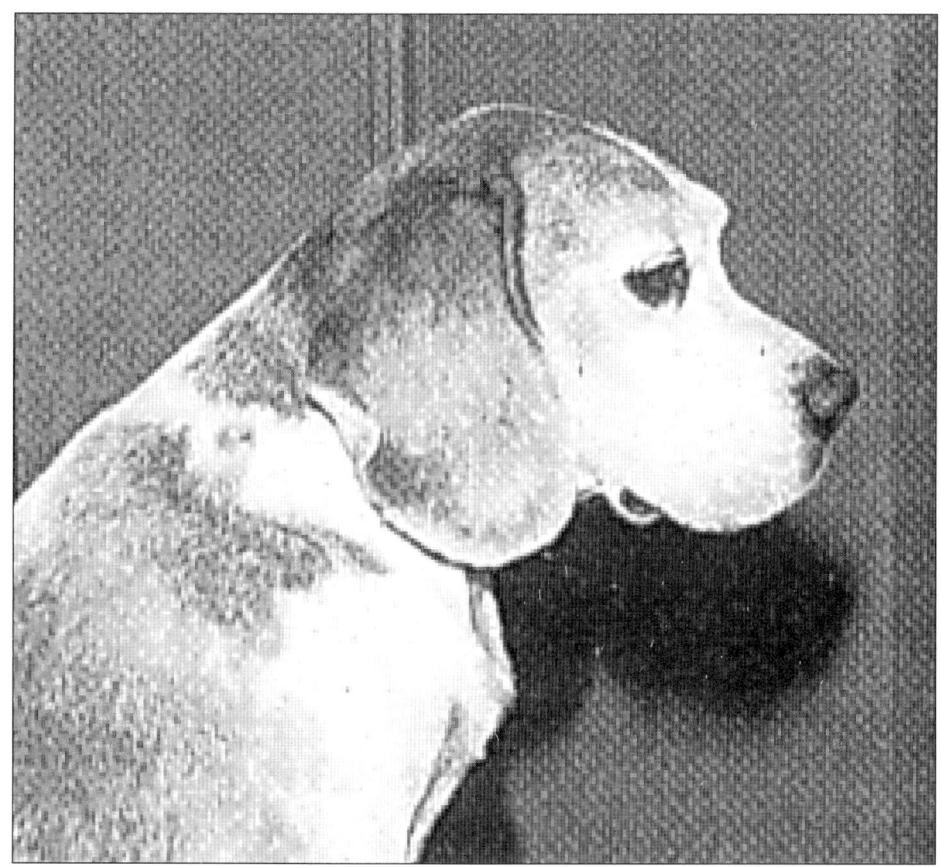

Black Gold II, Züchter Dr. Linde-Forsberg, Schweden, in zwei Standfotos als junger und alter Hund, dazu eine Kopfstudie.

körperlich hervorragend gebauten amerikanischen Rüden Kickapoo's Peter Diamond gepaart wurde, der aber im Kopf nur bedingt als maskulin gelten konnte. Der Sohn aus dieser Paarung, Ch. True Line's Demure Cromer, erwies sich als knochenstarker Rüde mit exzellentem Gangwerk, bestem trockenem Rumpf und außergewöhnlich typischem Kopf. Seine Vorteile hat er schlagend an viele Nachkommen vererbt. Züchterkollegen, die diese Paarung nachahmen wollten, hatten jedoch keine Zuchtpartner, bei der Knochenstärke und Kopfmodellierung genetisch bereits gefestigt waren. Der Erfolg: Nachkommen mit wenig Knochen und spitzem Fang.

Daß freilich neben anatomischen und Qualitäten der Gesamtgestalt auch andere, höchst wichtige Eigenheiten mitbedacht werden wollen, kann man an der letzteren Paarung ebenfalls erläutern. Delight, die Mutter von Cromer, war eine eher ruhige Hündin mit hoher Reizschwelle. Sie umsorgte ihre Welpen aufopfernd und mit unendlicher Geduld. Sie bellte selten und bewies ihren angeborenen Spurlaut spät, aber dann mit großer Ausdauer. In jeder Hinsicht ein Diesel, sozusagen. Der kleine amerikanische Rüde hingegen hielt sich für den Nabel der Welt und war bereit, sich bei jeder Kleinigkeit mit anderen Beagles zu streiten. Ein Sprinter, sozusagen. Er hatte ein jähzorniges Temperament, war aber, da nicht in Deutschland stehend, nie zur Spurlautprüfung angetreten. Seinem generellen Verhalten nach ist zu vermuten, daß er einen leichtsitzenden Spurlaut hat. Sohn dieser beiden Eltern, Cromer, ist ein höchst geduldiger Rüde mit hoher Reizschwelle, aber unerbittlich und brutal im Durchsetzen seiner Meuteführerposition. Er führt die True Line's-Meute zusammen mit der Ridgeback-Hündin, beobachtet lange, setzt aber den Unbotmäßigkeiten rangniederer Meutemitglieder schließlich spät, aber rabiat ein Ende. Sein Spurlaut zeigte sich erst spät wie bei seiner Mutter, aber wurde dann außergewöhnlich lange und zuverlässig gehalten.

Was für einen Züchter freilich noch wichtiger sein muß als die Schönheit der Nachzucht ist deren Lebensdauer und Gesundheit. Leider bleibt festzustellen: die hobbymäßig erzeugte Population der Beagles wird wenigstens in Mitteleuropa in keinerlei Form wenigstens einer körperlichen Leistungsprüfung, so zum Beispiel einer Ausdauerprüfung, unterzogen. Die physische Gesundheit leidet darunter insofern, daß Schwächen nicht vor einer eventuellen Zuchtverwendung entdeckt werden können.

Da nur wenige Leute mehr als ein, zwei Beagles halten können, wird auch das Gruppenverhalten nicht mehr, noch nicht einmal, wie es sinnvoll wäre, in größeren Gruppen unter Streß beobachtet geschweige denn geprüft. Züchter, die ihre Zuchttiere nicht, wie es richtig wäre, in gemischten Geschlechts- und Altersgruppen halten, sondern, weil dies weniger Arbeit ist, in Zwingern vereinzelt, wissen nicht, wie das Sozial- und Gruppenverhalten ihrer Elterntiere wirklich ist. Welpen wachsen bei ihnen nicht im altergemischten Rudel auf - was im übrigen für Sozialverhalten und das körperliche Immunsystem weitaus nützlicher wäre als die Aufzucht in Zwingern nur mit der Mutterhündin. Sie sind folglich auch nicht besser sozialgeprägt als ein Terrierwelpe aus dem Einzelzwinger.

Sie sehen also, auch ein langgedienter Zuchtfunktionär und ergrauter Züchter wie der Autor kann die Zukunft seiner Rasse, der Rassehunde insgesamt durchaus berechtigt in düsteren Farben sehen. Das heißt jedoch nicht, daß Sie, daß ich nicht mit allen Kräften daran mitarbeiten sollten, diese traurige Entwicklung durch eigene Anstrengungen soweit wie möglich aufzuhalten. Die Zucht von Rassehunden tut nach wie vor not und es ist nicht mehr damit getan, daß man halt mal irgendwie damit anfängt. Auch in Zukunft wird gelten: nur einer, der sich alles, was er zur Rasse und zur Hundezucht allgemein finden konnte, zu Gemüte geführt und das auch gescheit verdaut hat, wird ein guter Beaglehalter, ein guter Züchter sein, wird der Rasse nützen.

Daß Sie zu dieser Gruppe gehören wollen, haben Sie ja durch die Lektüre dieses Buches hinreichend bewiesen. Auch dieses Buch ist jedoch Stückwerk, kann nur einen Ausschnitt aus dem reichhaltigen Panorama der Rassehunde und ihrer Geschichte mit den Menschen zeigen. Mut, lieber Leser, die Vielfalt des Lebens mit dem Hund wird sie nur dann belohnen, wenn sie sich unablässig darum bemühen, soviel über den Hund zu erfahren wie sie können. Der Reichtum eines engen Zusammenlebens mit einem oder mehreren Hunden selbst jedoch ist die reichste Belohnung, die Ihnen widerfahren wird.

6. Beagle-Kultur
6.1 Das Wort Beagle

Alle Wörter haben eine Erklärung. Es gibt Leute, die beschäftigen sich damit, so etwas herauszufinden. Sinnvollerweise konsultiert der wißbegierige Beaglebesitzer folglich englische etymologische Werke. Kein leichtes Brot.

Beginnen wir auch hier bei frühen Zeugnissen. Da die Vorfahren des Beagle aus Frankreich kamen, verwundert es nicht, daß Furetiere dieses Wort in der phonetisch französisierten Schreibweise schon 1690 verzeichnet als Jagdhundrasse, die aus England kommt und zur Hasenjagd benutzt wird.

Nicholas Bailey in England beschreibt, etwas ausführlicher als John Kersey 1702, der den Beagle nur als 'eine Art Jagdhund' aufzählte, in seinem 'English Dictionary' schon 1721 für das Verb 'beagle' als Bedeutung: 'to bow or make a great noise, as these dogs do in pursuit of their game'. Also: 'bellen oder großen Lärm machen, wie es diese Hunde bei der Verfolgung ihrer Wildbeute tun'.

Barnhart sagt zum 'beagle': Kleiner Jagdhund. Erste Erwähnung um 1475. Wortherkunft unbekannt, möglicherweise ein Lehnwort aus dem Altfranzösischen. Dort gibt es den Begriff 'beeguelle', mit dem man einen lärmenden Herumschreier bezeichnet. Vermutlich zusammengesetzt aus beër (gaffend, weit offen) und gueulle, goule (Kehle), lautmalerisch das Geschrei nachahmend.

Klein erweitert diese Deutung um die Herkunft vom vulgärlateinischen 'batata gula', das sich später im Englischen zu 'bay' für 'bellen' entwickelte.

Wie stets hat die schottische Abteilung der Britischen Inseln eine eigene Deutung und Bedeutung für das Wort 'beagle'. Grant erläutert: 'Baigle, Beagle, Beegle': Beschreibt im englischen Sprachgebrauch einen kleinen Meutehund, der zur Hasenjagd gebraucht wird. Davon abgeleitet, einen Spion, einen Informanten, einen Polizisten. Die besonderen schottischen Bedeutungen sind: ein dünner Mann, eine merkwürdige Figur und eine unappetitliche, schmutzige Person, bei deren Anblick einen ekelt.

Die in Lancashire übliche Form hat auch ein Verb gebildet: 'to baigle' bezeichnet das täppische Gehen oder Laufen, weil, so sagt Grant, die kleinen Meutehunde so kurze Schritte machen.

Umgangssprachlich bezeichnet 'beagles' in den USA die Einwohner von Virginia. Diesen Spitznamen erbten sie aus den Kolonialzeiten im alten Dominion, in denen sie durch die Engländer als Zolloffiziere der Krone eingesetzt wurden, die 'Beadles' genannt wurden. 'Beadle' entspricht dem deutschen 'Büttel'. Der Volksmund war nicht so heikel mit der korrekten Wiedergabe eines Begriffes, der Begriff 'beadle' wurde verballhornt zu 'beagle'. Sie sehen, auch mit aus Unkenntnis entstellenden Wörtern kann man in die Geschichte eingehen wie der Lübecker Buchdrucker Johannes Ballhorn, der durch seine fehlerhaft korrigierte Ausgabe des lübischen Rechts Unsterblichkeit erlangte.

Schließen wir diesen sprachlichen Exkurs rund um das Wort 'Beagle' mit dem angesehenen Walther von Wartburg, der 1967 ein hochangesehenes Französisches Etymologisches Wörterbuch in Basel herausgab. Er sagt: "Beagle, Neufranzösisch seit 1885. Die Herkunft des englischen Wortes Beagle ist nicht ganz klar. Doch sehen die meisten Forscher darin ein Lehnwort aus dem mittelfranzösischen beegueule, das einmal ...1570 belegt ist; daraus wäre das Wort auf den Hund als Namen übertragen worden.

Um die Mitte des 17. Jahrhunderts wird diese Hunderasse auch in Frankreich eingebürgert... Im Zuge der Anglomanie des 19. Jahrhunderts erfreut sich auch diese englische Hunderasse neuer Beliebtheit und ihre Bezeichnung wird, diesmal in der englischen Form, neu entlehnt." Also verläuft die sprachliche Karriere des Wortes Beagle parallel zur Karriere der Rasse in den mitteleuropäischen Ländern Frankreich und England; was Wunder, ist doch Sprache eine Form der Bewältigung des Wahrgenommenen.

6.2 Alles Andere über 'Beagle'
6.2.1 Fast alle Bücher vom und über den Beagle

- Bücherliste eines Büchersammlers

Dies ist nur die Liste der derzeit sechsundsiebzig Bücher und Broschüren, die sich mit dem Beagle befassen und die ich über die Jahre finden und meiner Sammlung einverleiben konnte. Sie wäre jedoch nur eine leere Liste, wenn ich, der sie doch am besten kennt, sie nicht ein wenig kommtentieren würde. Freilich ist jedem Kommentar voranzustellen, daß nur wenige Bücher in deutscher Sprache verzeichnet sind, insgesamt fünf. Alle andere Literatur ist vornehmlich in englischer Sprache geschrieben und wird sich nur dem erschließen können, der Englisch flüssig lesen kann. Für den, der das tun will, habe ich die Titel in sieben Kategorien eingeteilt.

Kurzcharakteristik der Werke:
(1) Rassemonographie,
(2) Jagdliteratur
(3) Gebrauchsanweisung
(4) Wissenschaftliche
    Veröffentlichung
(5) Vereins-Chronologie
(6) Belletristik
(7) Beagleparade

Französische Bildhauer des 19. Jahrhunderts fertigten für ihre britischen Kunden hervorragende Kleinbronzen an. Alfred Dubucand (geb.1828) modellierte etwa 1875 diesen Jäger mit seinem Hund, von Typ und Größe zweifellos ein Beagle.

– Adams, Ena et al., Deer, Hare and Otter Hunting, Seeley, Service & Co. Ltd., London
  ca. 1920   2
– Andersen, Allen C., The Beagle as an Experimental Dog, Iowa State University Press,
  Ames Iowa, 1970
– Appleton, Douglas and Carol, Beagles and Beagling, Kaye and Ward, London 1970 1
– Appleton, Douglas H., The Beagle Handbook, Nicholson & Watson, London 1959   1
– Austrian Beagle Club, Das 1. Dezennium, Eigenverlag Wien 1986   5
– Baoumgren, Dave, Handbook for the New Zealand Beagler, Eigenverlag, ohne Datum,
  ca. 1960   3
– Barker, K.F., Bellman Carries On, A.&C.Black Ltd., London 1934   6
– Barker, K.F., Bellman, the Story of a Beagle, A. & C. Black Ltd., London 1933   6
– Beagle Club (GB), The, Introducing the Beagle, Selbstverlag 1993   3
– Beagle Club Deutschland e.V., 1972-1982, Eigenverlag, 1983   5
– Beagle Club GB, This is the Beagle, Eigenverlag, 1970 , dto. 1978   5
– Berndt, Robert J., Your Beagle, Denlingers, Fairfax VA, 1976   1
– Black, Glenn G. ("Old Kickapoo"), American Beagling, Putnam's Sons,
  New York 1949   2
– Böhringer, Veronika, Hilfe, wir haben einen Hund!, Maria Traut Verlag,
  München, 1993   6
– Caine, Nathaniel, The History of the Royal Rock Beagle Hunt, Subskription, Brakell
  Ltd., Liverpool 1895   2
– Christensen, I. C., Bogen om Beagle, Aschehoug Dansk Forlag, Kopenhagen 1985 1
– Christensen, I. C., Beagle, J.Fr.Clausens Forlag, Kopenhagen 1975   1
– Clarke, Iain, An Introduction to Beagling, J.A.Allen & Co. Ltd, London 1973   2
– Club du Beagle, Le Beagle, le Harrier, le Beagle-Harrier, Editions Professionelles
  Françaises et Européennes, Paris o.J., 1977   1
– Colombo, Henry J. et al., The New Complete Beagle, Howell Book House Inc., New
  York, NY 1967   1
– Colombo, Henry J., H.D.Holcombe, Lew Madden, Owen Payne, Morgan Wing jr., The
  New Complete Beagle, Howell Book House, New York 1971   1
– Colville, Robert, Beagling and Otter Hunting, A. & C. Black Ltd., London 1940   2
– Colville, Robert, By Permission of the Master, Hutchinsons, London 1947   2
– Daglish, Fitch E., Beagles, W. & G. Foyle Ltd., London 1961, 1969, 1970, 1972   1
– Danish Beagle Klubben, Danske Champions 1982-1988, , Eigenverlag 1989   5
– Daub, Rüdiger, Basset und Beagle, Kosmos, Stuttgart 1980   3
– Denlinger, William, The Complete Beagle, Denlingers, Richmond VA 1956   1
– Dutheil, Gaston, Le Beagle ma passion, Édition Maradi, B.P 30-3120
  Martisserre, 1994
– Eberhardt, Jochen H., Der Beagle, Rudolf Müller Köln , 1. Aufl. 1980,
  2. Aufl. 1989, 3. Aufl. 1993   1
– Free, Roger, Beagle and Terrier, Chapman and Hall Ltd., London 1946   2
– Gordon, John F. (GB), Pet Library's Beagle Guide, Sternco Inc., New York, NY 1968 1
– Gray, Thelma, The Beagle, Popular Dogs Publishing Company Ltd., London 1970,
  Nachdruck von Gray, The Popular Beagle   1
– Gray, Thelma, The Family Beagle, Popular Dogs, London 1970   3
– Gray, Thelma, The Popular Beagle, Popular Dogs Publishing Company Ltd.,

London 1963   1
– Gustafsson, Curt-Christer, Beagle, ICA-förlaget AB, Västeras, 1977   1
– Herbst, Jürgen, Mensch, Hund !, Eigenverlag Monschau 1981   6
– Hewitt, W. Lovell, Hare Hunting, Seeley, Service & Co., London 1975   2
– Hewitt, W. Lovell. Beagling, Faber & Faber, London 1960   2
– Hobson, J.C. Jeremy, Beagling, David & Charles, Newton Abbott 1987   2
– Hochwalt, A.F., Beagles and Beagling, The F.J. Heer Printing Co.,
   Columbus OH 1933   2
– Holcombe, A.D., Pet Beagle, All Pets Books Inc., Fond du Lac, WI 1958   3
– Jobson-Scott, D., Beagling for Beginners, Hutchinson & Co., London 1933   2
– Kohvakka, Perti und Suomen Beaglejerjästö, Suomen Beagle 3/95, Suomen
   Beaglejerjästö 1995   5
– Lloyd, Jack Ivester, Beaglers, A.&C.Black Ltd., London 1971   2
– Lloyd, Jack Ivester, Beagling, Herbert Jenkins, London 1954   2
– Miller, Madeleine, Beagles as pets, TFH, Jersey City NJ 1955   3
– Morley, Christopher, Where the Blue Begins, Grosset and Dunlap,
   New York NY 1931   6
– Morley, Christopher, Where the Blue Begins, Heinemann, London 1922   6
– Nelson, David (Herausg.), The Australasian Beagle 1978, Australasian Dog
   Publications, Chifley 1979   7
– Nicholas, Anna Katherine und Brearley, Joan Macdonald, The Wonderful World of
   Beagles and Beagling, TFH Publications, Neptune City NJ 1975   1,7
– Nicholas, Anna Katherine und Foy, Marcia A., The Beagle, TFH, Neptune City
   NJ 1985   1
– Paget, J. Otho, Beagles and Beagling, Hutchinson & Co., London 1923   2
– Paget, J. Otho, The Art of Beagling, H.F. & G. Witherby, London 1928, dto. 1931   2
– Pisano, Beverly (Hrsg.), Beagles, TFH Publications, Neptune City NJ 1979   3
– Priestley, Heather, All About the Beagle, Pelham Books, London 1973   1
– Scharnberg, James Fagan, Beagling and Basseting, Old Dominion Press,
   Richmond VA 1973   2
– Schneider, Earl, , Know Your Beagle, Pet Library Ltd., New York NY 1968   3
– Schneider, Earl, Freude am Beagle, Pet Library Ltd., New York NY 1968   3
– Shepherd, C.B., Beagling, Seeley, Service & Co., London 1938   3
– Smalley, Andrew, Any True Hound Colour, Eigenverlag, South Normanton,
   Derbyshire 1983   4
– Smith, Charles E., Training the Rabbit Hound, Wilcox and Follett Co.,
   Chicago 1926 u. 1944   2
– Sutton, Catherine, Beagles, Arthur Barker Ltd., London 1972   3
– Sutton, Catherine, The Beagle, Bartholomew, Edinburgh 1977   3
– The American Show Beagle, Volume 3, Nr. 3 u. 4, ASB Publishing Company,
   Los Gatos CA, 1980   3
– The Beagle Club Centenary Year, Handbook , Eigenverlag, The Beagle Club GB 1990   5
– The Beagle Journal and Basset Hound News, Towanda PA, 1956   5
   van der Borch tot Verwolde-Hanegraaf, Barones, De Beagle, Zuidgroep Best,
   AE Best, 1982   1
– Venzl, Elisabeth, J. Unshelm, B. Oldigs, Verhaltensentwicklung und Wesensmerkmale

bei der Hunderasse Beagle, Dissertation in: Nachrichten aus dem Lehrstuhl
f.Tierhygiene und Verhaltenskunde d. Tierärztl. Fak. d. Univ. München, 1990   4
– Vickerman, John, Hotspur the Beagle, Constable & Co. Ltd., London 1934   6
– Ward, Mary A. and Barbaresi, Sara M., How to Raise and Train a Beagle, TFH
Publications, Jersey City NJ 1958, dto. 1978   3
– Whitney, George D., This is the Beagle, TFH Publications, Jersey City NJ, 1955,
dto. ca. 1965   1
– Williams, A. Courtney, Beagles, their History and Breeding,
Ebenezer Baylis & Son Ltd., Worcester 1955   1
– Williams, A. Courtney, Beagles, their History and Breeding, numerierter
Subskriptions-Reprint 1974, Grayling Books, Ilkley Yorkshire   1
– Wood, Peter, Thoughts on Beagling, Country Life Limited, New York NY 1938   2

Schlußbemerkungen zur Beagle-Literatur:

Sachbücher für den ernsthaften Leser, der etwas über die Rasse erfahren will: Meine
Lieblingsbücher sind hier nach wie vor die beiden Bücher von Douglas Appleton, der
anfangs Geschäftsführer des englischen Beagle Club war, aber dann ein Geschäft in
London eröffnete, in dem er mit Hunden handelte. Er begann danach eine Zucht von
Beagles für Versuchslabors; als dies ruchbar wurde, mußte er beim Beagle Club den Hut
nehmen. Gleichwohl versteht er sehr viel von Beagles, er richtete die erste Clubsiegerschau des Beagle Club Deutschland 1975. Vor Jahren hat er sich anfänglich in Südfrankreich zur Ruhe gesetzt, lebt heute in Portugal. Seine Bücher sind vollständigste
Information, sachlich, kurz und bündig. Thelma Gray's Buch ist gut, inhaltsreich, aber
ein wenig akademisch und, natürlich, auch schon 30 Jahre alt.

Als Überblick über die amerikanische Szene eignen sich vordergründig, weil plakativ,
beide Bücher von Anne Katherine Nicholas, die freilich einen erheblichen Teil ihres
Umfangs auf die Vorstellung einzelner amerikanischer Zwinger verwenden, was freilich
auch den Absatz gesichert hat. Leute, die gerne tiefer pflügen, sollten sich das ältere
(1971) aber vorzügliche Gemeinschaftswerk von Colombo et al. vornehmen.

Dänemark: beide Bücher von I.C.Christensen vermitteln, wenn man sich erst ein
wenig ins Dänische eingelesen hat, einen guten Überblick über die dänische Ent-
wicklungsgeschichte der Rasse. Zusammen mit der Bildveröffentlichung dänischer
Champions wird ganz gut deutlich, daß Dänemark die europäische Nation ist, die wohl
am nachhaltigsten von amerikanischen Zuchtlinien und Idealvorstellungen beeinflußt
wurde.

Niederlande: Einziges Werk über die Rasse ist das Buch der engagierten Züchterin
und Ausstellerin van der Borch. Dieses Buch hat eher die Funktion, Anfänger der Rasse
mit den Besonderheiten vertraut zu machen und ein wenig Hintergrund zu vermitteln.

Frankreich: Das zitierte Buch des Club de Beagle ist mittlerweile durch ein neues von
Gaston Dutheil ersetzt. Das Werk von 1977 enthält nicht nur Ausführungen über den
Beagle, sondern auch über die anderen französischen Laufhunderassen.

6.2.2 Wo der Beagle sonst noch vorkommt

Verwendung des Wortes 'Beagle'

Shakespeare, und das ist immerhin um 1600, läßt Sir Toby in Mary, Queen of Scots, von ihr sagen "She's a beagle, true bred,". In diesem Zusammenhang heißt dies, daß es sich um eine liebenswürdige, durch und durch ehrliche Person handelt.

Im 'Timon' läßt Shakespeare den Menschenfeind zu Alkibiades, mit Bezug auf Phrynia und Timandra sagen: "... get thee away, and take thy Beagles with thee." Hier bedeutet der Gebrauch des Wortes, daß die Damen dem Alkibiades loyal verbunden sind.

Historisch ist in Jesse's 'Researches..' 1866 festgehalten, daß König Jakob I (Stuart. 1603-25) in demselben Wortsinn, als Bekräftigung der persönlichen Zuneigung, den Begriff 'beagill' für Angehörige und liebgewonnene Personnen seiner unmittelbaren persönlichen Umgebung, auch am Hofe, benutzte. Dazu muß man wissen, daß in jener Zeit die Rechtschreibung noch nicht verbindlich festgelegt war. Es reichte, wenn Geschriebenes erfolgreich den Inhalt mitteilte.

So bezeichnete er Robert Cecil, den Earl of Salisbury als "my little beagill", seine Gemahlin, die Königin, als "deare littil Beagle", Lord Cranborne wurde ebenfalls mit der stehenden Redensart 'the King's Beagle' geehrt, während zum Beispiel Buckingham nur 'dog Steenie' hieß.

Der Beagle-Harrier

Neben der ganz anderen Beagleszene, die sich in unserem großen europäischen Nachbarland etabliert hat, muß hier auf eine französische Spezialität eingegangen werden:

Der Beagle-Harrier; diese unter dem Rassestandard Nr. 290 von der FCI in seiner gegenwärtig gültigen Fassung vom 18.05.1988 anerkannte Rasse war das Resultat der Bemühungen des französischen Barons Gérard Grandin de l'Epriever in den Jahren 1920 bis 1930, einen besonders für die Rehjagd geeigneten Laufhund zu züchten. Mit dieser geringen Rassehistorie ist es freilich noch heute schwer, von einem gefestigten Rassetyp zu sprechen, noch immer finden Importe vorzugsweise von Meutehunden der beiden Ausgangsrassen aus Großbritannnien statt.

Die französischen Züchter legen Wert darauf, daß es sich hier nicht etwa um Hybriden der beiden Ausgangsrassen handelt. Sie verfahren vielmehr wie folgt: Ein F1-Tier (F = Filial - also Nackkommengeneration) der Rassekreuzung wird an einen Zuchtpartner z. B. einen Harrier-Rüden angepaart, aus diesen Nachkommen wird ein Zuchtpartner an einen Beaglerüden angepaart. Und dies ergibt nach Meinung der Rassefreunde in Frankreich nach mehreren Generationen nach diesem Muster einen Beagle-Harrier.

Beagle-Harrier sind heute mit einer Widerristhöhe von 45 bis 50 cm gegenüber ihren ursprünglichen Größenlimits von 43 bis 48 cm 'gewachsen'. Sie sind also größer und im Rücken, besser der 'Mittelhand', also der Strecke zwischen Vor- und Hinterhand, länger als der Beagle. Die Franzosen wollen die Beagle-Harrier vorzugsweise dreifarbig sehen, räumen aber ein, daß es als Erbteil der aus Großbritannien eingeführten Harrier auch graue, grauweiße oder dreifarbige Hunde mit grau gibt.

Beagle-Harrier sind ausgezeichnete Hunde für die Brackenjagd auf Hasen, aber so vielseitig, daß die Franzosen auch mit ihnen auf Rehwild, Wildschwein und den Fuchs

Der Kopf des Beagle-Harriers ist im Fangschnittwinkel nie nahe 90 Grad, insgesamt gestreckter.

Gesamtansicht des Beagle-Harrier - wie der Leser sieht, eine durchaus andere Rasse.

brackieren. Hierbei wird nach langer Jagd auf der Gesundfährte das gejagte Wild dem postierten Schützen zugetrieben, der am Laut der Hunde das Kommen des Wildes abschätzen kann und (hoffentlich nur) das herannahende Wild erlegt.

Kerry Beagle

Ein weiterer Abkomme des alten Ardennenhunds, mit Sicherheit aber französischer Herkunft ist der in Irland noch heute vereinzelt in Meuten geführte 'Kerry Beagle'. Die Rasse, bis auf ihren vorzüglichen Geruchssinn dem Beagle in keiner Weise ähnlich, ist in der irischen Familie der Ryans von Scarteen seit 1735 aktenkundig nachgewiesen. Tatsächlich war der aus Ballyvistin gebürtige John Ryan bis 1735 in Südfrankreich ansässig und verlegte seinen Wohnsitz dann nach Scarteen. Von ihm ist, wie Bryden in The Field am 21.01.1905 berichtet, verbürgt, daß er die Hunde aus Frankreich mitbrachte und in Irland mit ihnen jagte. Seit jener Zeit wurde für diese Rasse die Bezeichnung 'Beagle' nur als alter Sammelbegriff der in Meuten jagenden Hunde mittlerer Größe mitgeführt.

Bei diesen Hunden handelt es sich um über 50 cm Schulterhöhe große, sehnig-schlanke Hunde, schwarz mit lohfarbenen Abzeichen, die hartnäckig und außer-ordentlich spurtreu auf Großwild jagen. In der Jagdliteratur deshalb immer wieder erwähnt, weil sie weitaus rabiater als Foxhounds oder Harrier auch in Dornenhecken und Gestrüpp das bejagte Wild aufstöbern und heraustreiben. Erheiternd eine zeitgenössische Beschreibung (Danie O'Connell), die den Hunden attestiert, sie hätten "die Würde und Erscheinung des Lordkanzlers, jedoch mit dem Zehnfachen seiner Ehrenhaftigkeit".

Wie mir ein Vorstandsmitglied des Irischen Dachverbandes im Juni 1995 miteilte, werden jüngst Anstrengungen unternommen, die Rasse soweit zu fördern, daß sie international als Rasse anerkannt wird.

Die 'Beagle', ein Randbegriff in der Geschichte der Naturgeschichte

Charles Darwin (1809-1882) sollte ursprünglich Dorfgeistlicher werden, nahm sich aber vor allem, wie es auch von manchen der Beagle- oder anderer Jagd 'verfallenen' englischen geistlichen Herren bekannt ist, nicht seiner Schäfchen an, sondern fand rechtzeitig den Absprung zur Naturwissenschaft. Wissen wir, ob er als Geistlicher ebenso weltbewegend gewirkt hätte ? Es sei dem Sohn eines Pfarrers die Bemerkung erlaubt, daß wie in der Vergangenheit auch heute wohl die Theologen eine der viel-seitigsten akademischen Ausbildungen genießen und daher auch lange geistig wendig bleiben und sich mit Vielem äußerst gründlich und geistreich beschäftigen.

So auch Darwin. Er wurde nämlich 22jährig von Captain Robert FitzRoy, dem Kapitän des Schiffs 'Beagle' als Naturforscher für eine Reise der 'Beagle' 1831 bis 1836 angeworben. Als wissenschaftliches Abfallprodukt dieser Reise, die ihn nach Brasilien, Argentinien, hier insbesondere nach Patagonien, die Pampas und die Tierra des Fuego ('Feuerland'), aber schließlich auch nach Chile und die Galapagos-Inseln führte, entstand Darwins revolutionäre Abstammungslehre. FitzRoy wurde nicht so berühmt, aber wohlhabend - er wurde 1854 Chefmetereologe beim britischen Handelsministerium und 1863 Vizeadmiral.

Als Darwin anheuerte, hatte Captain Fitzroy sein Kommandoschiff, die 'Beagle' schon lange fertig bauen lassen. Und es ist überliefert, daß Darwin der Atem stockte, als er 'H.M.S. The Beagle' zum ersten Mal von den Hügeln Devons aus im Hafen von

Plymouth liegen sah. Er hatte ein plumpes Frachtschiff erwartet, aber dies hier war ein eleganter Segler von 235 Tonnen, bestückt mit sechs Kanonen. Am Bug fand sich eine kleine Gallionsfigur, die einen kleinen Meutehund darstellte. Es wäre Spekulation, hier darzulegen, warum FitzRoy sein Schiff so hatte taufen und ausrüsten lassen; gewiß ist jedoch, daß Beagles schon seinerzeit als stets gut gelaunt, arbeitswillig, wendig und unglaublich findig galten. Und äußerlich ebenso attraktiv. Alles in allem, kein schlechter Name für ein Forschungsschiff.

Den Kanal voll ...

Wer sorgfältig in diesem Buch gelesen hat, wo es den Beagle überall gibt, der weiß es schon. Es gibt einen Beagle-Kanal. Der befindet sich genau bei 54^0 53' südlicher Länge und 68^0 10' westlicher Breite. Wenn Sie danach sehen, finden Sie das Ganze in Feuerland, an der Spitze des südamerikanischen Kontinents. Der Kanals verläuft in Ost-West-Richtung, ist 240 km lang und zwischen 5 und 13 km breit. Der Kanal trennt die nördliche Hauptinsel von den Inseln Navarino und Hoste und anderen südlicher gelegenen kleinen Inseln. An seinem westlichen Ende teilt sich der Kanal in zwei Arme, zwischen denen Isla Gordon liegt. Der östliche Teil bildet die Grenze zwischen Chile und Argentinien, der westliche Teil ist chilenisches Staatsgebiet. Charles Darwin bereiste dieses Gebiet mehrfach zwischen 1831 und 1836.

In demselben Brief an Caroline Darwin, in dem Charles Darwin seine Erlebnisse der Tage vom 30. März bis zum 12. April 1833 beschrieb, erwähnt er zum ersten Mal den Beagle-Kanal, gibt aber auch die Begründung eines feuerländischen Eingeborenen wieder, warum diese, wiewohl Kannibalen, zur Verwunderung Darwins keine Hunde aßen. Nachdem mehrere Feuerländer berichtet hatten, daß sie im Winter manchmal auch Frauen -allerdings geräuchert- äßen, fragte Darwin, warum sie denn andererseits keine Hunde äßen. "Frauen sind zu nichts nütze" antwortete man ihm, "Hunde fangen wenigstens Otter".

6.3 Traditionelle Beaglenamen; Hound names

Meutehundnamen haben lange Tradition, in englischsprachigen Publikationen finden sich gemeinhin lange Listen von traditionellen Meutenamen. Sie sind kurz, leicht zu rufen und haben doch einen Sinn, der sie von den vielen unpassenden Namen, mit denen Züchter und Halter ihren Beagle oft belegen, wohltuend unterscheidet. Die britischen Namen sind, mit Muße betrachtet, ein Widerschein großer englischer Geschichte, die der Seefahrer und der weltweiten Kriege, aber auch der gesellschaftlichen Schichtung und Entwicklung .

Nachfolgend finden Sie eine Auswahl der mir zugänglichen Namen, jeweils alphabetisch geordnet, getrennt nach Rüden- und Hündinnennamen. Eine Auswahl deshalb, weil manche Namen in Großbritannien und den USA korrekt ausgesprochen und verstanden werden, hierzulande jedoch merkwürdig klängen. Wenn diese Liste dazu beiträgt, Beagles in den deutschsprechenden Ländern künftig mit passenderen Namen zu versehen und insbesondere die 'Asta's und 'Bessy's' zu verringern, hat dieses Buch schon fast ausreichend seinen Zweck erfüllt. Auch wenn die englische Sprache schon weiter Eingang in die Alltagssprache gefunden hat, rate ich dennoch, einen Kenner der englischen Sprache zu konsultieren, was die Bedeutung und die korrekte Aussprache der Namen betrifft.

Kulturgeschichtlich ist die Benennung der Hunde durchaus von Bedeutung gewesen und wäre eine eigene Abhandlung wert. Es war zum Beispiel durchaus gängig, Hunde mit den Namen allseits verhaßter Personen zu belegen. In Heidelberg aufgewachsen, wunderte ich mich als Kind, daß viele große und unbeliebte, weil rauflustige Hunde, die in der Altstadt Heidelbergs zuhause waren, 'Melac' gerufen wurden. Später wurde mir klar, daß sich auch nach mehr als einem Vierteljahrhundert der Haß gegen den französischen General Comte Ezéchiel de Melac, der im Auftrag Ludwigs des XIV. die Pfalz verwüstete und 1689 Heidelberg niederbrannte, in der Bevölkerung als Tradition erhalten hatte.

Noch vor dem im übrigen ernsten Text sei mir auch hier wieder eine unzensierte Bemerkung erlaubt: es adelt den Hund überhaupt nicht, wenn er den Namen großer Personen der Zeit- oder Kulturgeschichte erhält. Ich war befremdet, als ich bei einer Hundeausstellung einen Hund namens Bismarck entdeckte, der sich als kleiner, zitternd auf dem Schoß des Besitzers sitzender peruanischer Nackthund entpuppte. Einigermaßen taktvollen Züchtern verbietet es sich auch von selbst, ihre Zuchtergebnisse mit den Namen berühmter, historisch bedeutender Hunde auszustatten; Namen wie Gamble oder Merryboy sollten für Beaglefreunde tabu bleiben.

Im übrigen ist es ohnehin waghalsig, einen Welpen mit einem hoffnungsvollen Namen zu versehen, obwohl er den mit diesem Namen verknüpften Erwartungen vielleicht nicht nachkommen kann - es sei denn, es handle sich um Satire oder mindestens um Ironie, die dann allerdings rund zehn Jahre lang wirken müßte. Wie kann man füglich einen Welpen 'Champion' taufen? Und einen kurzhaarigen Kaninchenteckel 'Terminator' zu nennen, ist echt verwegen.

Ich finde sogar, daß britische Rassen britische Namen haben sollten - auch die Zwinger- oder Zuchtnamen sollten eher einen Bezug zur Person der Züchter oder deren Umfeld haben als teutonisch national klingen. Beagles 'von der deutschen Eiche' kommen mir vor, als sei ihnen versehentlich ein falsches Etikett aufgeklebt. Ich halte es auch für affig, Hunden lange Namen aus mehreren Wörtern zu geben. Welche Dinge erwartet man von einem sonst ganz normalen Rüden, der 'Erwin die Kraft und die Herrlichkeit' heißt oder was von einer Hündin 'Elvira die süße Sau' ?

Britische Traditionsnamen für Meutehunde
(alphabetisch geordnet, nach Rüden- und Hündinnennamen unterteilt)

A Rüden	Abraham	Althorp	Amesbury
	Aldin	Alton	Ammonite
	Aldridge	Alveston	Amory
Aaron	Alfghan	Alycidon	Analyst
Abbott	Allday	Amateur	Anarchist
Abdicate	Allenby	Ambler	Anchor
Abel	Allendale	Ambleside	Anchorite
Abelard	Ally	Ambridge	Anderson
Abercorn	Almeric	Ambrose	Andover
Aberdare	Alpha	Amersham	Andrew

Angelo
Angler
Anglesey
Anglia
Anglican
Angus
Annan
Ansac
Ansell
Antelope
Anthony
Antrim
Anvil
Anwer
Apperley
Applejack
Applicant
Apsley
Arabic
Arbiter
Archibald
Arden
Argent
Argus
Arklow
Arkwright
Armlet
Armstrong
Arnold
Arrow
Arrowsmith
Arsenal
Arson
Arthur
Artist
Arundel
Ascot
Asquith
Athlete
Atlas
Atticus
Attlee
Attribute
Auction
Audax
Auditor

August
Austin
Author
Axminster
Aylesbury

Hündinnen

Abbess
Abigail
Able
Absolute
Accent
Accurate
Acid
Aconite
Acorn
Action
Active
Actress
Actual
Ada
Adage
Adamant
Adder
Adela
Adelaide
Adequate
Adiline
Advent
Adverb
Affable
Affluent
Agate
Agatha
Agile
Airy
Alibi
Alice
Alison
Allspice
Alma
Almond
Alpine
Altitude
Alum
Amazon

Amber
Amble
Amethyst
Amiable
Amity
Amorous
Amulet
Amy
Anagram
Anecdote
Angel
Angela
Angle
Anguish
Anna
Annabel
Antic
Anxious
Apricot
April
Apron
Aptitude
Araby
Arcady
Arctic
Ardent
Aria
Ariel
Aries
Arnica
Arrogant
Arsenic
Artemis
Artful
Aspen
Aspic
Asset
Aster
Astral
Atom
Attic
Auburn
Audible
Audrey
Auriole
Authoress

Avalon
Avenue
Average
Avis
Avocet
Avon
Avril
Axion
Azure

B
Rüden

Baccarat
Bacchus
Bachelor
Badger
Baffler
Bagpipe
Bagshot
Bailiff
Bakelite
Baker
Bakewell
Baldwin
Balfour
Balkan
Ballboy
Baltimor
Banbury
Bandit
Bangor
Banister
Banker
Banknote
Bankrupt
Bantry
Barber
Barbican
Barclay
Bargeman
Barman
Barmouth
Barnaby
Barnacle
Barnard

Barnby
Barnstaple
Barnum
Baron
Baronet
Barrier
Barrington
Barrister
Barry
Barrymore
Barter
Barton
Basford
Basil
Baskerville
Bastion
Batman
Baton
Batsman
Battery
Battle
Battleaxe
Battler
Baxter
Bayard
Bayonet
Beacon
Beaker
Bearer
Bearer
Beaumont
Becher
Becket
Beckford
Bedford
Bedouin
Belford
Bellamy
Bellingham
Bellman
Bellville
Belmont
Benbow
Bencher
Benedict
Benjamin

Bentinck
Bentley
Beresford
Bernard
Bertram
Bessmer
Beverly
Bevis
Billet
Binder
Birdsall
Bishop
Bismarck
Blackball
Blackboard
Blackcock
Blackfoot
Blackfriar
Blackjack
Blackleg
Blacklock
Blackmail
Blackman
Blackpool
Blacksmith
Blanco
Blandford
Blarney
Blatant
Blazer
Blenheim
Blighty
Blizzard
Blondin
Blücher
Bluebeard
Blueboy
Bluecap
Bluecoat
Blueman
Blueprint
Blueskin
Bluestone
Blunder
Bo'sun
Boaster

Boatman
Bobsleigh
Bobstay
Bodmin
Boggart
Bognor
Boisterous
Boldness
Bolton
Bondsman
Bookman
Booster
Bootjack
Boreas
Borneo
Borwick
Bosbury
Boscombe
Boston
Boswell
Botanist
Boulder
Bouncer
Boundary
Bounder
Bourbon
Bowler
Bowman
Boxer
Boycott
Brackley
Bradford
Bradman
Braemar
Brainwave
Brakesman
Brampton
Brandon
Bransby
Brassey
Breaker
Brendon
Brentford
Brentwood
Breton
Brewer

Bridgegroom
Bridgenorth
Bridger
Brigand
Brimstone
Brisbane
Bristol
Briton
Brixton
Broadcast
Broadway
Broker
Browband
Bruiser
Bruno
Brunswick
Brusher
Brutus
Bryan
Buckler
Buckley
Buckshot
Buckskin
Buckthorn
Buckwheat
Budget
Bugler
Builder
Bulford
Bullet
Bulletin
Bumper
Bunbury
Burberry
Burford
Burglar
Burgundy
Burlington
Burma
Burnham
Burnley
Bushman
Buskin
Busman
Bustler
Butler

Buxton
Buzzard
Byron

Hündinnen

Baffle
Balance
Balcony
Baleful
Ballast
Balld
Ballet
Balmy
Balsam
Baltic
Bandage
Bandbox
Baneful
Bangle
Banish
Banjo
Banner
Bannock
Banquet
Banshee
Bantam
Barbecue
Bargain
Barley
Barleycorn
Barmaid
Baroness
Bashful
Basic
Basket
Bayleaf
Beauty
Beckon
Beechnut
Beechtree
Beeswax
Beeswing
Beetle
Beldame
Belfry

Bellflower
Bellmaid
Benefit
Bergamot
Beryl
Beta
Betony
Betsy
Betty
Beverage
Biddable
Biddy
Bilberry
Billow
Bindweed
Birdlime
Birdseye
Birdsong
Biscuit
Bittersweet
Blackberry
Blackcap
Blackthorn
Blameless
Blandish
Blemish
Blissful
Blossom
Bluebell
Blueberry
Bluebird
Bluemaid
Blushrose
Bluster
Bondmaid
Bonfire
Bonnet
Bonnybell
Bonus
Bootlace
Booty
Boundaway
Boundless
Bountiful
Bounty
Bowbell

Bracelet
Bracken
Bracket
Bramble
Bravery
Breezy
Brenda
Brevity
Briary
Bribery
Bridesmaid
Bridget
Brighteyes
Brightness
Brilliant
Brindle
Brittle
Bromide
Bronwen
Broomstick
Brownie
Bryony
Bugle
Bunting
Buoyant
Burnet
Burnish
Bustle
Busy
Buttercup
Butterfly
Byway

C
Rüden

Cabinet
Cadger
Caliban
Callboy
Cambrian
Cambridge
Camelot
Cameron
Camper
Campus

Candidate
Cannock
Cannon
Carpenter
Canterbury
Canyon
Capital
Capper
Capstan
Captain
Capulet
Caravan
Carboy
Cardiff
Cardigan
Cardinal
Cargo
Carlton
Carnage
Carrier
Carter
Carton
Cartridge
Carver
Cassidy
Cassius
Cassock
Castaway
Castor
Caterer
Cato
Catterick
Causeway
Cavalry
Cavendish
Cedric
Celtic
Censor
Census
Century
Chairman
Challenger
Chamberlain
Chancellor
Chandler
Chanter

Chaplain
Chapman
Charger
Chariot
Charleston
Charlock
Charlton
Charmer
Charon
Charter
Chaser
Chatham
Chaucer
Checkmate
Cheddar
Chessman
Chester
Cheviot
Chieftain
Chinaman
Chippenham
Chorister
Cider
Circuit
Citizen
Civic
Civil
Claimant
Clansman
Clapham
Clarence
Clarendon
Clarion
Clasher
Clearance
Cleaver
Clencher
Client
Clifton
Climber
Clincher
Clinker
Clockwork
Coachman
Coalman
Coaster

Coastguard
Coaxer
Cobbler
Cobham
Cockney
Coiner
Coldstream
Colin
College
Collier
Colonel
Coma
Combat
Comet
Commerce
Commodore
Complex
Compound
Compton
Comrade
Concave
Conclave
Concord
Concourse
Concrete
Condor
Confidence
Conflict
Conqueror
Conquest
Consort
Constable
Constant
Consul
Contact
Contest
Contract
Contrast
Convenant
Convert
Convex
Convict
Convoy
Conway
Copper
Corbet

Cordon
Cornet
Cornish
Coroner
Coronet
Corporal
Corsair
Corsican
Corydon
Cosmic
Cossack
Cottager
Council
Counter
Countryman
Courier
Coventry
Cracker
Craftsman
Crammer
Crasher
Crater
Creditor
Cricketer
Crockett
Crofter
Cromer
Cromwell
Crossbow
Crusoe
Cuddy
Cufflink
Culprit
Culvert
Cumbrian
Cunard
Cupid
Curate
Curzon
Customer
Cutlass
Cynic
Cypher
Cyprus

Hündinnen

Cabaret
Cactus
Candle
Canticle
Canvas
Capable
Caper
Capsule
Caption
Captious
Captivate
Captive
Capture
Caramel Catalogue
Caraway
Carbon
Carefreee
Careful
Careless
Carlonie
Carnage
Carnival
Carol
Carpet
Carton
Casement
Cashmere
Casket
Casserole
Cassia
Casual
Cataract
Catchword
Catherine
Catkin
Catmint
Caustic
Caution
Cautious
Cavity
Cecily
Cedarwood
Celery
Celia

Cereal
Chalky
Chancery
Changeable
Chantress
Chantry
Chapter
Charcoal
Chariot
Charity
Charlotte
Charming
Chary
Chastity
Chatterbox
Chatty
Cheeky
Cheerful
Cheery
Cherish
Cherry
Cherub
Chestnut
Chickweed
Chicory
Chipmunk
Chirrup
Chitchat
Chlorophyll
Chocolate
Choral
Chorus
Chosen
Christabel
Christmas
Chronicle
Chutney
Cinder
Cinnamon
Circle
Cirrus
Citron
Citrus
Columbine
Clamorous
Clamour

Clara
Classic
Classical
Classify
Clatter
Clemency
Climate
Climax
Clinic
Cloudy
Clover
Cluster
Cobnut
Cobra
Cobweb
Colleen
Comeaway
Comedy
Comely
Comfit
Comfort
Comical
Comment
Compact
Compass
Competent
Compliment
Concert
Confident
Conifer
Conscience
Consious
Context
Contour
Coral
Cordial
Corkscrew
Cornflower
Corquet
Corrie
Corset
Costly
Cosy
Cotton
Coty
Countenance

Countess
Coupon
Courage
Courteous
Courtesy
Courtship
Cowslip
Cradle
Crafty
Cranberry
Cranny
Credit
Credulous
Crescent
Cressida
Cresta
Cretonne
Crevice
Crimson
Crinkle
Crisis
Cristy
Critical
Crocus
Crossbill
Crosspatch
Crossword
Crotchet
Crucial
Cruel
Crumble
Crumpet
Crystal
Crywell
Cubicle
Curdle
Curfew
Curious
Currency
Curtain
Cushion
Custard
Custody
Custom
Cynthia
Cypress

D
Rüden

Dabbler
Dabster
Dagenham
Dagger
Daimler
Dalesman
Damon
Damper
Dancaway
Dandy
Danger
Daniel
Dante
Darkwood
Darlington
Darnley
Darter
Dartmouth
Darwin
Dasher
Dashwood
Davenport
Daventry
Dawson
Daystar
Dazzle
Deacon
Despot
Doctor
Deadlock
Dealer
Deanery
Deemster
Delegate
Democrat
Democrat
Demon
Dempsey
Denmark
Dennis
Discourse
Dentist

Denton
Disney
Deputy
Deputy
Derby
Derrick
Dervish
Desmond
Devon
Dexter
Dicebox
Dickens
Diehard
Diesel
Digby
Digit
Dipper
Discord
Discus
Distaff
District
Diver
Dividend
Dixon
Dockyard
Doctor
Dogma
Dolman
Dolphin
Dolphin
Dombey
Dominant
Domino
Doncaster
Doncaster
Donegan
Donovan
Doomsday
Doorstep
Dorchester
Dorian
Dorimont
Dorking
Dormant
Dormer
Dorset

Doublet
Doughnut
Douglas
Dover
Draftsman
Dragon
Draper
Dreadnought
Dreamer
Dredger
Driver
Drover
Druid
Drummer
Dancer
Demon
Dryden
Dublin
Dudley
Dumbbell
Duncan
Dungeon
Dunlop Dictum
Dunstable
Duplex
Durban
Durham
Duster
Dustman
Dutchman
Dynamite
Dynamo

Hündinnen

Daffodil
Dahlia
Daily
Dainty
Dairymaid
Daisy
Damage
Damast
Damsel
Damson
Danceaway

Dangerous
Daphne
Daring
Darkie
Darkness
Darling
Dauntless
Daybreak
Daydream
Dayfly
Daylight
Daytime
Dazzle
Deadly
Dearly
Debit
Deborah
Decimal
Decorate
Decorous
Deeply
Deficit
Delaware
Delia
Delicate
Delphic
Delta
Deluge
Denim
Density
Desert
Desperate
Destiny
Destitute
Detail
Detriment
Devious
Dewdrop
Dexterous
Dfinite
Diadem
Diagram
Dialect
Dialogue
Diamond
Diary

Dido
Dignity
Diligence
Diligent
Dimple
Dinghy
Dinnerbell
Discord
Discount
Distant
Doeskin
Doleful
Dollar
Dolly
Domino
Donna
Doormat
Dora
Dorcas
Doris
Doubtful
Doulton
Dovecot
Dowager
Downright
Dowry
Drama
Drapery
Drastic
Dreamless
Dreamy
Dressage
Dressy
Drizzle
Duchess
Duckling
Dulcet
Dulcimer
Duplicate
Durable
Dusky
Dusty
Dutiful
Duty

E
Rüden

Eagle
Easel
Eastbourne
Eastward
Eden
Edgar
Edict
Editor
Edward
Edwin
Egress
Elder
Eldon
Elegy
Element
Elevate
Elgar
Elgin
Elton
Embassy
Emblem
Emerson
Emigrant
Eminent
Emir
Emperor
Empire
Ensign
Enterprise
Entity
Envoy
Epic
Epigram
Epilogue
Episode
Epsom
Equity
Ergo
Eric
Ernest
Eros
Errant
Erskine

Escort
Eskimo
Esmond
Estimate
Eton
Euclid
Eustace
Evan
Evesham
Exeter
Exile
Exodus
Expert
Export
Ezra

Hündinnen

Eager
Early
Earring
Easy
Eater
Eavesdrop
Ebonite
Ebony
Echo
Eclair
Ecstasy
Edith
Edna
Eileen
Eleanor
Elegant
Eloquent
Elsie
Elstree
Ember
Emerald
Emily
Emma
Emphasis
Empress
Ena
Energy
Entrant

Envious
Envy
Erica
Ermine
Ernest
Errand
Essence
Esther
Ethel
Eva
Evening
Evensong
Evident
Excellent
Extra
Extract

F
Rüden

Faber
Fabian
Facer
Factor
Fagan
Fairburn
Fairfax
Fairford
Fairplay
Fairway
Fakenham
Fakir
Falcon
Falconer
Falstaff
Famous
Fancier
Faringdon
Farley
Farmer
Farnham
Farrier
Fastener
Fatalist
Fathom
Faustus

Favourite
Fawley
Fearnought
Feature
Federal
Felix
Felony
Felstead
Fencer
Fender
Fenian
Fernhill
Ferryman
Fiddler
Fielder
Figaro
Figment
Finalist
Finder
Findon
Fingal
Finisher
Finsbury
Firearm
Fireball
Firebrand
Fireguard
Fireside
Firework
Fisher
Fisherman
Fitzroy
Fixture
Flagon
Flagrant
Flagstaff
Flamer
Flanagan
Flasher
Flashlight
Flaxby
Fleetfoot
Fleetway
Fleetwood
Flemish
Flinger

Flintlock
Florist
Flounder
Flywheel
Focus
Foiler
Folio
Folkestone
Fonthill
Foolscap
Footfall
Foothill
Footman
Footpad
Footpath
Footprint
Forcer
Forcible
Fordham
Forecast
Foreigner
Foreland
Forelock
Foreman
Foresight
Forester
Forger
Fortescue
Fortright
Forum
Forward
Founder
Foundry
Fowler
Framer
Frampton
Franchise
Francis
Franco
Franklin
Frederick
Freeborn
Freehold
Freeman
Freemason
Freestone

Freighter
Freshman
Friar
Friary
Friday
Friesian
Frobisher
Frogman
Frontage
Frontier
Fugitive
Fulham
Fuller
Fullerton
Furbisher
Furious
Furlong
Furnish
Furnisher
Furrier

Hündinnen

Fable
Fabric
Fabulous
Facet
Faction
Factory
Faculty
Faggot
Fairmaid
Fairy
Faithful
Faithless
Fallacy
Fallible
Famine
Famish
Fancy
Fanfare
Fanny
Fantail
Fantasy
Farthing
Fascinate

Fashion
Fatal
Fateful
Fatima
Favour
Fearless
Feasible
Feather
Fertile
Fervent
Fervid
Fervour
Festival
Festive
Fettle
Fibre
Fiction
Fiddle
Fidget
Fiery
Filament
Fillet
Filmstar
Filter
Final
Finery
Firecrest
Firefly
Firelight
Firequeen
Firetail
Firmly
Fissure
Flannel
Flapper
Flatter
Flattery
Flavour
Fleetwing
Flexible
Flighty
Flimsy
Flitter
Flora
Florence
Florid

Florida
Florin
Flourish
Flowery
Flyaway
Foliage
Folksong
Folly
Fondant
Fondle
Footlight
Footmark
Footstep
Forage
Forcible
Foremost
Foreword
Forfeit
Forgery
Formal
Formula
Fortitude
Fortnight
Fortress
Fortunate
Fortune
Foundress
Fountain
Foxglove
Foxtrot
Fracas
Fraction
Fragile
Fragment
Fragrance
Fragrant
Framework
Frantic
Freckle
Freedom
Frenzy
Frequence
Frequent
Fresco
Fretwork
Friction

Friendly
Friendship
Frisky
Frivol
Frolic
Frontal
Frosty
Frugal
Fruitful
Fulsome
Function
Funfair
Funnel
Funny
Furbish
Fury
Future

G
Rüden

Gabriel
Gaelic
Gaffer
Gainer
Gainsborough
Gaiter
Galahad
Gallant
Galley
Galliard
Gallon
Galloper
Galloway
Gambler
Gamebird
Gameboy
Gamester
Gammon
Gangster
Gangway
Gardener
Garrick
Garrison
Garter
Gascon

Gasket
Gateshead
Gatwick
Gauger
Gauntlet
Gayboy
Gaylord
Gemini
Gender
General
Genius
Gentile
Geoffrey
Georgian
Gershwin
Ghillie
Gideon
Gilbert
Gilpin
Gimlet
Girder
Glacier
Gladstone
Glancer
Glasgow
Glatton
Glazier
Gleeman
Glider
Glory
Gloucester
Glyndebourne
Goblet
Goblin
Godfrey
Goldfish
Goldflake
Goldrush
Golfer
Goodfellow
Goodman
Goodson
Goodwin
Gordian
Gordon
Gosling

Gothic
Governor
Goya
Grabber
Graduate
Grafter
Graham
Grandstand
Grandville
Granite
Grantham
Grapeshot
Grappler
Grasper
Grecian
Greenwood
Gregory
Gremlin
Greycoat
Griffin
Grimston
Grinder
Grindstone
Grocer
Groomsman
Grossman
Growler
Gruinness
Guardian
Guardsman
Guernsey
Guider
Guildford
Gulliver
Gunboat
Gunshot
Gunsmith

Hündinnen

Gable
Gadabout
Gadget
Gaiety
Gala
Galaxy

Gallery
Gamba
Gambit
Gamma
Garden
Garland
Garlic
Garnish
Gaslight
Gaylass
Gaymaid
Geisha
Generous
Genial
Gentian
Gentle
Gently
Genuine
Genus
Gesture
Gipsy
Girdle
Gladness
Glamorous
Glamour
Glaring
Gleeful
Gleesome
Glimmer
Glitter
Gloaming
Gloria
Glorious
Glory
Glossary
Glossy
Goddess
Goldcrest
Golden
Goldfinch
Goodness
Goodwife
Gorgeous
Gossip
Governess
Graceful

Gracious
Gradient
Gradual
Grammar
Granny
Granule
Grapevine
Graphic
Grateful
Gratitude
Gravel
Gravity
Greedy
Greenfinch
Greenfly
Greensleeves
Greeting
Gretna
Greybird
Griddle
Grievance
Guidance
Guilty
Gusset

H
Rüden

Habit
Hackle
Hackler
Hackney
Hacksaw
Hadrian
Haggard
Halifax
Hallboy
Hallmark
Halter
Hamilton
Hamish
Hamlet
Hampton
Handcuff
Handsome
Hangar

Hangman
Hannibal
Hanover
Harbour
Hardiman
Hardship
Hardware
Hardy
Harewood
Harkaway
Harker
Harlech
Harlequin
Harold
Harper
Harrogate
Harrow
Hartford
Harvester
Harvey
Hastings
Hatchet
Havelock
Hawker
Haycock
Haystack
Hazardous
Headline
Headsman
Heathen
Hector
Hedger
Helper
Henchman
Hengist
Henley
Henry
Herald
Hercules
Herdsman
Hereford
Heritage
Hermit
Hermitage
Hero
Herod

Heron
Hickory
Highball
Highland
Highlight
Hillingdon
Hillman
Hilltop
Hobby
Hobo
Hobson
Hockey
Holdfast
Holland
Hollywood
Holster
Homburg
Hooper
Hoover
Hopscotch
Hornbeam
Hornbill
Hornby
Hornet
Hornpipe
Hostel
Hotspur
Hovercraft
Howitzer
Hubert
Huckleberry
Humbert
Humphrey
Hunter
Huntsman
Hurdler
Hurtful
Hustler
Hydrant

Hündinnen

Hairpin
Hammock
Hamper
Handcraft

Handful
Handicap
Handmaid
Handrail
Handy
Hapless
Happiness
Happy
Harebell
Harem
Harmless
Harmony
Harpy
Harriet
Hasty
Haughty
Haven
Havoc
Hawthorne
Hazard
Hazel
Hazelnut
Hazelwood
Hazy
Headlamp
Headstrong
Headway
Headwind
Healthful
Healthy
Hearsay
Heartless
Hearty
Heather
Hedgerow
Heedless
Helena
Helpful
Hemlock
Henna
Heresy
Hester
Hilary
Hilda
History
Holiday

Holloway
Homely
Homespun
Homestead
Honesty
Honey
Honeycomb
Honeymoon
Honiton
Honour
Hopeful
Hostage
Hostess
Hostile
Housemaid
Hover
Humble
Humbug
Humorous
Huntress
Hurricane
Hurry
Hyphen

I
Rüden

Ibex
Income
Infamy
Inmate
Isaac
Iceland
Index
Infantry
Inquest
Island
Igloo
Indian
Inference
Instrument
Ilchester
Indicate
Interest
Indigo
Interim

Ivan
Indolence
Ipswich
Ivanhoe
Immigarnt
Industry
Ireland
Ivor
Import
Inland
Irwin

Hündinnen

Icy
Ilex
Image
Imogen
Impetus
Impish
Impudence
Impudent
Impulse
Incense
Incident
Infinite
Inglenook
Ingress
Inkling
Inky
Inlet
Innocent
Inset
Insolent
Instep
Interval
Intimate
Intricate
Iris
Irksome
Irony
Isobel
Italy
Ivory
Ivy

J
Rüden

Jacket
Jackpot
Jacksaw
Jackson
Jacob
Jaguar
Jailer
Jameson
Jamie
Janitor
Janus
Jargon
Jarvey
Jarvis
Jason
Jasper
Javelin
Jeopardy
Jeremy
Jericho
Jerkin
Jester
Jetsam
Jeweller
Jigger
Jingler
Jobber
Jockey
Joiner
Joker
Jonah
Jonathan
Jordan
Jorrock
Joseph
Joshua
Jostle
Journalist
Journeyman
Jouster
Jovial
Juble
Judgement

Juggernaut
Juggler
Jukebox
Julian
Julius
Jumper
Junction
Juniper
Junvenal
Jupiter
Jury
Juryman
Justice
Justin

Hündinnen

Jacinth
Jacqueline
Janet
Jangle
Jasmine
Jaunty
Jazzy
Jealous
Jealousy
Jersey
Jessica
Jessie
Jetty
Jewel
Jigsaw
Jingle
Jocelyn
Jollity
Jolly
Joudy
Joybell
Joyful
Joyless
Joyous
Jubilant
Jubilee
Judith
Julia
Juliet

Junket
Juno
Justly

K
Rüden

Kanvery
Keeper
Kelly
Kelso
Kendal
Kenilworth
Kennedy
Kentish
Kenya
Kernel
Kerry
Kestrel
Keswick
Ketchup
Kettering
Kettledrum
Kilworth
Kindred
Kingcup
Kingfisher
Kingpin
Kingsbridge
Kingswood
Kingtron
Kinsham
Kipling
Kitchener
Knightly
Knighton
Knightsbridge
Knocker
Kremlin
Kudos

Hündinnen

Katherine
Keepsake
Kelpie

Kersey
Keynote
Kidnap
Kindle
Kismet
Kittiwake
Kiwi

L
Rüden

Labourer
Laceman
Lackland
Ladder
Lakin
Lambton
Lancaster
Lancelot
Lancer
Lancet
Landlock
Landlord
Landmark
Landrail
Landscape
Landslide
Landsman
Langport
Lansdown
Lanyard
Laramie
Larry
Lateral
Latin
Lauder
Laureate
Lava
Lawson
Lawsuit
Lawyer
Layman
Leader
Lectern
Lecturer
Ledger

Legal
Legate
Legion
Leicester
Lender
Leopard
Leotard
Leslie
Lester
Lethal
Leveller
Lever
Lewis
Leyland
Libertine
Libra
Lichfield
Lictor
Lifeboat
Lifebuoy
Lifeguard
Lifeline
Lighthorn
Lightship
Limber
Limbo
Limehouse
Limestone
Lincoln
Lindsay
Lineage
Linesman
Liniment
Linkboy
Linksman
Lionel
Lionheart
Lipton
Lister
Literal
Litigate
Liverpool
Livery
Livingstone
Lizard
Loader

Loafer
Lobby
Lobster
Local
Lockerbie
Lockerley
Locksmith
Locust
Lodger
Logger
Loiter
Lomax
Londoner
Longboat
Longshore
Lonsdale
Loophole
Lordship
Lorimer
Lorry
Lounger
Lovelace
Lovelock
Lowland
Loyalist
Loyalty
Lucas
Lucifer
Lumberjack
Luton
Lyndhurst

Hündinnen

Label
Lacework
Lacy
Ladle
Lady
Ladybird
Ladylike
Landgirl
Languish
Lantern
Larder
Larkspur

Latitude	Lioness	Malta	Milford
Lattice	Lipstick	Malvern	Milkman
Laughter	Lira	Manager	Miller
Laundress	Lithsome	Manchester	Miner
Laura	Liveley	Mandarin	Minister
Laurel	Livelong	Mandate	Minstrel
Lavender	Locket	Manful	Missile
Lavish	Lofty	Manor	Mission
Lawful	Loggia	Mansion	Mistral
Lawless	Logic	Marathon	Mogul
Leapyear	Lola	Mariner	Mohawk
Lecture	Lollipop	Marker	Mohican
Legacy	Lonely	Market	Moleskin
Legend	Lonesome	Marksman	Monarch
Legible	Lorna	Marlow	Monitor
Leisure	Lotion	Marquis	Monogram
Lemon	Lottie	Marshfield	Monsoon
Lenient	Lotus	Mascot	Montague
Lentil	Lovebird	Mason	Monument
Lesson	Lovely	Matador	Moralist
Letter	Lovesong	Matlock	Morris
Level	Lovsome	Matthew	Mortar
Leveret	Loyal	Maxwell	Mortgage
Levity	Lucky	Mecca	Mortimer
Libel	Lucy	Medal	Morton
Liberal	Lullaby	Medium	Motley
Liberty	Lupin	Medoc	Mountain
Licence	Lutestring	Melbourne	Mower
Ligament	Luxury	Melrose	Mster
Lightfoot	Lychgate	Melton	Mulberry
Lightly	Lydia	Melville	Musher
Lightning	Lyric	Mender	Musket
Likely		Mentor	Mustard
Likeness	**M**	Mercer	Mutiny
Likewise	**Rüden**	Mercury	
Lilac		Merger	**Hündinnen**
Lilian	Mackintosh	Merlin	
Lily	Magnum	Merman	Mabel
Lilywhite	Mailboat	Merryman	Madam
Lilywood	Mainstay	Messenger	Madcap
Limelight	Majesty	Metal	Madrigal
Limit	Major	Meteor	Magic
Limpet	Malcolm	Metric	Magical
Linda	Mallard	Michigan	Magnet
Linen	Mallet	Midas	Magpie
Lintel	Mallory	Mighty	Maiden

Maidstone
Makeshift
Malaga
Malice
Mallow
Mango
Manifold
Mantle
Manual
Maple
Marble
Margaret
Margate
Margin
Marigold
Marjorie
Marvel
Marvellous
Marybud
Matchbox
Matchless
Mavis
Mayday
Mayfair
Mayflower
Mayfly
Mayoress
Maypole
Meadow
Medley
Megan
Melba
Mellow
Melody
Melon
Memoir
Memory
Menu
Mercy
Merit
Mermaid
Merry
Merrylass
Message
Method
Metion

Midnight
Mildred
Milkmaid
Millicent
Mimic
Miniver
Minute
Miracle
Mirage
Mirror
Mischief
Mistletoe
Mistress
Misty
Mitten
Model
Modest
Modesty
Moment
Monday
Monody
Moonbeam
Moonlight
Moonshine
Moonstone
Morning
Morsel
Mortel
Mossrose
Motive
Mottle
Motto
Mournful
Muscat
Music
Musical
Muslin
Mutual
Myra
Mystery
Mystic
Mythical

N
Rüden

Nabob
Nailer
Napier
Nathan
Nation
National
Native
Nautical
Nautilus
Navy
Negus
Neighbour
Nelson
Nemesis
Neptune
Nero
Nestor
Neutral
Newbury
Newgate
Newport
Newsman
Newsreel
Newton
Nicholas
Nickleby
Nigel
Nightcap
Nightclub
Nightshirt
Nightwatch
Nimrod
Nipper
Nobbler
Noble
Nobleman
Nomad
Nominal
Nominate
Nordic
Norfolk
Norman
Norwood
Novelist
Nubian
Nuclear

Nugent
Nugget

Hündinnen

Namesake
Nancy
Nankeen
Naphta
Narrative
Nature
Naughty
Neatness
Nebulous
Necklace
Nectar
needful
Needle
Needless
Needlework
Negative
Negligent
Negress
Nelly
Netball
Nettle
Network
Nicely
Nicety
Nickname
Nightbird
Nightdress
Nightfall
Nightgown
Nightlight
Nightshade
Nimble
Nimbus
Nina
Nocturne
Nonsense
Noontide
Nora
Normal
Norman
Nosegay

Notable
Notary
Notebook
Notice
Notion
Nougat
Nova
Novel
Novely
Novice
Nucleus
Nuisance
Number
Numeral
Nutmeg
Nutshell
Nylon

O
Rüden

Oakham
Oatmeal
Oatsman
Obelisk
Oberon
Obstancle
Ocean
Officer
Oliver
Omega
Oppidan
Optimist
Opulent
Opus
Oracle
Oral
Orangeman
Orator
Orbit
Orderly
Organ
Orgy
Orient
Orkney
Orpheus

Osborne
Oscar
Oslo
Ostrich
Otho
Outfit
Outlaw
Outlay
Outlook
Outpost
Overlord
Overseer
Owen
Oxford

Hündinnen

Ocelot
Octagon
Octave
Ocular
Ointment
Olive
Onset
Onward
Onyx
Opal
Opaline
Opera
Opium
Optic
Option
Orange
Orchid
Orie
Ornament
Osprey
Ousel
Outcome
Overall
Overture
Oxlip
Oxygen
Ozone

P

Rüden

Pacer
Packman
Paddock
Paddy
Padlock
Pageant
Pageboy
Paigan
Paignton
Painter
Paladin
Palfrey
Palmer
Palmerston
Pampas
Pamper
Pamphlet
Pancake
Panda
Panel
Pannier
Panther
Papist
Paragon
Paragraph
Parapet
Parasol
Pardon
Parish
Parker
Parlour
Parsley
Parson
Partial
Partner
Passenger
Passport
Password
Pathos
Patriarch
Patrick
Patriot
Patron
Peacock
Peaker

Peasant
Pedlar
Peeler
Peerage
Pegasus
Pelican
Pellet
Pembroke
Pemmican
Penalty
Pencil
Penguin
Penman
Pennon
Pension
Pensioner
Percival
Pericles
Perkin
Permanent
Permit
Perry
Perseus
Pertinent
Petal
Petrol
Petticoat
Pettish
Pewter
Phalanx
Phantom
Pharaoh
Pheasant
Philip
Phoebus
Picket
Pickle
Pickwick
Piebald
Pieman
Pierrot
Pikeman
Pilferer
Pilgrim
Pillar
Pilot

Pimlico
Pincher
Pindar
Pinto
Piper
Pirate
Pistol
Piston
Pitcher
Pitchfork
Pitfall
Pitman
Placid
Plainsman
Plaintiff
Planet
Planter
Plato
Platter
Playboy
Pleader
Pleasant
Pliant
Plotter
Ploughman
Plumber
Plummer
Pluto
Plutus
Plymouth
Poacher
Poet
Poker
Polar
Pollard
Polo
Polygon
Ponder
Popcorn
Popgun
Porter
Portico
Portland
Portsmouth
Postboy
Potent

Potter
Preacher
Precept
Prefect
Prelate
Premier
Premium
President
Pressman
Presto
Previous
Priceless
Primate
Primus
Principal
Printer
Prior
Priory
Prisoner
Private
Proctor
Project
Prominent
Prompter
Prospect
Prosper
Protest
Proteus
Proven
Proverb
Provident
Provost
Prowler
Prudence
Prudent
Pstor
Publican
Publisher
Pullan
Punctual
Punisher
Purchase
Purist
Purity
Purple
Purpose

Purser
Puzzle
Puzzler
Pylon
Pyramid
Pyrrhus
Python

Hündinnen

Package
Packet
Painful
Painless
Paleface
Palette
Palisade
Pallid
Pamela
Panic
Pansy
Paraphrase
Parley
Parody
Particle
Partridge
Passable
Passion
Passionate
Passive
Pastel
Pastime
Pastry
Patchwork
Patent
Patience
Patsy
Pattern
Payment
Peaceful
Peanut
Pearly
Pebble
Pedal
Peerless
Peggy

Pendant
Penniless
Pensive
Peony
Pepper
Peppermint
Penny
Perfect
Perfume
Pergola
Petty
Pica
Picnic
Picture
Piety
Pigeon
Pillow
Pinetree
Pinnacle
Pintail
Piquet
Pitiless
Pity
Pivot
Placable
Plasma
Plaster
Plastic
Plateglass
Platform
Platitude
Plausible
Playbill
Playful
Playfair
Playmate
Plaything
Plaza
Pleasure
Plenitude
Plentiful
Plenty
Pocket
Poem
Poetry
Poison

Polecat
Polestar
Policy
Polish
Polka
Pollen
Polly
Pompous
Poplin
Poppy
Popular
Porcelain
Portable
Portion
Portrait
Positive
Positive
Possible
Postage
Postal
Postcard
Poster
Postscript
Posture
Posy
Potion
Powder
Powerful
Precious
Preface
Prefix
Prelude
Prentice
Pressure
Pretext
Prettylass
Primrose
Prioress
Prism
Privacy
Privilege
Probable
Probate
Process
Profit
Progress

Promise
Prowess

Q
Rüden

Quadrate
Quaker
Quantum
Quarryman
Quester
Questioner
Quibbler
Quickset
Quisling
Quitter
Quizzer

Hündinnen

Quaintly
Quality
Quandary
Quarry
Quaver
Queen
Queenly
Query
Question
Quicklime
Quickly
Quickness
Quickstep
Quotable
Quotient

R
Rüden

Racer
Racketeer
Radar
Radical
Radius
Raffler
Raffles

Rafter
Raftsman
Ragdale
Ragman
Raider
Railer
Rambler
Rampant
Rampart
Ramrod
Ramsay
Ramsgate
Rancher
Randolph
Ransack
Ranter
Rapier
Rascal
Ratchet
Rating
Ratio
Rational
Rattler
Raymond
Reader
Reaper
Rebel
Reckoner
Redcar
Redman
Redskin
Redstreak
Redwood
Reefer
Regal
Regent
Regiment
Reginald
Region
Register
Regular
Relative
Remus
Render
Renovate
Resident

Reveller
Rhymer
Richmond
Rider
Ridgeway
Rifleman
Ringbolt
Ringwood
Rioter
Ripon
Ripper
Risher
Roadhouse
Roadman
Roadway
Roamer
Robin
Robot
Rochester
Rockwood
Roderick
Roebuck
Roger
Roland
Rollcall
Romeo
Romney
Romper
Romsey
Rooster
Roster
Rotary
Rouser
Rover
Rowley
Royal
Royalist
Royston
Rubicon
Ruffian
Rufus
Rugby
Rugged
Ruler
Runabout
Runner

Runway
Rupert
Russian
Rustic
Rustler
Rutland
Rycroft

Hündinnen

Raceway
Rachel
Racket
Racy
Radiant
Radiate
Radium
Raffle
Ragtime
Rainbow
Rainfall
Rainy
Raisin
Rally
Random
Ransom
Rapid
Rarity
Ration
Rattle
Raven
Ravish
Ready
Reason
Rebound
Recent
Reckless
Reckon
Record
Redcap
Redrose
Redstart
Redwing
Refuge
Relay
Relish

Remedy
Replica
Rescue
Residue
Resin
Resolute
Restful
Restive
Restless
Revenue
Rhapsody
Rhythm
Rhythmic
Ribbon
Richly
Richness
Riddle
rightful
Rigid
Rigour
Ringlet
Ringtail
Ripple
Rivalry
River
Rivet
Roalind
Rocket
Rompish
Rosa
Rosabel
Rosamond
Rosary
Rosebay
Rosebud
Roseleaf
Rosemary
Rosewood
Rosy
Royalty
Rubric
Ruby
Rueful
Ruffle
Rumba
Rumble

Rumour
Rural
Russet
Rustle
Rustless
Rusty
Ruthless
Ryegrass

S
Rüden

Sacrilege
Saddler
Sadist
Safeguard
Saga
Sahib
Sailcloth
Sailor
Salesman
Salient
Salmon
Salver
Samba
Samuel
Sandbar
Sandstar
Sandstone
Sanstorm
Santa
Sapper
Saracen
Satellite
Satrap
Saturate
Saturn
Savage
Saver
Sawfish
Saxon
Scaffold
Scalpel
Scapegoat
Scarborough
Sceptic

Scholar
Schoolboy
Schoolmate
Schooner
Scientist
Scimitar
Scissor
Scoffer
Scooter
Scorcher
Scorer
Scorpio
Scotsman
Scoundrel
Scouter
Scowler
Scraper
Screamer
Scribbler
Sculler
Sculptor
Seafare
Seafront
Sealion
Sealord
Seaman
Seaplane
Seaport
Searcher
Seascout
Seasonal
Seatrout
Sedgefield
Sedgemoor
Seeker
Sefton
Selim
Semaphore
Senate
Senator
Senior
Sentinel
Sentry
Seraph
Sergeant
Sermon

Serpent
Servant
Session
Settler
Sextant
Sexton
Seymour
Shackler
Shandy
Shanklin
Sharpset
Shaver
Sheffield
Shellfish
Shepherd
Sherbet
Sherborne
Sheridan
Sheriff
Sherlock
Sherpa
Shetland
Shielder
Shiner
Shipman
Shipmate
Shipway
Shipyard
Shogun
Shooter
Shotgun
Showman
Sidesman
Sidewalk
Signal
Silence
Simon
Sinclair
Sinner
Sketcher
Skidway
Skimmer
Skipper
Slipway
Slogan
Smiler

Smoker
Smuggler
Sniper
Snooker
Socket
Solar
Soldier
Solomon
Solomon
Somerset
Sorter
Sotheby
Southerner
Sovereign
Spaniard
Spanker
Spanner
Spartan
Speaker
Spearhead
Specialist
Speedboat
Speedway
Spencer
Spender
Spinnaker
Spinner
Splinter
Spokesman
Sponsor
Sportsman
Spotter
Sprinter
Squadron
Stadium
Stakey
Stalker
Stalwart
Stamper
Standard
Stanley
Staple
Starboard
Starshot
Starter
Statesman

Station
Stayer
Steadfast
Steamer
Steamship
SteepleSinger
Stentor
Stephen
Sterling
Stetson
Steward
Stilton
Stirrup
Stockbroker
Stockwell
Stoker
Stopper
Stowaway
Strainer
Stranger
Stratford
Streamer
Stretcher
Strider
Striker
Stringer
Striver
Stroller
Strongbow
Stronghold
Struggler
Student
Study
Submarine
Sullivan
Sultan
Sunstar
Surcharge
Surface
Surgeon
Surgery
Surrogate
Surrey
Survey
Suspect
Sutton

Sweater
Sweeper
Sweepstake
Swimmer
Swingboat
Switchback
Switchboard
Swordfish
Swordsman
Syndicate
Syntax

Hündinnen

Sable
Sabot
Sachet
Sacrifice
Safety
Saffron
Saintly
Salad
Salary
Saline
Sallow
Salvage
Sample
Sampler
Sanction
Sanctity
Sanctuary
Sandalwood
Sandra
Sandwich
Sandy
Sanguine
Sanity
Sapphire
Saraband
Sarah
Satchel
Satin
Satire
Saucy
Savour
Savoury

Saxony
Scandal
Scandal
Scandalous
Scarlet
Scatter
Scaty
Scenery
Scenic
Sceptical
Sceptre
Schedule
Schoolgirl
Scornful
Scramble
Scruple
Scrutiny
Sculpture
Seagull
Sealskin
Seamaid
Squirrel
Srupulous
Staircase
Stairway
Stanza
Stardust
Starfish
Starlet
Starlight
Static
Statue
Status
Statute
Steady
Stealthy
Steely
Stella
Stencil
Stitchwork
Stocking
Stonechat
Stony
Stormy
Story
Straightness

Strategy
Strawberry
Streamline
Strengthen
Strenous
Strictness
Strident
Stringent
Structure
Stubborn
Stucco
Studio
Studious
Sturdy
Stylish
Subject
Substance
Subtle
Suburb
Subway
Sudden
Suffix
Summary
Summit
Sunbeam
Sunburn
Sunday
Sundew
Sundown
Sundry
Sunflower
Sunlight
Sunlit
Sunrise
Sunset
Sunshine
Sunspot
Suntan
Suntop
Supple
Supplement
Surplus
Susan
Swallow
Swanlike
Swansong

Sweetlips
Sweetly
Swiftly
Sybil
Symbol
Symmetry
Sympathy
Symphony
Syringe
Syrup
System

T
Rüden

Tackler
Tactic
Taffy
Tailor
Talisman
Talker
Tambourin
Tancred
Tankard
Tanker
Tanner
Tantalus
Target
Tarmac
Tartan
Tasker
Tavern
Taxi
Teamster
Teamwork
Teaser
Telegram
Telemark
Telescope
Telstar
Temperate
Templar
Tempter
Tenant
Tenor
Tentacle

Tenure
Tercel
Terence
Termite
Terrible
Terror
Terry
Testament
Testy
Texas
Thackeray
Thatcher
Thermos
Thetford
Thrasher
Thruster
Thumper
Thunder
Thunderer
Ticket
Tideway
Tiffin
Tilbury
Tillage
Timbal
Timber
Timothy
Tinder
Tinker
Tinman
Tinpan
Tinplate
Tipstaff
Tipster
Tiptree
Titan
Title
Toaster
Toby
Toddy
Toga
Toiler
Tollbar
Tolldown
Tollgate
Tonbridge

Tonga
Tonnage
Tonsure
Topper
Topthorn
Tory
Totem
Touchdown
Touchstone
Tourist
Tournament
Towler
Township
Tracer
Tracker
Traction
Tractor
Trademark
Trader
Tradesman
Trailer
Trainer
Traitor
Tramline
Tramway
Transept
Transom
Transport
Trawler
Treason
Treasurer
Trenchant
Trencher
Trespasser
Trevor
Tribesman
Tribune
Tribute
Trickster
Trident
Trier
Trigger
Triplex
Tripod
Triton
Triumph

Trojan
Trolley
Trombone
Trooper
Tropic
Tropical
Troubadour
Truant
Trucheon
Trueboy
Trumpet
Tubman
Tucker
Tudor
Tueman
Tugboat
Tumbler
Tuner
Turban
Turbid
Turbine
Turncoat
Turncock
Turner
Turnkey
Turnpike
Turpin
Turret
Tuscan
Tweedle
Tweezer
Twinkler
Twister
Tyburn
Tyrant
Tyson

Hündinnen

Tablet
Tabloid
Tackle
Tactful
Tactless
Tadpole
Taintless

Talcum
Talent
Tallow
Tally
Tamarisk
Tamper
Tandem
Tangent
Tangible
Tangle
Tango
Tannic
Tantrum
Taper
Tapestry
Tardy
Tarnish
Tarriff
Tartlet
Tartley
Tasteful
Tasty
Tatter
Tavy
Tawny
Teacake
Teacup
Teagown
Teapot
Teardrop
Tearful
Teasel
Tedious
Telltale
Tempest
Temple
Tempo
Temptress
Tenable
Tendency
Tender
Tenderness
Tendon
Tendril
Tenement
Tension

Tentative
Tenuous
Tepid
Terminal
Terrace
Terrain
Tessa
Testy
Thankful
Thankless
Theory
Thesis
Thirsty
Thistle
Thoughtful
Thrifty
Thrilling
Thusday
Tickle
Tidings
Tidy
Tiffany
Tigress
Timeless
Timely
Timid
Tincture
Tinful
Tinkle
Tinsel
Tiptoe
Tiptop
Tissue
Titbit
Toffee
Toilet
Tokay
Token
Tolerant
Tolerate
Tonic
Tonsil
Topaz
Topic
Topical
Topknot

Torchlight
Torment
Torrent
Torrid
Total
Toxic
Tppet
Tracery
Trackless
Tractable
Traffic
Tragedy
Tragic
Tranquil
Transcript
Transfer
Travesty
Treasure
Treasury
Treatise
Treaty
Treble
Trefoil
Trellis
Tremolo
Trespass
Trestle
Trial
Tribal
Trickery
Trickle
Tricky
Trifle
Trilby
Trimness
Trinket
Triplet
Trivial
Trixie
Trophy
Troublesome
Truckle
Truelass
Truelove
Truemaid
Truffle

Truly
Trundle
Trustful
Trusty
Truthful
Tuesday
Tulip
Tumult
Tuna
Tuneful
Tuneless
Tunic
Turbulent
Turmoil
Turnstone
Turtle
Twilight
Twinkle
Typical
Typist

V
Rüden

Vacant
Vagabond
Vagrant
Valet
Valiant
Valuer
Vandal
Vanquish
Varlet
Varmint
Varsity
Vassal
Vaulter
Vemouth
Vendor
Verger
Vernon
Vertical
Vessel
Vestment
Vestry
Veto

Viaduct
Vicar
Viceroy
Victim
Victor
Vigilance
Vigilant
Viking
Villager
Villain
Vincent
Vintage
Vintner
Violence
Violent
Virgil
Virile
Virulent
Visa
Visage
viscount
Visitor
Visor
Vitamin
Viva
Vocalist
Vodka
Voiucher
Volga
Volley
Voltage
Voluble
Volume
Voluntary
Votary
Vowel
Voyager
vulcan
Vulpine
Vulture

Hündinnen

Vacancy
Vainly
Valance

Valerie
Valid
Valour
Valuable
Value
Vamity
Vampire
Vanish
Vanquish
Vantage
Vapour
Variable
Variance
Various
Varnish
Vehement
Vehicle
Vellum
Velvet
Vengeful
Venom
Ventilate
Venture
Venue
Venus
Vera
Vera
Verbal
Verify
Versatile
Versify
Version
Vesper
Vestal
Vestibule
Vesture
Vibrant
Victory
Victual
Vigorous
Vigour
Villa
Village
Vindicate
Vinegar
Vinery

Vineyard
Vinous
Viola
Violate
Violet
Viper
Virgil
Virgin
Virginal
Virgo
Virtual
Virtue
Virtuous
Visible
Vision
Visit
Vista
Visual
Vital
Vitalize
Vivid
Vixen
Vocal
Volatile
Votive

W
Rüden

Wader
Wager
Waggon
Wagstaff
Waistcoat
Wakefleld
Walker
Wallaby
Wallace
Wallet
Walrus
Walton
Wanderer
Wangler
Wansford
Wantage
Warcloud

Warcry
Warden
Warder
Warehouse
Warlike
Warlock
Warlord
Warpaint
Warrior
Warship
Warwick
Washer
Washington
Waster
Watchman
Watchword
Watford
Watkin
Wayfare
Weapon
Weatherby
Weaver
Webster
Wedgewood
Wellington
Welshman
Welter
Wembley
Westbury
Westminster
Westward
Whacker
Whalebone
Whaler
Whatnot
Wheeler
Whipcord
Whiplash
Whipsnade
Whipster
Whister
Whitbread
Whiteboy
Whitehall
Whiteman
Whitesand

Whitley
Whittaker
Whynot
Wigan
Wigmore
Wigwam
Wildfire
Wildgoose
Wimbledon
Winchester
Windmill
Window
Windsor
Winner
Winslow
Winston
Wireless
Wiseman
Witness
Witney
Wizard
Woburn
Woking
Woldsman
Wolsey
Wombat
Wonder
Woodbridge
Woodchurch
Woodcock
Woodland
Woodman
Woodpecker
Woodstock
Woolwich
Woolworth
Worcester
Wordsworth
Worker
Workman
Wrangler
Wrecker
Wrencher
Wrestler
Writer

Hündinnen

Wafer
Wagtail
Wainscoat
Wakeful
Waken
Wallflower
Walnut
Wanda
Wanton
Wardrobe
Warfare
Warning
Warranty
Wary
Waspish
Wastful
Waver
Wavy
Waxbill
Waxwing
Wayside
Wayward
Weary
Wedlock
Wednesday
Welcome
Welfare
Wendy
Whealthy
Wheatear
Wheaten
Whimsey
Whirlpool
Whirlwind
Whiskey
Whisper
Whitebait
Whitebeam
Whiteleaf
Whiterose
Whitethorn
Whitethroat
Whitewash
Whiting
Wicker

Wicket	Windlass	Wistful	Woodcraft
Wildnight	Windward	Witchcraft	Woodcut
Wilful	Winnipeg	Witchery	Woodnote
Willing	Winsome	Withy	Woodnymph
Willow	Winter	Witless	Woodruff
Wily	Wiry	Witty	Workable
Winchat	Wisdom	Woeful	Worry
Windfall	Wishful	Wonderful	Worship
Windflower	Wishwell	Wondrous	

Zwischenbemerkung des Autors: Bei den Buchstaben X, Y, Z wird's dünn bei den Listen der Beagle-Altvorderen. Dies dehalb, weil die Praxis war, sich diese schwierigen Buchstaben einfach zu sparen und nach dem W-Wuirf wieder mit A anzufangen. Diesem Muster folgen auch einige Zuchtvereine in Deutschland in ihren Eintragungsregeln. Gleichwohl hat den Autor dieses Problem ja bei insgesamt nahezu drei Durchgängen durch's Alphabet betroffen, und so haben sich wenn auch wenige, so doch einige Namen mit den schwierigen Anfangsbuchstaben angesammelt - auch wenn einige der Namen mit dem Anfangsbuchstaben X nur mit einem Augenzwinkern gesehen werden können.

X	Y	Hündinnen	Zeal
Rüden	**Rüden**	Yacht	Zealot
Xandor	Yabber	Yakima	Zebu
Xanthic	Yachtsman	Yakking	Zen
Xebec	Yahoo	Yalta	Zenith
Xecutive	Yak	Yam	Zerozero
Xenon	Yakut	Yamen	Zest
Xenophon	Yang	Yappy	Zeus
Xerxes	Yankee	Yawl	Zinc
Xpert	Yardman	Yearning	Zinger
Xyster	Yardmaster	Yeast	Zipper
XYZ	Yazoo	Yemen	Zodiac
	Yearling	Yesterday	Zulu
	Yeller	Ying	
Hündinnen	Yellowstone	Ylem	**Hündinnen**
X-girl	Yelper	Yolk	Zany
X-mate	Yeoman	Yorktown	Zealous
Xanthippe	Yeti	Youth	Zebra
Xenia	Yielder	Youthful	Zephyr
Xhosa	Yogi	Yucca	Zero
Xless	York	Yuma	Zest
Xmas	Youngster		Zeta
Xray	Ypsilon	**Z**	Zigzag
Xtra	Yukon	**Rüden**	Zinnia
Xtravagant	Yuppie	Zachariah	Zither
Xylophone			Zoom

Mit den vorstehenden Listen kann jeder Züchter, der sich diese Mühe geben will, seinen Welpen zum Äußeren und oft auch zum Wesen der Welpen passende, meist traditions-reiche und stil- und sinnvolle Namen geben.

7.
Das Adreßbuch des Beaglefreundes; Verbände und Vereine

Da nicht in allen Ländern eine Gruppierung besteht, die sich ausschließlich um die Rasse Beagle kümmert, sind in solchen Fällen Dachverbände (DV) oder auch Kontaktpersonen (KP) genannt, bei denen weiterführende Informationen erfragt werden können. Bei diesen sollte auch nachgefragt werden, wenn sich die genannten Ämter in Vereinen oder die Personen, die solche Ämter meist ehrenamtlich verwalten, geändert haben.

Australien: (DV) Australian National Kennel Council, P.O. Box 632, St. Mary's, N.S.W. 2760, Tel. 3-834 3022

Belgien:(DV) Union Royale Cynologique Saint Hubert, 25, avenue de l'armée, B-1040 Bruxelles

Dänemark: Dansk Beagle Klubben, Nina Dige Vinter, Topasvej 20, DK-2730 Aerlev ,(DV) Dansk Kennel Klub, Parkvej 1, Jersie Strand, DK-2680 Solrød Strand, Tel. (56) 147400

Deutschland: Beagle Club Deutschland e.V., 1. Vorsitzender und Geschäftsstelle: Wolfgang W. Ellissen, Im Neugrabener Dorf 80, 21147 Hamburg, Tel. 040-7023784, (DV) Verband für das Deutsche Hundewesen e.V., Westfalendamm 174, D-44141 Dortmund, Tel. 0231-565000

Finnland: Suomen Beaglejärjestö, Pertti Poikolainen, Soukankaari 13 B 12 , SF-02360 Espoo, Finnland, Tel. 90-8014178, Zuchtangelegenheiten: Pentti Särmä, Postiepuuntie 4A, SF-02600 Espoo, (DV) Suomen Kennelliitto-Finska Kennelklubben, Kamreerintie 8, SF-02770 Espoo, Tel. 8-08057722

Frankreich: Club français du Beagle, Beagle-Harrier, Harrier; Secrétaire: M. Gaston Dutheil, 14, avenue Léon Blum, F-87350 Panazol, Tel. (55) 306653.

(DV) Société Centrale Canine, 215, rue Saint-Denis, F-75093 Paris Cedex 02, Tel. 2336167

Großbritannien:The Beagle Club, Hon. Secretary: Barbara B. Roderick, CWM Cottage, Dean Common, Mitcheldean, Glos. GL 17 0 DP, Tel. 0989-750766. In GB sind mehrere Beagleclubs aktiv, dieser ist der älteste und größte überregionale Zusammenschluß von Beaglefreunden.

(DV) The Kennel Club, 1, Clarges Street, Piccadilly, London GB

Italien: (DV) Ente Nazionale della Cinofilia Italiana, Viale Premuda 21, I-20129 Milano, Tel. 2-76021706

Luxembourg: (DV) Union Cynologique Saint Hubert du Grand Duché du Luxembourg, Boite Postale 69, L-4901 Bascharage, Tel. 2-502866

Monaco: (DV) Société Canine de Monaco, Avenue d'Ostende 12, Palais des Congrés, MC-98000 Monte Carlo, Tel. 93-505514

Neuseeland: (DV) New Zealand Kennel Club, Prosser Street, Eldson, Private Bag 50903, Porirua, Tel. 4-2374489

Niederlande: (DV) Raad van Beheer of Kynolgisch Gebied in Nederland, Postbus 75901, NL-1070 AX Amsterdam Z, Tel. 20-6644471
Österreich: Austrian Beagle Club, Geschäftssstelle: Walter Kendler, Zehenthofgasse 10/10, A-1190 Wien, (DV) Österreichischer Kynologenverband, Johann Teufel-Gasse 8, A-1238 Wien, Tel. 1-887092
Polen: (DV) Zwiazek Kynologizny w Polsce, Nowy-Swiat 35, PL-00029 Varsovie, Tel. 22-260574
Rußland: derzeit im Umbruch, ein zentraler Dachverband ist ebensowenig vorhanden wie ein Rasseverein.
Schweden: Svenska Beagleklubben, Margareta Gustafsson, Rönnbärsgatan 24, S-59049 Vikingstad, (DV) Svenska Kennelklubben, Rinkebysvängen 70, S-16385 Spänga, Tel. 8-7953000
Schweiz: Beagle-Club Schweiz, Pressestelle: Silvia Martegani, Rigistraße 27, CH-8185 Rüti-Winkel, Tel. 1-8603735
(DV) Schweizerische Kynologische Gesellschaft, Länggasstraße 8, CH-3001 Bern, Tel. 31-3015819
Slowakische Republik: (DV) Slovenská Kynologická Jednota, Stefánikova 10, SR-81105 Bratislava, Tel.42 7492298
Spanien: (DV) Real Sociedad Central de Fomento de las Razas Caninas en España, Los Madrazo 20-26, E-28014 Madrid, Tel. 1-5222400
Südafrika:(DV) Kennel Union of South Africa, P.O. Box 2659, Cape Town 8000, Tel. 21-239027
Tschechische Republik:Beagle Club CR, RNDr. Petr Dvorák, Ricanská 10, DR-101 00 Praha 10, Tel. 2.734604
(DV) Ceskomoravská Kynolgická unie, U Lékárny 597, P.O.Box 24, CS-156 00 Praha 5 - Zbraslav, Tel. 2321826
Ungarn: (DV) Magyar Ebtenyéstök Orszagos Egyesülete, Tetényi út 128 b - 130, H-116 Budapoest, Tel. 11-2030152
USA:The National Beagle Club.Geschäftsführerin: Mrs. Susan Mills Stone, 2555 Pennsylvania NW., Washington DC 20037; (DV) Verwaltung: American Kennel Club, 5580 Centerview Drive, Raleigh, N.C. 27690-00643, Direktorium: American Kennel Club, 51, Madison Avenue, New York, NY 10010; (Telefonsystem nur für Kenner!)

8.
Literaturverzeichnis, alphabetisch

- American Kennel Club, The AKC's World of the Pure-Bred Dog, Herausg. Duncan Barnes, Howell Book House, Ney York 1983
- American Kennel Club, The complete Dog Book, 17. Aufl., Howell Book House, New York 1987
- Andersen, Allen C., The Beagle as an Experimental Dog, Iowa State University Press, Ames Iowa, 1970
- Anonym, Weh' uns, wenn er alleingelassen wird, aus: Türk coban köpegi 1/95, Mitteilungsblatt der Züchter- und Liebhaberunion Türkischer Hirtenhunde
- Appleton, Douglas and Carol, Beagles and Beagling, Kaye and Ward, London 1970
- Appleton, Douglas H., The Beagle Handbook, Nicholson & Watson, London 1959
- Bailey, Nicholas, An Universal Etymological English Dictionary, Bell et al., London 1721
- Baily's Hunting Directory 1901-1902, Vinton & Co. Ltd., Lndon 1901
- Barnhart, Robert K. Dictionary of Etymology, Wilson Company New York 1988
- Barton, Frank Townend, The Kennel Encyclopaedia, Virtue and Co., London 1903
- Beagle Club (GB), The Beagle Club Centenary Year Handbook, Selbstverlag, Vierte Ausgabe zum hundertjährigen Bestehen des Clubs 1990
- Beagle Club (GB), The, Introducing the Beagle, Selbstverlag 1993
- Beagle Club (GB), This is the Beagle, Handbook of the Beagle Club, Selbstverlag, 1970, 3.Aufl. 1978
- Beagle Club Deutschland e.V., 1972-1982, Jahrbuch zum 10jährigen Bestehen, Selbstverlag, Wiesbaden 1983
- Beagle Club Deutschland e.V., Zuchtbuch 1969 - 1983, Hrsg. BCD, Manuskript Ulrike Beuing, TG-Verlag Biebertal, 1984
- Beagle Club Deutschland e.V.Zuchtbücher, 1984 - 1993, Hrsg. BCD, Manuskript Ulrike Beuing, TG-Verlag Biebertal, 1986
- Beckford, Peter, Thoughts on Hunting in a series of familar letters to a friend (1781), Hrsg. Otho Paget, 4. Ausg., Methuen & Co. Ltd., London 1918
- Beckford, Peter, Thoughts on Hunting, Methuen & Co. Ltd., London (1899), 4. Aufl.1918 mit Einführung und Kommentaren von J. Otho Paget
- Beckmann, Gudrun und Susanne, Vom Aufrechten Menschen zum Hundehalter, TG-Verlag Ulrike Beuing 1994
- Beckmann, Ludwig, Geschichte und Beschreibung der Rassen des Hundes, Vieweg und Sohn, Braunschweig 1894, Facsimilereprint Kynos Verlag Mürlenbach 1983
- Benjamin, Carol Lea, An Alpha Program, in: Pure-bred Dogs, American Kennel Gazette, 1/90
- Beute-Faber, Roel und Piet, Atlas der Hunde-Anatomie, Kynos Verlag, Mürlenbach, 1992
- Blaine, Delabere, Encyclopedia of Rural Sports, Longman, Brown, Green and Longmans, London 1840
- Brown, Curtis M., Dog Locomotion and Gait Analysis, Hoflin Publishing Ltd., Wheat Ridge Colorado, 1986

- Burns, Marca und Fraser, Margaret N., Die Vererbung des Hundes, Oertel & Spörer, Reutlingen 1968
- Bylandt, Comte Henri de, Les Races des Chiens, Selbstverlag, Brüssel 1897
- Bylandt, Graf Henri de, Hunderassen, Leopold Weiss, Wien und Leipzig, 1897
- Caine, Nathaniel, The History of the Royal Rock Beagle Hunt, Subskriptionsexemplar, Brakell Ltd., Liverpool 1895
- Cherville, Marquis G. de, Les Quadrupèdes de la Chasse, Rothschild, Paris, ca. 1880
- Cirker, Blanche (Hrsg.), 1800 Woodcuts by Thomas Bewick and his school, Dover Publications, New York 1962
- Clapin, Sylva, A New Dictionary of Americanisms, Louis Weiss Co., New York, Neuausg. Gale, Detroit 1968
- Clark, R.D.and Stainer, J.R., Medical and Genetical Aspects of Purebred Dogs, Veterinary Medicine Publishing Company, Edwardsville Kansas 1983
- Clarke, Iain, An Introduction to Beagling, J.A.Allen& Co. Ltd, London 1973
- Club du Beagle, Le Beagle, le Harrier, le Beagle-Harrier, Editions Professionelles Françaises et Européennes, Paris o.J., 1977
- Colombo, Henry J., H.D.Holcombe, Lew Madden, Owen Payne, Morgan Wing jr., The New Complete Beagle, Howell Book House, New York 1971
- Dalziel, Hugh British Dogs, 'The Bazaar' Office, London 1880
- Darwin, Charles, The correspondence of, Vol. I, 1821-1836, Cambrigdge University Press, Cambridge
- Darwin, Francis, The life and letters of Charles Darwin, Appleton & Co., New York 1896
- Denis, Bernard, Die Haarfarben des Hundes, Hundeforschungsstelle des Österreichischen Kynologenverbands, Wien 1990
- Di Leo, Rosana M., The Beagle of the End of the World, in: The Beagle Annual 1994
- Dov, Amir, Die Entwicklung des Hundecharakters, Beitrag in 'Hundewelt', abgedruckt in 'Unsere Windhunde', Zeitschrift des Deutschen Windhundzucht- und rennvereins 6/95
- Dunbar, Dr. Ian, Behaving Like a Dog, in: Pure-Bred Dogs/The American Kennel Gazette 1/90
- Dutheil, Gaston, Le Beagle ma passion, Édition Maradi, B.P 30-3120 Martisserre, 1994
- Eberhardt, Jochen H., Welcher Hund paßt zu mir ? in: Hunderevue Spezial "Alles über Welpen", Symposion Verlag, Stuttgart 1993
- Eberhardt, Jochen H., Woher bekomme ich meinen Hund " in: Hunderevue Spezial "Alles über Welpen", Symposion Verlag, Stuttgart 1993
- Eberhardt, Jochen und Herbst, Silke, Zu Gast bei anderen Hundefreunden..., Bericht in Beagle Brief, Mitteilungen des Beagle Club Deutschland e.V., Nr. 3, September 1976
- Encyclopaedia Britannica, The New, Hrsg. Benton, Chicago/London 1974
- Furetiere, Antoine, Dictionaire Uiversel .. des Mots François, Den Haag und Rotterdam 1690
- Gail, Heinz, 1x1 der Hundeerziehung, Kynos Verlag Mürlenbach 1991
- Gilbey, Sir Walter, Bart., Hounds in Old Days, Saiga Publishing Co. Ltd., Hinhead Surrey, 2. Auf. 1979
- Grant, William, The Scottish National Diary, Scottish National Dictionary Association, Edinburgh 1934
- Gray, Thelma, The Beagle, Popular Dogs Publishing Company Ltd., London 1970,

Nachdruck von Gray, The Popular Beagle
- Gray, Thelma, The Popular Beagle, Popular Dogs Publishing Company Ltd., London 1963
- Guillet, Émil, Les Chiens Courants D'Aujourd'hui, (Auszug aus Boëssée, Joël. Vénerie aujourd'hui) Editions du Passage, Paris 1982
- Gustafsson, Curt-Christer, Beagle, ICA-förlaget AB, Västeras, 1977
- Hauck, Emil, Dr.Dr., Die Beurteilung des Hundes, Selbstverlag, Wien, 1929
- Hauck, Emil, Dr.Dr., Die Jagdhunde, Selbstverlag, Wien 1967
- Herre, Wolf, Das Werden des Haushundes und seiner Rassen, in:Hunde - Haltung, Zucht u. Sport, Schweizerische Kynologische Gesellschaft, Bern, 1/90
- Hobson, J.C. Jeremy, Beagling, David & Charles, Newton Abbott 1987
- Holcombe, A. D., What made the Beagle first in popularity, Beitrag in: Pure-Bred Dogs, American Kennel Gazette 11/1954
- Hollenbeck, Leon, The Dynamics of Canine Gait, Denlinger's, Fairfax VA, 1981
- Horswell. Jane, Bronze Sculpture of "Les Animaliers", The Antique Collector's Club, Clopton, Woodbridge, Suffolk 1971
- Hubbard, Clifford L. B., The Literature of British Dogs, Hubbard, Ponterwyd, 1949
- Hubbard, Clifford L.B., Dogs in Britain, Macmillan & Co., Ltd., London 1948
- Hubbard, Clifford L.B., A Catalogue of the Exhibition of Rare & Interesting Dog Books of the World at Luton Central Library 1968
- Hund, Der, Organ für Züchter und Liebhaber reiner Racen, Sechster Band, 1881
- Jesse, George R., Researches into the History of the British Dog, Hardwicke, London 1866
- Johnston, George and Maria Ericson, Hounds of France, Spur Publications, Saiga Publishing, Hindhead Surrey 1979
- Jones, E. Gwynne, A Bibliography of the Dog, The Library Association, London 1971
- Kennel Gazette, The American, Nr. 1, Juni 1889, p. 141
- Kitchell, Charles A., Carlinville Man imported first Beagle, Bericht in: The Beagle Annual, Vol. 2, 1994, Hoflin Publishing Ltd., 4401 Zephyr Street, Wheat Ridge, 80033-3299 Colorado USA
- Klärner, Dietmut, Eigentümliche Atmung bei laufenden Hunden (nach "Science", Bd. 262, S. 235), Bericht in Frankfurter Allgemeine Zeitung
- Klein, Dr. Ernest, A Comprehensive Etymological Dictionary of the English Language, Elsevier Publishing Co., Amsterdam 1966
- Kohvakka, Perti und Suomen Beaglejerjästö, Suomen Beagle 3/95, Suomen Beaglejerjästö 1995
- Krüger, Dr. Peter, Gebiß und Zähne des Hundes, in: Vereinsmitteilungen des Vereins für Deutsche Schäferhunde
- Lee, Rawdon B., History and Description of the Modern Dogs of Great Britain and Ireland, Horace Cox, London 1906
- Leighton, Robert, The New Book of the Dog, Cassell & Company, London, New York, Toronto and Melbourne 1907
- Lenehan, Michael, Four Ways to Walk a Dog, in The Atlantic Monthly, April 1986
- Little, Clarence D., The Inheritance of Coat Color in Dogs, Howell Book House, New York, 7. Aufl., 1979
- Lloyd, Freeman, Dog Breeds of the World, No. 65: Beagles, Beitrag in: American

Kennel Gazette, 7/1936
- Lyon, McDowell, The Dog in Action, Howell Book House, New York 1974
- Manwood, John, A Treatise Of The Lawes of the Forest:, London 1615
- Markham, Capt. Gervase (alias R. Jackson), Countrey Contentments ..., London 1615
- Markham, Capt. Gervase (alias R. Jackson), Hungers Prevention..., London 1621
- Megnin, Pierre, Le Chien et ses Races, Selbstverlag, Vincennes und Paris 1899
- Miles, Henry Downes, The Book of Field Sports and Library of Veterinary Knowlege, Henry Lea & Co, London 1862
- Moore, Daphne, The Book of the Foxhound, J.A.Allen & Co. Ltd., London, 2. Aufl. 1974
- Nau, Christian, Gangwerk und funktionale Anatomie beim Irish Wolfhound, Beitrag in: Unsere Windhunde, Vereinszeitschrift des Deutschen Windhundzucht- und Rennverbandes, 1/94
- Nussbaumer, Dr. Marc, 1500 Schädel - Forschung am Haushund, in: Hunde - Haltung, Zucht u. Sport, Schweizerische Kynologische Gesellschaft, Bern, 7/90
- Paget, J. Otho, The Art of Beagling, H.F. & G. Witherby, London 1928, dto. 1931
- Paget, Otho, Beagles and Beagling, Hutchinson & Co., London 1923
- Pagliero, Leonard L., More News on the Beagle Brigade, in This is the Beagle, Vereinsmitteilungen des Beagle Club GB, Selbstverlag, Juli 1993
- Popesko, Peter, Atlas der Topographischen Anatomie der Haustiere, Band I - III, 3. deutsche Auflage 1989, Ferdinand Enke Verlag Stuttgart
- Priestley, Heather, All About the Beagle, Pelham Books, London 1973
- Quiroga, Monica Sosa, Beagles in Argentina, Bericht in:The Beagle Annual, Vol. 1, 1993, Hoflin Publishing Ltd., 4401 Zephyr Street, Wheat Ridge, 80033-3299 Colorado USA
- Räber, Dr. Hans, Brevier neuzeitlicher Hundezucht, Haupt, Bern u. Stuttgart, 1968
- Räber, Dr. Hans, Die Schweizer Hunderassen, Albert Müller, Rüschlikon-Zürich, 2. Aufl. 1980
- Räber, Dr. Hans, Enzyklopädie der Rassehunde, Franckh-Kosmos, Stuttgart Band 1, 1993
- Rasmussen, Jan, RVT, The Beagle, in: The Veterinary Technician, Vol. 5, Schaumburg Ill., 1984
- Roslin-Williams, Mary, The Classical Foxhound, in Dog World, Ashford Kent 13.02.1987
- Sanderson, C.C. (Hrsg.), Pedigree Dogs as recognised by the Kennel Club, T. Werner Laurie Ltd., London 1927
- Savage, David, The Beagle Brigade, in: Pure Bred Dogs/American Kennel Gazette, Ausgabe 10/94
- Schaefer, John, Evolution of the Eberle Champions, Hounds and Hunting, Bradford Pennsylvania, Band L, No. 3, März 1953
- Schleger, Walter und Stur, Irene, Hundzüchtung in Theorie und Praxis, Jugend und Volk, Wien 1986
- Schneider, Marcelo Tuck, Beagles in Brazil, Bericht in:The Beagle Annual, Vol. 1, 1993, Hoflin Publishing Ltd., 4401 Zephyr Street, Wheat Ridge, 80033-3299 Colorado USA
- Schröder, Kristin, Die Fellfarben des Beagles, Beitrag in Beagle Brief, Mitteilungen

des Beagle Club Deutschland e.V., 20. Jhrg., Nr. 4, 12/93
- Schröder, Kristin, Populationsgenetische Untersuchungen zur Hüftgelenksdysplasie und Chondrodystrophie beim Beagle, Promotionsarbeit Veterinärmedizinische Universität Wien, Oktober 1993
- Schweizerische Kynologische Gesellschaft, Eintragungszahlen Beagles 1923-1985, Persönliche Mitteilung 26.05.1995
- Secord, William, Dog Painting 1840-1940, Antique Collectors' Club, Suffolk 1992
- Shaw, Vero, Das illustrirte Buch vom Hunde, Übers. v. R. v. Schmiedeberg, Twirtmeyer, Leipzig 1895
- Shaw, Vero, The Illustrated Book fo the Dog, Cassell, Petter Galpin, London & NewYork, in Teillieferungen 1879-1881
- Smalley, Andrew, Any True Hound Colour, Hrsg. Beacott Beagles, P.& S. Tutchener, Leominster 7/82
- Smalley, Andrew, Persönliche Mitteilungen in Briefen 1994
- Smith, Dr. R.N., An Anatomy of the Dog, Quartilles International, London 1972
- Stockmann, Friederun und Eric H. W. Aldington, Das Gangwerk des Hundes, Gollwitzer, Weiden 1985
- Taplin, William, The Sportsman's Cabinet, J. Cundee, London 1803
- Taylor, David und Scott, Peter, You and Your Dog, Alfred A. Knopf, New York 1990
- The Beagle Annual, Vol. 1, 1993 und Vol. 2, 1994, Hoflin Publishing Ltd., 4401 Zephyr Street, Wheat Ridge, 80033-3299 Colorado USA
- The Beagle Annual, Vol. 1, 1993, Hoflin Publishing Ltd., 4401 Zephyr Street, Wheat Ridge, 80033-3299 Colorado USA
- Triquet, Raymond und Wachtel, Hellmuth, Dreisprachiges Taschenwörterbuch der Kynologie, Hundeforschungsstelle des Österreichischen Kynologenverbands, Wien 1991
- Triquet, Raymond, Persönliche Mitteilung in Brief an Helma Quaritsch-Fricke, 8.01.1988
- Turner, J. Sidney, The Kennel Encyclopaedia, W.C.Leng & Co., London 1907
- Ulrich, Karen Strandbygaard, Beagles in Denmark, Bericht in: The Beagle Annual, Vol. 2, 1994, Hoflin Publishing Ltd., 4401 Zephyr Street, Wheat Ridge, 80033-3299 Colorado USA
- Venzl, Elisabeth, J. Unshelm, B. Oldigs, Verhaltensentwicklung und Wesensmerkmale bei der Hunderasse Beagle, Dissertation in: Nachrichten aus dem Lehrstuhl f. Tierhygiene und Verhaltenskunde d. Tierärztl. Fak. d. Univ. München, 1990
- Vesey - Fitzgerald, Brian, The Book of the Dog, Nicholson & Watson, London/Brüssel 1948
- Walsh, John Henry ('Stonehenge'), The Dog in Health and Disease, Green, Longman and Roberts, London 1859
- Walsh, John Henry ('Stonehenge'), The Dogs of the British Islands, Horace Cox, London 1872
- Wartburg, Walther von, Französisches Etymologisches Wörterbuch, Zbinden, Basel
- Way, Robert F., Dog Anatomy - Illustrated, Dreenan Press Ltd., Croton-on-Hudson, N.Y. 1974
- Webster, David J., Colour, Bericht in: The Beagle Club Centenary Year, Handbook , Eigenverlag, The Beagle Club GB 1990

– Webster, David J., Our Man at Westminster, Bericht in: This is the Beagle, Beagle Club GB July1993
– Webster, David J., Persönliche Mitteilungen in Briefen, 1971 bis 1993
– Webster, David J., The Colour Problem, Bericht in;: This is the Beagle, Beagle Club GB, Selbstverlag, 3. Aufl. 1978
– Wilcox, Bonnie und Walkowicz, Chris, Hunderassen der Welt, 3. Aufl., Kynos Verlag, Mürlenbach, 1993
– Willis, Malcolm B., Genetik der Hundezucht, Kynos Verlag Mürlenbach 1994
– Willis, Malcolm B., Züchtung des Hundes, Ulmer, Stuttgart 1984
– Youatt, William, The Dog, Green, Longman and Co., London und New York, 1890

HUNDE VERSTEHEN ... LEICHT GEMACHT

Roger Mugford - HUNDE AUF DER COUCH - Verhaltenstherapie bei Hunden
212 Seiten, 61 Farbfotos, DM 46,–
"Für jeden Hundehalter, der dazulernen möchte, ist dieses Buch unverzichtbar. Er schreibt humorvoll und spannend, erreicht über seine geschilderten Fallstudien Wissenszuwachs und ein profunderes Hundeverständnis. Und genau das brauchen wir nötiger denn je!" (Dr. Dorit Feddersen-Petersen). Der Verhaltensforscher hat mehr als 20 000 Hunde auf Verhaltensstörungen behandelt, zum überwiegenden Teil unerwünschtes Verhalten abgestellt. Das Buch beschränkt sich aber in seiner Anwendung keineswegs auf Hundehalter mit gestörten Hunden, vermittelt vielmehr modernste Erkenntnisse der Verhaltensforschung, die jeder Hundehalter im Umgang mit seinen Hunden - insbesondere natürlich in der Hundeerziehung - anwenden kann. Dieses Buch ist im englischen und deutschen Sprachraum ein Bestseller! Es vermittelt zahlreichen Hundebesitzern neue Wege im Umgang mit ihren Hunden.

Myrna M. Milani - DIE UNSICHTBARE LEINE - Ein besserer Weg zum Verständnis des Hundes!
248 Seiten, DM 39,80
Nur ein Mensch kann lernen, wie ein Hund denkt - nie umgekehrt. Die Tierärztin und Tierpsychologin Milani erklärt die faszinierende Welt der Sinne unserer Hunde. Das Wissen um die unterschiedlichen Sinneseindrücke wird zum Schlüssel für eine erfolgreiche Erziehung des Hundes in jeder Lebenslage. Die unsichtbare Leine ist das Band zwischen Mensch und Hund. Es ist geknüpft aus Wissen, Vertrauen, Verstehen, Geduld und - vor allem - aus Liebe." Ein warmherziges, kluges, wunderschönes Buch!"

Dr. D. Fleig - KYNOS HUNDEFIBEL - Über den richtigen Umgang mit Hunden
104 Seiten, 50 Farbaufnahmen, DM 19,80
"Ich kenne keine andere Schrift, die auch für den Hundelaien verständlich Vor- und Nachteile einer Hundehaltung so informativ behandelt. Wer erstmals einen Hund in die Familie nehmen möchte, sollte zuvor die Hundefibel lesen und deren Empfehlungen berücksichtigen. Das kleine Buch liest sich gut, es ist in allen Teilen lebendig geschrieben und zeugt vom umfassenden und tiefgründigen Sachwissen des Verfassers. Ihm ein ehrliches Kompliment!" (Max Sutter). Ein Buch für Einsteiger wie Fortgeschrittene. Es führt die richtigen Hunderassen zu den richtigen Hundehaltern, für eine Partnerschaft auf Lebenszeit! Es berücksichtigt nicht nur die Wünsche des Menschen, sondern dokumentiert eindeutig die Anforderungen, die der Hund an seinen Menschen richtet.

Eberhard Trumler - DER SCHWIERIGE HUND · 208 Seiten, 46 Meisterfotos von Dr. H. Jesse, DM 34,–
Haben Sie - manchmal - einen schwierigen Hund? Verstehen Sie - immer - Ihren Hund? Lernen Sie mit Eberhard Trumler, wie Ihr Hund denkt. Dann haben Sie nie mehr einen schwierigen Hund! Aggressionen, Raufen, Angstbeißer, Gewitterfurcht, Schußscheu, Welpentötung, Kläffen, Stubenunreinheit, Zerstören der Wohnungseinrichtung, Weglaufen, Streunen, Kotfressen, Wasserscheu, Freßunlust, Freßgier, Leinenangst - was immer das Normalverhalten des Hundes verändert hat, der Verhaltensforscher Eberhard Trumler weiß Rat.

Eberhard Trumler - MENSCH UND HUND · 148 Seiten, 25 Original-Farbfotos des Autors, DM 39,80
Mensch und Hund sind zwei verschiedene Geschöpfe, die in enger Verbundenheit miteinander leben. Wie Mensch und Hund zusammenfanden, berichten einmalige Forschungsergebnisse aus Haushund- und Wolfsforschung. Das Wolfsrudel als Vorbild für menschliche Sozialordnung. Welpentests, Wesensanalyse am Spielverhalten, alternative Hundeerziehung! Dieses Buch lehrt, den eigenen Hund zu verstehen, seine Lernfähigkeit zum richtigen Zeitpunkt zu nutzen, mit ihm eine befriedigende Lebensgemeinschaft aufzubauen. "Erziehung ist alles, Dressur ist nichts!"

Eberhard Trumler - DAS JAHR DES HUNDES · 200 Seiten, Großformat, 168 Farbfotos, DM 62,80
Das schönste Trumler-Buch, das es je gab! Minutiöse wissenschafliche Beobachtung mit Kamera und täglichen Aufzeichnungen über das erste Lebensjahr. Fundierte Beweise über die wahre Natur des Hundes, meisterhaft und leicht verständlich in Wort und einmaligen Farbaufnahmen. Ein zeitloses Dokument der Verhaltensforschung, das jedem denkenden Hundebesitzer zahllose Anregungen vermittelt.

John Fischer u.a. - VERHALTENSSTÖRUNGEN BEI HUND UND KATZE
Ca. 176 Seiten, erstklassige Illustrationen, praxisnahe Bebilderung, DM 42,–
Ein Buch über den Menschen, über uns alle, die wir Tiere lieben. Eine Anklage gegen uns Menschen! Weil wir uns zu wenig Mühe geben, das Verhalten unserer Haustiere zu verstehen! Ein Buch der Hoffnung! 14 führende Tierverhaltensforscher haben all ihr Wissen über vermeidbare Verhaltensstörungen zusammengetragen. Dieses Wissen könnte Hunderttausende von Partnerschaften zwischen Mensch und Tier heilen!

KYNOS VERLAG Dr. Dieter Fleig GmbH

D-54570 Mürlenbach/Eifel - Am Remelsbach 30 - Tel. 06594/653 - Telefax 06594/452

HUNDE ERZIEHEN . . . LEICHT GEMACHT

Roger Mugford - Hundeerziehung 2000 - Irrtumsfreies Lernen · 208 Seiten, 76 Farbfotos, DM 49,80
Seit 1979 leitet der international renommierte Verhaltensforscher Dr. Roger Mugford das "Animal Behaviour Centre". Sein neues Erziehungssystem für Hunde, mit den Erziehungshilfen Halti, Kong-toys, dog-stop, aboistop und boomer ball, leitet eine Wende in der Hundeerziehung ein. Mit einem Minimum an Zwang wird der Hund unter gezieltem Ausnutzen seines eigenen Verhaltensinventars problemlos in die menschliche Familie und moderne Umwelt integriert. Die Forschungsergebnisse von Dr. Roger Mugford revolutionieren die Hundeerziehung - daher der Buchtitel! Anwendbar für die Familienhund-Erziehung wie auch für den Leistungssport. Ein Muß für jeden Hundehalter.

Richard A. Wolters - NEUE WEGE DER JAGDHUNDEAUSBILDUNG - Früherziehung auf wissenschaftlicher Grundlage - nicht nur für Jagdhunde! 212 Seiten, 270 Abbildungen, DM 46,–
Eine präzise Ausbildungslehre, Schritt für Schritt, vom 7wöchigen Welpen bis zum Jährling am Beispiel des Labradors. Mehr als eine halbe Million verkaufter Ausbildungsbücher dokumentieren das Ansehen des Autors. Auf den Grundlagen modernster Verhaltensforschung wird die gerade im Jugendalter extreme Lernfähigkeit des Hundes gezielt auf seine Aufgaben ausgerichtet. Trotz klarer Zielsetzung auf die Jagdhundeausbildung ist dieses Buch eine unerschöpfliche Fundgrube für jeden Hundebesitzer. Allen Hunden - gleich welcher Rasse - wäre gedient, würden sie nach der Wolters Methode, weitgehend ohne Zwang, erzogen. Sehr empfehlenswert!

John Rogerson - HUNDEERZIEHUNG ... TIERISCH GUT · 64 Seiten, humorvoll farbig ill., DM 24,80
Für eine erfolgreiche Hundeerziehung gibt es zwei Wege - Unterdrückung unerwünschter Handlungen oder Verstärkung richtigen Tuns durch Lob. Das Aktivieren erwünschter Handlungen, wie es John Rogerson geradezu meisterhaft in diesem Buch dokumentiert, führt zur Hundeerziehung tierisch gut! Schritt für Schritt leitet der Autor den Leser durch alle Einzelheiten, die er zur Erziehung seines Haushundes wissen muß. Besonders beeindruckend die Erläuterung, wie menschliche Stimme, Mimik und Gesten den Hund lehren.

Heinz Gail - 1 x 1 DER HUNDEERZIEHUNG - Ratgeber für erfolgreiche Erziehung ·
Kynos' kleine Hundebibliothek, 104 Seiten, 74 Fotos, DM 24,80
Nur durch sinnvolle Nutzung der gerade im Welpenalter besonders ausgeprägten Lernfähigkeit des jungen Hundes erwächst Harmonie und Verständnis mit Mensch und Hund. Auch "verdorbene Hunde" kann man sinnvoll korrigieren. Wie man das macht, zeigt diese Hundeschule. Eines der besten Bücher, die über die Erziehung unserer Hunde geschrieben wurden. Profundes eigenes Wissen des Autors, unter Ausnutzung der Wolters-Erziehungsmethode,

Konrad Most - DIE ABRICHTUNG DES HUNDES - Klassische Erziehungsmethode
16., von Fritz Rasch völlig neu bearbeitete Auflage, 232 Seiten, 85 Abbildungen, DM 39,80
Das auflagenstärkste deutschsprachige Erziehungswerk für Gebrauchshunde vom "Schöpfer des Diensthundewesens". Nach der Abrichtungsmethode Mosts lernt jeder Hund schneller, da sie das hundliche Verhaltensinventar voll nutzt. Trotz des mit dieser Methode verbundenen Zwangs bleibt die Arbeitsfreudigkeit weitgehend erhalten, werden zuverlässige Leistungen erzielt. Die Most'sche Abrichtungslehre ist Grundlage der heutigen Ausbildung von Gebrauchshunden.

Angela Wegmann / Winfried Heines - SUCH UND HILF! Hunde retten Menschenleben
416 Seiten, über 100 Fotos, reich illustriert, DM 49,80
Das Handbuch für Ausbildung und Einsatz des Rettungshundes. Ein fachkundiges, die gesamte Arbeit von Gebrauchshunden wie Rettungshunden spiegelndes Werk. Es enthält eine detaillierte Anleitung für Ausbildung und Einsatz von Rettungshunden. Hundesport und Rettungshundeausbildung basieren auf den gleichen Voraussetzungen, Dieses Handbuch bietet für jeden, der sich mit der Erziehung von Hunden befaßt, eine Fülle von Anregungen und neuen Erkenntnissen. Völlig neue Perspektiven eines sinnvollen Leistungssports werden aufgezeigt.

Ruth Hobday - AGILITY. . . MACHT SPASS!
Das Standardwerk aus dem Mutterland dieses immer mehr Hundefreunde begeisternden Geschicklichkeitssports, geschrieben von der wohl erfahrensten AGILITY-Trainerin Englands. Es gibt nichts Besseres. Jetzt auch in deutscher Sprache.
Band I: Ein Führer Schritt für Schritt - für Anfänger wie Fortgeschrittene! Alles Wissenswerte über die Grundlagen der AGILITY. Ein unverzichtbarer Ratgeber für jeden AGILITY-Sportler. Der Schlüssel zum Erfolg. 144 Seiten, 190 Fotos und Zeichnungen, DM 32,–. **Band II:** Kontrolle und Vorführtechnik für Wettbewerber auf allen Leistungsstufen. Schwierige Aufgaben, konkrete Anleitungen zu intensivem Training und erfolgreichem Wettkampf. Eine Fundgrube für Übungsanleitungen, die den Hund sicherer machen. 216 Seiten, 200 Fotos und Zeichnungen, DM 39,80

KYNOS VERLAG Dr. Dieter Fleig GmbH

D-54570 Mürlenbach/Eifel - Am Remelsbach 30 - Tel. 06594/653 - Telefax 06594/452

USA 20c

USA 20c

...eake Bay Retriever. Cocker Spaniel

Beagle. Boston Terrier

Chesapeake Bay Retri...

USA 20c

USA 20c

...nd Tan Coonhound. American Foxhound

Alaskan Malamute. Collie

Black and Tan Coonh...

USA 20c

USA 20c

...eake Bay Retriever. Cocker Spaniel

Beagle. Boston Terrier

Chesapeake Bay Ret...

USA 20c

USA 20c

...nd Tan Coonhound. American Foxhound

Alaskan Malamute. Collie

Black and Tan Coon...

USA 20c

USA 20c